本书是肖文评主持的 2015 年度广东省高校"创新强校工程"特色创新项目（教育科研类）"客家学学科建设"（2014GXJK136）的结项成果之一，也是广东省特色重点学科"客家学"建设的阶段性成果。

本丛书出版得到以下研究机构和项目经费资助：

嘉应学院客家研究院

梅州市客家研究院

广东省特色重点学科"客家学"建设经费

广东省客家文化研究基地—嘉应学院客家研究院

广东省非物质文化遗产研究基地—嘉应学院客家研究院

理论粤军·广东地方特色文化研究基地—客家文化研究基地

广东省普通高校人文社会科学省市共建重点研究基地—嘉应学院客家研究院

客家学研究丛书 · 第四辑编委会

客家学研究丛书
第四辑

从嘉应到东京
青年黄遵宪的人生及思想

张应斌 著

暨南大学出版社
JINAN UNIVERSITY PRESS

中国·广州

图书在版编目（CIP）数据

从嘉应到东京：青年黄遵宪的人生及思想 / 张应斌著.—广州：暨南大学出版社，2019.9
（客家学研究丛书. 第四辑）
ISBN 978 - 7 - 5668 - 2697 - 8

Ⅰ.①从… Ⅱ.①张… Ⅲ.①黄遵宪（1848—1905）—人物研究 ②黄遵宪（1848—1905）—政治思想—思想评论 Ⅳ.①K827 = 52 ②D092.52

中国版本图书馆 CIP 数据核字（2019）第 172672 号

从嘉应到东京——青年黄遵宪的人生及思想
CONG JIAYING DAO DONGJING —— QINGNIAN HUANGZUNXIAN DE
RENSHENG JI SIXIANG
著　者：张应斌

出 版 人：徐义雄
策划编辑：潘雅琴
责任编辑：周海燕　张馨予
责任校对：冯月盈　陈皓琳
责任印制：汤慧君　周一丹

出版发行：暨南大学出版社（510630）
电　　话：总编室（8620）85221601
　　　　　营销部（8620）85225284　85228291　85228292（邮购）
传　　真：（8620）85221583（办公室）　85223774（营销部）
网　　址：http：//www.jnupress.com
排　　版：广州市天河星辰文化发展部照排中心
印　　刷：佛山市浩文彩色印刷有限公司
开　　本：787mm×960mm　1/16
印　　张：17.75
字　　数：300 千
版　　次：2019 年 9 月第 1 版
印　　次：2019 年 9 月第 1 次
定　　价：60.00 元

总　序

客家文化以其语言、民俗、音乐、建筑等方面的独特性，尤其是客家人在海内外社会经济发展中的突出贡献，引起了历史学、人类学、民俗学和语言学等诸多学科领域内学者的关注。而随着西方人文学科理论和研究方法在 20 世纪初传入我国，客家历史与文化研究也逐渐进入科学规范的研究行列，并相继出现了一批具有开创性的研究成果。1933 年，罗香林《客家研究导论》的出版，标志着客家研究进入了现代学术研究的范畴。20 世纪 80 年代以来，著作、论文等研究成果的推陈出新，也在呼吁学界能够设立专门的学科并规范客家研究的科学范式。

作为国内较早成立的专门从事客家研究的机构，嘉应学院客家研究院用二十五载的岁月，换来了客家研究成果在数量上空前的增长，率先成为客家学研究的重要阵地，也引起了国内外学术界的高度关注。但若从质的维度来看，当前的客家研究还面临一系列有待思考及解决的问题：客家学研究的主题有哪些？哪些有意义，哪些纯粹是臆测？这些主题产生的背景是什么？它们是如何通过社会与历史的双重作用，而产生某些政治、经济乃至文化权力的诉求与争议的？当代客家研究如何紧密结合地方社会发展的需要，又如何与国内外其他学科对话与交流？诸如此类的疑惑，需要从理论探索、田野实践和学科交叉等层面努力，以理论对话和案例实证作为手段，真正实现跨区域和多学科的协同创新。

一、触前沿：客家学研究的理论探索

当前的客家学研究主要分布在人文社会科学的诸多学科范围之内，所以开展卓有成效的客家研究自然需要敢于接触不同学科领域的学术理论。比如，社会学科先后出现过福柯的权力理论、布尔迪厄的实践理论、吉登斯的结构化理论、鲍曼的风险社会理论、哈贝马斯的沟通行动理论、卢曼

的系统理论、科尔曼的理性选择理论和亚历山大的文化社会学理论。① 社会科学研究经常需要涉及的热点议题，在客家研究中同样不可回避，比如社会资本、新阶层、互联网、公共领域、情感与身体、时间与空间、社会转型和世界主义。② 再比如，社会学关于移民研究的推拉理论、人类学对族群研究的认同与边界理论以及社会转型与文化变迁的机制，都可以具体应用到客家研究上，并形成理论对话而提升客家研究的高度。在研究方法上，人文社会科学提倡的建模、机制与话语分析、文化与理论自觉等前沿手段，③ 都可以遵循"拿来主义"的原则为客家研究所用。

可以说，客家研究要上升为独具特色的独立学科，首先要解决的便是理论对话和科学研究的范式问题。客家学作为一门融会了众多社会人文学科的综合性学科，既不是客家史，也不是客属地区政治、经济、文化等内容的汇编或整合，而是一门以民族学基础理论为基础，又比民族学具有更多独特特征、丰富内容的学科。④ 不可否认的是，客家研究具有自身独特的学术传统，但要形成自身的理论构架和研究方法，若离开历史学、文献学、考古学、人类学、语言学、社会学、民俗学等诸多学科理论的支撑，显然就是痴人说梦。要在这方面取得成绩，则非要长期冷静、刻苦、踏实、认真潜心研究不可。如若神不守舍、心动意摇，就会跑调走板、贻笑大方。在不少人汲汲于功名、切切于利益、念念于职位的当今，专注于客家研究的我们似乎有些另类。不过，不管是学者应有的社会良知与独立人格，还是人文学科秉持的历史责任与独立思考的精神，都激励我们坚持实事求是的原则，在触碰前沿理论上不断探索，以积累学科发展所需的坚实理论。

要做到这一点，就得潜下心来大量阅读国内外学术名著，了解前沿理论的学术进路和迁移运用，使客家研究能够进入国际学术研究对话的行列。

---

① DEMEULENAERE P. Analytical sociology and social mechanisms. Cambridge：Cambridge University Press，2011.

② TURNER J H. Handbook of sociological theory. New York：Kluwer Academic Publishers，2001.

③ JACCARD J，JACOBY J. Theory construction and model-building skills. New York：Guilford Press，2010.

④ 建立客家学刍议［M］//吴泽．客家学研究·第2辑．上海：上海人民出版社，1990.

二、接地气：客家研究的田野工作

学科发展需要理论的建设与支撑，更离不开学科研究对象的深入和扩展，而进入客家人生活的区域开展田野工作，借助从书斋到田野再回到书斋的螺旋式上升的研究路径，客家研究才能做到"既仰望星空又能接地气"，才能厚积薄发。

人类学推崇的田野工作要求研究者通过田野方法收集经验材料的主体，客观描述所发现的任何事情并分析发现结果。① 田野工作的目标要界定并收集到自己足以真正控制严格的经验材料，所以需要充分发挥参与观察、深度访谈和问卷调查的手段。从学科建设和学科发展的角度，客家族群的分布和文化多元特征，决定了客家研究对田野调查的依赖性。这就要求研究者深入客家乡村聚落，采用参与观察、个别访谈、开座谈会、问卷调查等方法调查客家民俗节庆、方言、歌谣等，收集有关客属地区民间历史与文化丰富性及多样性的资料。

而在客家文献资料采集方面，田野工作的精神同样适用。一方面，文献资料可以增加研究者对客家文化的理解，还可以对研究者的学术敏感和问题意识产生积极影响；另一方面，田野工作既增加了文献资料的来源，又能提供给研究者重要的历史感和文化体验，也使得文献的解读可以更加符合地方社会的历史与现实。譬如，到图书馆、档案馆等公藏机构及民间广泛收集对客家文化、客家音乐、客家方言等有所记载的正史、地方志、文集、族谱及已有的研究成果等。田野调查需要入村进户，因此从具有深厚文化传统的客家古村落入手，无疑可以取得事半功倍的效果。

在客属地区开展田野调查，需要点面结合才能形成质量上乘的多点民族志。20世纪90年代，法国人类学家劳格文与广东嘉应大学（2000年改名为嘉应学院）、韶关大学（2000年改名为韶关学院）、福建省社会科学院、赣南师范学院、赣州市博物馆等单位合作，开展"客家传统社会"的系列研究。他在长达十多年的时间里，辗转于粤东、闽西、赣南、粤北等地，深入乡镇村落，从事客家文化的田野调查。到2006年，这些田野调查的成果汇集出版了总计30余册的"客家传统社会"丛书，不仅集中地描述客属地区传统民俗与经济，还具体地描述了传统宗族社会的形成、发展

---

① 托马斯·许兰德·埃里克森. 什么是人类学 [M]. 周云水，吴攀龙，陈靖云，译. 北京：北京大学出版社，2013：65-67.

和具体运作及其社会影响。

2013 年以来，嘉应学院客家研究院选择了多个历史悠久、文化底蕴深厚的古村落，以研究项目的形式开展田野作业，要求研究人员采用参与观察、深度访谈、文献追踪等方法，对村落居民的源流、宗族、民间信仰、习俗等民间社会与文化的形成与变迁进行深入的分析和研究，形成对乡村聚落历史文化发展与变迁的总体认识。在对客属地区文化进行个案分析与研究的基础上，再进行跨区域、跨族群的文化比较研究，揭示客家文化的区域特征，进而梳理客家社会变迁和文化发展过程。

闽粤赣是客家聚居的核心区域，很多风俗习惯都能够找到相似的元素。就每年的元宵习俗而言，江西赣州宁都有添丁炮、石城有灯彩，而到了广东的兴宁和和平县，这一习俗则演变为"响丁"，花灯也成了寄托客家民众淳朴愿望的符号。所以，要弄清楚相似的客家习俗背后有何不同的行动逻辑，就必须用跨区域的视角来分析。这一源自田野的事例足以表明田野调查对客家学研究的重要性。

无论是主张客家学学科建设应包括客家历史学、客家方言学、客家家族文化、客家文艺、客家风俗礼仪文化、客家食疗文化、客家宗教文化、华侨文化等，① 还是认为客家学的学科体系要由客家学导论、客家民系学、客家历史学、客家方言学、客家文化人类学、客家民俗学、客家民间文学、客家学研究发展史等八个科目为基础来构建，② 客家研究都无法回避研究对象的固有特征——客家人的迁徙流动而导致的文化离散性，所以在田野调查时更强调追踪研究和村落回访③。只有夯实田野工作的存量，文献资料的采集才可能溢出其增量的效益。

三、求创新：客家研究的学科交叉

学问的创新本不是一件易事，需要独上高楼，不怕衣带渐宽，耐得孤独寂寞，一往无前地上下求索。客家研究更是如此，研究者需要甘居边缘、乐于淡泊、自守宁静的治学态度——默默地做自己感兴趣的学问，与两三同好商量旧学、切磋疑义、增益新知。

---

① 张应斌. 21 世纪的客家研究——关于客家学的理论建构［J］. 客家研究辑刊，1996（2）.

② 凌双匡. 建立客学学的构想［J］. 客家大观园，1994，创刊号.

③ 科塔克. 文化人类学——欣赏文化差异［M］. 周云水，译. 北京：中国人民大学出版社，2012：457－459.

客家研究要创新，就需要综合历史学、人类学、语言学、音乐学、社会学等学科理论和方法，对客家民俗、客家方言、客家音乐等进行综合分析和研究，以学科交叉合作的研究方式，形成对客家族群全面的、客观的总体认识。

客家族群作为中华民族共同体的一个重要支系，在其形成和发展过程中融合多个山区民族的文化，形成独具特色的文化体系。建立客家学学科，科学地揭示客家族群的个性和特殊性，可以加深和丰富对中华民族的认识。用客家人独特的历史、民俗、方言、音乐等本土素材，形成客家学体系并进一步建构客家学学科，将有助于促进中国人文社会科学本土化的发展，从而为中国人文社会科学的发展和繁荣作出应有的贡献。客家人遍布海内外 80 多个国家和地区，客家华侨华人 1 000 余万，每年召开一次世界性的客属恳亲大会，在全世界华人中具有重要影响。粤东梅州是全国四大侨乡之一，历史遗存颇多，文化积淀深厚，华侨成为影响客家社会历史和文化发展的重要因素。建立客家学学科，将进一步拓宽华侨华人研究领域，有助于华侨华人与侨乡研究的深入发展。

在当前客家学研究成果积淀日益丰厚、客家研究日益受到社会各界重视的情况下，总结以往研究成果，形成客家学学科理论和方法，构建客家学学科体系，成为目前客家学界非常紧迫而又十分重要的任务。

嘉应学院客家研究院敢啃硬骨头，在总结以往研究成果的基础上，完成目前学科建设条件已初步具备的客家文化学、客家语言文字学、客家音乐学等的论证和编纂，初步建构客家学体系的分支学科。具体而言，客家文化学探讨客家文化的历史、现状和未来并揭示其发生、发展规律，分析客家族群的物质文化、制度文化和精神文化的产生、发展过程及其特征。客家语言文字学探讨客家方言的语音、词汇、语法、文字等的特征，展示客家语言文字的具体内容及其社会意义。客家音乐学探讨客家山歌、汉剧、舞蹈等的发生、发展及其特征，揭示客家音乐的具体内容和社会意义。

客家族群是汉民族的一个支系，研究时既要注意到汉文化、中华文化的普遍性，又要注意到客家文化的独特性，体现客家文化多元一体的属性。客家学研究的对象，决定客家学是一门融合历史学、民俗学、方言学、音乐学、社会学等众多社会人文学科的综合性学科。如何形成跨学科的客家学研究理论与方法，是客家研究必须突破的重要问题。唯有明确客家学研究的基本概念、理论和方法，通过广泛的田野调查和深入的个案研

究，广泛收集关于客家文化、客家方言、客家音乐等各种资料，从多角度进行学科交叉合作的分析和研究，才能实现创新和发展。

嘉应学院地处海内外最大的客家人聚居地，具有开展客家学研究得天独厚的地缘优势。1989 年，嘉应学院的前身嘉应大学率先在全国建立了专门性的校级客家研究机构——客家研究所。2006 年 4 月，以客家研究所为基础，组建了嘉应学院客家研究院、梅州市客家研究院。因研究成果突出、社会影响大，2006 年 11 月，客家研究院被广东省社会科学界联合会评为"广东省客家文化研究基地"；2007 年 6 月，被广东省教育厅评为"广东省普通高校人文社会科学省市共建重点研究基地"。之后其又被广东省委宣传部、广东省社会科学院评为"广东地方特色文化研究基地——客家文化研究基地"，被广东省文化厅评为"广东省非物质文化遗产研究基地"，被广东省教育厅评为"广东省粤台客家文化传承与发展协同创新中心"；还经国家民政部门批准，在国家一级学会"中国人类学民族学研究会"下成立了"客家学专业委员会"。

2009 年 8 月，在昆明召开的第 16 届国际人类学大会上，客家研究院成功组织"解读客家历史与文化：文化人类学的视野"专题研讨会，初步奠定了客家研究国际化的基础。2012 年 12 月，客家研究院召开了"客家文化多样性与客家学理论体系建构国际学术研究会"，基本确立了客家学学科建设的基本途径和主要方法。另外，1990 年以来，嘉应学院客家研究院坚持每年出版两期《客家研究辑刊》（现已出版 45 期），不仅刊载具有理论对话和新视角的论文，也为未经雕琢的田野报告提供发表和交流的平台。自 1994 年以来，客家研究院承担国家社会科学基金项目 2 项，广东省哲学社会科学规划项目等 20 余项，出版《客家源流探奥》① 等著作 50 余部，其中江理达等的著作《兴宁市总体发展战略规划研究》② 获广东省哲学社会科学优秀成果一等奖，肖文评的专著《白堠乡的故事——地域史脉络下的乡村社会建构》③ 获广东省哲学社会科学优秀成果二等奖，房学嘉

---

① 房学嘉. 客家源流探奥［M］. 广州：广东高等教育出版社，1994.
② 邱国锋，江理达. 兴宁市总体发展战略规划研究［M］. 广州：广东教育出版社，2009.
③ 肖文评. 白堠乡的故事——地域史脉络下的乡村社会建构［M］. 北京：生活·读书·新知三联书店，2011.

的专著《粤东客家生态与民俗研究》[①] 获广东省哲学社会科学优秀成果三等奖。深厚的研究成果积淀，为客家学学科建设奠定了坚实的理论基础。经过几代人的不懈努力，嘉应学院的客家研究已经具备了在国际学术圈交流的能力，这离不开多学科理论对话的实践和田野调查经验的积累。

客家学研究丛书的出版，既是客家研究在前述立足田野与理论对话"俯仰之间"兼顾理论与实践的继续前行，也是嘉应学院客家学研究朝着国际化目标迈出的坚实步伐。"星星之火，可以燎原"，这套丛书包括学术研究专著、田调报告、教材、译著、资料整理等，体现了客家学学科建设的不同学术旨趣和理论关怀。古人云，"不积跬步，无以至千里；不积小流，无以成江海"，我们愿意从点滴做起。希望丛书的出版，能引起国内外客家学界对客家学学科体系建设的关注，促进客家学研究的科学化发展。

编 者

2014 年 8 月 30 日

007

---

① 房学嘉. 粤东客家生态与民俗研究 [M]. 广州：华南理工大学出版社，2008.

自　序

历史将证明：黄遵宪是嘉应大地上青史流芳的伟大人物。

在他的故乡嘉应研究黄遵宪，自有客家乡土气息和特别的收获。

从中国嘉应到日本东京，是青年黄遵宪人生的两大地理坐标。这既是他从出生地到事业起点的空间转换，也是揭示黄遵宪精神发生和发展的重要地理符号。从嘉应到东京之间，他还经历了广东省首府广州和中国首都北京这两个重要的中转站。黄遵宪在嘉应遭遇十万太平天国军，这使他在中国大变局中看清了中华帝国的腐朽本质和变革时机；在广州接二连三的落第，使他在千年不变的教育和文化体制中洞察到中华帝国的腐朽灵魂；在京城的两次考试间隙，他结识了中国在被迫开放中出现的洋务运动的领袖，使他有了随中国首任驻日大使到达东京的机会；在东京，他找到了政治改革这剂治疗腐朽帝国的药方，并写下了奠定他一生地位的《日本杂事诗》和《日本国志》初稿，实现了从嘉应的积累到东京的创造的巨大人生转折。因此，州府嘉应、省府广州和中国首都北京与日本首都东京，不仅是自然地理中的四大城市，也是人文地理中多样的地域文明，它们成为从空间上把握黄遵宪精神成长史的空间符号。这四个自然地理符号，蕴含着青年黄遵宪的人生故事，隐藏了黄遵宪精神发生、发展的文化奥秘。

我能在嘉应从乡土景观的角度研究黄遵宪，是一个特殊的机缘。1993年11月8日，我带着12岁的儿子小伟离开湖北民族学院。11月13日，我们在晨曦初露时到达嘉应。记得在梅州五洲城汽车站下车后，一辆脚踏三轮车在清新的晨风中载着我们来到嘉应学院。从恩施到嘉应，是我的人生从本土到异乡的地理转换，也是我从土家研究到客家研究的学术跨越。禅宗有青青翠竹尽是真如，郁郁黄花无非般若的思辨。那日的晨曦与黄花，见证了这个独特的机缘与般若。

世上万事万物无不有因。我为何会有从恩施到嘉应的文化跨越呢？这里，我想讲讲土家族的人类大洪水故事。在人类历史上，许多民族都有关于世界大洪水的神话。在十二块泥板构成的古巴比伦史诗《吉尔伽美什》中，第十一块泥板即《洪水的传说》。在古老的犹太文献手稿《死海古卷》

中，有了"洪水四处泛滥"的踪影。在《圣经》开篇《创世纪》中，天神对诺亚说："我要使洪水泛滥在地上，毁灭天下。凡地上有血肉，有气息的活物，无一不死。"于是有了诺亚方舟的人类再造的故事。在伊斯兰教《古兰经》中，第十一章《呼德》即洪水的神话。在中国除了共工等神话，还有土家族神话的《雍尼补所尼》，其中记载了世界大洪水后人类灭绝，只剩下雍和补所两兄妹。天神墨贴巴为了繁衍人类，让雍和补所在苦楝树下成亲。大概是因为兄妹结婚有悖神学伦理，故他俩生下一个肉坨坨。他们只得把肉坨坨砍成一百二十块，拌着泥沙播种到地里，大地上终于长出了土家人和客家人，从此地上才有了人类。大洪水的故事，意味着人类的新旧转换和再生。从恩施到嘉应，我从土家来到客家，这似乎是土家族天神墨贴巴的暗中安排，似乎是我命中注定的从土家到客家的历史转换。因此，我一到嘉应，就感觉梅州似曾相识。于是，从我居住在嘉应学院宇新楼旁边的以书为墙的单身楼开始，我便与嘉应相依傍，与客家相摩挲，与黄遵宪结下不解之缘，我的学术也发生了转换和再生。

从恩施到嘉应，我与青年黄遵宪从嘉应到东京的地理坐标发生交织。于是，我有了对黄遵宪的精神进行研究叩问的可能，有了对青年黄遵宪的四大地理空间进行鸟瞰的契机。25年后，方有了这本《从嘉应到东京——青年黄遵宪的人生及思想》的精神巡礼。

《从嘉应到东京——青年黄遵宪的人生及思想》，在题材上是黄遵宪的四大地理之城，在主题上则是我与其际遇时的生命感悟。此时此刻，我无限感谢土家天神墨贴巴！感谢嘉应和客家，感谢晚清中华精英黄遵宪！

2018 年 6 月 6 日
于嘉应学院

目 录
Contents

001

引　言

一、乡土景观：人境庐

黄遵宪（1848—1905），字公度，清广东嘉应州（今梅州市）人。徐世昌编《晚晴簃诗汇》卷一百七十一："黄遵宪，字公度，嘉应人。光绪丙子举人，历官湖南按察使，候补三品京堂。有《人境庐诗草》。"黄遵宪的笔名别号还有：人境庐主人、东海公、拜鹃人、公之它、布袋和尚、观日道人、岭东故将军、法时尚任斋主人、水苍雁红馆主人等。嘉应州是客家人的大本营。从乡土景观上看，黄遵宪的家屹立在嘉应州城东门外一里许的小溪唇（周溪河口）东街堡的攀桂坊（今梅城东区下市角），他出生在黄家老屋西头的第四房，他家的正屋本名在勤堂，是对自其高祖以来勤俭兴家思想的概括。光绪十九年（1893）三月，黄遵宪时任新加坡总领事，光绪帝下旨："赏新加坡总领事道员黄遵宪三代从一品封典。"[①] 因此，正屋改名为荣禄第，表现出以官为荣的家族价值观，黄家也完成了从以商兴家到以官荣家的家族发展模式的转换。

但是，黄家最有名的家族建筑不是先前的在勤堂，也不是后来的荣禄第，而是人境庐。其实，人境庐只是公度的书房。虽然在同治十三年（1874）公度已有《人境庐杂诗》，但人境庐的建设是十多年后的事。光绪七年（1881）十月，公度在日本任参赞即将期满时，他请日本书法家成濑温为书房题写"人境庐"门楣。光绪十一年（1885）八月，公度从美国回嘉应，撰写《日本国志》。次年，公度开始修建人境庐。光绪十三年（1887）春，公度写下《春暮偶游归饮人境庐》："某水某山我故乡，今时今日好容光。频年花事春三月，独我蓬飘天一方。"此时，人境庐已经竣工。公度在新成的人境庐中"闭门赓续"；五月，《日本国志》在人境庐中完稿。公度写下《日本国志书成志感》："《千秋鉴》借《吾妻镜》，四壁

---

① 宝鋆，载龄，沈桂芬，等．光绪实录·卷二百二十二［M］．北京：中华书局，1986.

图悬人境庐。"人境庐的四壁上，到处悬挂着公度撰写《日本国志》的资料。《日本国志》是人境庐修成后的第一大成果。

今人境庐大门的匾额上，大书"人境庐"三个大字，左题"明治辛巳之初冬日本大域成濑温书"，右题"光绪十年仲春建"。日本明治辛巳，即明治十四年。成濑温（1827—1902）字子直，通称久太郎，号大域、赐砚堂主人。任宫内省书史，日本著名书法家，著有《十体一览真书正真偈》等。成濑温藏有中国《宋淳化祖帖》等珍贵文物。公度与成濑温相识于光绪四年四月，公度为大域作长歌。人境庐的修建由公度亲自动工，建于光绪十二年春。但今门楣上题"光绪十年仲春建"，其实光绪十年公度还在美国旧金山领事任上，疑后人翻修时漏了"二"字。人境庐左临周溪，右望梅江，风景优美，适于读书写作。

二、人境庐的生存哲学

如果你参观公度的故居人境庐，一定不要错过他书房背后小亭上悬挂的对联，此对联是公度自撰并阴刻在竹筒上的："有三分水，二分竹，添一分明月；从五步楼，十步阁，望百步大江。"

这对联虽不起眼，但描写了公度当年的生存空间，寄寓着他的生存哲学。公度的生存空间，便是这五步楼、十步阁。在这难以转身的狭隘空间里，今人参观时仍觉十分逼仄。那么，昔日"人境庐主人"的生存状态又如何呢？公度是怎样摆脱人间的逼仄和烦恼呢？公度的"人境庐"来自陶渊明的《饮酒》其五："结庐在人境，而无车马喧。"他羡慕陶渊明采菊东篱下的超然与飘逸。光绪二十四年（1898），宛平徐仁铸在八卷本的《人境庐诗草跋》中说："陶诗冲微淡远，如其为人。阳休之《序录》，固云辞采不足胜人者也。主人之诗，罗络中外，低昂古今，风起云涌，错采镂金，较其体格，区以别矣。何为取陶公诗句以自名乎？"古今贤人通士的遭遇不同，其著作的风格也不一样，但是公度与陶渊明超然物表的追求是相同的。公度的"人境庐"的确企图超越人间，现实中却为他人所逼，很难有陶渊明那样的飘逸境界。光绪二十五年（1899），公度的《己亥杂诗》之十三描写人境庐："曲阑十步九徘徊，三面轩窗四扇开。夸道华严弹指现，只怜无地着楼台。"曲阑十步，便是人境庐内的十步楼。因为人境庐"墙外垂杨尽别家"，所以公度想建个读书眼累时登临远眺的楼台也不能。陶渊明友邻和善，《和刘柴桑》有载："良辰入奇怀，挈杖还西庐。"公度却没有这样的幸运。公度《己亥杂诗》之十二："费尽黄金匝地铺，算来十笏只区区。无端尚被西邻责，何况商量《益地图》。"公度自注："人境庐之邻有废屋，余以二百万钱购得之。然纵横不过数丈，而邻居逼处，更无可展拓。偶有营造，辄来责言。"人境庐本是嘉应城外的郊区，但他费尽周折也无法摆脱现实的纠缠，现实中的"人境庐"周围同样充满丑陋。公度只能在登山的瞬间摆脱人世间的烦冗，领略陶渊明式的人境庐的快感："上山如画重累人，结屋绝无东西邻。"在公度"人境庐"的背后，其实是卑琐而痛苦的人间。但是，黄遵宪以百步大江和三分水、二分竹、一分明月，来装饰他的五步楼和十步阁。他超越在现实之外，把自己的胸襟装点成无限的开阔和雄伟；把人境庐点染成荡漾江水、清清翠竹、浩瀚明月构成的诗意，他神游在浩渺无垠的灿烂星空。现实的空间岂能限制公度，他在这逼仄的空间和人事的欺凌中，顽强地生存和奋斗，直至走向五洲四海。

今天，梅州市依傍人境庐故居建成了规模宏大的客家博物馆，但在实际的参观中，人们却多观看客家博物馆而忽略了人境庐。人境庐又回归到昔日五步楼、十步阁的逼仄和寂寥。

黄遵宪一生，除了在国内任江宁洋务总办、湖南盐法长宝道（正四品）、署按察使（三品）外，主要的职务是外交官：历任中国驻日大使馆参赞（从四品，奏补道员）、中国驻美国旧金山总领事、驻英二等参赞、驻新加坡总领事（四品）。他曾被任命为以二品衔候补道员充出使德国大臣，但是未能成行。

1898 年六月，朝廷命他以三品京堂候补任出使日本国大臣，但因病未能到任。到八月，他启程到日本赴任，途经上海时，戊戌政变发生。他在上海的寓所被围，继而被革职逮捕，生命垂危。因日本驻华公使和英国驻上海总领事以国际关系的名义向清政府提出交涉，他才幸免一死，没有与戊戌六君子一样血洒京城菜市口。1899 年，他被贬回故乡嘉应。但是，该年五月京城的圣旨还云："候选道左孝同，从前是否钻附革抚陈宝箴，交结黄遵宪、梁启超，有无主张民权、擅易冠服情事。"① 黄遵宪仍然生活在皇家钦定的恐惧中。宋育仁《归国遇黄公度赋赠四首》其二："明灯清酒照金徽，海客新从海外归。丝竹能陶君且听，新亭对景莫沾衣。"宋育仁（1857—1931），字芸子，晚年号道复，又号问琴阁，四川富顺人。光绪十二年（1886）进士，1894 年任英、法、意、比四国公使参赞。中国早期的资产阶级改良主义思想家，被誉为四川历史上睁眼看世界的第一人。有晚

003

---

① 宝鋆，载龄，沈桂芬，等．光绪实录·卷四百四十五［M］．北京：中华书局，1986.

清奇人之称，著有《泰西各国采风记》《问琴阁文录》《问琴阁诗录》《问琴阁词》等，今人集为《宋育仁文集》。公度的《赋赠宋芸子参赞四首》今不存。虽然有宋育仁这样志同道合的朋友安慰，但他仍然难免在人境庐中新亭对泣。六年后，1905 年他生无可恋，在人境庐中溘然长逝。黄遵宪极有才华，日本友人大河内辉声在 1879 年 9 月的《葬诗冢碑阴志》中说："（公度）性隽敏旷达，有志略，能文章。"虽然主要的业绩是外交家，但黄遵宪的成就是多方面的。他是中国著名的诗人、政治家和教育家，思想上被誉为"近代中国走向世界第一人"，文学上被誉为"诗界革命的主将"，著作有《人境庐诗草》《日本国志》《日本杂事诗》等，为后世留下了丰富的精神遗产。

三、黄学的兴起

黄遵宪是中国近代史上的著名人物，他的生平、事迹、文学和史学成就均为学术研究的热点。因此，人境庐早已成为中国的政治景观；对黄遵宪的研究，也已成为"黄遵宪学"，简称"黄学"。

对于黄遵宪的研究，在他生前已经开始。自 1900 年林文庆先生在新加坡《自由西报》发表《关于中国维新之先导者》始，就揭开了黄遵宪研究的序幕。一百多年来，黄遵宪研究如火如荼，全国多地设有专门研究黄遵宪的机构，如苏州大学中国近代文哲研究所的黄遵宪研究中心，嘉应学院的黄遵宪研究所等。黄遵宪研究的论著汗牛充栋，论文数以百计，专著数以十计。自管林的《黄遵宪研究在日本》[①] 发表以来，黄遵宪研究的概况也成为学术热点。1984 年，管林有《中国近代文学评林》[②]；1990 年，左鹏军有《黄遵宪研究述评（1978—1989）》[③]；1994 年，张求会有《近年来黄遵宪研究述评（1990—1993）》[④]；2003 年，伊原泽周有《日本学人的黄遵宪研究》[⑤]；2004 年，孙颖有《百余年来黄遵宪研究回顾》[⑥]；2005 年，

---

① 管林. 黄遵宪研究在日本 [N]. 光明日报，1981 – 06 – 28.

② 管林. 中国近代文学评林·第 1 册 [M]. 郑州：中州古籍出版社，1984.

③ 左鹏军. 黄遵宪研究述评（1978—1989）[J]. 华南师范大学学报（社会科学版），1990（2）.

④ 张求会. 近年来黄遵宪研究述评（1990—1993）[J]. 客家研究辑刊，1994（2）.

⑤ 伊原泽周. 日本学人的黄遵宪研究 [J]. 近代史研究，2003（1）.

⑥ 孙颖. 百余年来黄遵宪研究回顾 [J]. 广州大学学报（社会科学版），2004，3（12）：6 – 11.

管林有《近百年来黄遵宪研究的回顾与期望》①，黄胜任有《一百年来黄遵宪研究述评》②；2007 年黄小用、王华有《黄遵宪研究述评》③；2008 年，郑燕珍有《1994—2004 年黄遵宪研究论析》④；2017 年，查秀芳有《近四十年来黄遵宪诗歌与诗论研究综述》⑤；其他还有毛策《郑子瑜的黄遵宪研究》⑥、王晓秋的《黄遵宪研究与近代中日文化交流》、黄升任的《黄遵宪评传》等。专著的出版也难以枚举，名为"黄遵宪"的有牛仰山、杨天石和日本岛田久美子的三种；名为"黄遵宪传"的有麦若鹏、郑海麟、伊茂凡三种。名为"黄遵宪评传"的有黄升任、梁容若两种；另外，吴天任有《黄公度先生传稿》，邱菊贤有《黄遵宪评传》。名为"黄遵宪集"或"黄遵宪全集"的有吴振清、陈铮两种。在公度去世百年之后，对他的研究已经盛况空前。

四、本书视角

虽然黄学领域已是万马奔腾，但是这并非意味着黄遵宪的学术研究已经终结。在他身上，仍然有许多未被认识的问题，仍然有许多待发现和开发的地方。例如，对黄遵宪青年时期的专题性研究甚少。

作为一个世界性的人物，黄遵宪的出现不仅是黄家的奇迹，也是嘉应州的文化奇迹。嘉应本是穷困的山区，为什么会出现黄遵宪这样的人物呢？从发生学角度看黄遵宪的出现，也是本书的一个基本视角。

黄遵宪的一生，一般分为四个阶段：读书应试阶段（1863—1876），出使外国的外交家阶段（1877—1894），参加变法维新的国内官吏阶段（1895—1898），被贬回乡阶段（1899—1905）。本书未采用上述的划分。本书认为黄遵宪的青年时期，实际相当于上述分期的第一个和第二个阶段的前半期，指黄遵宪 35 岁前的这段时间。一般所谓青年，重在人的身体发育状态。但是，本书的研究对象是学者，应该重在其精神和思想。35 岁前

① 管林. 近百年来黄遵宪研究的回顾与期望［J］. 商丘师范学院学报，2005（4）.

② 黄胜任. 一百年来黄遵宪研究述评［C］//中国社会科学院近代史研究所. 纪念黄遵宪逝世一百周年国际学术研讨会论文集，北京：［出版者不详］，2005.

③ 黄小用，王华. 黄遵宪研究述评［J］. 湖南工程学院学报（社会科学版），2007，17（1）.

④ 郑燕珍. 1994—2004 年黄遵宪研究论析［J］嘉应学院学报，2008，26（5）.

⑤ 查秀芳. 近四十年来黄遵宪诗歌与诗论研究综述［J］. 甘肃广播电视大学学报，2017，27（2）.

⑥ 毛策. 郑子瑜的黄遵宪研究［J］. 文献，2003（2）.

是其精神和思想基本完成和定型的时期。

对于黄遵宪的青年时期，学界也有研究。如黄升任的《黄遵宪评传》第一章"书在肩挑剑在囊"——青少年时期。分为三节：第一节客家之子，第二节诗书生活，第三节科举途中。伊茂凡《黄遵宪传》第一章"志学青春"——书在肩挑剑在囊，槐花空作一秋忙。也分三部分：客家之子；诗友交游；科举途中。但是，青年黄遵宪的研究，仍然有许多问题应该深化。

黄遵宪一生 58 年，除去 16 岁前的读书识字的阶段，其思想基本成熟并具有独立意志的时期为 40 多年。本书所研究的恰为其前半生，约 20 年。换言之，本书的着眼点在时间上指黄遵宪人生的前半期，在空间上指他从嘉应到日本东京的时期，故本书也可以命名为"黄遵宪的前半生"。

五、青年时期的分期

笔者把青年黄遵宪的人生轨迹可分为三个时期：

（1）私塾时期（1851—1866）。黄遵宪 4 岁发蒙读书。同治四年（1865），黄遵宪 18 岁，太平天国大军第二次攻占他的家乡嘉应州，在兵临城下之前数日，他被迫匆匆地与叶氏小姐闪电结婚，数日后被迫逃难到三河坝，再到潮州，他的家遭受兵灾劫难。同治五年（1866），太平天国十万大军在嘉应州被左宗棠消灭，他一家 30 多口才得以安全回家。但是，他 16 年的私塾读书时期也到此结束。

（2）科举时期（1867—1876）。同治六年（1867），黄遵宪 20 岁，进入州学，开始了他十年科举的功名生涯。同治十一年（1872），他考取拔贡。在经历四次落第后，光绪二年（1876）他 29 岁时，在北京应天乡试中举。这十年科举，是他人生最矛盾和苦闷的时期。

（3）在日五年。1876 年底，黄遵宪成为中国首任驻日本大使馆参赞。1877 年 10 月从上海启程往日本，12 月 6 日抵达日本长崎，开始了他在异国的外交官生涯。光绪八年（1882）正月，他被调往美国旧金山任总领事。因此，他在日本实为四年又四个月；在大使馆参赞任上，则为五年。这里取五年的说法，因为这既是他为官的时间，更重要的是整数便于叙述。在日本五年是黄遵宪一生外交事业的起点，也是他在国际视野下从事文化和文学工作的高峰，更是他思想变化最大的时期。

审视青年黄遵宪的教育成长，是黄遵宪研究的一个比较独特的切入点。

六、黄遵宪与嘉应

嘉应州是黄遵宪的故乡，它在黄遵宪的人生中有特别重要的意义。

在日本参赞五年后，除了请假回国撰写《日本国志》两年，黄遵宪还担任了十余年的外交官和五年的国内官吏。正值黄遵宪的事业如日中天的时候，平地惊雷，神州遭遇历史巨变，戊戌政变后他被贬回嘉应。从此，他再没有走出嘉应，1905 年在嘉应的家中含恨去世。

嘉应州是清代雍正时期成立的客家州。客家所居多是穷乡僻壤，嘉应也不例外。这里土不饶，物不丰，民多憔悴困穷。公度祖上家境贫穷，祖父竹笠草履，包饭趁墟，艰难度日。黄遵宪在《二十初度》中说："离乱艰难际，穷愁现在身。"《武清道中作》又说："地况穷荒远，人兼琐尾残。"虽然有的人是愈穷愈拙，但黄遵宪是例外，他虽然生在荒凉的穷乡，却成为慷慨的奇才。康有为《人境庐诗草序》说："嵚崎磊落轮囷多节英绝之士，吾见亦寡哉！苟有其人欤，虽生于穷乡，投于仕途，必能为才臣贤吏而不能为庸宦，必能为文人通人，而不能为乡人；苟有其人欤，其为政风流，与其诗文之跌宕多姿，必卓荦绝俗，而有其可传者也。吾于并世贤豪多友之，我仪其人欤，则吾乡黄公度京卿其不远之耶？公度生于嘉应州之穷壤，游宦于新加坡、纽约、三藩息士高之领事馆，其与故国中原文献至不接也。而公度天授英俊之才，少而不羁，然好学若性，不假师友，自能博群书，工诗文，善著述，且体裁严正古雅，何其异哉！"一言以蔽之：嘉应本是穷困之地，却出了黄遵宪这样的天才通才。他在政绩、文学等领域均英伟卓绝。康有为提出了嘉应之穷乡与黄遵宪的奇伟这样一个令人难以理解的悖反现象，见解独特。那么，怎样理解这种现象？嘉应与黄遵宪之间的关系，到底有何奥妙呢？

这些追问，是激发本书探讨青年黄遵宪的重要原因。

007

第一章　上学读书

人之所以为人，在于文化。先秦荀子说："（学）为之，人也；舍之，禽兽也。"① 任何杰出的人，都是文化教育的结果，黄遵宪也不例外。

但是，黄遵宪的学习与教育也有其独特之处。他的家乡并非教育资源丰富之乡，而是中国偏僻荒凉的地方。《荀子·荣辱》又说："人之生固小人，无师无法则唯利之见耳。人之生固小人，又以遇乱世，得乱俗，是以小重小也，以乱得乱也。"生在穷乡可能成为愚昧小人，然而穷乡出了名士，这使黄遵宪的教育更有研究价值。

对此，较早提出这个问题的是清朝同治年间广东提学使何地山的幕宾周朗山。同治十二年（1873），他在《赠公度》中说："名山无平峰，沧海无浅流。古来豪杰士，岂与九民侔……当年铁汉犹思刘，奇士磊落逢荒陬。"朗山在"当年铁汉犹思刘"下注："君有《铁汉楼诗》，甚健。"周朗山以名山、沧海比拟，把黄遵宪与宋代名臣铁汉刘元城相提并论。尤其是"奇士磊落逢荒陬"一语，既是对黄遵宪的赞赏和期许，也点出了奇士与荒陬的矛盾关系。这个在广东省学使衙门工作的官员，从教育学的角度，提出了一个有趣而又深刻的研究课题。

作为客家人的乡土景观，嘉应州是偏僻荒凉的，而且这是自古而然的。宋淳熙八年（1181），诗人杨万里经过梅州时写有《明发梅州》，其中说道：

> 市小山城寂，船稀野渡忙。
> 金暄梅蕊日，玉冷草根霜②。

南宋以后，梅州的人口约一万人，城内数百人。州城不到两个足球场大，即使集市也常常寂静无人。只有城南的梅江渡口，一条孤零零的渡船

---

① 荀况. 荀子·卷一［M］. 上海：上海古籍出版社，1989.
② 杨万里. 诚斋集·卷十七［M］. 上海：中华书局，1936.

在早上人们集中出行时显得有些繁忙，让杨万里在此等了很久。在等渡船的间隙，他环视四周，只见梅江边漫山遍野的金色梅花，在繁霜中星星点点地凋零在野草根上。七百多年后的清同治年间，虽然名称已改为嘉应州，但梅州借以得名的梅花依旧，城市的荒凉也依旧。杨万里留下的宋代梅州剪影，像一幅山水画，十分素雅可人。但是，作为生活环境，它极大地限制了黄遵宪的教育和成长。张其翰《挽吴云帆大守》："呜呼，苍天何不活我穷边绝徼之编氓。"梅州是"穷边绝徼"之荒地，得到时人的认同。公度《致梁启超书》说："平生最不幸者，生于偏陋下邑，无师无友，踽踽独行。"① 道出了他在穷乡求学的万般无奈。公度就生长在这样无师无友、孤独求索的环境中。但是，他为什么能从这样的荒陬僻野中脱颖而出呢？其教育和成长又有什么奥秘呢？

第一节　前人研究

实际上，对于青年黄遵宪的学习和教育过程，学术界的研究比较少。早期有黄遵宪兄弟黄遵楷的《先兄公度先生事实述略》，以及堂弟黄遵庚的《黄遵宪生平事迹》②。照理说，他们是黄遵宪的至亲兄弟，在嘉应州攀桂坊与黄遵宪一起长大，对黄遵宪小时候的事耳闻目睹，应该拥有丰富的第一手资料。事实却并非如此，他们的文章中只有粗略的回忆，并没有多少具体的细节和内容，甚至还有明显的错误。黄遵宪身边的亲人尚且如此，其他人的研究文章便可想而知了。此后的文章也大体没有超越黄家两兄弟的范围。2006 年，黄升任的《黄遵宪评传》在第一章第二节《诗书生活》中对黄遵宪的读书生活有所介绍，大略如下：黄遵宪很早就开始接受严格的传统教育，4 岁入学，日课《三字经》《百家姓》，10 岁开始练习写诗……青年时代的黄遵宪意气风发、倜傥自负，喜欢与志同道合的青年朋友诗酒酬唱，激扬文字。③ 内容粗略，对他的教育过程的叙述仍然没有多少实际的内容。

2002 年出版的《黄遵宪师友记》中，列有与黄遵宪有关的师长、亲属、诗友、同事、友朋、海外人士、政敌和学生等 500 多人。在黄遵宪的师长中，列出的人有光绪皇帝爱新觉罗·载湉、皇太后慈禧、清代大臣宝

---

① 郑海麟，张伟雄编校.黄遵宪文集［M］.东京：中文出版社，1991：194.
② 陈铮.黄遵宪全集·卜［M］.北京：中华书局，2005：1573，1586.
③ 黄升任.黄遵宪评传［M］.南京：南京大学出版社，2006：47－49.

鋆、陈宝箴、陈兰彬、崇厚、何如璋等47人①。文章用力甚勤，观照面大，搜罗宏富，其中还出现了嘉应州留余堂的张其翰先生。张其翰，黄遵宪亲口称他为师。黄遵宪《哭张心谷士驹六首》自注说："余与心谷及家锡璋兄，均以早慧知名，里中称为三才子。先凤曹师于壬戌之秋，在咏花书屋招饮赏菊，作忘年会。尔后，时以诗社相邀，见辄呼为小友。"壬戌，清同治元年（1862），其时先生15岁。凤曹，即张其翰，嘉应人，张其翮之兄。他对公度十分欣赏，他读了公度的《王右军书兰亭序赋》后写道："昔欧阳公有云：'三十年后，世人知有子瞻，不知有老夫。'前贤畏后生，他日请念之。"但张其翰并非塾师。光绪《嘉应州志》卷二十二载，从1859年太平天国大将石镇吉进攻嘉应州城到1865年太平天国康王汪海洋攻嘉应的这段时间，张其翰一直在嘉应主持团练军务，并因"内搜乡团，外睦诸将，积劳成疾"。壬戌年间，正是张其翰在嘉应主办团练的时期，并非在私塾中教书。故黄遵楷称他为"乡先辈张榕石老人"②，而不称他为师，可见他并不是黄家私塾中的教书匠。

但是，张其翰是嘉应州的名人。《张其翰传》："张其翰，字凤曹，号榕石老人，道光壬午（道光二年，1822）举人，官广西知府，历署柳州、浔州两府知府，著有《仙花吟馆诗文稿》。"③ 除了《仙花吟馆诗文稿》，《嘉应州志》卷二十三载，张其翰还著有《咏花书屋赋钞》《左氏撷腴》《经说语要》等数十卷。他不仅是官吏，也是学者和诗人，还是嘉应州文坛的领袖，深得黄遵宪尊敬。咏花书屋，是张其翰的书斋，门上对联云："结庐老梅树下，读书深柳堂中。"横额即"咏花书屋"。他常在咏花书屋聚集诗友，诗酒唱和，参加者以留余堂张家晚生后辈为主，也邀请嘉应州著名的诗人，如黄遵宪、张心谷、黄锡璋等常为座上宾。张养重《咏花书屋梅花盛开用东坡松风亭下梅花盛开原韵》："我家凤住梅花村，梅花开时萦梦魂。前年移植咏花屋，读书梅下忘朝昏。"张乔森《咏花书屋春暮有感》："阴柳摇曳碧栏遮，庭院沉沉午不哗。燕子归来春又暮，乱红如雨扑窗纱。"这些产生于咏花书屋诗会上的作品，折射出张其翰一年四时以花会友的盛况。《梅水诗传》卷五黎炳枢有《张凤曹世兄招饮东塘别墅》诗，"东塘"即嘉应城东的东门塘，离张家围不远，梅州风流一时会聚张家围

---

① 蒋英豪. 黄遵宪师友记［M］. 上海：上海书店出版社，2002.

② 黄遵楷. 先兄公度事实述略［M］//陈铮. 黄遵宪全集·下. 北京：中华书局，2005：1573.

③ 张榕轩，张芝田，刘燕勋. 梅水诗传·卷三［M］. 清光绪二十七年（1901）刻本.

和东门塘。1862 年秋菊开放时节，张其翰在自己家开菊花诗会，黄遵宪被邀在座。此时，张其翰已是 66 岁的老人，黄遵宪还是 15 岁的少年，故云"忘年交"。在菊花酒会，人人即席赋诗，黄遵宪酒酣耳热也赋诗一首，还得到张其翰的品评和指点，故黄遵宪尊他为"先师"。公度"咏花书屋""招饮""忘年会""诗社""小友"等语，透露出张其翰是以诗社领袖而成为公度写诗的老师，而非私塾的塾师。张家围成为嘉应州城的诗社中心，张其翰凭借为官的方便，四时常以赏梅花、菊花、桃花等为名目组织诗社活动。文人们在诗酒唱和中构建嘉应州的诗歌创作和文化风气，锻炼和培养年青一代诗人，这已经比较接近今天意义上的老师了。但严格地说，与其他 46 人一样，他仍然是广义的老师。而教黄遵宪读书识字的真正的老师，却一个也没有找到，这不能不说是一个遗憾。当然，因资料所限，学界也缺乏这方面的专门研究。

本章通过黄遵宪故乡的地方史料，结合黄遵宪的诗文，对黄遵宪的教育和成长过程作专门的探讨。

黄遵宪的教育过程可分为三个阶段：学前教育，小学教育，大学教育。

第二节　学前教育

黄遵宪的学前教育主要得益于其曾祖母。曾祖母成为黄遵宪的第一个老师具有偶然性。黄家先祖从福建邵武迁入广东嘉应，始迁祖黄文蔚，初居嘉应州的镇平县（今梅州市蕉岭县），再迁至嘉应州城之南 30 里的黄居坪（今属梅县区的梅南镇），后移居嘉应城东门外一里的攀桂坊。三次迁移，黄家完成了从乡下到州城的战略转移，故曾祖黄学诗才得以与嘉应城著名的进士、翰林院检讨李象元的孙女联姻。黄遵宪的高祖黄润，以经商起家，但是其儿子黄学陶、黄学锦为贡生，曾孙黄基为同治二年（1863）癸亥恩科进士；这表明黄家既注重文化，也重视商业。黄遵宪的曾祖黄学诗、祖父黄际升，均继承祖业经商，渐至殷富；父亲黄鸿藻则全力从文。

黄遵宪出生时，其父黄鸿藻正苦读举业。黄鸿藻（1828—1891），字砚宾，号逸农，清咸丰六年（1856）举人，曾任户部主事、广西思恩府知府等，著有《退思书屋诗钞》《逸农随笔》《逸农二笔》《逸农三笔》《逸农四笔》《逸农五笔》和《思恩杂著》等。他有五子四女，黄遵宪是长子，吴夫人所出。黄遵宪出生时，父亲只是一个 21 岁的青年士子。公度 9

岁（1856）时，黄鸿藻考中举人，后在京城和广西为官，无暇顾及子女的教育。特别是黄遵宪2岁时，其弟黄遵模出生，兄弟俩争奶吃，母亲吴氏难以兼顾。这时，76岁的曾祖母李太夫人主动承担起抚育公度的任务，她不顾古稀之年身体虚弱，尽心尽意地抚养和培育黄遵宪。

稍有经济能力的人，都十分重视子弟的学前教育。《颜氏家训·教子》说："当及婴稚，识人颜色，知人喜怒，便加教诲，使为则为，使止则止。比及数岁，可省笞罚。父母威严而有慈，则子女畏慎而生孝矣。"李太夫人深知学前教育的重要，在抚养过程中，她发现公度的禀赋不凡："此儿生属猴，聪明较猴多。"她对公度极为疼爱，以"艳艳如莲花"的女儿装打扮他，同时也加强了对他智力和知识上的培养。公度《曾祖母李太夫人述略》："遵宪生周岁，引与同寝。甫学语，即教以歌诗。"《拜曾祖母李太夫人墓》[①] 又说：

> 我生堕地时，太婆七十五。明年阿弟生，弟兄日争乳。
> 太婆向母怀，伸手抱儿去。从此不离开，一日百摩抚。
> 亲手裁绫罗，为儿制衣裳。糖霜和面雪，为儿作饩饧。
> 发乱为梳头，脚腻为暖汤。东市买脂粉，赪面日生香。
> 头上盘云髻，耳后明月珰；红裙绛罗襦，事事女儿妆。
> 牙牙初学语，教诵《月光光》。一读一背诵，清如新炙簧。
> 三岁甫学步，送儿上学堂。

诗歌回顾了曾祖母抚养和教育他的过程：2岁时亲手抚育和喂养，3岁时便开始讲故事、读诗歌以开发智力。教黄遵宪读诵的儿歌有《月光光》《麻雀子》《千家诗》，其中公度记忆最深刻的是《月光光》。《月光光》一歌各地均有，但客家地区的较为有名。客家地区《月光光》的版本也很多，如《月光光好种姜》《月光光秀才娘》《月光光秀才郎》《月光光树头背》《月光光岭子背》等。嘉应城的《月光光秀才郎》说：

> 月光光，秀才郎，骑白马，过莲塘。
> 莲塘背，种韭菜，韭菜花，结亲家。
> 亲家门前一口塘，放个鲤嫲八尺长。

---

① 黄遵宪著，钱仲联笺注. 人境庐诗草笺注·卷五［M］，上海：上海古籍出版社，1981.

长个拿来煮酒食，短个拿来教姑娘。

讨的姑娘矮笃笃……

它以三字句开头，后结以七言。但是，大埔县的《月光光》："月光光，秀才郎，骑白马，过莲塘。莲塘背，种韭菜，韭菜花，结亲家。"① 则全为三言，相当于嘉应城《月光光》的前半。嘉应的另外一个版本《月光光》："月光光，秀才郎，骑白马，过莲塘。莲塘背，种韭菜；韭菜黄，跳上床；床无杆，跌落坑；坑圳头，看黄牛。黄牛叫，好种猫；猫头鸡，好种鸡；鸡入埘，好唱戏。唱戏唱得好，虱嫲变跳蚤。跳蚤跳一工，虱嫲变鸡公。"这些不同的版本既有联系又有区别，反映出人们在实际生活中对《月光光》添加歌词即兴创作的特点。但是，它们大多以三言诗为主。三言诗比较适合初学说话的儿童，这种缓慢的一字一顿的童语特征，更容易让儿童开口和记忆。"鲤嫲"，指母鲤鱼，客家人称雌性动物和人为"嫲"。"教"，即"换"。儿歌音乐悠扬，歌词也很美丽，它描绘了在童话世界中人从儿童到青年的人生过程，情节连贯，意境优美。月光、韭菜、池塘、鲤鱼等生活景观既熟悉又生动；新娘、美酒等意象表现出客家人的幸福观；秀才、白马等形象寄寓了客家人的人生理想和追求。

文艺对儿童教育有特殊的作用。王粲《荆州文学记官志》："夫文学也者，人伦之首，大教之本也。"古希腊人认为，儿童时期的音乐文艺教育十分重要，苏格拉底说："儿童阶段文艺教育最关紧要。一个儿童从小受了好的教育，节奏与和谐浸入了他的心灵深处，在那里牢牢地生了根，他就会变得温文有礼。"② 文艺借助审美的力量，潜移默化地熏陶和影响人，是最好的教育方法。《吕氏春秋·诬徒》："达师之教也，使弟子安焉、乐焉、休焉、游焉、肃焉、严焉。"李太夫人虽不是达师，但她以《月光光》等儿歌教育公度，深得达师之道，不知不觉影响着公度的才智和思想品德。

同时，祖父黄际升又教他背诵《千家诗》《三字经》等童蒙读物，因此公度在上学前已能背诵这些诗歌了。

---

① 温廷敬总纂．（民国）新修大埔县志·卷十五［M］．民国三十二年（1943）
② 柏拉图．理想国［M］．郭斌和，等译．北京：商务印书馆，1986：108.

第三节 小学教育

这里的"小学",指以识字为主的基础教育,相当于今天的小学和初中。

黄家的私塾,名叫"桐华馆"。公度好友兴宁胡曦《长歌赠公度》:"子家梅水梅之峰,门前百尺多梧桐,结庐人境音为蹬。"描绘了黄家屋外的山水景观和梧桐绿化等特色,桐华馆便因屋外高大成排的梧桐树而得名。黄遵宪多次写到他家的梧桐,《月夜》:"梧桐庭院凤凰枝,六尺湘帘跣地垂。长记绮窗相对语,二三更后夜凉时。"私塾外面有高大的梧桐护卫着庭院,里面是六尺长的垂地湘帘。私塾的窗户是楠木雕花的绮窗,即使在夏天,二三更后梧桐树下也夜凉如水。公度《怀诗五》又说:"月下梧桐影,徘徊夜不眠。"他与同学常常在梧桐月影下长夜清话,徘徊畅谈,度过了一个个不眠之夜。他在《武清道中作》中又说:"绿树如云拥,门前百尺桐。"《代柬寄诗五兰谷并问诸友》还说:"覆地桐阴绿,中为人境庐。"高大的梧桐,浓密的树荫,清新幽静的环境,成为黄家屋外鲜明的大地景观。黄家的正屋后更名荣禄第(今梅州客家區额博物馆),它坐北朝南,浩浩梅江从西南迤逦而来,涓涓周溪从东北曲折而去,人境庐俯视周溪而远眺梅江。周溪源出县东北葵岭,在百花山下环绕如带。百花山又叫百花障,它高十余丈,起伏连绵如城堞。山上百花盛开,花团锦簇,与百花洲遥遥相对,为城东之门户,也是县东一大美景。清代著名诗人赵执信《鼓枻集》之《月夜泊程乡》:"遥应结幽梦,仙嶂百花洲。"[①] 山水怀抱中的黄家墙外,种满了南方的水果,有荔枝、芭蕉、桃李等,它们与丛竹、柳树、梧桐形成绕屋的绿荫。外面还有菜园、瓜架、药圃和茅亭:"门前几株树,树外一亭茅","叶叶蕉相击,丛丛竹自鸣"。"移桃接李尽成春,果硕花浓树愈新"写出他家绿野绕屋的环境。公度《人境庐杂诗》"忽作通宵雨,来登近水楼"写出他家私塾门前烟水缭绕的景象。黄遵宪就在这梧桐参天、"藤花压架"的环境中读书学习。

黄遵宪家私塾的老师,黄遵宪《李母钟太安人百龄寿序》等文中提到李伯陶,是他的启蒙老师。此外,还有张其翮、张芝晖等。黄遵宪家私塾的同学,除了黄家的兄弟,还有在桐华馆借读的张思诰、梁诗五等。张思

---

① 赵执信. 因园集·卷五 [M]. 上海:上海古籍出版社,1986.

诰《出都留别黄砚宾年伯公度同年简堂仲弟》说："羁旅光阴草草过，故园亲友更如何？梧桐秋雨追清话，兰叶春风忆浩歌。"在"梧桐秋雨"句下自注："公度桐华馆，予曾附读其中。"①

公度自称发蒙时 3 岁，钱仲联的《黄公度先生年谱》定为 4 岁。其实，3 岁、4 岁只是虚岁与实岁的差别，无实质的差异。三四岁是今人上幼儿园的年龄，读书尚早，但李太夫人年近八旬，照看公度比较吃力，加之公度天才早慧，故特地让他开蒙上学。

古人十分重视儿童的发蒙。晋人束皙有《发蒙记》，东晋顾恺之有《启蒙记》，敦煌文献中有《开蒙要训》，这些以启蒙为名的教材体现了古人的启蒙思想。公度的发蒙由其曾祖母一手安排，首先她选择李伯陶为启蒙教师。黄遵宪《李母钟太安人百龄寿序》："伯陶先生尝馆吾家，为遵宪开蒙。"李伯陶，字学源，清广东嘉应州人，他是李太夫人娘家的侄孙。选他为师，原因有三：第一，出于他人格忠诚可靠，又因为亲戚间彼此信赖且容易沟通。第二，李太夫人把公度发蒙定在清咸丰元年（1851）八月。嘉应风俗，学生发蒙一般在正月，但李太夫人认为，八月蛇开眼，此时发蒙"开眼"有利于公度成龙。第三，发蒙以后，李太夫人还不时到学堂察看。由于公度年纪太小，李太夫人叮嘱老师对他宽缓一些。黄遵宪《拜曾祖母李太夫人墓》："知儿故畏怯，戒师莫严庄。"李太夫人不仅每天过问他的学习，还不时到学堂看他。黄遵宪《李母钟太安人百龄寿序》：

> 李氏故里与吾家有连，伯陶先生尝馆吾家，为遵宪开蒙。曾祖母李太夫人，时八十，特钟爱余。晨餐毕，促吾母抱来。日可中，母又挈之去。太孺人每来馆视先生，辄引手摩吾顶，问儿饥否？冷否？书熟否？曾受挞否？太孺人视吾母犹侄也，邂逅相遇，即刺刺语不休。先生谓余曰：此母四十年前事，犹在目前。遵宪亦恍惚记之。嗟夫！吾母而生存，今仅七十余岁耳。遵宪不肖，东西南北，奔走海内外，王事靡盬，不遑将母。吾母墓上之草，离离色碧者，荣枯已十数次矣。今乃随诸君子之后，捧觞以寿太孺人，且悲且骞，又以叹先生之福为不可及已。……立吾兄弟，其益勉之，以报祖德，以扩亲欢。②

---

① 张榕轩，张芝田，刘燕勋.梅水诗传·卷八［M］.清光绪二十七年（1901）刻本.

② 郑海麟，张伟雄编校.黄遵宪文集［M］.东京：中文出版社，1991：139 - 140.

此李母钟太安人，即黄遵宪启蒙老师李伯陶的母亲。在公度启蒙的岁月里，曾祖母李太夫人与李伯陶先生密切配合，加上公度母亲，先生的母亲钟太安人，都十分关心公度的学习和生活，把对幼童的关心与知识的传授协调起来，完成了由学前教育到学校教育的过渡。李太夫人、钟太安人与伯陶先生也成为他一生中深深铭记于心的人。

李伯陶先生发现公度很有天赋，对公度的教育也格外尽心。据黄遵庚《黄遵宪先生平事迹》，在公度识字教育完成后，先生即课以《四书》和朱熹的注，接着课《五经》等科举必读书。此外，还教他《唐诗三百首》等。这些教育，一般需要五六年时间。清施闰章《业师刘伯阳先生墓表》载，他7岁发蒙，六年后学完《孝经》、小学等内容，闰章能写作时先生始去①。公度10岁时上学已六七年，识字教学告一段落，开始学习写诗作赋。公度《己亥杂诗》之四十二云：

一路春鸠啼落花，十龄学步语牙牙。锦袍曾赋小时月，月照恒河鬓已华。

自注："十龄学为诗，塾师以梅州神童蔡蒙吉'一路春鸠啼落花'句命题。余有：'春从何处去，鸠亦尽情啼'语。师大惊，次日令试'一览众山小'。余破题云：'天下犹为小，何论眼底山。'因是，乡里甚推异之。'小时不识月'，余进学时赋题也。"②

诗歌加上自注，回忆了他初学写诗的情景，伯陶先生命以"一路春鸠啼落花"的题目作诗。此句出自宋代梅州神童蔡蒙吉的《游王寿山》："王寿山头石径斜，不知何处有仙家？烟霞踏遍芒鞋破，一路春鸠啼落花。"先生以此为题有多重用意：第一，它是神童的作品。蔡蒙吉，梅州程乡人，12岁应童子科，赐进士出身，授迪功郎，韶州司户。第二，它是客家文化中的名篇。第三，蔡蒙吉是民族英雄。元将易正大率兵攻陷梅州时，蔡蒙吉坚持民族气节，骂贼而死。文天祥收复梅州后，对这位民族英雄隆重下葬。③ 以他的诗歌为题，体现了老师用乡贤的事迹从才智和气节上激励公度的用心。公度不负厚望，写出了"春从何处去，鸠亦尽情啼"的诗

---

① 施闰章. 学余堂文集·卷二十二［M］. 上海：上海古籍出版社，1986.

② 黄遵宪著，钱仲联笺注. 人境庐诗草笺注·卷九［M］. 上海：上海古籍出版社，1981.

③ 张榕轩，张芝田，刘燕勋. 梅水诗传·卷一［M］. 清光绪二十七年（1901）刻本.

句，令先生心中暗喜。第二天，老师又以"一览众山小"为题命学生作诗。此题的直接出处是杜甫《望岳》："会当凌绝顶，一览众山小。"它的典故则是《孟子·告子下》："孔子登东山而小鲁，登泰山而小天下。"黄遵宪此时熟悉此典，他避开杜甫，从孔孟源头直接擒题，破题即云："天下犹为小，何论眼底山。"① 这些写作，表现出公度从反面落笔，入手擒题，思维活跃的特点，令老师对他刮目相看。

这段教育佳话，在嘉应还有异说。黄遵楷《先兄公度先生事实述略》中说："先兄少聪颖，先曾祖母孙曾数十人，特钟爱之，甫学语，即教以诵诗识字，亲属多衔之。一日，先曾祖母命试以诗，题曰：一览众山小。先兄应声曰：天下犹为小，何论眼底山。先曾祖母喜曰：此儿志趣远大，他日将穷四极而步章亥，吾宁勿爱乎！"② 黄遵楷记为其祖母事，当是回忆之误，应以公度自己所记为准。

公度这段习作的佳话，在嘉应民间广为流传，甚至衍生出关于他命运的神秘传说。香港《星岛晚报》1965 年 6 月 5 日副刊《观人于微》专栏《相貌五秀格饱学多才》一文载：塾师见其赋句，讶为不凡。乃至先生家，为之看相。塾师云："公度的相貌，是个五秀格，将来必非池中物。且他额高而广，少年应举。驿马高耸，宜向外发展。中运必作大官，光大门闾。惟唇掀略短，恐难过六十之寿耳。"文章还说：塾师和他看相之言，后来果然真的准确。公度才华早著，与张心谷、黄锡璋齐名，被称为嘉应三才子。在神秘论者看来，公度的卓越才华会带来很好的官运，但是，将与他的年寿相克。这当由传信传疑而渐成小说。塾师就是李伯陶先生，他本住在黄家，对黄遵宪很熟悉，哪里会见其赋句而到黄遵宪家为他看相的事发生？姑妄言之，姑妄听之吧。这也反映出黄遵宪少年读书的故事流传之广。

在这期间，公度还学习作赋。除了题目取自李白诗歌的《小时不识月》外，12 岁时，他作了《王右军书兰亭序赋》。黄遵楷《先兄公度先生事实述略》："年十二，作王右军书兰亭序赋。乡先辈张榕石老人手书其牍曰：欧阳公有云，十年后，世人知有子瞻，不知有老夫。前贤畏后生，他日请念之。"张榕石，指张其翰。此事在黄遵宪《王右军书兰亭序赋序》也有载③，二者大同小异，当可信。公度自幼读书写作，均浸润在中国古

① 黄遵宪著，钱仲联笺注．人境庐诗草笺注·卷九［M］．上海，上海古籍出版社，1981：823.

② 吴天任．黄公度（遵宪）先生传稿［M］．台北：文海出版社，1979：20.

③ 黄遵宪．人境庐集外诗辑［M］．北京：中华书局，1960：133.

代名家名作之中。

这些客家少年郎读书写作的故事,是"嘉应三才子"天纵英才的重要组成部分。它们暗示一些客家新星即将在嘉应上空冉冉升起,既是嘉应少年聪明才智的故事,也是嘉应人的希望所在。

在这些故事中,公度的精神特点已初步显露。首先,他才智卓异。习作大多立意高远,大气磅礴,笔下风雷滚滚,显露了他的才情和智慧。其次,他见解独特、思想深刻。看问题常从大处着眼,思维敏捷,能抓住事物本质;善于从反面入题,豪放自信,富有批判精神。黑格尔《法哲学原理》:"萌芽虽然还不是树本身,但在自身中已有着树,并且包含着树的全部力量。"人的精神是一个内在的逻辑发展过程,人的一生均从其最初的出发点发展而来。少年公度已表现出出色的才能和思想,印证了李太夫人"聪明较猴多"的论断。而且,其大气和霸才特征,也隐约可见。公度上学时,其作诗的故事在嘉应街头巷尾传扬。伯陶先生对公度的教育倾尽心力,其教育方法是成功的。曾祖母在选择启蒙老师上极具慧眼。

黄遵宪对恩师李伯陶的恩情铭记终生。在公度自己提到的老师中,除了指点诗歌的张其翰,李伯陶先生是唯一的一位。戊戌政变后,黄遵宪回乡蛰居,为了故乡,也为了实践他早年在《杂感》和《感怀》中阐述的教育改革思想,他致力于创办新式学校。在公度创办的嘉应初级师范(后改为东山书院)的正壁墙上,悬挂着李伯陶先生的画像,成为学生们的祖师爷。公度对他的无比敬重和深厚感情,由此可见。光绪二十五年(1899),黄遵宪为启蒙恩师李伯陶的母亲钟氏作《李母钟太安人百龄寿序》;三年后的光绪二十八年(1902)正月初七,时年55岁的黄遵宪,再作《钦旌百寿诰封太宜人李太师母钟太宜人像赞》(以下简称《像赞》):

维我高祖,称百岁翁,少历艰屯,晚乃亨通。今太宜人,处境略同。知其富贵福泽之克昌厥后,而未知其忧虞憔悴曾集于其躬。当其举案相夫,则夫为梁鸿;及其折荻教子,则子为桓荣。逮于含饴弄孙,则英英济济,为贾氏之三虎,为荀氏之六龙。为蟠根之李,为秉礼之钟。有恒其德,有日卒其容。宜此象服,彰我管彤。岂非诗人之所谓君子,女史之所谓女儒宗者欤?

大清光绪龙飞二十有八载壬寅岁新春人日,门下晚学生年再侄黄遵宪拜手敬题,门下晚学生年再侄黄遵楷拜手敬书。①

---

① 黄广昌. 黄遵宪佚文《李太师母钟太宜人像赞》[N]. 梅州日报, 2009 - 10 - 04.

此《像赞》为黄遵宪死前三年所题，公度手撰，由其弟遵楷书写，题在穿戴庄严服饰的李太宜人画像的上方。画像由李母曾孙李绮曾珍藏，此文为《黄遵宪全集》失收的一篇佚文。《像赞》一开始，把李母与自己的高祖黄润并提，他们都是百岁寿星，公度对恩师和恩师的母亲的崇敬之情，溢于言表。

《像赞》是真实的，它还可以在黄遵宪的诗歌中得到印证。《人境庐诗草》卷九《己亥杂诗》之四十云："黄鹄都非五尺童，日催人老日龙钟。呼名摩顶回头道，两颊差如百岁翁。"诗后自注云："随李伯陶先生谒其母钟大孺人，年九十八矣。百岁翁，谓余高祖也。"己亥，即光绪二十五年（1899），它比《像赞》早三年。但是，无论是己亥诗歌，还是三年后的《像赞》，均把李母与自己高祖黄润相提并论，情感与语气也很相近，《像赞》的真实性不容置疑。《像赞》与诗歌均为黄遵宪为李母钟氏而作，但是字里行间都是对启蒙老师李伯陶——李太师终生难忘的感激之情。

第四节　大学教育

这里的"大学"，是用中国古代教育学中的概念，指思想和学术教育阶段。《礼记学记》说："古之教者，家有塾，党有庠，术有序，国有学。比年入学，中年考校。一年视离经辨志，三年视敬业乐群，五年视博习亲师，七年视论学取友，谓之小成；九年知类通达，强立而不反，谓之大成。夫然后足以化民易俗，近者说服，而远者怀之，此大学之道也。"[①] 九年之后进入大学教育，与今天高中后升大学相近。朱熹说："古者初年入小学，只是教之以事，如礼乐射御书数及孝弟忠信之事。自十六七入大学，然后教之以理，如致知、格物及所以为忠信孝弟者。"[②] 由于资料限制，黄遵宪大学阶段的教育一直是个空白。细译嘉应诗歌和地方史料，还大致可考。

黄遵宪大学阶段的第一位老师是嘉应张芝晖。虽然黄遵宪本人没有提到他，但这在嘉应州不是秘密。《梅水诗传》卷六《张芝晖小传》载："张芝晖，字岳生，诸生。岳生诗笔清瘦，酷肖其人，年三十始青一衿。生平藉馆谷以为生，黄君公度出其门下。"张芝晖《岁暮感怀》诗也与此

① 郑玄注，孔颖达疏．礼记正义·卷三十六［M］．北京：中华书局，1980.
② 黎靖德．朱子语类·卷七［M］．北京：中华书局，1994.

相互印证，他说："孰是邀新赏，谁为刮目先？坐中有佳士，云路快联翩。"这位令人刮目相看的"佳士"，就是黄遵宪。张芝晖是公度在李伯陶先生之后的第二位老师，也是他大学阶段的第一位老师。

在此期间，公度已经开始学习科举时文《八铭篇》等。公度《己亥杂诗》之八十二："寒炉爆栗死灰然，酒冷灯昏倦欲眠。惊喜读书声到耳，细听仍是八铭篇。"自注："八铭篇，乡塾时文课本也。"仍然对少年时苦读的文章记忆犹新。公度《和周朗山珉见赠之作》："打头屋小歌声遒，亦手帖括吟咿嚘。时文国小原莒邹，要知假道途必由。习为谐媚为便柔，招摇过市希急售。"公度住在勤堂第四房的头屋中，时常夜间在此屋中咿唔地读时文，闷倦时也常哼几句山歌。

黄遵宪大学阶段最重要的老师是张其翮。由于张芝晖从小多病、母亲早逝、中年丧妻，太平天国攻打嘉应州时他四处逃难，"假馆在殊方"，离开了黄家的桐华馆。而对于张其翮，在黄遵宪的著作中也从未提到过，但在张其翮著作中记载明白。张其翮（？—1866），广东嘉应州人。《梅水诗传》卷四："张其翮，字凤孙，岁贡生，著有《桐华馆诗钞》……性和平，训诲后学，极其纯挚，故出其门下者多通达之士，若黄生公度京卿、聂生仲芳抚部、鄢生小山中书，其尤著者也。"记载清晰可信。"桐华馆"本是黄遵宪家的私塾名，却成为张其翮的诗集名。可见"桐华馆"是张其翮一生的事业，这不仅是因为他在"桐华馆"中度过悠悠岁月，而且表现出他以在黄家私塾的作为为荣的教师心理。张其翮的家在嘉应城东郊张家围，离黄家的攀桂坊仅一箭之地。张家是梅州的大族，自第八世醴泉公至张其翮十代之中，进士、举人连绵不绝，子孙无一白丁。张其翮是20世纪初期鸳鸯蝴蝶派诗人张资平的从曾祖。在张其翮这一代时，张家人才济济，张其翰、张其翮、张其畴、张其羽、张其翔、张其翼、张其邦、张其枢、张其翮等，都是嘉应著名诗人；张其翰、张其翮官至四品，在嘉应名声显赫。张其翮以开馆授徒为生，在梅州、陆丰和花县等地都曾设馆，弟子遍及粤东。张其翮的门生聂仲芳、鄢小山早已中举为官，其弟张其畴和其子张莘田、张葆田等，都是有名的塾师。黄家与张家还是亲戚，黄遵宪的大妹黄珍玉，嫁张其翮之弟张其翮之长孙张润皋为妻。黄家选择有教育世家声誉背景的张其翮主持桐华馆，也是出于对公度举业战略的考虑。

在张其翮的教导下，公度进步很快。这首先表现在诗歌写作上，公度《人境庐诗草自序》："余年十五六，即学为诗。"虽伯陶先生早已教他写诗，但十五六岁时，他才真正对诗有所解会，才算得上真正进入诗歌创作。正是在此期间，他到张其翰咏花书屋参加诗会。其次，在思想和学术上，他也渐入门庭。公度《致梁启超书》："吾年十六七，始从事于学。"他虽早已读过《四书》和《五经》，但十六七岁时才真正领悟其思想内涵。张其翩对公度十分欣赏，公度是他在桐华馆最得意的弟子，其《乙丑训徒黄氏书塾写怀》说：

> 我生本清贫，疗饥藉文字。假馆江夏家，相去室尤迩。
> 森森列门墙，网络尽杞梓。教训贵因材，但尽吾职尔。
> 中有鸾凤姿，出群无与比。亭亭玉树间，首先屈一指。
> 超然本寡俦，誉之非溢美。具此远到才，坐待风云起。
> 此时着一鞭，后程卜万里。成言我在先，泾渭分彼此。
> 期许定不诬，发轫从此始。欲学窃未能，勖哉二三子。

"乙丑"，清同治四年（1865），公度18岁。1865年嘉应州兵灾，太平天国康王汪海洋率领十万大军占据嘉应及其各县。黄家郡望江夏，"江夏家"即指嘉应攀桂坊的黄家；"中有鸾凤姿"，指黄遵宪。在"超然本寡俦，誉之非溢美"后，诗人自注："谓黄生遵宪。"在黄遵宪研究史上，本诗具有重要意义：

第一，它是最早评论黄遵宪的文献。虽然在黄遵宪青少年时期，夸奖黄遵宪的不乏其人。但是，嘉应三才子之类的均为口头形式，或未见诸文字，或为黄遵宪后来的追忆。诗人们在诗酒唱和中比较早写到黄遵宪的，如黄祖培的《再赠公度》、萧鄂华的《赠黄公度学博北上廷试》、张思诰的《寒夜同公度简堂》和《出都留别黄砚宾年伯公度同年简堂仲弟》、黄绍歧的《赠公度兄》、王晓沧的《闻黄公度廉访将奉使日本归自沪上》、张乔柯的《送公度先生腊梅》和《和公度京卿南汉敬州修慧寺千佛铁塔歌》、胡曦的《长歌赠公度》和《感事寄怀黄子公度时尚羁日本差次》等。这些诗歌中，最早的是周朗山的《赠公度》，为同治十二年（1873）作品，比张其翩晚了七八年。在诗歌中评论黄遵宪的记载，张其翩先生是历史上的第一人。故诗人预言说："成言我在先"。他慧眼识才，发现了公度的才华，对他的万里前程做出响亮的预言，并且"立此存照"，以此自豪。虽然，黄遵宪当时不过是桐华馆的学生，但在老师眼中，此时他已是玉树在林，鸾凤出群，即将待风而起。在公度青年时期，嘉应人把他与张士驹、黄锡璋并列，誉为"嘉应三才子"。张士驹早逝，黄锡璋却无踪影。笔者遍查嘉应文献，仍无一字发现。笔者疑黄锡璋即黄锡瓒，因客家话中，璋、瓒音近。《梅水诗传》卷八《黄锡瓒小传》："黄锡瓒，字伯邑，诸生，著有

《寸草心草堂遗稿》。"他曾任高要县令幕僚，住在高要县署之西仓，有《胡宝臣学博招饮宝月台却赠》《奉和南屏太守十二月十九日邀同人集白鹤峰故居为东坡先生生日诗兼步原韵》等五首诗歌传世。但是，即使如此，"三才子"的预言落空了三分之二。然而，张其翃对黄遵宪的预言应验了。在现存的文献中，张其翃是最早高度肯定黄遵宪的人，此诗成为黄遵宪研究的最早资料。

第二，此诗披露了张其翃对黄遵宪的教育计划和策略。张其翃说"教训贵因材"，透露出他对黄遵宪因材施教的教育原则。美国哲学家杜威在教育学上提出兴趣概念，瑞士教育家皮亚杰说："所有智力方面的工作都要依赖于兴趣。"[1]对黄遵宪的教育也应该依赖其才智和兴趣。在此基础上，他针对黄遵宪的不足之处，制订了"此时着一鞭"的教学计划，有的放矢，胸有成竹。事实上，这位鹏程万里的鸾凤，经张其翃再着一鞭后，完成了学业，直奔功名而去了。

黄遵宪对自家的私塾感情深厚，对自己在私塾的学习也十分满意。《人境庐杂诗》其四："出屋梧桐长，都经手自栽。十年劳树木，百尺看成材。莽莽风云会，深深雨露培。最高枝上月，留待凤皇来。"这是一首咏物言志诗，"出屋梧桐长"描写他家的私塾桐华馆；"莽莽风云会，深深雨露培。最高枝上月，留待凤皇来"，则是借物言志；黄遵宪要做非梧不栖的凤凰。这不仅在对桐华馆的描写上，而且在老师张其翃对他的评价"中有鸾凤姿，出群无与比"上，都相互照应，真是师生心有灵犀。

在公度的学生生涯中，张其翃是他最后的老师。公度最早的诗，在《人境庐诗补辑》中是《别岁》，作于甲子年除夕，阳历已是1865年。在《人境庐诗草》中是《乙丑十一月避乱大埔三河虚》，作于乙丑年（同治四年），即公度的诗歌创作起步于1865年。虽早前李伯陶先生教他写诗作赋，但其诗歌创作的真正起点是太平天国到嘉应时。公度《乙丑十一月避乱大埔三河虚》："七年创痛记分明，无数沙虫殉一城。"对于考察公度的诗歌创作有年代学意义，"七年创痛"指1859年太平军翼王石达开帐下大将协天燕石镇吉统领十万大军进军粤东，2月4日兵至嘉应州，2月16日一举攻下嘉应城，军民被杀四千余人，成年男人死亡大半。其时公度才12岁，还不会写诗，故有记忆而无诗歌。6年后，1865年太平天国康王汪海洋再次攻下嘉应，黄遵宪一口气写了20多首诗。1865年是黄遵宪步上诗坛的第一年，也是他诗

---

① 皮亚杰. 教育科学与儿童心理学［M］. 傅统先，译. 北京：文化教育出版社，1981：161.

歌创作的第一个丰收年。此年他还在张其翮的门下。

　　遇到李伯陶、张芝晖、张其翮这样开明而博学的老师，是公度之福。中国乡野的私塾教师，有多少不学无术而又迂腐自大？梁启超《幼学》："吾向者观吾乡塾，接语其学究，蠢陋野悍，迂谬猥贱，不可向迩。退而愧焉忧，愀然思，无惑乎乡人之终身为乡人也。既而游于它乡，而它县，而它道，而它省，观其塾，接语其学究，其蠢陋野悍，迂谬猥贱，举无以异于向者之所见。退而瞠然、芒然、皇然曰：中国四万万人之才、之学、之行、之识见、之志气，其消磨于此蠢陋野悍、迂谬猥贱之人之手者，何可胜道。其幸而获免焉者，盖万亿中不得一二也。"① 黄遵宪便是这万中之一二。而他之所幸，除了自身的聪慧，老师是一个重要原因。

　　不过，张其翮与公度的师生缘，在他写下《乙丑训徒黄氏书塾写怀》后不久结束。1865 年太平天国康王汪海洋攻下了嘉应州，师生各自奔逃。张其翮慌忙向东逃到离城 30 里的长沙，太平军又杀到长沙，他慌忙再逃往丰顺县。太平军覆灭后，第二年四月他启程回家，走到延岭关遇到土匪抢劫，他认出土匪，打算回来后再"申理"。当时，张其翮《乙丑秋避乱南坑继走建桥纪事得诗二首》其二写道："乘得小舸还，迎门儿童俟。一家庆平安，相见俱欢喜。"这番回家后亲人相见大欢喜的场景，却只是他预想和希望的一场春梦。路上淋雨生病，他竟然没能等到回家，猝然死在途中。其子张葆田《述母德九章》其四："先君因乱离，假馆上林邑。膺疾殂中途，时惟儿恃侧。回家跪母前，凄惨遽颜色。母痛摧心肝，痛定难为力。适逢阿兄归，料理事始毕。母惜儿雏龄，遭变益心恻。"战火突降，他与黄遵宪在桐华馆仓促分别，竟成永别。等待黄遵宪的，只是他的老师"料理事始毕"的丧事。

　　乙丑年，黄遵宪也写下了《乙丑十一月避乱大埔三河虚》，其一云：

　　六月中兴洗甲兵，金陵王气复升平。岂知困兽犹能斗，尚有群蛙乱跳鸣。

　　一面竟开逋寇网，三边不筑受降城。细民坚壁知何益，翘首同瞻大帅旌。

　　诗歌首联写太平天国前的清朝形势，颔联写太平天国起事；颈联写清军围剿嘉应的太平天国军的战略部署；尾联写人民对清军统帅左宗棠的期

---

　　① 求世斋校辑. 皇朝经世文编五集·卷四 [M]. 台北：文海出版社，1987.

待，暗示了战争必然胜利的结局。诗歌从大处落笔，从清廷的国运来写围剿嘉应太平军，气魄恢宏，格局壮大，表现出黄遵宪的"霸才"。在《人境庐诗草》卷一中，《乙丑十一月避乱大埔三河虚》为四首；但在钞本中作《乙丑十二月辟乱大埔三河虚题南安寺壁》，有八首。可见，诗歌最初是八首，题写在三河坝南安寺的墙壁上。三河镇，旧称"粤闽关隘"，明嘉靖间，山贼与海盗为害，乡绅贺一宏与市民呈请，始筑墙为城，明饶相有《三河镇建城记》。从此，三河成为梅州通往潮州的水上要冲。从梅江向下游逃难，必经此地。《（民国）新修大埔县志》卷四："三河镇，在县西四十里，三河口西岸。地界闽广，舟车要津。明洪武九年，设巡司，及驿丞。十年，又设递运所。四十三年，筑城，周五百丈。万历末，以巡司兼驿务。今有三河坝市，贸易者星布，为县巨镇。"[1]《（民国）新修大埔县志》卷五："南安寺，在三河。嘉靖三年建，康熙五十三年，僧达传募化重修。"可见，黄家 30 多口在十月从嘉应州逃出后，在大埔的三河镇、南安寺一带栖栖惶惶地流落了两个月。诗歌以八首的组诗形式，以宏伟的格局，抓住重大题材，反映国家大事，十分难得。

公度《人境庐诗草自序》说："余年十五六，即学为诗。"乙丑年，公度 17 岁，与自序所说学写诗，相去不远。乙丑诗歌，是《人境庐诗草》中有纪年可考的最早的诗，距老师的《乙丑训徒黄氏书塾写怀》也不久。《乙丑十二月辟乱大埔三河虚题南安寺壁八首》，可以说是他对老师交的毕业论文。

《乙丑十二月辟乱大埔三河虚题南安寺壁八首》是黄遵宪人生中重要的里程碑：虽然标志着黄家及其私塾桐华馆被毁，但更重要的是，它标志着公度私塾读书生涯的结束，黄遵宪这只鸾凤已经展翅起飞了。

第五节　师长影响

黄遵宪的老师，可知的有三四位。感情深厚的当数李伯陶，但是对他影响最大的是曾祖母李太夫人和老师张其翮。

李太夫人对公度的成才和心理人格的塑造有特殊的意义。李太夫人 18 岁嫁黄遵宪的曾祖黄学诗。她出生在嘉应州一个进士家庭，祖父李象元（1661—1746），字伯猷，嘉应州城内金山人，清康熙三十年（1691）中进

---

[1]　温廷敬总纂.（民国）新修大埔县志·卷四［M］.民国三十二年（1943）.

士，是清代嘉应州第一个进士和第一个翰林。他在京为官，值日于康熙南书房，康熙皇帝还御赐他《王昌龄斋心诗》和《御试律诗》等书；因御试律诗擢第一，获御赐松绿石砚一方，康熙对他赏识可见一斑。他在嘉应城内凤尾阁修建御书楼，名"赐书堂"，以供奉皇帝所赐御书御物。他曾主持山东乡试，所拔学生多成名士。他与名士王士祯、石涛等交往密切，著有《赐砚堂诗集》《惕斋精研性学》等，长洲韩慕庐称他的学问"为粤东之最"。"频荷恩光依日月"的翰林背景，使李家迅速兴盛起来，其子李端为雍正元年翰林，其孙李逢享为乾隆十六年钦点翰林，故李家有"三代皆进士，一门四翰林"的美誉。"得天浩然气"的李象元成为嘉应人苦读的楷模，李象元说："素不识朱门，而能动公卿；素不矜声气，而能卿群英。"这成为穷乡僻壤改变命运的基本方式。自公度高祖经商以来，黄家渐渐殷实，有了培养文化人的经济基础。黄遵宪曾祖业商，但他名学诗，字词海，已体现了黄家生存方式由从商转向从文的趋势。李太夫人嫁到黄家，不仅给黄家带来进士基因，也带来了进士的文化价值取向。黄学诗与李太夫人生六子，长子官云南，四子官福建，已开始由商向文的转折；其六子黄际升，即公度的祖父，虽继承祖业经商，但文化战略是明确的。黄际升的长子黄鸿藻（公度父）弃商从文，乡试中举。在对公度的教育上，李太夫人进士家庭的背景和官宦人家的视野起了重要作用。李太夫人小名郴姑，因其祖官湖南郴州时太夫人生于郴州官署而名。她后来跟随儿子，在云南官舍里生活数年，是个见过世面的人。她很早就看出公度与众不同，赞扬公度的读书天赋："他年上我墓，相携著宫袍。"向童年的公度灌输中举、京城、进士、宫袍等价值观念，对公度的价值观和人生理想有根本的影响。

李太夫人对公度的教育还有特殊的心理情感内容和人类学内涵。在人类情感中，祖孙之情具有特殊的地位。《礼记·曲礼》："君子抱孙不抱子。"对此，古人以祭祀"尸必以孙"来解释。其实，祖孙之情还有特殊的人类学和心理学内涵。古人说，"天命之谓性"。老人最知天命、最富有自然性；初来人间的小孩处在天命和天性的绝对统治中，老与少都处在人类的本真状态，是自然意识和自然天性最强的人。老人不像青年父母那样血气方刚，不像他们因缺乏教育经验而方法简单，态度粗暴。老人和小孩天性相近，容易相怜相惜，心性相通。雅斯贝尔斯说："教育者不能无视

学生的现实处境和精神状况，而认为自己比学生优越。"① 瑞士心理学家皮亚杰《人文科学认识论》说："智力的心理发展也有自己的结构建构。"老人与小孩心理结构相近，教育效果更明显："祖孙只一气，极其诚敬，自然相感。"② 这种自然教育，风生水起，最能潜移默化，使小孩容易形成"祖考精神，便是自家精神"的效果。自然教育使小孩精神结构的建构过程与生理发展过程同步，顺应了儿童精神发生学的规律。因此，在中国历史上，老祖母对孙子的教育具有特殊的效应。《陈情表》中，老祖母刘氏与李密相濡以沫，以人最朴素也最本质的生命情绪温暖、养育他，恩情之深无法言喻。在《项脊轩志》中，归有光的老祖母拿着祖上的象牙笏板，殷切叮咛"儿之成则可待乎"，令归有光终生不忘。老夫人对公度的关怀和教育，在家族中被视为偏心，被偏爱的公度也招来"诸母背我骂"的待遇，老人也被人指责，但是"老人性偏爱，不顾人笑侮"，对公度的关怀依然如故，这令黄遵宪终生难忘。

李太夫人以客家儿歌教育公度，对他也有终生的影响。童年记忆会在人心中留下深深的印记。德国哲学家胡塞尔说："每一种原初给予的直观都是认识的合法源泉。"③ 学前生活中充满自然情调的客家山歌给公度以原初的文学认识，形成了公度的山歌情结。成年后，公度打算编辑客家山歌集，还创作了《山歌十五首》，作阐述山歌理论《山歌题记五则》，其一说："十五国风，妙绝古今，正以妇人女子矢口而成，使学士大夫操笔为之，反不能尔。以人籁易为，天籁难学也。余离家日久，乡音渐忘，辑录此歌谣，往往搜索枯肠，半日不成一字。因念彼（嘉应州）冈头溪尾，肩挑一担，竟日往复，歌声不歇者，何其才之大也。"④ 在《与朗山论诗书》中说："市井之谩骂，儿女之嬉戏，妇姑之勃溪，皆有其意以行其间，皆天地之至文也。"公度对山歌的称颂还见于他处，对山歌体的运用则贯穿在他的文学创作之中。公度的山歌情结缘于《月光光》等客家儿歌。在他心中，嘉应客家山歌是天地之至文，具有"天籁难学"的性质，有着无与伦比的崇高地位。山歌情结还影响了公度的诗歌理论，山歌即百姓的自然之歌，出之于口得之于心，体现了"我手写我口"的原则。公度"我手写我口"的诗界革命论，与他儿时的客家山歌体验和原初记忆有密切的

---

① 雅斯贝尔斯. 什么是教育 [M]. 邹进，译. 北京：生活·读书·新知三联书店，1991：1.

② 黎靖德. 朱子语类·卷六十三 [M]. 北京：中华书局，1994.

③ 胡塞尔. 纯粹现象学通论 [M]. 李幼燕，译. 北京：商务印书馆，1992：84.

④ 郑海麟，张伟雄编校. 黄遵宪文集 [M]. 东京：中文出版社，1991：130.

关系。

张其翻是对黄遵宪成才最后"着一鞭"的老师。他对黄遵宪的栽培之恩和"坐待风云起"的期望，师生在私塾桐华馆的永别哀痛，都使公度终生难忘。最重要的是，张其翻的诗风和诗歌精神在公度身上得到了充分的发扬。

黄遵宪的教育和成长过程给人以丰富的启示。黄遵宪的教育资源并不丰厚，但贫困能使人奋发。《周易·系辞下》："穷则变，变则通，通则久。"《国语·鲁语下》："瘠土之民莫不向义，劳也。"贫困的环境催生了嘉应积极奋进的人文传统，这体现在黄遵宪年近八旬的曾祖母和老师身上就是辛勤的栽培和殷切的期望，加上公度的天赋和奋发有为，使"荒陬"的嘉应出了这样一位"磊落奇士"。

第二章　遭遇太平天国

　　黄遵宪出生之日，清朝就进入多事之秋。《诗经·兔爰》："我生之初，尚无为。我生之后，逢此百罹。尚寐无吪。"① 黄遵宪正是这样，他在《乙丑十一月避乱大埔三河虚四首》其二中说："《南风》不竞死声多，生不逢辰可若何。"在《二十初度》中说："我生遂多事，臣壮不如人。"他多次为自己生不逢辰而叹息。他出生于鸦片战争爆发的第八年，中国多难的近代史刚拉开序幕；1851年他4岁时，中国的大乱发生，祖籍嘉应州的洪秀全在广西起事；他12岁时，太平天国第一次攻占他的家乡嘉应州；他13岁时，英法联军攻陷北京；他18岁时，太平天国第二次攻占嘉应州。随后1894年中日甲午战争使清王朝败绩，以及1898年使他几乎丧命的戊戌政变。他去世后第三年便是清王朝寿终正寝的辛亥革命。在这50多年里，除了辛亥革命，黄遵宪亲身经历了清王朝覆灭前的所有重大事件。他似乎是为中国近代史而生，在近代史上留下不可磨灭的印记。

　　在这些事件中，对黄遵宪影响最早而且最直接的是太平天国运动。祖籍嘉应州的洪秀全所创立的太平天国两次以10万大军攻陷嘉应州，太平天国便与黄遵宪狭路相逢。当中国近代史上的伟大诗人与中国近代史上最大的农民战争相遇时，必然会碰撞出历史的火花。

第一节　太平天国攻占嘉应

　　太平天国两次攻陷嘉应州，而黄遵宪的家在嘉应州城东门外一里的近郊，黄遵宪与太平天国就这样不期而遇了。

---

①　阮元校刻．十三经注疏［M］．北京：中华书局，1980：332.

一、太平天国声震嘉应

太平天国未到嘉应州之前，幼年的黄遵宪就已感受到它的声威。清文宗咸丰元年（1851）公度4岁时，太平天国运动爆发；八月公度开蒙入学时，洪秀全正攻打广西永安州。咸丰三年（1853）癸丑，公度6岁时，洪秀全破安庆、入江宁、建都天京。这年，嘉应州"土寇"王振佺以为时机已到，率众造反，占据州城北面的龙虎圩，列炮排铳，兵临嘉应州城下。咸丰四年（1854），公度7岁时，太平天国北伐军攻下直隶军事重镇区洺关，马克思论太平天国的著名论文《中国革命和欧洲革命》[①] 在纽约《每日论坛》发表。以陈开为首的广东天地会在佛山起事，兵围省城广州，动乱迅速波及全省，三水、清远有陈金钅工、练四虎、侯陈带、林大年，顺德有陈吉，新会有陈松年、吕萃晋，香山有搭棚英，惠州有翟火姑、罗亚添，潮州有陈娘康、郑游春，韶州府和连州有葛老藤、陈荣、温佑，全省府、州、县城40多座被攻克。在嘉应州，长乐县（今五华县）的孔亚幅（一作孔阿福，即一姓孔小名阿福的人）、白连春等在7月26日造反，攻下长乐县城，杀死知县荣公贵；8月5日兵围兴宁[②]，并袭击嘉应州。嘉应州程乡县松源乡的王讨食四（王叫花子老四）造反，杀死嘉应州知府王薛焦，并以2万大军围困嘉应州城。嘉应知州文晟《重修惭愧祖师灵光寺记》："松源逆贼王讨食四等谋作乱，王薛焦刺史剿遇害，贼乃聚众二万，围攻州城。"[③] 这些年，虽然太平军未至嘉应州，但农民造反此起彼伏，州城时时有被攻占的危险，家在城东的黄遵宪就是在战争的号角和风烟中长大的。

此时，黄家已比较富裕，他们在战乱中必首当其冲。黄遵宪《攀桂坊黄氏家谱序》载，黄遵宪为"客人"，祖上从福建宁氏县石壁乡迁来。虽已二十余世，但"犹别土著，而名之曰客"[④]。黄遵宪祖上贫困，高祖黄润，字朴泉，竹笠草履，包饭趁墟，为人书写牛契。时外国银钱渐行于福建、广东，鉴别银钱成为市场所需。朴泉先生以善于辨别银钱而设摊于市，以取佣金度日，渐渐积富，后开设当铺："旧时典衣库，烂漫堆人衣"（《送女弟》）。黄遵宪曾祖黄学诗，祖父黄际升继承家业，于是家境渐富。

---

① 马克思，恩格斯. 马克思恩格斯全集·第九卷［M］. 中共中央马克思恩格斯列宁斯大林著作编译局，译. 北京：人民出版社，1961：109.

② 胡曦. 枌榆碎事·卷一［M］. 香港：兴宁先贤丛书校印处，1958.

③ 程志远 阴那山志［M］. 广州：广东旅游出版社，1994：52-53.

④ 郑海麟，张伟雄编校. 黄遵宪文集［M］. 东京：中文出版社，1991：143.

先生父亲黄鸿藻改商从文，咸丰六年（1856）广东乡试中举。傍城而居且家境渐富的商贩人家，因其富裕，必然在战乱中成为洗劫对象。与其被抢劫杀人遭受灭顶之灾，不如合法有序地部分捐钱。因此，他们愿意捐资帮助政府和军队，以镇压叛乱。黄遵宪《先祖荣禄公述略》载，咸丰初年因对太平天国作战，钦差大臣广西巡抚林则徐率师前往潮州，路过嘉应时命梅州知府文晟供应 3 000 人马的粮草。知府文晟不知所措，连夜求助于公度祖父黄际升。际升先生当即捐钱 300 万给文晟犒军。此外，他还给文晟出主意，让嘉应州城中的老百姓煮饭出售，再给每个士兵 100 文铜钱购买饭菜，解决了林则徐大军如何吃到热饭的燃眉之急。文晟十分感动，称赞："黄老六，天下才也。"① 其后，黄、文两家成为三代世交：祖父与文晟，公度父亲黄鸿藻与文晟子文星瑞，文晟孙子文廷式与公度均为好友。文廷式题诗赠黄遵宪，公度《岁暮怀人诗》其七："写取君诗图我壁，自夸上下五千年。"即怀念文廷式。太平天国虽然未到嘉应，但是战火硝烟已逼近嘉应州，迫近黄家。

二、太平天国一占嘉应

清咸丰九年（1859）公度 12 岁时，太平天国来到嘉应州。因害怕被洪秀全谋害而出走的翼王石达开军到达广东，统帅是大将协天燕石镇吉。石镇吉，嘉应州文献记为"石正纪"。《石镇吉传》云："石镇吉，广西贵县龙山人，清道光十五年（1835）生。他是石达开族弟，称国宗，加提督军务衔，随石达开在长江流域各省征战，以功封协天燕。其后随石达开远征。戊午八年七月，石达开在福建谋攻湖南。八月，他自带大军西经江西，而命石镇吉分带一军南经广东，用钳形攻势分两路攻湖南。己未九年正月，石镇吉率军攻入福建漳州、汀州两府。二月，进入广东，连克大埔县、嘉应州。"②

其实，石镇吉攻下在茶阳的大埔县城时，是己未正月二十七日③。不过到民国时人们仍不知是石镇吉，而以为是石达开。《（民国）新修大埔县志》卷二十七："咸丰九年己未，太平军石达开陷城。"石镇吉攻陷大埔县城时，饶云骧亲眼目击了事件的全过程。他在《攀辕哭》云："己未正月

---

① 郑海麟，张伟雄编校.黄遵宪文集［M］.东京：中文出版社，1991，133 - 134.

② 罗尔纲.太平天国史·卷六十七［M］.北京：中华书局，1991.

③ 温廷敬总纂.（民国）新修大埔县志·卷三十八［M］.民国三十二年（1943）.

二十七，野气昏惨寒风栗。一声贼至众狂奔，余亦苍黄顾家室……衅士争驱讯弁逃，舆论哗传民大恐。心旌拊定复宣威，宿莽栖岩暂次归。诸虏晓探拔营通，嘶马铃琅声未远。水陆分道遏旁冲，军符层叠劳主阃。"石镇吉大军所到，大埔官军望风而逃。惊恐万状的人民也只得四散奔逃，在山林野外露宿躲避。占据大埔县城五日后，太平军于二月初二撤出，再渡过韩江，由平沙，经百侯，进军嘉应州。但是，"负剑今犹说鬻拳"，太平军在大埔杀人放火的事仍在流传。《（民国）新修大埔县志》："某烈妇，己未发贼犯埔。贼退后，人望南门官山之顶，有若枯株倚崖壁间，视之，赫然死人也。面血模糊，两手交于身，牢护下体，僵立不仆，颜色如生。知遇贼不屈被害者，为醵金葬之。夫族及妇姓名，不知也。"① 面对强暴而坚贞不屈的贞烈女子及其全家，均被太平天国杀害，以至于她的姓名也没有留存。但是她巍峨高大的烈女形象，像茶阳南门的官山一样，巍然屹立于天地间，永垂不朽。

退出大埔两天后的二月初四，石镇吉的 10 万大军兵围嘉应州城。此时，州城内外的百姓也仓皇逃难。林纾《嘉应廖位三先生传》载，廖登庸一家在咸丰己未"石国忠"（指石镇吉，他被石达开列为国宗）破嘉应时，父祖三人徒步逃难："道梗雨集，夜中山水暴涨。"历尽艰辛，好不容易才到达离嘉应 30 里的白渡村，但太平军已追到白渡，"对门居者于林末见贼帜，则狂奔。先生举家亦出"无处可避。七年后，己丑年廖家向杞树坪逃去，廖登庸侍祖父至青草湖，其祖父年高，痔疮发作，太平军已近，廖登庸与其父争着陪祖父一起就死。林纾《嘉应廖位三先生传》载，廖登庸说："吾以曾祖患作，故三世同烬于此。"② 情景凄惨。

经过 12 天苦战，二月十六日拂晓，太平军至嘉应州城西门百步街城墙下方的地道已经全部挖通，他们把火药装进棺材制成的大地雷运到地道中点燃，随着棺材式地雷爆炸，城墙与西门的敌楼应声崩塌，嘉应州告破。城破前，太平军发出过若抵抗则"玉石俱焚"的警告，果城破后屠城，"阖城殉难"，被杀四千余人。嘉应人谢国珍《嘉应平寇纪略》："丁巳十六日黎明，地雷发，西城墙塌三十余丈，城内惊恐万状，守垛者奔逃，贼于三面蚁附而登，城遂陷。知州文晟，州同陈炳谦死之，男妇死者四千余人。"③ 文晟（？—1859），字叔来，江西萍乡人，历任广东东安、连平、

---

① 温廷敬总纂．（民国）新修大埔县志·卷三十一［M］．民国三十二年（1943）．

② 廖道传．三香山馆诗集［M］．广州：中山大学出版社，2000：357．

③ 谢国珍．嘉应平寇纪略·1 卷［M］．北京：北京出版社，2000．

清远、海阳、归善、番禺等知县，及嘉应、惠州知府。道光二十八年（1848）至咸丰五年（1855），他第一次任嘉应直隶州知州。咸丰八年（1858）六月，因嘉应州发生动乱，他以惠州知府再任嘉应州知州。次年在太平军攻打嘉应州时殉难，被朝廷谥为"壮烈"，在嘉应州城西南隅建立文壮烈公祠祭祀他。著有咸丰《嘉应州志增考略》四十一卷，《内科摘录》等。胡曦《咸丰己未御寇纪略》："贼入城，纵横荡决，逢人辄戮。又义民执短兵狭巷大呼杀贼，文牧遂死乱刃中。同时殉难者，姜何氏、傅氏、侯氏。侍婢秋葵，幕友李煌，仆余盛、周顺，俱在署死。州同陈柄谦，六十余矣，当危急时，仆人刘锦受贼八创，护持不忍行，柄谦挥之去，自受刃死。城守邱京荣持矛负堞死。保安局绅士举人杨启宦，岁贡杨秉渊，功职古荣光、龙宪章、杨翮文皆在局死，丁壮义民死者三千五百余人，妇女六百人，阖门被屠四十九家。"① 其中知州文晟、州同陈柄谦、守备邱京荣等官吏及其家属丫鬟仆役全部被杀，军民男人被杀 3 500 余人，妇女被杀 600 余人，全家不留一人的 49 家，州城为之一空。《嘉应州志》卷三十一《发逆石镇吉之变》有较详细的记载，城外阵亡援兵数百人，不在计算中。

四月初一，太平军撤出嘉应，向西南进军兴宁，嘉应州被占领的日子才告结束。在这场战争中，知州文晟战死前全身盖满官印，表明誓与嘉应州共存亡的决心，与临阵逃走的武将潘法元形成了鲜明的对比。死后，他的尸首在梅江下游的西洋滩被捞起，仍面目如生，被谥为"壮烈公"，梅州人民建立昭忠祠祭祀他② 。城中房屋被毁，文人的书房、藏书和诗集被焚烧殆尽。饶轩《表忠图诗序》："咸丰己未，江南发匪陷嘉，州同陈公柄谦、知州文公晟同死难，奉旨祀昭忠祠，诗即为陈公作也。"这是嘉应州历史上少有的惨祸。屠城结束之后，直至当年九月，城中仍血腥依然，惨不忍睹。胡曦《咸丰己未御寇纪略》："余初往州应童试，芜城一片，举目荒凉。北门紫金山一带，髑髅白骨，暴露草际。城隍庙侧土阜，薶葬百数十颗头颅，不及迁徙。城中垣颓户破，十室九空。人血溅屋壁及丈，朱殷未消。"据统计，太平天国起义爆发前中国人口 4.3 亿，太平天国失败后只有 2.3 亿人，死亡 2 亿人。人口损耗近一半，到 1911 年全国才恢复到 3.4 亿人。嘉应州的人口状况比这更甚。咸丰屠城，对嘉应州影响至深。

---

① 胡曦. 枌榆碎事·卷四［M］. 香港：兴宁先贤丛书校印处，1958.

② 温仲和. 光绪嘉应州志·卷三十一［M］. 清光绪二十四年（1898）刻本.

三、太平天国二占嘉应

同治三年（1864）公度 17 岁时，太平天国进入艰苦阶段。这年六月，天王洪秀全在天京自杀，七月天京陷落，随即李秀成、幼天王等被杀，太平天国顿呈土崩瓦解之势。侍王李世贤率兵进广东、入福建。清同治四年（1865）己丑公度 18 岁，太平天国南方余部康王汪海洋辗转粤东闽西，攻占镇平。七月，汪海洋在镇平杀害李世贤，太平军残部先后攻克大埔、平远、长乐等城，前锋已达离州城东十余里的黄竹洋。十月二十一日，汪海洋部攻下嘉应州，杀死武将英秀，太平军 10 万大军进入嘉应州，汪海洋的司令部设在城西，与左宗棠率领的清军相持。汪海洋阵亡之后，十二月二十二日夜，偕王谭体元率领大军从嘉应州退出，在丰顺县北溪村和长輋坳一带全军覆灭，太平天国在嘉应州的活动就此宣告结束。对此，清谢国珍在光绪五年的《嘉应平寇纪略》和光绪二十四年《嘉应州志》卷三十一《发逆汪海洋之变》中均有详细记载，此从略。

第二节　太平天国诗歌

太平天国第一次攻打嘉应州时，公度还是 12 岁的小孩。公度的太平天国诗歌产生于同治四年（1865），此时的他已是 18 岁的青年，刚学会写诗，而太平天国战事是他生平所经历的最重大的事件，故被他记录下来。

当太平天国 10 万大军逼近嘉应，准备攻打州城时，城东门外一里的黄遵宪家，首先感受到了战火的威胁。嘉应州城东门城楼敝圮坍塌，康熙十年时程乡知县王仕云捐俸修建。但是，东门城防仍是州城最薄弱的地方："程乡城围，前临大河（梅江河），后环小涧（周溪），东西浚以壕沟。民之环城而居者，列廛布市，有街衢，有关栅，官可巡，民可守。独东北一隅，空旷疏漏，绝无民房。丙戌镇寇乘夜潜至，从此梯进，遂遭破城之变。"① 丙戌镇寇，指清顺治三年（1646）嘉应州属下镇平县的匪首赖觉、涂武子、徐黄毛等。《康熙程乡县志》卷八："国朝顺治三年丙戌，十月二十六日五鼓，镇平县贼首赖觉、涂武子、徐黄毛等陷城，杀人据城六日，焚民居、攻劫围寨，城中财物，抢掠一空。"当太平天国兵临城下时，嘉应州人心惶惶，而城东尤甚。当时，有女儿的人家害怕遭兵匪的侮辱，立

---

① 刘士骥纂修．康熙翁源县志·卷八 ［M］．北京：书目文献出版社，1992．

即催促未婚夫家完婚。十月中旬，年仅18岁的黄遵宪，奉父母之命与未婚妻叶氏草草成婚。婚后数日，全家开始逃难："一叶小舟三十口，流离虎穴脱余身。"公度与新婚的妻子及黄家老少30余口，坐一只小木船，顺着梅江向下游漂去，在当时属于潮州府大埔县的三河坝镇，羁留两月。

在逃难过程中，黄遵宪写下了大量反映战乱的诗歌。其中有诗歌《乙丑十二月辟乱大埔三河虚题南安寺壁八首》《军中歌六首》《潮州行一首》《古从军乐七首》《喜闻恪靖伯左公至官军收复嘉应贼尽灭三首》《乱后归家四首》等，共6题29首。后来，还写了《哭张心谷士驹三首》《铁汉楼歌》等诗歌。这些诗歌，在嘉应州历史上具有重要的意义。

第一，在文献价值上说，这是同治年间太平天国在嘉应活动的最早文献。反映这段历史的主要有清嘉应人谢国珍的《嘉应平寇纪略》一卷，光绪《嘉应州志》卷三十一《发逆汪海洋之变》。谢国珍的著作成于光绪五年，光绪《嘉应州志》成于光绪二十四年，均比黄遵宪晚。黄遵宪的诗歌均为亲身经历的真实记录，是最早的第一手资料，有不可替代的文献价值。

第二，在广度上说，黄遵宪的诗歌数量最多。现存的反映同治年间太平天国内容的诗人，嘉应州共有十余人。除了黄遵宪，其他人的诗歌是：古词《赠温元翁令嗣》《东人罗小卿饷三台山茶，即诗贻之》《赠赤竹温斐翁》《乱离后旋家，听内人苦述前事，感赋一首》，共4首；刘元度《哀梅州一首》；张燕《壬辰馆于吕姓，屋殊芜陋，感赋二诗，录示长儿一首》；房星瑞《乙丑冬避寇于银溪寄理堂兄一首》；黄仲安《感事九律》；张薇《子丑行一首》；饶云骧《忧东粤用昌黎归彭城韵》《山居悯乱》，共2首；饶宗韶《过方、郑二公破贼旧垒，有悲往事》《乙丑残腊官军克嘉应，左帅自埔移节松口受降。贼灭喜作》，共2首；陈其藻《赋谢许矗轩明府鹍一首》；黄遵宪的老师张其翮《己未逢乱，在家赋闲。后就鄢荆山明府馆，由陆丰至花县，咏事十首》《乱后就鄢聂两明府馆，得诗二律》《乙丑秋避乱南坑，继走建桥，纪事得诗二首》共3题14首。这10人的诗歌共36首，其中张其翮最多，其次是黄仲安。黄遵宪的诗歌，相当于这10人的总和。换言之，在同治年间嘉应州有关太平天国内容的诗歌中，黄遵宪是诗歌数量最多的诗人。

第三，在深度上说，黄遵宪的诗歌最有价值。在上述10人中，较有特色的：一是刘元度的《哀梅州一首》大气磅礴，描写清军的无能与太平天国占领嘉应州城的侥幸，以及太平天国"后郭前村半烬灰，五十里路人烟断"，反映出太平天国荼毒嘉应人民的灾祸的惨烈。二是张其翮《乱后就鄢聂两明府馆，得诗二律》《乙丑秋避乱南坑，继走建桥，纪事得诗二首》，描写太平天国的劫掠深入嘉应州的大山深处，反映出动乱的深度。三是黄仲安《感事九律》："是官是贼殊难辨，劫杀频仍一样残。"在反映清政府和清军在太平天国战争中的重大问题和应负的责任上，最为深入。但是，在内容的丰富、思想的深刻上说，他们都不如黄遵宪。

虽然，黄遵宪在此年才拿起笔初写诗歌，但无论在数量还是质量上都首屈一指，这是值得高度肯定的。

第三节　逃难

黄遵宪的太平天国诗歌，有一部分是叙事诗，他用诗歌真实地记叙了太平天国攻占嘉应时人民四散奔逃的情景。如《潮州行》：

> 人生乱离中，所谋动乖忤。一夕辄三迁，踪迹无定所。
> 自从居三河，谓是安乐土。世情谁念乱，百事恣凌侮。
> 交交黄鸟啼，此邦不可处。一水通潮州，且往潮州住。
> 是时北风寒，平江荡柔橹。行行将近城，炊烟密如缕。
> 行舟忽不前，有盗伏林莽。起惊贼已来，快橹飞如雨。
> 舟人急系舟，挥戈左右拒。翻惧力不敌，转逢彼贼怒。
> 扣舷急相呼，不如任携取。流离患难来，行箧无几许。
> 但饱群贼囊，免更遭劫虏。一声霹雳炮，杀贼贼遽去。
> 虎口脱余生，惊喜泣相语。回看诸弟妹，僵伏尚如鼠。
> 起起呼使坐，软语相慰抚。扶床面色灰，谬言不畏惧。
> 吁嗟患难中，例受一切苦。须臾达潮州，急觅东道主。
> 剪纸重招魂，招魂江之浦。

035

诗歌23韵，可分为五层。前4句是第一层：写逃离嘉应州，"乱离"，点明逃难；"一夕辄三迁"，描写逃难的艰苦。全家逃难在外，形势变化不定，流言满天飞，他们像惊弓之鸟一样栖栖惶惶，漂泊不定。次4句，是第二层，写逃难到达三河坝，饶云骧《攀辕哭》："三河虽小实都会，于我为要彼为害。"凭借三河坝的城池，公度一家也在此获得短暂的安宁。但是，即使如此，全家在外，不免事事求人，遭到他人的凌辱，看穿人情世故，逃难的生活仍然艰辛。第三个4句，是第三层，写准备再逃往潮州。

"交交黄鸟"出自《诗经》中《秦风》的《黄鸟篇》，三章开头为："交交黄鸟，止于棘"，比喻动乱中的居无定所，三河也无法再住，只得再逃往潮州。接着30句是第四层，描写在逃往潮州路上遇到海盗抢劫的生死劫难。快到潮州城时，埋伏在韩江林莽中的海盗突然出现："起惊贼已来，快橹飞如雨。"他们飞快地向黄家的小船扑来，求生的本能驱使众人在船舷两边挥舞戈矛抵抗。这时公度的家人心惊胆战，呼喊放弃抵抗，让强盗尽情抢劫，以保住家人性命。这一彪土匪，险些使公度一家丧了性命。幸好天不绝斯文在这万分危急的生死关头，救兵从天而降："一声霹雳炮，杀贼贼遽去。"黄家30余口才死里逃生，幸免于难，为中国近代史留住了一位重要人物。这时，公度的弟妹们还战战兢兢地俯伏在舟中，于是公度强自镇定地去安慰年幼的弟妹和新婚的妻子。他虽嘴上强说自己不害怕，但是已面无人色。诗人感叹：在逃难途中，有什么苦难没有经受呢？最后4句是第五层，描写船终于抵达潮州，黄家终于死里逃生。在船靠岸之后，仍然惊魂未定的家长在韩江边点燃香蜡纸烛，感谢神灵的保佑，把吓得失魂的小孩的魂魄招回来。

十二月二十二日，在嘉应州的太平天国军撤出州城，随后十万大军在嘉应至丰顺一带全军覆灭，残余部分在次年的正月还未完全肃清。春节过后，公度一家才从潮州坐船回家。公度在《乱后归家四首》其一写道：

> 遂有还家乐，跳梁贼尽平。举家开笑口，一棹出江城。
> 儿女团圞坐，风波自在行。惊魂犹未定，夜半莫呼兵。

这首诗描写公度一家离开潮州起程返家。首联写太平军覆灭的喜讯传来，黄家举家沉浸在回家的欢乐中。颔联写一家坐船离开潮州，全家开口欢笑，虽仍然流落在外，但是已经忘记客居的苦楚。颈联写儿童们坐船的欢乐情景，虽然仍在江上风波浪里，但是弟妹们在船上团团而坐，任凭风生浪起，仍然欢快前行。尾联写家长们的惊恐犹在。大概是经过曾经遭遇海盗被抢劫的地方，劫后余生的大人们惊魂未定，夜深时仍然害怕提及军队或兵器等令人恐惧的词汇。《乱后归家四首》其二云：

> 即别潮州去，还从蓬辣归。累人行箧少，滞我客舟迟。
> 颠倒归来梦，惊疑痛定思。便还无处所，已喜免流离。

这首诗写坐船回家的过程。首联写离开潮州，到达蓬辣滩。蓬辣滩，在程乡至大埔县交界处。《（民国）新修大埔县志》卷四："梅溪，盖为嘉应州五属之水所汇集，发源于龙川境，南流会长乐七都溪与兴宁溪，经嘉应州城，至丙村，又合程江、平远及蕉岭水，至蓬辣滩入埔境。"梅溪，即今梅江。古时梅江 11 滩，而蓬辣滩最险。《大清一统志》："（梅溪）上则有小密、大密、剪刀铰三滩，下则有菜子、八字陂、桑洲、西洋、晒禾、铜盘、乌流七滩，皆石激波生，水势迅急，然无大险阻。至蓬辣，则怪石错立，洪波泙淘，行者怵心。"① 颔联写在蓬辣滩停滞不前，大乱虽平，但险要地段并不畅通，黄家在此逗留一日。颈联写回到家中，仍惊魂未定，梦中常常重现惊恐时节。尾联写回家后的艰辛。虽然回到了家，却无处安身。显然，黄家的房屋已毁于战火，但是诗人强作欢颜：即使屋不成屋，但是胜过漂泊流离。诗人以悲作喜，带泪强笑，悲喜交集。《乱后归家四首》其三写道：

> 一炬成焦土，先人此敝庐。有家真壁立，无树可巢居。
> 小妇啼开箧，群童喜荷锄。苔花经雨长，狼藉满家书。

　　诗歌写战火后家园的残破。首联总写房屋被战火焚烧的场面，是对上一首回家后仍无处安身的交代。颔联写诗人进入家中：屋内被洗劫一空，只剩四壁，院中的树也被毁，连鸟儿都无处筑巢。颈联写儿童们的天真，虽然家园被毁，但是不知愁滋味的小儿女和儿童们，或啼哭着梳妆，或嬉笑着刨土游戏。尾联写诗人的书籍被糟蹋的狼藉：宝贵的书籍已被撕扯抛散得满地都是，有的书籍纸片经雨后已经附着在菜地里的菜花上。《乱后归家四首》其四云：

> 便免颠连苦，相依此一窝。窗虚添夜冷，屋漏得天多。
> 豺虎中原气，蛟螭海上波。扫除勤一室，此志恐销磨。

　　这首写战乱后的生活。首联写大乱平定后公度一家终于结束流离颠沛的日子，全家可以平安地相守相聚在一起。颔联写破屋中的情景：屋内已千疮百孔，夜里破窗冷风嗖嗖，雨天屋漏瓦穿。在黄遵宪全家出逃潮州之后，家园和当铺被焚为灰烬，战争摧毁了他的家园，毁灭了财产和经济来

---

① 穆彰阿，等．嘉庆重修大清一统志·卷三百五十三［M］．上海：商务印书馆，1934．

源，灾难改变了家人的生活和命运，公度对此耿耿于怀。次年，妹妹出嫁时，他在《送女弟》中说："吾家本富饶，频岁遭乱离。累叶积珠翠，历劫无一遗。旧时典衣库，烂漫堆人衣。今日将衣质，库主知是谁？"他家遭到洗劫，财物一空。昔日开当铺的老板，现在却自己去典当衣物度日。五年后，同治九年（1870）诗人又想起家破书焚的惨状。《买书》说："中间劫火焚，字字成云烟。"①二十五年后，光绪十六年（1890）诗人《先姚吴夫人墓志》又说："吾家累叶丰饶，自己未、乙丑两经寇乱，骤以贫薄。"②光绪十七年（1891），先生的《先考思恩公述略》又说："中更丧乱，家乡（产）荡尽，府君乃不得不分印结金以赡家，俸薄，仍不足。"太平天国使黄家家业尽毁。颈联写浩成大乱的原因：中原出了豺狼虎豹，海上出了魑魅魍魉，暗喻太平天国的邪恶。尾联写诗人的志向：扫除这些妖魔，并提醒自己此志一定不可以被消磨掉。

除了上述组诗，公度在其他诗歌中还写到人民逃难。公度《乙丑十一月避乱大埔三河虚四首》其二云："人尽流离呼伯叔，时方灾难又干戈。"干戈，指太平天国起事。灾难，指这年嘉应州发生饥荒和瘟疫。战争与饥荒总是结伴而来，战争加上饥荒，民情更是汹汹。乙丑年三四月间，嘉应州还在清政府手里时，由于太平天国十万大军和进剿的清军辗转就食于梅州，嘉应州陷入大饥荒，"斗米至千五百钱"。以防动乱，黄遵宪祖父与州里其他人士一起参与赈灾捐献钱粮，设立义仓，"全活甚众"。黄遵宪《先祖荣禄公述略》记载：在太平天国战争期间，其祖父还出资，与州人"募勇团练，累保危城"。饥荒已消耗了黄家大量财产，接着战争爆发，黄家与嘉应州人民一样，四处逃亡，流离失所。《乙丑十一月避乱大埔三河虚四首》其四，全篇均描写人民四处逃难的生活。

从《潮州行》到《乱后归家》，两组诗互相呼应，以诗笔记叙自己从出逃到回家的逃难经历：诗人一家从逃难开始，到逗留大埔县三河坝，再到潮州，再从潮州到大埔蓬辣滩，再到回家，诗歌记载了太平天国攻占嘉应州后逃难事件的全过程。虽然是诗人一家的经历，却也是嘉应州人民在大乱中生活的缩影。在这些诗歌中，公度以客观细致的描绘，真实地记录了嘉应发生的重大史实，成为诗体的报告文学。他俨然是嘉应州的杜甫，诗歌笔锋犀利，感情强烈。公度注目嘉应当下，心系国家，关心民生疾苦，具有杜甫一样的忧国忧民的炽热心肠。曹聚仁《文坛五句》认为，公

---

① 黄遵宪. 人境庐集外诗辑［M］. 北京：中华书局，1960：22.

② 郑海麟，张伟雄编校. 黄遵宪文集［M］. 东京：中文出版社，1991：122.

度与杜甫一样都是诗史，存一代文献。客观上说，公度这些诗歌，就是太平天国时期嘉应州的诗史。

黄遵宪出生后，嘉应州就常年兵荒马乱，岁无宁日。在农民起义之外，短短六七年之间，嘉应州城两次被攻破，尸骨遍野，血流成河。青少年时期的公度亲历了这样的战火和鲜血，饱受兵与匪的巨大灾难，生命几度濒临绝境，给身体和心灵造成巨大冲击。但是，公度在艺术方法上别出心裁，虽然写大乱中的生离死别，却并不一味地书写啼哭和悲苦，而是以强作欢颜的带泪的笑容，或者大乱中不懂世事的儿童的游戏嬉笑，来写大动乱和生死之境，颇有杜甫《羌村三首》其一"妻孥怪我在，惊定还拭泪"的百味杂陈滋味，公度对杜甫笔法是颇有心得的。

第四节　批判太平天国

在黄遵宪的太平天国诗歌中，有不少是批判太平天国。行为的偏颇，必源于思想。荀子说："凡斗者，必自以为是，而以人为非也。"[1] 太平天国也不例外。太平天国在嘉应州时期的种种行为，除了战争荼毒，也充分表现出他们的思想主张和行为原则，为黄遵宪的批判提供了资料。公度对太平天国的批判主要表现在：

一、在性质上，否定太平天国作乱

他在钞本《乙丑十二月辟乱大埔三河虚题南安寺壁八首》其八云：

凄凉石马吊荒邱，谁识茫茫一客愁！可恨此邦难与处，曾非吾土强登楼。

边才难得古人往，小丑犹存壮士羞。剩有白莲余孽在，莫贻宵旰九重忧。

"凄凉石马"句下自注："三河有翁仁夫墓。"翁仁夫，指明朝大将翁万达。石马，即翁万达墓前墓道的石雕骏马。唐封演《封氏闻见记·羊虎》："秦汉以来帝王陵前有石麒麟、石辟邪、石象、石马之属，人臣墓则有石羊、石虎、石人、石柱之属，皆所以表饰坟垄如生前之仪卫耳。"翁

---

① 荀况. 荀子·卷四［M］. 上海：上海古籍出版社，1989.

万达（1498—1552），字仁夫，号东涯，谥襄毅，亦作襄敏，揭阳人（今隶汕头市区）。嘉靖丙戌进士，官兵部尚书、太子少保，明代著名军事家，著有《思德堂诗集》《稽愆诗》《平交纪事》十卷等，今存《东涯集》十七卷。翁万达墓，在三河坝河畔。唐杜甫《玉华宫》："当时侍金舆，故物独石马。"翁万达为明朝大将，骏马是其生前最爱。诗歌前四句，写诗人凭吊翁万达墓，更感叹今日无翁万达这样的大将平乱，这便是他人所不知的"客愁"。大埔县三河镇，当时属于潮州，虽有城墙，但是大乱之中难以顾及邻郡难民，故诗人说"可恨此邦难与处"。后四句从翁万达这样的边关良将，转到当前太平天国的动乱。诗人直呼太平天国为"小丑""白莲余孽"，表达了诗人对太平天国的鄙视和轻蔑。在这类诗歌中，他经常称太平天国为"贼""群贼""跳梁贼""余孽"等，说他们是"岂知困兽犹能斗，尚有群蛙乱跳鸣"。在《拔自贼中述所闻》其四中："四更起开门，月黑阴云堆。几时踏杀羊，老虎来不来。"希望清军这只老虎早些来踏杀太平天国之"羊"（谐音，指太平军在嘉应州的统帅汪海洋），以消灭太平天国的十万军队。在嘉应州的太平军覆灭后，公度欢欣鼓舞，喜悦之情溢于言表，《喜闻恪靖伯左公至官军收复嘉应贼尽灭》其二云：

恢恢天网四围张，群贼空营走且僵。举国望君如望岁，将军擒贼早擒王。

十年窃号留余孽，六百名城作战场。今日平南驰露布，在天灵爽慰先皇。

在其他诗歌中，诗人也常提到太平天国。《感怀》说："迩者盗潢池，神州污腥膻。"《和钟西耘庶常（德祥）津门感怀诗》说："六月中兴赋《出车》，金陵王气复充闾。"均为写太平天国事。《述怀再呈霭人樵野丈》："中兴六月师，群阴归殄灭。"钱仲联先生说："此等语句，都是诬蔑太平天国革命者。"[1] 在《羊城感赋六首》其二中写道："手挽三江尽北流，寇氛难洗越人羞。黄巢毒竟流天下，陶侃军难进石头。"诗借黄巢指代太平天国，认为洪秀全之乱使家乡的粤人蒙羞。这些术语基本代表了公度对太平天国的政治评价和价值立场。

---

① 黄遵宪著，钱仲联笺注. 人境庐诗草笺注·卷九［M］. 上海：上海古籍出版社，1981：182.

二、揭露太平天国军荒淫的生活

太平天国前期实行男女隔离制度，严禁男女性关系。《定营规条十要》其五："要别男营女营，不得授受相亲。"《十款天条》第七天条："不好奸邪淫乱……男有男行，女有女行，不得混杂。凡男人女人奸淫者，名为变怪，最大犯天条。"太平天国甚至有"夫妻天条罪"。《太平刑律》第四十四条："凡夫妻私犯天条者，男女皆斩。"所谓"夫妻私犯天条"，指夫妻同宿。如果发现夫妻同宿的，男女两人都必须斩首，即使西王萧朝贵的父母也不例外，这是人类历史上最荒谬的夫妻罪。然而，太平天国后期又走向另一个极端：男女淫乱。黄遵宪《拔自贼中述所闻》其二云：

朝倾百斛酒，暮饱千头半。时时赌博簺，夜夜迎新娘。

《拔自贼中述所闻》在钞本中原为《军中歌》，共六首；在刊本中改为今题，为四首。可见，这是太平天国的《军中歌》；它是由从太平天国军中逃出来的难民所述。换言之，它不是黄遵宪的亲眼所见，而是亲耳所闻，真实性不容怀疑。《拔自贼中述所闻》第一首："红巾系我腰，绿纱裹我头。男儿重横行，阿嫂汝莫愁。"前两句描写太平天国军的装束：他们头裹绿纱，腰缠红巾。后两句描写他们的誓言：请阿嫂放心：男子志在横行沙场。这看似正面描写战士的八面威风，英雄豪气。结合钞本《军中歌》第二首："能识千文字，不如一石弓。寄语屠狗辈，故友今英雄。"似乎确是昔日屠狗的太平军人，在今日升官发财后显得得意和自豪。但是，在《拔自贼中述所闻》第二首中，便露出了太平军荒淫的本来面目：前两句描写太平军白天的生活：他们早上饮美酒，晚上吃肥羊；后两句写他们夜晚的生活：不是赌博狂欢，就是每夜都可以占有新的女人。总之，太平军中呈现出一派颓废景象：人们花天酒地，醉死梦生，到处是狂欢纵欲和淫乱。

《拔自贼中述所闻》其三又云：

今日阿哥妻，明日旁人可。但付一马驮，何有分汝我。

如果在第二首中淫乱还体现得不是很明显的话，那么在第三首中太平天国的性淫乱场面便无法否认了：在太平军中，女子今日是阿哥的妻子，明日便可以成为旁人的老婆。换言之：只要谁用马驮她，她便是谁的妻

子。太平天国后期流行共妻制，军中的女子成为大家的公妻，不分你我。一个"可"字，揭示出太平天国性淫乱在行为上的公开化，在价值伦理上的合法化。换言之，他们不仅在生活上荒淫，而且在道德上也毫无廉耻。性关系混乱，似乎在大型的极权集团中无法避免。古巴比伦《汉穆拉比王法典》中有神姊、神妻、神妓，庙妓或庙贞女等概念，这些人既是侍奉爱神伊修塔尔的女祭司，也是兼职卖淫的妓女。在古巴比伦，服务于神的女祭司，美艳而精于淫欲技巧，她们既可用卖淫的钱献于神庙，又可鼓舞男人的士气。在生命朝不保夕的末日气象中，在男人集中的太平天国军中，男女关系的混乱是自然的。但在士大夫看来，这种末日的狂欢简直无法容忍，是千古未闻的弥天大罪。

三、批判太平天国毁灭文化的罪行

同治四年，太平天国占领嘉应州的时间长达两月，对州城及其周边地区的破坏很大，嘉应州大型建筑如城楼、寺庙、佛塔、雕像等毁坏殆尽。黄遵宪《铁汉楼歌》云：

湿云漠漠山有无，登城四望遥踟蹰。颓垣败瓦不可踏，劫灰昏黑堆城隅。

剔苔别藓觅碑读，字缺半亦形模糊。公无遗像有精气，恍惚左右神风趋。

……

军书忽报寇氛炽，官民空巷争逃逋。先生独坐北楼北，双眼炯炯张虬须。

跳梁小鼠敢肆恶，公然裂毁无完肤。迩来雕瘵渐苏息，无人收拾前规模。

诗歌 25 韵，这里选其 8 韵。铁汉，指宋代名臣刘安世，字器之，号元城，北宋元祐名臣。他刚直不阿，正色立朝，扶持公道，累擢宰相大臣，被苏轼称为铁汉。奸相章惇、蔡京欲诛灭刘安世全家，谮虽不行，犹徙梅州。宋梅州太守杨应已建铁庵，以纪念他。明程乡知县陈燕翼，在北门城楼上建祠纪念他，故北门城楼名铁汉楼。康熙《程乡县志》卷一："北城楼，宋刘元城谪官梅州，建书院于城内东隅，名为铁汉祠，后废。崇祯十一年，知县陈燕翼移建于北门楼上，名曰铁汉楼。"同治四年，太平天国攻占嘉应州后，捣毁了北门铁汉楼。黄遵宪于同治五年逃难回家后，亲到铁汉楼查看寻访遗迹，故有此诗歌。诗歌前四句写铁汉楼被毁，只有颓垣败瓦、战火之后的焦炭黑灰堆在城隅。接着四句，写黄遵宪从残灰中寻找残碑和刘元城像。第三个四句，写太平天国占领嘉应州的情景。第四个四句，写太平军焚毁铁汉楼和刘元城像，至今无人重修。太平天国排斥他们自己信奉的天父天兄以外的一切宗教。因而，他们在梅州大肆地捣毁佛教、道教和其他一切庙宇，自然也捣毁了刘元城庙的神像和城楼上的其他文物古迹。

太平天国捣毁的寺庙，可知的还有南汉修慧寺千佛塔。黄遵宪《南汉修慧寺千佛塔歌》："中西同异久积愤，一朝糜烂如蛔蟥。谁人秉国竟养盗，坐引强敌侵畿疆？天魔纷扰修罗战，神兵六甲走且僵。大千破碎六种动，恐与佛国同沦亡。"太平天国摧毁梅州千年古迹千佛铁塔一事，公度《南汉修慧寺千佛塔歌序》云："乙丑兵燹以后，略毁而未坏。嗣为群儿毁伤，日久遂圮。余归里后，求之邻家，得塔铭一方。续得第五层全层，又得第三第四层之三方，及第二层之一方。"修慧寺千佛塔，它建于南汉大宝八年乙丑岁（北宋乾德三年，965），是梅州第一次成为州——敬州时的文物。颇为神秘的是，它生于乙丑，也灭于乙丑。在它的第 15 个乙丑年（1865），被太平天国捣毁，刚好存在 900 年。修慧寺千佛塔被毁，是太平天国不可饶恕的罪恶。

四、批判太平天国惨无人道

同治时期，此类诗歌未见。但光绪二十四年（1898）黄遵宪《湖南署臬司黄劝谕幼女不缠足示》说："至于张献忠之酷，削趾以像天山；洪秀全之惨，骈足以作人烛。此更耳不忍闻，口不忍述者矣。"[①] 所谓"骈足以作人烛"，指太平天国的酷刑"点天灯"。吴家桢《金陵纪事杂咏》："百尺高竿悬挂处，天灯光烛满城红。"注云：杨秀清将金陵一吴姓女子"剥皮，悬在高竿上，纵火焚烧，名为点天灯。"[②] 太平天国把活人倒挂在旗杆上，绑上棉布，浇上桐油，然后点火。火从脚烧起，慢慢往上燃烧，当火烧到腰部以上时人还在呼号惨叫，撕心裂肺，极其残酷。其实，同治四年时太平天国在粤东也有此种酷刑。《（民国）新修大埔县志》卷二十七："杨继麟，百侯人，年七十余，须发皓然……太平军怒，绑于柱。继骂声益厉，太平军复裹以油棉，自踵至顶，烧成焦骨。"把一个七旬老人裹上

①　郑海麟，张伟雄编校. 黄遵宪文集［M］. 东京：中文出版社，1991：281.
②　王文濡. 太平天国轶闻·卷四［M］. 扬州：江苏广陵古籍刻印社，1993.

棉布，灌上桐油，把活人慢慢地折磨而死，这就是太平天国创新的"点天灯"。大埔百侯的杨禹甸，号秋农，年六十余，也遭此类似的酷刑："太平军怒，绑甸于柱，用火香烁之，骂不绝口，烁至浑身火伤而死。"

公度以亲眼所见或亲耳所闻的事实，对太平天国进行实际的揭露和批判。

第五节　同情太平天国

黄遵宪对太平天国的批判是客观存在的，但今人认为："在这期间，黄遵宪写了许多敌视、诬蔑太平军的诗，暴露了他的反动立场。"[①] 钱仲联先生《人境庐诗草笺注·前言》也说："他对清廷统治者抱有幻想，主张改良而害怕革命，对太平天国起义、义和团起义都曾采取过仇视的态度……特别是在内容方面，早年反对太平天国、晚年诬蔑义和团的篇章，占相当的数量，这无疑是封建性的糟粕。"在美化反政府行为的思潮下，黄遵宪对太平天国的批判受到严正的反批判。

客观地说，黄遵宪对太平天国的态度，一方面缘于个人的本能反应。当时黄家比较富裕，黄遵宪祖父与官方关系密切，并协助州官抵御太平天国，他家与州城形成了共存亡的关系。在太平天国战争期间，家园被毁，本人几乎丧命，此后家道也因此中落。同治九年，他在《将至潮州又寄诗五》中说："一灯缩缩栖鸦影，四垒萧萧战马声。回首六年离乱事，梦余犹觉客心惊。"自注："己丑冬避乱居潮州，寇退乃返。"事过六年，避乱潮州的事还历历在目。他对太平天国有批评和指责，纯属自然。另一方面，他对太平天国的言论缘于官方腔调。除了他是大清的顺民外，公度的父亲在京为官，自己也准备步入仕途，清政府的官方口径成为他必须遵循的准则。他必须站在清王朝一边，在政治态度和言论上与清政府保持一致。纵观黄遵宪对太平天国的批判，基本上只是沿用当局的惯用语，是与政府保持一致的清代官话。

其实，只要稍加留心便可以发现黄遵宪在对太平天国的处理上已相当宽容和同情。1865年太平天国在嘉应州十分嚣张，对全州人民和公度一家的生命财产造成直接损害和威胁。公度因此而四处逃难时，已提出了太平军是"赤子"的观点。《乙丑十二月辟乱大埔三河虚题南安寺壁八首》其

---

① 郑海麟，张伟雄编校. 黄遵宪文集［M］. 东京：中文出版社，1991：9.

三云："是贼是民同赤子，天阴鬼哭总烦冤。"官方认为太平天国是贼。但是，黄遵宪认为其实他们也是平民、是赤子，不是十恶不赦的敌人。《军中歌》又说："将血拭刀光，刀光皎如雪。不愿砍人头，只愿薙贼发。"在以血拭刀的战争条件下，他并不希望以带血的钢刀去杀尽太平军，而是希望把钢刀变成剃头的小刀，剃去太平军头上的造反标志——长发。他在《喜闻恪靖伯左公至官军收复嘉应贼尽灭》其一中说："终累吾民非敌国。"在官军乘胜追杀太平军的时候，黄遵宪再次强调太平军是吾民、是赤子，而非敌国。换言之：请杀红了眼的将军们手下留情，太平军中的百姓，也是吾等一样的平民。

黄遵宪再三地陈述，是有其现实的原因和具体的内容的。在平定太平天国的战火中，清军十分痛恨太平军，他们甚至不容许"粤西老贼"（太平军中的广西"老兄弟"）投降，而务必杀尽而后快。"洋兄弟"呤唎《太平天国亲历记》载，清军常集体屠杀太平天国战俘；《太平天国轶闻》卷二《杀降之无理》载，太平军纳王部官云、比王伍贵文等八王投降清军以后，李鸿章以"此等狼子野心，久后难制"为由，在宴会中埋下伏兵将他们杀害。当然，"赤子"说有官方依据："嘉庆间剿办白莲教匪，仁宗诏曰：'自古只闻用兵于敌国，未闻用兵于吾民，如蔓延日久，是贼是民，皆吾赤子，何忍诛戮。'显皇曾手书此诏，普告于臣下云。"①皇帝的"赤子"说不过是官样文章，但黄遵宪却以此为据，赋予其保护太平天国民众的现实内容。黄遵宪的"赤子"说有重要意义：第一，在政治上给太平军将士赋予人民的定性。"赤子"意味着：太平天国的参加者并非都是坏人，他们很多是并不愿意造反的平民，逼他们上梁山的清政府对此也有责任。第二，"赤子"说是太平天国借以自我保护的武器，《李秀成供状》之《招降十要》说："两家都是赤子，何苦多杀贫民。"②"赤子"说有助于正确认识和处理千千万万太平军将士，使他们免于被清军无辜滥杀。在太平天国战争进行之时，在清军疯狂残酷屠杀太平军将士之时，黄遵宪大声疾呼：他们是"赤子"，是"吾民"；他赋予诏书以现实的内容，使之具有保护太平天国的现实作用，这无疑是在帮太平天国的忙。公度虽在政治上否定太平天国运动，却在实际中同情和保护他们。

公度反反复复地强调"赤子"，并非泛泛之论，而实有所指，即当时

① 黄遵宪著，钱仲联笺注. 人境庐诗草笺注·卷九 [M]. 上海：上海古籍出版社，1981.

② 《中国野史集成》编委会，四川大学图书馆. 中国野史集成·第44册 [M]. 成都：巴蜀书社，1993：622.

如日中天的大功臣曾国藩。光绪二十八年（1902）十一月公度在《致梁启超书》中说："公欲作《曾文正传》，索仆评其为人。仆以为国朝二百余年，应推为第一流。即求之古人，若诸葛武侯，若陆敬舆，若司马温公，若王阳明，置之伯仲之间，亦无愧色。可谓名儒矣，可谓名臣矣！虽然，仆以为……然彼视洪（秀全）、杨（秀清）之徒，张（总愚）、陈（玉成）之辈，犹僭窃盗贼，而忘其为赤子，为吾民也。"[①] 其实，他当时虽然不能直接点名，而笔锋所指确是镇压太平天国的第一功臣曾国藩。

第六节　批判官军

与宽容太平天国相联系，黄遵宪却无情地批判清政府及其军队。在清代，政府军管理混乱，他们与土匪的差别并不大。美国 Frank. J. Wiens（卫英士）《华南客家十五年》："看过有关中国现状报道的人都知道，中国目前全国各地强盗，土匪严重祸害百姓。他们占山为王，据海成霸，充分利用自然条件的优势，建立了无数个土匪和海盗的根据地。各地政局动乱，军阀混战，加剧了强盗势力的扩张。强盗遍地还有一个原因是许多无辜的平民被逼上梁山。他们有的家产被抢，亲人被杀，生意被毁，房子被烧，生存无望，不得不加入抢他们的强盗队伍，或者参加另外一支可以指望帮他们复仇的强盗队伍。还有的是官逼民反，最后落草为寇。无数个大大小小的强盗团伙在中国大地上到处烧杀抢掠，危害四方。另一方面，乡村地区枪支的泛滥也无形中助长了土匪的气焰。乡村地区的军火来源有两个渠道：一是自己手工土造枪炮，虽然很粗糙，但也是杀人武器；二是许多逃兵把自己的步枪甚至机关枪卖给民间。甚至有的正规部队把自己的武器私自走私卖到农村地区。事实上，残害老百姓的就不只是公开的土匪海盗，还有很多暗地里的军队兵痞。许多军队驻扎在城区的时候，不管是一周，一个月，还是一年或者数年，他们的官兵都会无时无刻地寻找着发横财的机会。大多数军队的纪律松散，无人约束。很多部队不是睡在军营，而是睡在庙里或者老百姓家里。这样，官兵们白天就一两小时训练，剩下的时间，不论白天还是晚上，他们不是赌博就是在大街上游逛。他们三三两两或者成群结队，在路上随意打劫过往的行人。有时大部队转移的时候，如

---

① 郑海麟，张伟雄编校. 黄遵宪文集［M］. 东京：中文出版社，1991：201 -202.

果上面默许，他们更是临走大肆搜刮一遍。在苦命的中国老百姓眼里，这些兵和土匪强盗没有两样，正所谓兵匪一家。"① 对当时中国的治安状况也作了比较全面的叙述：土匪遍地与官逼民反有关，即使是政府军也形同土匪，与太平天国作战的在梅州的清军也不例外。因此，1865 年前后，黄遵宪在诗歌中对清政府和清军进行了尖锐的批判。

一、批判清朝政府

《乙丑十二月辟乱大埔三河虚题南安寺壁八首》其四：

偏隅下邑四无援，一任长蛇恣并吞。三月迁延寻死地，一城启闭失生门。

流离琐尾无家别，蕉萃调饥未死魂。是贼是民同赤子，天阴鬼哭总烦冤。

诗歌前四句，写黄遵宪逃难到三河的原因：这时嘉应州城无端地被太平天国占领。前两句写太平天国在嘉应州的猖狂：偏隅下邑，指嘉应州。长蛇，指太平天国。嘉应在偏僻的山区，是广东最穷的下等小城。嘉应州本来穷困偏僻，又加上四方皆无援兵相助，故太平天国可以在嘉应州自由自在地任意出入。三月迁延，指清军统帅左宗棠消灭太平军的计划。太平天国到达嘉应后，左宗棠认为，此时太平军已成困兽。据《康公事状》载，清军大将康国器向左宗棠献长围之策。他说："得三万兵，三月饷，可聚而歼也。"②一城启闭，指太平军毫不费力地冲进嘉应州城门，使嘉应意外陷落。这是因为，嘉应太守程培霖弃城逃跑，故太平军百余人不费一刀一枪，白捡一座嘉应州城。《发逆汪海洋之变》："（汪海洋军）由连平翻山，绕窜和平、兴宁各境。遂于乙丑十月二十一日，乘虚突陷州城。初，李福泰追贼至连平，闻贼还窜，急檄知州程培霖为备。程培霖密令所亲挟辎重，先期赴潮，绝不以贼情告人，至是从十数人斩东门而出。行未十里，贼前队百余遂直入城。游击英秀死之，民怆惶大奔。死者枕籍，绝无一兵一骑与之御者。"③ 对程培霖弃嘉应州，刘元度《哀梅州》说："时维十月岁乙丑，梅州刺史弃城走。走时井灶寒无烟，但闻千户万户号泣呼苍天。贼之犯城仅百骑，入门诡说将军

① 卫英士．华南客家十五年［M］，丁立隆，译．厦门：厦门大学出版社，2017：148-149．

② 简又文．太平天国全史·第三册［M］．香港：简氏猛进书屋，1962．

③ 温仲和主编．光绪嘉应州志·卷三十一［M］．清光绪二十四年（1898）刻本。

至。挥刀跃马四杀人，见者却视犹逡巡。独有刺史早知贼，竟日理装无暇隙。官阁深深唤不膺（应），有家遑知仍有国。康郎怒呼贼杀来，健儿二十如轰雷。城存与存［亡］守臣事，战酣忽报东门开。"① 嘉应州城就这样被太平军占领了。程培霖弃城逃跑，充分反映了清朝政府的腐朽堕落，才致使黄遵宪一家和嘉应人民遭受无妄之灾。

二、批判清军将领贪污腐败

清政府尚且如此，清军更加邪恶。同治四年，黄遵宪作《古从军乐七首》。其一："男儿为名利，敢以身殉贼！东南有穷寇，兵氛幸未息。腰间三尺刀，一日三拂拭。欲行语耶娘，耶娘色如墨。去矣上马去，笑看黄金勒。"清军士兵豪情万丈，胸怀以身殉国的壮志从军。有这样的战士，何愁太平天国不灭。但是，将军们却并非如此。《古从军乐七首》其二：

前营接后营，云有十万兵。军书数十卷，罗列兵姓名。
其中十三四，余糈吞余口。朝廷方筹饷，主将金满籯。

前四句写将军虚造士兵名册，虽有十万兵，但都是纸上文章。后四句写将军贪污军饷，主将个个金银满箱。

三、揭露清军消极避战

《古从军乐七首》其三："前营卢雉呼，后营筝琶鸣。隔河列万帐，萧萧马无声。寇来冲我军，坚壁不与争。借问主将谁？酣醉正未醒。从来整以暇，乃称善用兵！"当敌人来到时，将军消极避战，整日酣醉不醒。还恬不知耻地说：善于用兵。《古从军乐七首》其五："百人驱一贼，贼势少退却。辄惧困兽斗，不复穷追索。普天同王土，岂有分厚薄。我辈思立功，且以邻为壑！"诗歌描写清军的作战能力。军队存在的唯一理由就是战斗，清军的作战如何呢？一百个清军去追赶一个太平军，也只能使他退却，却无法捕捉或者战胜。这么无能的清军，却还编造出几个冠冕堂皇的理由：第一，这是避免困兽之斗，所以放弃追逐。第二，不追赶他，是把他驱逐到其他清军的地盘上，让别人去收拾他。暴露了清军作战迁延观望、互相推诿、以邻为壑的本相。《古从军乐七首》其六："纵寇如养鹰，

---

① 张榕轩，张芝田，刘燕勋. 梅水诗传·卷六［M］. 清光绪二十七年（1901）刻本。

用兵如脱兔；寇来我先遁，寇去我不顾。昨夜出掠野，卒然与贼遇。喧称奏凯归，斩馘以百数。急磨盾鼻墨，明日驰露布。"诗歌仍然写清军的作战，他们平时纵寇，遇敌即逃跑。露布，指不缄封的文书，这里指军队的告捷文书。他们虽然消极避战，但是偶尔遇到几个残敌，马上就有虚报战功的机会，所谓立功的捷报就会飞奏朝廷。

这类问题，诗人在其他诗歌中也有揭露。《乙丑十一月避乱大埔三河虚四首》其二："诸公竟以邻为壑，一夜喧呼贼渡河。"其三："星斗无光夜色寒，一军惊拥将登坛。争功士聚沙中语，遇敌师从壁上观。"这些诗歌描写了清军遇敌时或消极避战，或以邻为壑，而敌人稍退就立即争功邀赏。这样的军队，腐败丑陋、乌烟瘴气，真是国家的灾难！

更有甚者，清军还掳掠奸淫妇女，以屠杀人民所获的头颅去邀功请赏。《古从军乐七首》其四：

昨日贼兵移，我军尾其后。道有妇人哭，挟以上马走。夫婿昨伤死，还遣行杯酒。耶娘欲牵衣，手颤不敢救。今日报战功，正赖尔民首！

这是发生在公度身边的悲惨一幕，诗歌描写清军在嘉应州劫掠民间妇女的罪恶行径。清军不敢与太平天国作战，只是跟在太平军后面以敷衍上级。但是，他们看见路边有个刚死了丈夫的民间少妇正在哀哭：她的丈夫昨天因战争受伤而死，今日送葬。这时他们却毫不手软，立即把她掳到马上抢走，以供主帅奸淫行乐。少妇身边并非无人，她的公婆就眼睁睁地看着儿媳被掳，不敢救她或上前理论。因为，这群畜生以屠杀民众、冒领军功著名，他们正需要平民的头颅以邀功呢！如果去救，官军正好砍掉他们的脑袋，当作战功请赏。此诗歌揭露官军的两大问题：第一，公开抢劫和奸淫民间妇女；第二，屠杀平民以取军功。这刻画出官军的性质，他们比土匪、比太平军更凶残、更邪恶！有官军如此，清政府还有存在的合理性吗？

这类丑恶行径并非个别，嘉应州其他诗人也有记载。梅州诗人黄仲安《感事九律》其二："官获村氓作发俘。"清军掳掠、抢夺和奸淫民妇，甚为常见。《江阴城守纪》："大清兵掠东乡。清兵合营，并北焚民居，多杀戮，转掠而东……清兵乘胜东下，恣掠大桥、周庄等处。搜山掠地，肆意钞杀，所伤老弱男女无算。"清陈徽言《武昌纪事》载，咸丰二年十二月二十四日，官军潮勇及广西捷勇在武昌城外卓刀泉一带"抢夺财物，褫人

衣履，奸淫妇女，强占村舍"①。《浙江乱后新乐府》说："头亭巨舰属官军，两妹亦被官军掳。"② 这样的军队丧尽天良，故嘉应诗人黄仲安《感事九律》愤怒痛斥道："由来坏事皆伊辈，纵死沙场亦罪辜。"诗人们字字血泪，不仅是揭露，更是愤怒控诉。

这里，公度和其他嘉应诗人将清军骇人听闻的罪行告白于天下：第一，光天化日之下明目张胆地抢掳民妇。第二，惨无人道地屠杀百姓以邀功。这令人发指的暴行，竟然是政府军所为！自古有兵匪一家之说，宋陈尧佐《书沿淮巡检厅壁》说："至于士兵，一得纵放，则欺扰公行，使民口胶舌结，噤不敢出声，是诚盗之巨者。"③ 殃国祸民的军队，是人民的敌人，比土匪更凶恶可怕，也更不可饶恕。试问：有这样祸国殃民的军队，其政府难道不应该被推翻吗？

四、批判清王朝的腐朽

为什么会有这样的军队呢？是因为有比军队更腐朽的王朝。《古从军乐》其七："露布如流星，飞入甘泉宫。天子坐明堂，下诏嘉尔功。貂冠孔雀翎，头上光熊熊。破格求将材，国恩有独隆。寄语屠狗辈，故友今英雄！"孔雀翎，清朝高官的官服。贝子朝冠、镇国公朝冠、固伦额驸吉服冠、和硕额驸吉服冠、武三品朝冠等，才能赏戴孔雀花翎。《清史稿》之《舆服志》其二："吉服冠顶用红宝石，皆戴三眼孔雀翎。孔雀花翎有三眼、双眼、单眼之分，遇赏均得戴用……凡孔雀翎，翎端三眼者，贝子戴之。二眼者，镇国公、辅国公、和硕额驸戴之。一眼者，内大臣，一、二、三、四等侍卫，前锋、护军各统领、参领，前锋侍卫，诸王府长史，散骑郎，二等护卫，均得戴之。翎根并缀蓝翎。贝勒府司仪长，亲王以下二、三等护卫及前锋、亲军、护军校，均戴染蓝翎。"④ 诗歌写这群卑鄙无耻、怯懦胆小的军人，在虚报战功的捷报上奏以后，居然马上得到朝廷的嘉奖，升为高官。从此，他们有了赏戴孔雀花翎的荣耀，而且有了可以去向他人炫耀的资本。

《古从军乐》真是"从军乐"了。他们无恶不作，最后居然还能升官发财，赏戴孔雀花翎，天下还有比这更快乐的事吗？军人们更要天天快

---

① 罗惇曧. 太平天国战记·外十一种［M］. 北京：北京古籍出版社，1998：260.

② 王文濡. 太平天国轶闻·卷四［M］. 扬州：江苏广陵古籍刻印社，1993.

③ 吕祖谦. 宋文鉴·卷一百三十［M］. 扬州：江苏书店，1886.

④ 赵尔巽，等. 清史稿·卷一百三［M］. 北京：中华书局，1976.

乐，乐不可支了。

在这里，诗人巧妙地把清朝军队的问题与清朝政府最高统治者联系起来：清军为什么有这么严重的问题，其实原因就在清朝统治者和清朝官僚制度。军队本该保卫人民，但是这种腐败无能的军队无法对敌作战。还要金钱、还要享乐，这就驱使他们走向邪恶。于是，他们就会贪污、虚报战功。这些罪恶本可以让他们受到惩罚，甚至处死。但是，他们依然安然无恙。于是，他们有恃无恐，继续作恶，甚至奸淫妇女，屠杀和残害人民。这样的军队，不仅违背淳朴的战士们的初衷，也违背了朝廷豢养他们的目的。奇怪的是，这种干尽坏事、恶贯满盈的军队，不仅没有受到任何惩罚，军官们还能升官发财，成为令人羡慕的当朝高官。因而，清朝军队的问题并不在军队本身，而在当朝天子、在朝廷。有这样善恶不分的朝廷、是非颠倒的制度，才会有这样邪恶的军队。

由此可见，黄遵宪对清政府和清军已经完全绝望，对他们的批判和揭露已毫不留情，深刻见骨。这样的军队和政府，还有存在的必要么？这种批判和揭露，是远甚于对太平天国的批判的。

当然，黄遵宪对于清政府和清军也有歌颂。《乙丑十一月避乱大埔三河虚四首》其一云：

六月中兴洗甲兵，金陵王气复升平。岂知困兽犹能斗，尚有群蛙乱跳鸣。

一面竟开遮寇网，三边不筑受降城。细民坚壁知何益，翘首同瞻大帅旌。

大帅，指负责剿灭嘉应太平天国的清军统帅左宗棠。当时，左宗棠已是闽浙总督，节制两省军务，加太子少保衔，赏黄马褂，封一等恪靖伯。同治四年八月乙巳，因太平军康王汪海洋流窜嘉应，于是命左宗棠驻粤，节制赣、粤、闽三省各军。十月，太平天国攻占嘉应，命左宗棠亲往嘉应督师。《清史稿·穆宗本纪》："粤匪陷嘉应……庚寅，命左宗棠亲往嘉应视师。"于是，左宗棠把司令部移到和平瑞溪，以剿灭嘉应州的太平军。诗歌颈联写清军统帅左宗棠对于围剿太平天国的战略部署，尾联写嘉应州人民对左宗棠的期盼，直接地歌颂了清军统帅。十二月十二日，嘉应太平军统帅汪海洋被抬枪击中，当场死亡。《清史稿·左宗棠传》："是夜降者逾四万，言海洋中炮死矣，上气愈奋。时鲍超军亦至，贼出拒，又大败之。合闽、浙、江、粤军围嘉应。"10天之后，在嘉应的十万太平军全军

覆灭，左宗棠因功被诏赐双眼花翎，他没有辜负黄遵宪和嘉应人民的"翘首同瞻"的期望。

但是，这种对左宗棠个人才能的歌颂，与对清朝和清军的整体批判是不对等的，二者不能相提并论。一般而言，人们惧怕统治阶级暴政，大多无法避免地歌颂当朝政府，也会否定政府的敌人——太平天国。但是，黄遵宪既没有简单地附和政府的宣传口径，也没有庸俗地与清政府保持一致。实际上，他对清政府和太平天国均有揭露和批判，而对清政府和清军的批判更是刀刀见血，事实具体，见解深刻，刻画出一个末世政府祸国殃民的反动本质。

第七节　太平天国诗歌的意义

太平天国到嘉应，对于黄遵宪的意义非凡。1865 年太平天国到嘉应前，公度还是一个 18 岁的学生，除了除夕的《别岁》，他还没有开始创作诗歌。

但是，太平天国到嘉应使黄遵宪开始了他的传奇人生。太平天国到嘉应后，战乱对他和家人的生命财产造成致命的打击，他们被迫举家出逃，他也几乎不能幸免于难。但是，这些重大的事件的冲击，太平天国与清政府在对峙中展现出的丑恶面目，将黄遵宪的思想带上了一个高峰。黄遵宪在居高临远中，俯视历史，洞察现实，分辨是非，思考国家安危和人民疾苦，表现出犀利的眼光、深刻的思想、卓越的胆识、独立的批判精神，从而开始了他的创作生涯。他以政治家的视野和才具，在指点清政府和太平天国的是非中议论风发，大气磅礴，表现出他忧国忧民的胸怀、深刻的思想，善于叙事与议论的文学才华。之后的《香港感怀》《哀旅顺》《哭威海》等诗文中表现出的"上感国变，中伤种族，下哀生民"（康有为语）忧国忧民情怀和爱国精神，其实在太平天国诗歌中就已经开始。

黄遵宪为何能如此？笔者认为，主要原因有三：

一是天下大趋势——太平天国思想的影响。太平天国时期，民族革命的旗帜极大地动摇了清政府的政治和思想基础，人民对清王朝普遍感到失望和厌恶。太平天国起义一开始，就从民族矛盾入手，打出了反清的民族革命旗帜。洪秀全起义《诏旨》说："朕非他，乃大明之后，弘光皇帝七世孙也。名正言顺，天与人归，一为祖宗报仇，二为苍黎发暴。"① 他借明朝政治资源来争夺正统，把农民起义战争变成民族革命的"明清战争"；他们要驱逐鞑虏，推翻清朝，恢复汉族统治。这些民族主义口号，在辛亥时仍一脉相承，孙中山自称"洪秀全第二"，可见洪秀全的政治策略何其高明。这种政治策略在塑造政治正统和争取民心上十分有效，"反清复明"的口号和"变天"思想有如春雷动地，很快传遍全国，甚至传到东瀛。1853 年 6 月 2 日，日本萨州藩医汤藤龙给江户值勤官池田安兵卫的信中说："（起义者）自称明皇帝的孙裔，施仁政，安抚人民，官民也咸服其德。"② 反清的民族革命思想有极大的煽动性和号召力，它剥夺了清政府在政治上的合法性，唤醒了汉族的民族情绪，使人们在思想感情上厌恶清政府及清军，而期望"变天"，结果造成了极大的政治动荡和思想混乱。因而太平天国时期，全国农民起义连绵不绝。在政府军与造反的"逆贼"对峙的形势下，黄遵宪尖锐的批判没有指向太平天国，而是指向政府军，其思想倾向十分鲜明，与当时普遍的思想状况和精神氛围有密切的关系。

二是嘉应当地客家人的革命精神。太平天国领袖中有很多是嘉应客家人，洪秀全祖籍梅县石坑，洪秀全妻子是嘉应客家人，东王杨秀清、南王冯云山均原籍嘉应州，后期王爵顾王吴如孝、遵王赖文光、匡王赖文鸣也属嘉应籍③；莱王赖桂芳，森王侯裕田，国宗杨元清、杨永清、杨德清，一代名将冬官正丞相罗大纲，地官又正丞相罗苾芬，夏官副丞相赖汉英，天王妻赖氏，崞天福罗琼树，殿右二十检点陈元旺，殿右四十二检点张发纪，殿左三十七指挥新成金等，都是嘉应州人④。因此，太平军一到嘉应，如同回到故乡。梅县长滩古瑞蔚回忆他家祖上传诵的太平天国来到长滩古家时的故事："一个姓古的长毛（太平军）来到我们村后，看到神主（开基祖——二十世祖古乐守）与己同姓，就跪下来拜祖，又不烧古姓屋。"⑤ 在嘉应州时，虽然太平天国已日薄西山，但在反清思想和嘉应人与太平天国特殊的族群联系影响下，嘉应人民仍然踊跃地参加太平军。左宗棠说：

---

① 王文濡．太平天国野史·卷十 [M]．扬州：江苏广陵古籍刻印社，1993．

② 小岛晋治．太平天国革命的历史和思想 [M]．东京：研文出版社，1978：290．

③ 中国人民政治协商会议，广东省梅县市委员会文史资料研究委员会．梅县市文史资料：第 8 辑 [M]．1986．

④ 罗尔纲．太平天国史 [M]．北京：中华书局，1991．

⑤ 陈周棠．广东地区太平天国史料选编 [M]．广州：广东人民出版社，1986：153．

"汪逆全股窜入嘉应，闻粤中土匪散勇从者如云，至有云较去镇平时人数为多者。"所谓"土匪散勇"，实是指嘉应人民。左宗棠在《寄郭筠仙》中还说："（粤东）民俗之犷悍，为天下最。"他又说："天下之祸起于广西，而其实起于广东嘉应之匪民，而广西被其名……今祸水趋故墟，而降人散勇归之若壑。以理、以数言之，灭亡可期……潮人则出乎尔者反乎尔，嘉应则以此始、以此终，浩劫之钟于一方，天也？人也。"① 这就是左宗棠关于太平天国和嘉应关系的著名论断："贼起于嘉应，亦灭于嘉应"的原始"版本"。因此，太平军与嘉应人民关系亲密，即所谓"巨寇一入，从乱如归"②。汪海洋在兴宁罗冈至罗浮司路上的白水寨一带伏击清军时，当地"土人"将敌人引诱至伏击圈，并截夺官军的军火辎重，协助太平军作战。这一仗大败清军，击毙清军将领关镇邦。同治四年九月，左宗棠在《奏闽军入粤追剿被截请饬广东严办片》中惊呼："粤东嘉应一带民情狡猾凶顽，实为戎首"，他还指斥汪海洋："以重金赂该处土匪"和"戕害官军"等③。嘉应人民已经投身到打击政府军的战争中，公度身在嘉应，无法不受家乡人民感情的感染。在青年黄遵宪宽容太平军和厌恶憎恨清军的背后，隐藏着黄遵宪的乡亲们在太平天国时期的反清情绪和"变天"思想，以及与太平军的血肉深情。

三是黄遵宪的个人因素。这时期黄遵宪还是一个18岁的青年，但其在思想上的特点：聪明早熟、思想深刻、见解独特、富有批判精神等，已经初露锋芒。所以，黄遵宪一遇到太平天国，就促使他独立地直面军国大事，逼迫他从纷繁复杂的事物中去思考和辨析，锻炼了他用自己的眼光去解剖和批判的方法与能力，从而促使他的思想走向成熟。就内在而言，太平天国开始了黄遵宪的思考和批判之路；从外在而言，太平天国开启了黄遵宪的诗歌和文学历程。公度用客观现实的诗笔，摄下嘉应州最新发生的重大历史事件，同时书写着人民的苦难。以现实主义的创作精神抒写现实，成为公度后来诗歌创作的基本精神，给其文学创作以终身的影响。

换言之，没有太平天国两到嘉应，就没有善于思辨和批判的黄遵宪。

---

① 左宗棠. 左文襄公书牍·卷八［M］. 光绪二十三年（1897）湘阴左氏刻本.
② 罗正均. 左文襄公年谱·卷三［M］. 光绪二十三年（1897）湘阴左氏刻本.
③ 陈周棠. 广东地区太平天国史料选编［M］. 广州：广东人民出版社，1986：293.

第三章　广东乡试

广东乡试，是广东人考举人的试场。大凡读书想成为举人，未有不重视乡试的。

在当时的中国，人命微贱，唯有官权比天大。龚自珍《己亥杂诗》之七十四："登乙科则亡姓氏，官七品则亡姓氏。夜奠三十九布衣，秋灯忽吐苍虹气。"① 人们注重的不是这个人，而是他的功名，他的官位。科举，是读书人谋功名、谋权力、谋官位的大事。龚自珍《己亥杂诗》之五十四："科以人重科益重，人以科传人可知。本朝四十九科矣，搜集科名意在斯。"自注："八岁，得就登科录读知，是搜集二百年科名掌故之始。"龚自珍八岁时已开始关注清代科举史，对科举、乡试的重视可想而知。

黄遵宪的家史是不断奋斗的历史，到高祖时才从贫穷中挣扎出来。他的高祖、曾祖和祖父均是商人，父亲黄鸿藻弃商学文。黄鸿藻先生是清咸丰六年（1856）举人，官知府。这意味着，他的儿子黄遵宪的人生道路，将沿着其父之路前进，也必然走上科举之路。

其实，黄遵宪的科举之路，在他出生的命名中已经注定。

黄遵宪的名字，有人认为是因东汉汝南黄宪（字叔度），其父黄鸿藻追慕他的声名，为儿子起名黄遵宪，字公度。此说并不全对。黄遵宪的名字的确与仰慕黄家古贤有关。但并非来源于东汉黄宪，而是南宋状元黄公度。原因有四，第一，东汉高士黄宪虽然名声很大，但是家世贫贱，父亲为牛医，他年四十八而早亡，且终身未仕，天下号曰"征君"。这与重视科举的黄鸿藻并不相符，尤其是未仕，绝难取法。第二，历史上黄宪并非一人，除了东汉黄宪，南宋时期还有黄宪，字应南。当有多个黄宪时，仰慕说便所指不明。第三，黄遵宪与南宋黄公度两人名字的相似度很高，表现出真正的钦敬仰慕之情。第四，祖籍和地缘。黄遵宪祖籍福建宁化县石壁，南宋状元黄公度是福建莆田县人。二人地缘关系紧密，还有家族渊源的关系，更宜于仿效取法。

---

① 龚自珍. 龚定庵全集类编·卷四［M］. 北京：中国书店，1991.

因二人的名字相似度高，这里以"清代嘉应黄遵宪"与"南宋莆田黄公度"来区别二人。嘉应黄遵宪，字公度；南宋黄公度，字师宪。两人名字之间：公度二字完全相同，遵宪与师宪，仅有一字之差。只是二人的名与字，相互换了。当然，黄家到黄遵宪这一辈，以遵字为辈分标志，故其弟有黄遵路、黄遵庚等。而且，嘉应黄遵宪的名字与南宋黄公度的相似，并非偶然，是其父黄鸿藻取名时有意为之，寄寓着对孩子未来人生的期望。因为：

第一，南宋黄公度（1109—1156），福建莆田人，南宋绍兴八年（1138）进士第一，即状元，著有《莆阳知稼翁集》二十卷，他是黄家的骄傲，南方黄氏后人无人不知。

第二，南宋黄公度知名度高。他深受名相赵鼎的赏识。赵鼎本是宋室南渡名臣，气节和学术均彪炳青史。虽黄公度与赵鼎的际遇只有四五个月，但公度对他十分敬重。赵鼎被贬后，黄公度不畏强权，甘冒危险为之辩白："黄公度讥切时政，而甘受（秦桧）窜逐，皆可谓临大节而不可夺者矣。"[1] 绍兴十九年（1149），他被宰相秦桧贬为广东肇庆府通判。在人格上，黄公度与赵鼎一样，都是有气节的人。

第三，南宋黄公度为官岭南，与梅州有因缘。绍兴十九年，南宋黄公度被贬肇庆时，其身份全称是：左承议郎、新差通判肇庆军府、主管学事、兼管内劝农事。进入广东后他首先到达赵鼎所贬的潮州，再经梅州去肇庆上任。在潮梅路上，他创作有《题金沙驿》《题潮阳石塔寺》《瘦牛岭》等诗。黄公度《瘦牛岭》云："自笑年来为食谋，扶携百指过南州。时平四野皆青草，此地何曾解瘦牛。"瘦牛岭，在丰顺县南五十里的蓝田都之石坑村。乾隆《丰顺县志》："瘦牛岭，在县南五十里。《揭阳县志》：在蓝田之石碇村。脉自揭阳山来，一名云落，又名东桃。按《三阳图志》载：县界西曰东桃岭，即此。又《城池记》：瘦牛岭环于西。旧传：有铜铁佛像、宝贝之异。查石碇村，即石坑村。"[2] 古时瘦牛岭上有寺庙，庙中有铜铁佛像等宝贝。丰顺县，今属梅州市。南宋黄公度路过梅州，到肇庆上任，后来在南恩州政绩卓著。明黄仲昭《黄公度传论》说："（公度）摄南恩守，择秀民与之揖逊，而士风为之一变，蔼然有文翁、韩昌黎之风焉。"南恩，即今广东恩平县。肇庆，本为端州，北宋元符三年（1100），因它是徽宗皇帝的潜邸，升为兴庆军节度；重和元年（1118）赐名肇庆，

---

① 黄仲昭. 未轩文集补遗·卷下［M］. 上海：上海古籍出版社，1986.

② 丰顺县志·卷一［M］. 清乾隆十一年（1746）刻本。

于是兴庆军改为肇庆府。黄公度到时，肇庆才更名30多年，还是广东唯一的府。此后，他以肇庆府通判的身份，代理南恩州恩平郡太守。南恩州是当时广东14个州之一，下辖阳江、阳春两县。南恩州土中生碱，土旷民贫，与广、惠、潮、封、康、端等州一样，州城外尽是少数民族，被视为边地，政治混乱。黄公度《权南恩谢诸司》："惟恩平之小垒，在南海之一隅。吏奸黠而民困侵牟，地荒远而人多鄙薄，风俗洞甚，储峙萧然。"他在南恩州的时间长达七年（1149—1156），在他的精心治理下，南恩州的风气焕然一新。他是为民请命的好官。绍兴二十六年（1156）正月被朝廷召回，高宗询问岭南弊政，他说："二广数小郡，如贵州、新州之类，有至十年不除守臣者。盖缘其阙在堂，要者不与，与者不要。"因黄公度上奏，皇上令吏部以《差注条法》中的方法，在州县久无正官的情况下，容许在选人中差注委任。如一季仍无人到官，可破格任通判为太守，这样岭南的官员任用制度才有所改善。黄公度在岭南的事迹，为黄鸿藻所熟知。

第四，更重要的是，黄遵宪祖籍福建汀州，南宋黄公度是福建莆田人，福建乃二人祖籍地。因此，黄鸿藻给自己儿子取名公度时，是冲着南宋黄公度的大名，其中寄寓着希望儿子成为状元郎的用心。但是，父亲的心事公度似乎并不明白。《与宫岛诚一郎等笔谈资料》载，宫岛诚一郎购到《广东通志》，见其中有黄公度与黄遵宪同姓名，于是询问公度。公度云："此公非广东人，南宋人字。《广东通志》中不知何以有黄公度？"[1]由此可见，黄遵宪对南宋黄公度在广东肇庆任职一事还不甚清楚。也许这是其父用心良苦，并不愿意让儿子过早地承受名字的压力。

按照其父的安排，嘉应黄遵宪的名字已决定他未来的人生道路：他需要走科举之路，需要把举人甚至进士、状元作为人生的目标。

实际上，嘉应黄遵宪的才华不输于南宋黄公度。嘉应黄遵宪18岁所作的关于太平天国诗歌已可为证。而且他思想与众不同，见识超群。1937年周作人在《论人境庐诗草》中说："黄公度是我所尊重的一个人。但是，我佩服他的见识和思想，而文学尚在其次。所以在著作里我看重日本杂事诗与日本国志，其次乃人境庐诗草。不客气地说，这其实还有点爱屋及乌的意思。"[2] 既然如此，他要赶上甚至超过南宋黄公度，应该没有问题。

但是，令人不解的是，嘉应黄遵宪却对科举不屑一顾，他的科举之路也一路坎坷。

057

---

① 刘雨珍. 清代首届驻日公使馆员笔谈资料汇编·下册［M］. 天津：天津人民出版社，2010：573.

② 周作人. 知堂书话［M］. 长沙：岳麓书社，1986.

第一节　应举准备

在应举之前，书生至少需要经过三四年的准备。首先，县令考试童生，根据等次，上报州官。其次，州官复试，根据等第，上报省学政。再次，省学政再考试，优秀者送部，叫作秀才，秀才方可进入官学的庠序中。秀才在庠序中需要三年的考试：每年考试一科，优秀者叫作廪生，或增生。学政在三年中每年考试一科，优秀者叫作优贡，全省只有六人。另外，九年中可以另丌一格，优秀者叫作拔贡，每县仅　人。优贡、岁贡、拔贡等六类贡生，才有资格考试举人，这是生童在应举前需要完成的必要准备。

清初嘉应州人口仅 16 000 余人，但是到乾隆、嘉庆年间，嘉应州应试童生就达万余人。光绪《嘉应州志》："（清代）州之应童子试者，不下万余人。合之志乘所载之数，士且得三之一焉。故梅之文学为岭南冠，于岭南特闻。"[①] 由于嘉应州的童生众多，故考秀才极难，科举竞争激烈。

公度不是害怕竞争的人。但出乎意料的是，公度在应试准备期就对科举充满了反感，这表现在《感怀三首》中。

《感怀三首》是《人境庐诗草》中的第一首诗。诗人把它排在篇首，原因有二：一是时间因素，它是诗人最早的作品之一。二是思想性，它是诗人的思想宣言，是对《人境庐诗草》主题的集中概括。他在光绪二十八年（1902）四月《致梁启超函》中说："《诗集》中开宗明义第一章，所谓'均之筐篚物，操此何施设'者也。"[②] 他赋予《感怀三首》"开宗明义"的重大意义，是就其思想内涵而言的。《感怀三首》在黄遵宪的诗集中，具有提纲挈领的重要意义。

关于《感怀三首》的写作时间，在陈铮编《黄遵宪全集》中，《人境庐诗草》卷一的诗歌的时间确定为同治三年至十二年，即 1864—1873 年。那么，第一篇《感怀三首》的时间必定是同治三年。其实，笔者认为，《感怀三首》的写作时间不会早于同治四年。同治三年的说法，来源于《甲子》一诗。在北京大学中文系近代诗研究小组编的《人境庐集外诗辑》中，公度最早的诗歌是《别岁》，下注：甲子。即同治三年。但是，"别

---

① 温仲和 . 光绪嘉应州志・卷三十二 ［M］. 清光绪二十四年（1898）刻本 .
② 陈铮 . 黄遵宪全集・上 ［M］. 北京：中华书局，2005：426.

岁"的题材，指的是同治三年的最后一天，那么它的写作时间当是同治四年的初元。所以，《人境庐诗草》中，当没有早于同治四年（1865）的。如《感怀三首》这样思想性很强的诗歌，更不会早于同治四年。《感怀三首》的写作时间，与公度所作的有关太平天国诗歌基本相同，应该是他在读私塾时期的作品。

《感怀三首》在《人境庐诗草》中具有开宗明义的意义。它不仅是在位置上居首，而且在思想上统摄《人境庐诗草》，是《诗草》的灵魂，对《人境庐诗草》有画龙点睛的作用。因此，《感怀三首》值得认真研读。《感怀三首》的主要内容有三：

一是批判世儒。《感怀三首》其一云：

世儒诵诗书，往往矜爪嘴。昂头道皇古，抵掌说平治。上言三代隆，下言百世俟。中言今日乱，痛哭继流涕。摹写车战图，胼胝过百纸。手持井田谱，画地期一试。古人岂我欺，今昔奈势异。儒生不出门，勿论当世事。识时贵知今，通情贵阅世。卓哉千古贤，独能救时弊。贾生治安策，江统徙戎议。

诗歌 11 韵，可分两层。前 6 韵刻画了一个满嘴复古腔调的世儒形象：世儒，即俗儒，或腐儒，公度多次提到他们。《杂感》说："俗儒好尊古，日日故纸研。"《和周朗山珉见赠之作》说："噫嘻乎儒生，读书不识羞。"《早行》："腐儒饥寒苦相迫，驱车自唱行行行。"但是它多作世儒，《史记·律书》："岂与世儒暗于大较，不权轻重，猥云德化……遂执不移等哉！"大较，指大法。三国魏曹植《赠丁廙》："君子通大道，无愿为世儒。"世儒诵读《诗》《书》，但停留在字句词汇上：什么皇古，什么三代，什么百世，全是食古不化，不切实用。颇似荀子《儒效》"呼先王以欺愚者，而求衣食焉"[1] 的陋儒。当下清朝发生了太平天国之乱，世儒们貌似热忱地痛哭流涕上书献策：或者从军事上献车战图，或者从文化制度上进献《井田谱》，以为这样就能平定叛乱，活画出一幅迂腐不堪而又热情可爱的腐儒形象。后 5 韵是公度的评论：古书并没有错，但是古今异势，俗儒纸上谈兵，脱离今天的实际。公度认为，读书贵在审时度势、通达权变："识时贵知今，通情贵阅世。"千古以来，唯有汉代贾谊的《治安策》和晋朝江统的《徙戎议》，可称切于实用、通达权变的典范。

---

[1]　荀况. 荀子·卷八 [M]．上海：上海古籍出版社，1989.

《感怀三首》是一部诗化的儒生批判书。诗人在青年时期，就十分鄙视儒生们的举子业——儒学。公度《致梁启超函》："吾年十六七始从事于学，谓宋人之义理，汉人之考据，均非孔门之学……及闻陋宋学、斥歆学、鄙荀学之论，则大服。"他甚至十分鄙夷清代大儒曾国藩的学问："皆破碎陈腐、迂疏无用之学，于今日泰西之科学、之哲学，未梦见也。"① 因而，诗人最蔑视的还是鹦鹉学舌的儒生——那些矜于爪嘴而摇头摆尾地夸耀皇古的世儒。他们既是千古以来的儒生，也是当世仍然活着的自鸣得意的腐儒。这些迂腐无用而又狂妄自大的儒生，既是历史的产物，又是当今社会的蛀虫。值得注意的是，此时诗人的身份就是儒生，但是诗人把自己与他们区别开来，他痛恨儒生，是一种儒生的觉醒。他明白如果自己不觉悟，也必将成为这样的废物。诗人在内在思想上，已经把自己与传统儒生区别开来。《感怀三首》是诗人在学做儒生的紧要关头时的自我反省，他希望自己能实现儒生的自我救赎。

二是回顾清朝史，期待中兴。《感怀三首》其二云：

有清膺天命，仁泽二百年。圣君六七作，上追尧舜贤。熙隆全盛时，盖如日中天。惟阃外戚患，干戈藩镇权。煽虐奄人毒，炀灶权臣奸。百弊咸荡涤，王道同平平。迩者盗潢池，神州污腥膻。治久必一乱，法弊无万全。谓由吏惰窳，亦坐民殷阗。当世得失林，未可稽陈编。儒生拾古语，谓当罪己愆。显皇十一载，忧虞怵深渊。拔擢尽豪杰，力能扶危颠。惟念大乱平，正当补弊偏。且濡浯溪笔，看取穹碑镌。

《感怀三首》其二有 15 韵，可分三层。前 6 韵是第一层，叙述清朝兴盛的历史。从清初到黄遵宪写作本诗时已 200 余年，黄遵宪对清朝的命运还相当乐观：他歌颂清朝光辉的历史，特别是康熙、乾隆诸帝时期，立下了擒鳌拜、征噶尔丹、平三藩、收台湾等功绩。到康熙乾隆时，清王朝达到鼎盛。黄遵宪是由衷地歌颂清朝前期帝王。他还说："本朝贤圣之君世世相承，如康熙、雍正、乾隆三帝，不知比尧舜如何。三代以下，无此圣君也。"② 其歌颂似乎并非官样文章。中间 4 韵是第二层，写清朝在太平天国打击下出现衰亡危机。黄遵宪认为，太平天国之乱，是由于人口太多，太平过久之故。刘雨珍编《与宫岛诚一郎等笔谈资料》载公度说：明朝户

① 陈铮. 黄遵宪全集·下 [M]. 北京：中华书局，2005：426.
② 刘雨珍. 清代首届驻日公使馆员笔谈资料汇编·下册 [M]. 天津：天津人民出版社，2010：506.

口极盛时不过四千万，而今至四亿。因物产不足养民，故生动乱。最后 5 韵，是第三层，他批驳儒生拾古人牙慧的陈编古语，认为清朝虽遭遇危机但还将出现中兴局面。显皇，指清咸丰皇帝，他的全称为：文宗协天翊运执中垂谟懋德振武圣孝渊恭端仁宽敏显皇帝，讳奕宁，简称显皇帝，或文宗。咸丰十一年（1861），31 岁的咸丰皇帝去世，这年太平天国攻占杭州、夺取浙江全省，清王朝走到万丈深渊边上，面临最深重的政治危机。浯溪，在湖南省祁阳县西南，唐代诗人元结卜居于此，并由元结命名。元结《浯溪铭序》："浯溪在湘水之南，北汇于湘，爱其胜异，遂家溪畔。溪世无名称者也，为自爱之故，自命曰浯溪。"元结在此溪边上筑台建亭，台曰峿台，亭曰吾亭，与浯溪并称"三吾"，并皆有《铭》。另外，唐代王邕有《后浯溪铭》："英才别业，雅有儒风。河南元公，高卧其中。位为独坐，人不知贵。兴惬兹地，心闲胜事。"① 元和十三年岁暮，江州员外司马韦辞作《修浯溪记》，与王邕文一样，均为歌颂浯溪居士元结。浯溪与元结及其因此而生的多种铭文，成为中国文学史上的佳话。浯溪笔，则指歌颂中兴的大作家的文笔。唐安史之乱平定后，元结作《大唐中兴颂》，《序》云："天宝十四载，安禄山陷洛阳。明年，陷长安。天子幸蜀，太子即位于灵武。明年，皇帝移军凤翔。其年复两京，上皇还京师。于戏！前代帝王有盛德大业者，必见于歌颂。若今歌颂大业，刻之金石，非老于文学，其谁宜为？颂曰：……"② 元结撰写《大唐中兴颂》后，大书法家颜真卿将其书丹，刻在浯溪石崖上，以歌颂肃宗皇帝中兴唐朝的巨大功德。后称撰写歌颂中兴的笔，为"浯溪笔"。黄遵宪认为，清朝在渡过咸丰末年的大灾难后，因一批中兴名臣如曾国藩、李鸿章、左宗棠等清末三杰的出现，大乱即将平定。清朝已经渡过统治危机，与《大唐中兴颂》一样的辉煌巨碑，也即将诞生。

　　但是，黄遵宪期待的清朝中兴并未出现。后来，黄遵宪所参与的戊戌变法失败后，杨锐、刘光第、谭嗣同等"戊戌六君子"被杀，极左势力上台，延及外交，酿成庚子排外的义和团之乱，终使清朝灭亡。当然，如果光绪、康有为、黄遵宪等人主张的变法成功，黄遵宪也真有作为大作家而挥洒浯溪笔抒写《大清中兴颂》的可能。黄遵宪的中兴梦，事关清朝历史盛衰的历史大关键。但是，元结以《浯溪碣》而穷，黄遵宪也因做浯溪笔的黄粱美梦而几乎被朝廷杀害。

---

① 董诰，等．全唐文·卷三百五十六 ［M］．上海：上海古籍出版社，1990.
② 董诰，等．全唐文·卷三百八十 ［M］．上海：上海古籍出版社，1990.

三是回顾儒学史，阐述教育观。《感怀三首》其三云：

吁嗟两楹奠，圣殁微言绝。战国诸子兴，大道几灭裂。劫灰出秦燔，六籍半残缺。皇皇孝武诏，群言罢一切。别白定一尊，万世循轨辙。遗书一萌芽，众儒互拾掇。异同晰石渠，讲习布绵蕞。戴凭席互争，五鹿角娄折。洎乎许郑出，袖然万人杰。宋儒千载后，勃窣探理窟。自诩不传学，乃剿思孟说。讲道稍僻违，论事颇迂阔。万头趋科名，一意相媚悦。圣清崇四术，众贤起颉颃。顾阎辟初涂，段王扬大烈。审意得古训，沈晦悉爬抉。读史辨豕亥，订礼分袒袭。上溯考据家，仅附文章列。儒于九流中，亦只一竿揭。矧又某氏儒，途径各歧别。均之筐篚物，操此何施设？大哉圣人道，百家尽囊括。至德如渊骞，尚未一间达。区区汉宋学，乌足尊圣哲。毕生事钻仰，所虑吾才竭。

《感怀三首》其三有 25 韵，可分三层。前 13 韵，是第一层。诗歌从春秋孔子殁后，微言大义之学断绝说起，儒学从战国学术的鲁莽灭犘到秦始皇的焚书坑儒，从汉武帝的独尊儒术到东汉许慎、郑玄的章句学，从宋儒的义理学到明代的剿窃，儒学走入僵化的死胡同。勃窣，联绵词，即婆娑。勃窣理窟，语出南朝宋刘义庆《世说新语》。其《文学》说："刘前进谓抚军曰：'下官今日为公得一太常博士妙选。'既前，抚军与之话言，咨嗟称善曰：'张凭勃窣为理窟。'即用为太常博士。"这里，公度以之形容宋儒义理之学的虚浮肤浅。公度《感事三首》其三："宋明诸儒骛虚论，徒诩汉大夸皇华。"士子空疏浮华的学风，导致儒生"万头趋科名，一意相媚悦"的丑陋局面。而且此风愈演愈烈，到清代已不可收拾。清管同《说士上》云："历观史传以来，士习之衰，未有甚于今日者也。"[①] 士为风化之原，清代士风不端，文风不正，已影响到朝廷的稳定。公度的批判，并非无的放矢。

接着 8 韵，是第二层，叙述清代经学的发展。四术，指诗、书、礼、乐四种经术，为清代儒家的教育经典。《礼记·王制》："乐正崇四术，立四教，顺先王《诗》《书》、礼、乐以造士。"清代大兴文字狱后，儒学向逃避思想方向转化。顾炎武、阎若璩开其端绪，段玉裁、王念孙等终成大家。他们集中精力于可以避祸（文字狱）的经学附庸训诂、语音等小学，对于整理文献有功劳，但对于中国的学术而言是灾难。在九流百家中，儒

---

① 饶玉成. 皇朝经世文编续集·卷五十七［M］. 清光绪八年（1882）刻本.

家只是一家。把天下学术拘泥于一家，儒学必然腐朽。纵观清代天下的儒学，它只是筐箧中的陈旧之物，对于国计民生并无大的作用。

最后4韵，是第三层，表达了诗人自己的观点。诗人认为圣人之道，应囊括百家，而不是偏于一家。至德如孔子的弟子颜渊和闵子骞等，均未达到这样的境界。其后，汉代的章句之学，宋代的义理之学，又哪里配得上圣哲呢？最后两句"毕生事钻仰，所虑吾才竭"。钻仰，客家话，即钻营。诗人说，如果像这些儒生一样，毕生钻营在故纸堆里，只怕要耗尽我一生的才智而终无所成。

《感怀三首》其三是一部诗化的儒学史，诗人把从孔子到清代的几千年的儒学，作了全面的总结。他鄙视拘泥于文字的章句之学，也轻蔑空谈义理的宋儒之学，虽然对清代的实学赞扬颇多，但他最终认为这些是无用的古董，不切实用，于事无补。

此外，《感怀三首》的主题及其他体现在以下几个方面。

（1）《感怀三首》的创作动机。理性思考必然具有其内在的动因，批判的背后必然有其发生的根据。德黑格尔《哲学史讲演录》："只有在实践范围内，理性才是构成性的。理性批判的任务不在于认识对象，而在于寻求关于认识的原则，认识的限度和范围的知识，这样认识才不致超越范围。"[①] 儒生和儒学并不直接与黄遵宪发生联系，公度之所以要批判它们，是因为它们与诗人形成了特定的关系。在诗歌最后两句"毕生事钻仰，所虑吾才竭"中透露出它们对诗人构成了压迫。诗人认为读这些无用的儒家经典，会耗尽自己的才华，浪费青春。而为了科举功名，诗人被迫死读书，这便是《感怀三首》缘起。当儒学通过现行的教育方式将自己变成一个百无一用的儒生时，便激起了诗人情感上的强烈反感和思想上的全力反抗。他无法接受这样的儒学教育，也不愿成为腐朽的儒生。这种反抗发生在黄遵宪人生的转折关头，在黄遵宪的成长史上具有重要意义。此时如果他不奋起反抗，就会被腐朽的教育制度所埋没，也就没有后来的黄遵宪。

（2）《感怀三首》的主题。《感怀三首》是一部诗性的旧中国儒学教育的批判书，《感怀三首》：其一批判儒生；其二叙述清朝史，表达诗人的经世情怀；其三批判儒学。《感怀三首》主题感怀时事，抒发忧国忧民之情，叙述自己经世致用的志向。诗人为何要批判儒生和儒学呢？因为儒学及其教育思想和教育制度，发展到清代已经僵化腐朽。但是，儒学仍然是

---

① 黑格尔. 哲学史讲演录·第四卷［M］. 贺麟，王太庆，译. 北京：商务印书馆，1978：263.

清代官方强制实行的教育内容，政府依然以儒学来制造迂腐的儒生。虽然儒学和科举制度早已引起人们的强烈反感，但它仍然是国家不可动摇的制度。诗人批判儒学，目标是批判千百年不变的腐朽的教育制度。德国哲学家雅斯贝尔斯《什么是教育》说："假如权威内部不深蕴着理性，相反是与理性对立，不是促成理性的生长，而是变成理性的绊脚石的话，那么，每个时代都会滋生出反对权威的理性力量。"① 黄遵宪正是这种理性力量的代表。当腐朽的制度毒害天下的儒生，也危及国家的前途时，诗人虽然还是青年学子，但是他凭借自然理性大胆地站出来反对和批判强大的国家意识形态和教育制度。

我们知道，中国文化的现代起点是五四运动。五四运动的一个重要口号是"打倒孔家店"！虽然今北京大学教授王东在他的《五四精神新论》一书中对此提出质疑，但是 1921 年 6 月 16 日胡适在《吴虞文录序》中的确提出过"打倒孔家店"的口号。白寿彝《中国通史》："五四时期新思潮的特点，就是提出'打倒孔家店'的口号，对以孔学为代表的封建思想文化展开了全面的猛烈的批判。"易白沙发表于《新青年》第一卷第五号的《孔子平议》："于是罢黜百家，独尊儒术。利用孔子为傀儡，垄断天下之思想，使失其自由。时则有赵绾、王臧、田鼢、董仲舒、胡毋生、高堂生、韩婴、伏生、辕固生、申培公之徒，为之倡筹安会。中国一切风俗人心，学问，过去未来之责任，堆积孔子之两肩。全国上下，方且日日败坏风俗，斫丧人心，腐朽学问。"可为五四批判孔子的代表。批判儒学，批判孔子，是五四运动的基本主题。虽然公度并不批判孔子，但是，他早在五四运动之前50多年，就已猛烈地抨击儒学。公度的思想，是五四运动的渊源之一。

（3）公度的批判精神。在《感怀三首》中，诗人站在中国儒学史和教育史的高度，对中国几千年的儒学和教育制度进行了全面的总结和严厉的批判。诗人从春秋一直到当代，历数儒学的发展，纵横捭阖，大气磅礴，有一空万古的宏伟气度。虽然诗人晚年对自己否定儒学颇有不安，认为自己当时对孔学无知。诗人在读书应举时批判儒学，但他游历世界后思想发生转变：歌颂孔子，为祖国的学术自豪。这是诗人出于爱国主义的考虑，并不能否定他当年对儒学的批判。当然，理论意识的主要形态首先是直观性和感性，其次是知性，再次才是理性。诗人当年对儒学的批判，与其说

---

① 雅斯贝尔斯. 什么是教育［M］. 邹进，译. 北京：生活·读书·新知三联书店，1991：75.

是理性的，倒不如说是感性的。《感怀三首》强调感性的命名，恰到好处。

（4）经世致用的价值取向。公度批判儒生所执的价值标准是，有益于世。"儒生不出门，勿论当世事。识时贵知今，通情贵阅世。卓哉千古贤，独能救时弊。"儒生们迂腐而狂妄。他们足不出门，并不了解社会现实，还要纵论天下大事，哪里有可取之处？正确的方法是，在思想认识上通时务，行为上救时正弊。故公度并不简单地否定儒生，他对汉代大儒贾谊就给予高度的肯定。公度《长沙吊贾谊宅》还说："儒生首出通时务，年少群惊压老成。百世为君犹洒泪，奇才何况并时生。"他赞扬贾谊能通达时务，是旷世奇才。方今天下大乱，国家需要贯通今古，通达世情，能识时务，能救时弊的大贤，这恰恰切中世儒的要害。对儒家的批判自古有之，但比较中肯的，均是经世致用的问题。战国晏婴说："夫儒者滑稽而不可轨法；倨傲自顺，不可以为下；崇丧遂哀，破产厚葬，不可以为俗；游说乞贷，不可以为国。"① 儒者行为不轨于法，态度倨傲不顺，宣扬厚葬使社会贫困，四处游说以求食，对社会无益有害。这样的批判是千古至理，谁能反驳呢？司马迁《十二诸侯年表》："太史公曰：儒者断其义，驰说者骋其辞，不务综其终始；历人取其年月，数家隆于神运，谱谍独记世谥，其辞略，欲一观诸要，难。"司马迁历数儒家、纵横等五家，他们均学问不醇，不得要领。儒家断章取义，学问没有贯通今古。这种低级的学问，自然不能切合社会的现实。

经世致用的价值观，既是公度批判儒家的理论尺度，也是他一生的行为准则。公度的《日本杂事诗》《日本国志》都有明显的经世致用的目标。尤其是《日本国志》，对于推动一百二十年前的戊戌变法起了重要的作用。梁启超《嘉应黄先生墓志铭》："《日本国志》四十卷，当吾国二十年以前，群未知日本之可畏。而先生此书，则已言日本维新之效成则且霸，而首先受其冲者为吾中国。及后而先生之言尽验，以是人尤服其先见。"虽然《人境庐诗草》的成就很高，但是黄遵宪自己倒并不看重它，甚至他不屑于以诗人自居。公度《支离》说："穷途竟何世，余事且诗人。"梁启超《人境庐诗草跋》："庚、辛之交，愤天下之不可救，誓将自逃于诗忘天下。然而天卒不许主人之为诗人也。余语主人，即自逃于诗忘天下，然而子固不得为诗人。并世尤天下之士，必将有用子之诗以存吾国，主吾种，续吾教者，矧乃无可逃哉？"庚、辛之交，指光绪二十六庚子、二十七年辛亥（1900—1901），诗人已经被贬回嘉应州三年，除了写诗，无事可为。但

---

① 司马迁. 史记·卷四十七［M］. 北京：中华书局，1959.

是，他仍然心系天下。康有为《人境庐诗草序》："自是（戊戌政变后）久废无所用，益肆其力于诗。上感国变，中伤种族，下哀生民，博以寰球之游历，浩渺肆恣，感激豪宕，情深而意远，益动于自然，而华严随现矣。公度岂诗人哉！"公度终于成为晚清的大诗人，却非诗人的初衷，而是他穷途末路时不被现世所容的酸楚结果。

（5）公度的才华。如前所述，《感怀三首》在《人境庐诗草》中具有"开宗明义"的任务，也可一窥公度的才华。以《感怀三首》作于同治四年（1865）算，它是公度18岁时的作品。可是，《感怀三首》所具有的思想高度，已使一个18岁的青年跻身于思想家的行列，足以看出公度过人的才华。康有为《人境庐诗草序》："嵌崎磊落轮困多节英绝之士，吾见亦寡哉！苟有其人欤！虽生于穷乡，投于仕途，必能为才臣贤吏而不能为庸宦，必能为文人通人而不能为乡人；苟有其人欤！其为政风流，与其诗文之跌宕多姿，必卓荦绝俗而有其可传者也。吾于并世贤豪多友之，我仪其人欤！则吾乡黄公度京卿其不远之耶？"公度卓越出群的才智，在《感怀三首》中已初露端倪。

第二节　初次应试

同治六年（1867），公度20岁。他通过了嘉应州的童生考试，进入州学，成为州儒学中的官生之一。一州生员不下数千，而能得廪膳学租者，数量寥寥。清乾隆元年（1736）二月："广东广韶学政王丕烈疏请裁惠州府学文、武童生进额各三名，归新隶嘉应州之兴宁、长乐二县；裁潮州府学文、武童生进额各二名，归新隶嘉应州之平远、镇平二县，统拨州学；裁潮州府学武童进额二名，拨归嘉应州。"[①] 这是自雍正十一年（1733）嘉应建州后，第四年由广东省从兴宁等县原属州府中拨还给嘉应州的生员名额：县学才数名，州学20人。乾隆三年，因嘉应州人文和教育条件日益改善，经广东巡抚王謩请求，由程乡县改设的嘉应州增加10名，州学才达到正常的30人之数。但是，嘉应州仅文童应试者达4 000余人，录取率不足1%。虽然嘉应州米价低贱，每石一两五钱，但能成为官学公费的童生，对公度是极大的奖励，他就这样踏上了科举之路。

---

① 宝鋆，沈桂芬，徐桐，等．乾隆实录·卷十二［M］．北京：中华书局，1994.

　　清朝承袭明代的科举制度，以八股文取士。科举中，以四书及易、书、诗、春秋、礼记五经命题，谓之制义。三年大比，试诸生于直省，曰乡试，中试者为举人。清代的乡试，自顺治元年始定为子午卯酉年举行。广东乡试考用南卷，考生五六千人，取举人72名，录取率约1.2%。

　　黄遵宪生平第一次科举考试在同治六年。这年丁卯，为大比之年，乡试在八月举行。夏天，公度从嘉应州出发，途经惠州，游丰湖（西湖），祭拜苏轼及其妾王朝云，然后到达广州，初次参加广东省乡试。经过三载寒窗苦读的准备，他在八月初八第一场考试四书，文三篇，诗一首；八月十二日，第二场考试五经，文五篇；八月十六日三场考试策文，五道。考试前后需要九日，他被锁在广州试场矮屋号舍之中，经过这三场考试之后，九月中旬学政出榜。但是，天不佑公度，等待他的是第一次落榜。

　　虽然说科举是以文章高下取士，但文章难免有风格、有个性、有短长。阅卷者也有自己的爱憎。有的爱清新，有的爱雄伟，有的爱古朴，有的爱新颖，不投其好，则不能中选。加上考官倦怠，风气不正，也有才劣者偶得中举。公度雄奇大言之人，如果与考官趣味不投，自然不入法眼。落第之后，公度满怀感慨地写了《杂感》，它是《人境庐诗草》中在《感怀三首》之后又一重要的思想性文献。《杂感》云：

　　少小诵《诗》《书》，开卷动龃龉。古文与今言，旷若设疆圉。竟如置重译，象胥通蛮语。父师递流转，惯习忘其故。我生千载后，语音杂伧楚。

　　今日六经在，笔削出邹鲁。欲读古人书，须识古语古。唐宋诸大儒，纷纷作笺注。每将后人心，探索到三五。性天古所无，器物目未睹。妄言足欺人，数典既忘祖。燕相说郢书，越人戴章甫。多歧道益亡，举烛乃笔误。

　　大块凿混沌，浑浑旋大圆。隶首不能算，知有几万年？羲轩造书契，今始岁五千。以我视后人，若居三代先。俗儒好尊古，日日故纸研。六经字所无，不敢入诗篇。古人弃糟粕，见之口流涎。沿习甘剿盗，妄造丛罪愆。黄土同抟人，今古何愚贤？即今忽已古，断自何代前？明窗敞流离，高炉热香烟。左陈端溪砚，右列薛涛笺。我手写我口，古岂能拘牵。即今流俗语，我若登简编。五千年后人，惊为古斓斑。

　　造字鬼夜哭，所以示悲悯。众生殉文字，蚩蚩一何蠢！可怜古文人，日夕雕肝肾。俪语配华叶，单词画蚯蚓。古近辨诗体，长短成曲引。洎乎制义兴，卷轴车连辗。常恐后人体，变态犹未尽。吁嗟东京后，世荼文益

振。文胜失则弱，体竭势已窘。后有王者兴，张网罗贤俊。决不以文章，此语吾敢信。但念废弃后，巧拙同泯泯。欲求覆酱瓿，已难拾灰烬。我今展卷吟，徒使后人哂。

周公作《礼》《乐》，谓矫世弊害。秦皇焚《诗》《书》，乃使民聋聩。宋祖设书馆，以礼罗措大。吁嗟制艺兴，今亦五百载。世儒习固然，老死不知悔。精力疲丹铅，虚荣逐冠盖。劳劳数行中，鼎鼎百年内。束发受书始，即已缚杻械。英雄尽入彀，帝王心始快。岂知流寇乱，翻出耰锄辈。诵经贼不避，清谈兵既溃。儒生用口击，国势几中殆。从古祸患来，每在思虑外。三代学校亡，空使人材坏。

谓开明经科，所得学究耳。谓开制策科，亦只策士气。谓开词赋科，浮华益无耻。持较今世文，未易遽轩轾。隋唐制科后，变法屡兴废。同以文章名，均之等废契。譬如探筹策，亦可得茂异。狗《曲》出何经？驴券书博士。所用非所习，祗以丛骂詈。亦有高材生，各自矜爪觜。袒汉夸考据，媚宋争义理。彼此互是非，是非均一鄙。茫茫宇宙间，万事等儿戏。作诗一长吟，聊用自娱喜。

《杂感》的核心，是抒发他在科举应试后的复杂感受。全诗70韵，在公度的诗集中是少有的长篇。其写作时间，钱仲联先生在《黄遵宪年谱》中定为同治七年（1868），是公度21岁时，在《感怀三首》后的第三年。也是公度第一次参加广东省乡试落第后的第一年。《杂感》的思想，比应试前的《感怀三首》有了很大的发展。

《杂感》可分为两大部分。前28韵为第一部分，可分为三层。

前5韵是第一层，从语音角度阐述中国古代语言与文字相互分离的弊病。在这种文化制度下，儿童自幼诵读古代的《诗》《书》，一开卷就会遭遇龃龉，因为"古文与今言，旷若设疆圉"。公度把自己年幼时读古书的艰难感受传达出来。诗人从这种真实感受出发，说明今人读古书时的困难，犹如读外国的语文一样，需要象胥的翻译才能懂得。虽然父亲和老师已经习以为常，忘记了古书言文分离产生的弊端，但是初学者实在难读这种"语音杂伧楚"的中国古书。

接着8韵，是第二层，从词汇角度阐述中国古文言文分离的弊病。诗人说，今日士子所读的六经，原本是古代邹鲁一带人的方言口语。但今人要读懂它，必须先弄懂古人词汇。为此，自唐宋以来的大儒们，只得纷纷为古语作解释笺注。他们解释古代的语音和文物制度，往往呕心沥血，探索到三皇五帝。但是，又会产生穿凿附会，妄言欺人，数典忘祖等弊端。

乃至于郢书燕说，如越人戴章甫一样，语多歧而义益失，如同把使人举烛的误书正解一样。郢书燕说，语出《韩非子·外储说左上》："郢人有遗燕相国书者，夜书，火不明，因谓持烛者曰：'举烛'，云而过书'举烛'。举烛，非书意也。燕相受书而说之，曰：'举烛者，尚明也；尚明也者，举贤而任之。'燕相白王，王大悦，国以治。治则治矣，非书意也。"此比喻古代大儒的笺注，每每曲解原意，以讹传讹。大儒如此，举子们读古书，就更加艰难了。

接着15韵，是第三层，从写作的角度阐述中国古代言与文分离的弊病。中国历史悠久，自开天辟地以来不知有几万年，自有文字以来也有五千年。我今读三代的古书难懂，如果长此以往，后人读我们今日的书，也犹如我们读三代的古书一样难懂。而俗儒一味尊古好古，每日钻研故纸堆，唯经典是从。六经没有的字，写作时就不敢使用。古人弃去的糟粕，他们看见了羡慕得馋涎欲滴。儒生们只会沿袭剽窃，为后代制造新的罪过。中国古代的科举，以八股文控制人们的思想，愚弄天下的儒生，儒生越应试便越愚蠢。然后，诗人阐述自己的见解：中国人都是女娲所造，今古相同，并无今愚古贤之别。恍惚之间，今将成古。腐儒老说古贤，古贤如何定义？我们不应该拘泥于古今，在今天窗明几净的教室内，在高炉香烟缭绕的环境中，左边是端砚，右边是薛涛笺，我们应该大胆地以我手写我口，大胆地创作诗歌散文，岂能为古语所拘束牵制？如果我们今天把市井文盲的俗语写在纸上，五千年之后它也是令后人惊叹的灿烂古董，这岂不荒唐可笑？

以上三节，从语音、文字词汇和创作角度充分论述了古文语言与文字分离的严重弊端，呼喊出"我手写我口"——语言与文字统一的口号。语言与文字的统一问题，是五四时期先驱们思考的白话文运动的核心问题。而白话文的口号，早由50多年前的黄遵宪喊出，如空谷足音，领先了五四先驱们半个多世纪。

白话文问题，虽然是语言与文字的关系，但是它通过教育制度而关系到一个国家的强弱。梁启超认为，美国、德国和西欧国家之所以强盛，是因为他们国家中97%的人识字；日本识字者也达到80%。而中国不到20%，根本原因便是古汉语中语言与文字的分离。梁启超《沈氏音书序》："吾乡黄君公度之言曰：语言与文字离，则通文者少。语言与文字合，则通文者多……古者妇女谣咏，编为诗章，士大夫问答，著为词令。后人皆以为极文字之美，而不知皆当时之语言也，乌在其相离也。……文言相离

之为害，起于秦汉以后。去古愈远久，离愈远，学文愈难，非自古而即然也。"① 梁启超所引黄遵宪语，见《日本国志》卷三十三《学术志》二《文字》："盖语言、文字合而为一，绝无障碍，是以用之便而行之广也。"黄遵宪又说："外史氏曰：余闻罗马古时仅用腊丁语，各国以语言殊异，病其难用。自法国易以法音，英国易以英音，而英法诸国文学始盛。耶稣教之盛，亦在举旧约、新约就各国文辞普译，其书故行之弥广。盖语言与文字离，则通文者少。语言与文字合，则通文者多，其势然也。"《日本国志》为黄遵宪出使日本任参赞期间（1877—1882）着手撰写，成书于光绪十三年（1887）。距公度最先提出此问题的《杂感》，已相距 19 年。但是，它在半个世纪后，仍然有惊世骇俗的巨大震撼力。

黄遵宪此说，当为其原创。清初刘献廷（1648—1695）《广阳杂记》卷四："此岂先有字后立声乎？翻切必出于始制文字者形声一时所就耳。"② 他论述反切的产生，有声重于文的思想。清代的思想家和改良主义先驱龚自珍（1792—1841）主张革除弊政，主张诗文"更法"，被柳亚子誉为"三百年来第一流"。龚自珍《拟上今方言表》说："三皇之世，未有文字，但有人声。五帝三王之世，以人声为文字。故《传》曰，声之精者为言，言之精者为文。声与言，文字之祖也。文字有形有义，声为其魂，形与义为体魄。魄魂具而文字始具矣。夫乃外史达之，太史登之，学僮讽之，皆后兴者也。"③ 他论语言文字的产生，含有语言与文字原初并无分离的思想。但是，这些说法与公度之说的关系并不大。章学诚（1738—1801）《论妇女不读书之害》："泰西语言与文字合，故学文易。中国语言与文字分，故学文难。"④ 唯有章学诚之说，于公度相近。但是，《文史通义》为史学理论著作，咸丰元年（1851）才有《粤雅堂丛书》的《文史通义》翻刻本，公度未必有读到此书的时间和条件。在公度的《人境庐诗草》和《日本国志》中，并无章学诚和《文史通义》的踪影，公度似未见过此书。

《杂感》后 42 韵，为诗歌的第二部分，可分为三层。

前 14 韵为第一层，从文字史的角度论述中国汉语文字给中国文化带来

① 邵之棠．皇朝经世文统编·卷四［M］．上海：上海宝善斋，清光绪二十七年（1901）．

② 刘献廷．广阳杂记·卷四［M］．北京：中华书局，1957.

③ 龚自珍．龚定庵全集类编·卷七［M］．北京：中国书店，1991.

④ 邵之棠．皇朝经世文统编·卷十二［M］．上海：上海宝善斋，清光绪二十七年（1901）．

的危害和弊端，并提出对中国言文统一的新文字的期待。诗人说：文字产生以后，竟然使鬼夜哭。它已表明：文字对于人是个悲剧。果然，天下的读书人终身埋没于文字，多么愚蠢。可怜古代的文人，整日以生命雕琢文字，或者以双词练习骈偶文，或者以"单词画蚯蚓"制作古文，或者学习古体诗、近体诗，或者学习词曲长短句。在科举兴起后，举子们所作的八股文车载斗量，但是他们还惧怕后人变态的新体文没有练习到。可叹自从东汉以后，虽然世道愈衰，而文章愈多。有的文胜质，有的质胜文，或文体衰竭，或文势窘迫，再也没有质量上乘的好文章了。唐代兴起后，产生了以科举笼络天下英雄的时文，但是君王绝不在意文化的发展。天下文章堕落至此，真是到了可以废弃的地步。但是，如果真的灭文字、废文章，天下贤愚混同，也是大灾难。到那时，想找一本覆盖酱醋瓶口的书，恐怕也找不到了。诗人说，我今说出此种离经叛道、毁灭文字的话，恐怕只能引起后人的讥笑，而不明白我的真心了。诗人的真心是什么？就是废除言文分离的文字，断绝举子们整日钻故纸堆的念头，而实行言文统一的新文字——这是否如西方一样的拼音文字呢？黄遵宪《日本国志》卷三十三："泰西论者谓：五部洲中，以中国文字为最古，学中国文字为最难，亦谓语言、文字之不相合也。然中国自虫鱼云鸟，屡变其体，而后为隶书、为草书，余乌知夫他日者不又变一字体，为愈趋于简、愈趋于便者乎？自凡将、训纂、逮夫《广韵》《集韵》，增益之字积世愈多，则文字出于后人创造者多矣。余又乌知夫他日者不有滋生之字，为古所未见、今所未闻者乎？周秦以下文体屡变，逮夫近世章疏移檄，告谕批判，明白晓畅，务期达意，其文体绝为古人所无。若小说家言，更有直用方言以笔之于书者，则语言、文字几乎复合矣。余又乌知夫他日者不更变一文体，为适用于今、通行于俗者乎？嗟乎，欲令天下之农工商贾，妇女幼稚，皆能通文字之用，其不得不于此求一简易之法哉！"公度虽然未明言拼音文字，但是他分明期待一种更简易的连不识字的工农商贾和妇女儿童都能懂的文字，这不是拼音文字又是什么？言文分离的文字是科举的基础。其危害，既是对中国语言文化的危害，也是对科举的危害。故此节中心是从文字的角度论述科举的弊端。

接着 14 韵为第二层，从帝王设立科举制度的目的角度，论述中国的文化教育制度的弊病和深重危机。公度说：先秦时周公制作《礼》《乐》，目的是矫正社会的弊端。到秦始皇时，为了使人民愚蠢，他焚烧《诗》《书》文献，使文化几乎灭绝，完全背离了周公的文化政策。到唐宋时，帝王们汲取秦始皇暴力灭文的教训，皇家设立学校书馆，鼓励读书，可其目的却

是以此网罗天下儒生。以科举灭思想的伎俩，同样也背离了周公的文化目的。可叹啊，自从科举制艺兴起，已有五百载了，世儒们历代因袭，完全葬身在故纸堆中，老死而不悔悟，把自己毕生的精力耗费在丹铅时文中，以追逐虚荣的举人、进士头衔和冠盖。在制艺之下，虽然经书仅寥寥数行，却可以葬送数百年中儒生们的大好年华。举子从束发时起开始读经，便已被科举牢牢地绑架和监禁。公度的科举埋葬士子之说虽十分痛切，却很真实。朱熹认为士子应该分清读书与科举时文的关系，重点在读书，而不是时文。他说："士人先要分别科举与读书两件，孰轻孰重。若读书上有七分志，科举上有三分，犹自可；若科举七分，读书三分，将来必被他胜却，况此志全是科举！所以到老全使不着，盖不关为己也。圣人教人，只是为己。"① 到清代，投机取巧的举子们已是只读几篇腐烂的时文，不再读书，他们成为朱熹所批判的"专做时文底人"。举子成了不读书之人，不是被时文埋葬又是什么？清徐勤《除不学之害》云："然而愚不肖者进，而贤智见遗。小民知其不必以才进也，故五经未毕，皆怀侥幸之心；一丁不识，并有进取之志。故自髫龀至耄老，焚书而舞之。吾粤学舍千数，舍皆百数十人，皆聪俊才也。而朝夕呫摇头顿足，高吟低咏，惟腐烂文数篇。老师耆儒登比宣讲者，亦惟陈文数篇。吾过其门，欲为痛哭，以绝世之人才，咸葬薶于是。"② 为了埋葬人才，帝王们把天下的英雄赶进科举的牢狱中，才能够因统治稳定而感觉痛快。但是，统治阶级以扼杀人才来维护统治的目的并没有达到，造反作乱的寇盗根本不是读书人，而是扛着櫌锄的文盲。以诵经的方法对抗贼寇，以清谈的方法去打仗，岂有丝毫的效果？儒生们用嘴巴作武器，致使国家多次出现亡国危机。历史证明，自古亡国之祸都在统治阶级的意料之外。历代帝王均违背了周公的发展文化的目的，而精心设计维护自己统治的科举制度，并不能真正使统治阶级长治久安，相反只能空使朝廷大局之日颓，吏治日横，人才日乏，民族日趋衰亡，从而使国家陷入巨大的灾难。

最后 14 韵，为第三层，从科举结果的角度批判中国的文化教育制度。就算统治阶级十分精明地用科举维护他们的统治，其结果又如何呢？公度说，国家开设明经科，所得到的只是迂腐的学究。国家开设制策科，得到的只是善于纵横游说的策士。国家开设词赋科，得到的只是浮华无耻的夸诞之士。这些批判，深刻见骨，诗人痛心疾首之情透纸而出。清黄傅祁

---

① 黎靖德. 朱子语类·卷十三［M］. 北京：中华书局，1994.

② 邵之棠. 皇朝经世文统编·卷一［M］. 上海：上海宝善斋，清光绪二十七年（1901）.

《中国学术辨》云："为科举之学者，不过为庸烂之学究，为训诂之学者，不过为怪僻之经生。为性理之学者，不过为诈伪之迂儒。为词章之学者，不过为浮华之才士。"此说与公度十分近似。科举并不能选拔真正优秀的人才，因为科举时文难以甄别轩轾。因而，自隋唐兴起制科以来，科举之法屡次变异。同样是科举文章，其实都是废契一张。例如黄宗羲说，探筹策也可以选拔出茂异秀才，但它是科举的好方法吗？又如，汉代江翁所说的狗《曲》，出自何种经典？南北朝的博士书驴券，又岂能得其要领？所学非所用，只能招来江翁的詈骂。科举中也有高才生，但是各守门户之见，或者为汉学夸耀考据之功，或者是宋学争执于义理之辨，彼此攻击，不能融会贯通。当时，广东儒生也大抵如此。《（民国）新修大埔县志》卷二十一《何如璋传》："当是时，东南巨乱初平，举国讴颂中兴，而泰西诸国已环列虎视，通商传教，辄起衅端。士夫迷习帖括，其高者则标汉学宋学之帜，或治诗、古文词、鉴别金石、书画，以相矜夸，其目为清流者，亦徒张客气，蒙于外情。闻洋务二字，则掩耳却走，或诋为汉奸。"[1] 学术僵化守旧，排斥新事物新思想。最后，诗人说：在茫茫宇宙间，科举中的万事都是一场儿戏，算了吧，我这篇长诗，聊作我自娱自戏罢。诗人无可奈何的叹息，源于科举积弊之深，中国科举已到极弊的地步，但面对腐朽的专制制度，个人却无能为力。所以，历代层层因袭，弊病根深蒂固，难以撼动。清佚名《论变法为今日中国第一难事》说："今日之官吏，固久处于弊之中，而借以为利。夫极弊之法，虽有害于大局，而尸其利者，要未尝无其人。且其人所受之利，实大于通国所受之害。虽欲改之，孰得而改之。有如科举之制，诚中国之极弊，然而望差之翰林京堂拥比之老师宿儒，则固因以为利，故今岁甫有展缓乡试之说，而行在某官，郄有不宜再缓之奏……仅就科举书吏言之，其弊已然，又何论其他。是知习于弊者，即以弊为护身之具。苟一息尚存，即不容他人之过问之坏其营利之术。"[2] 变法之难，与利益集团的切身利害有关。公度有鉴于中国科举弊端之难除，故只有仰天叹息而已。

　　《杂感》后半部分的中心是批判科举，与《感怀三首》的主题相同。但《杂感》从中国文字的特点、君王设立科举的目的、科举的实际结果三个层面详细阐述了中国科举制度的严重弊病，多侧面阐述了科举必废的见

073

----

　　[1]　温廷敬总纂.（民国）新修大埔县志·卷二十一［M］.民国三十二年（1943）.

　　[2]　何良栋.皇朝经世文四编·卷二［M］.上海：鸿宝书局，清光绪二十八年（1902）.

解。比起《感怀三首》而言，虽然仅过三年，公度的思想却有了长足的进步，他对科举的批判升华到一个新的水平。

对于《杂感》的内容，金受申在《晚清两大平民诗家：金和黄遵宪诗的研究》中总结道：先生对学校、国粹、孔教民权自由、政治的程序，都有特殊见解。公度对学校的主张，主要如下：

（1）编教科书，立师范学校。

（2）应注重中等以下学校，普遍教育；不应重大学专门教育。

（3）重普通学科知识，不重专门。

（4）选择四书五经之切于时务者读之。不以经学家读四书五经方法为重。

（5）专重学校，不重科举。

（6）兴声光化电之科学，取消用取士官人之法于学校。

这些差不多是当时教育问题上的通病①，公度力图改革至晚清仍然千年不变的传统教育的弊端。

但是，纵观《杂感》，它更重要的是集中阐述了青年黄遵宪的思想。在批判科举制度的基础上，他阐述了关于中国语言文化的思想，其中对中国语言文化的革新有重大突破的问题如下：

第一，在语言文化制度上，诗人抨击几千年来中国汉语中语言与文字相互分离的弊病，提出了语言与文字统一的新文字的思想，这实际上启发了通俗语言的白话文主张。黄遵宪的语言文字思想，比五四时期新文化运动中白话文大师们的主张早了整整50年。

第二，在文学创作上，诗人提出了创作语言与文字统一的口语文学的主张："我手写我口，古岂能拘牵。"它后来成为戊戌变法前后"诗界革命"的经典口号，时间上却比康梁的"诗界革命"早了30年。

第三，在语言与文字统一的书写工具问题上，诗人提出了推行让不识字的工农妇孺也能懂的拼音文字的思想。汉字几千年来都是象形文字，而在古巴比伦时期的楔形文字已是拼音文字，腓尼基商人在楔形文字基础上，将它简化成22个字母，拼音文字在公元前14世纪已经产生。文字的简化，遵循着信息科学中最短编码原理的规律，利于更快捷地记录和传播信息。公度虽没有明言拼音文字，但是让不识字的人能懂的文字，必然是记音的拼音文字。公度关于文字改革的观念，也是十分伟大的思想。

人生一世，大多数人都只是顺从社会，在"天不变道亦不变"的古代

① 金受申.晚清两大平民诗家：金和黄遵宪诗的研究［J］.新北辰，1937（8）.

社会中，更是这样。因此，一个人能有新的思想很难，能有系统的革新思想就更难了。法国哲学家狄德罗的《达朗贝的梦》说："要革新物种，也许应该要有十倍于它们存在时期的时间才行。"① 要革新和批判旧思想，也应该要有十倍于旧思想的精神力量。以上三个问题，黄遵宪均能自出机杼，一空依傍，提出了划时代的重大问题，这是多么伟大的事件！而且，它们彼此联系，成为一个有机的整体：为解决书面语与口头语分离问题，五四时期有了白话文革命；为解决识字难的问题，后来有了五四时期的拼音文字主张；这两个问题均属文化的工具问题。"我手写我口"，则是诗歌创作中的语言与文字分离问题，它后来发展为"诗界革命"，属于文化内容问题。而《杂感》的中心是废除封建科举制度，属于文化和教育制度的革新。这些问题是晚清社会和文化教育制度的重大问题，甚至关系到中国传统文化的发展和清朝的历史走向。因此，令人惊异的是，青年时期的黄遵宪已经远远地走在时代的前列，成为一个伟大的思想家。

在中国专制社会，天下皆以"知经义之为常程，科举之为正路"②。整个中国都笼罩在陈腐的科举制度下，即使"孔子复生，也不免应举"③。但是，诗人站在历史的高度俯视中国的语言、文字、文学创作、文化思想和文化教育体制等重大问题，把批判的矛头直指中国专制制度，从不同层面论述了中国古代文化、教育和社会变革的必要性，大有掀翻封建上层建筑之势，表现出革新旧制度的思想深度和向旧制度宣战的革命勇气。公度的思想深刻大胆，具有革命家的气概。后来，公度倡导变法革新，投入到戊戌变法中，便是这种思想的具体实践。因此，青年公度实际上已具备了晚清改革派的思想特质。

这些特点使黄遵宪成为一个开时代风气的先驱。后来，中国出洋的官吏纷纷撰写各种游记、日记、闻见录，而撰写外国史著作的只有黄遵宪和王韬等少数几人。黄遵宪撰写《日本国志》，是为了给中国的制度革命提供范本。在中国百日维新时期，湖南的维新运动在巡抚陈宝箴的主持下如火如荼，其中一个重要原因，就是在署湖南按察使的黄遵宪的指导下，进行了培训新官员、改进司法程序和创建中国的警察体制等一系列制度革新。黄遵宪反对旧制度、旧文化，为革新旧制度出谋献策的特点，在青年时期已经初露端倪，张其翮老师对他的预言在此时已部分应验。公度在思

---

① 狄德罗. 狄德罗哲学选集［M］. 江天骥，等译. 北京：商务印书馆，1983：160－161.

② 解缙撰. 永乐大典·卷三千一百五十六［M］. 北京：中华书局，1982.

③ 黎靖德. 朱子语类·卷十三［M］. 北京：中华书局，1994.

想的王国里正乘风而起。

第三节　三战复三北

青年黄遵宪的人生充满矛盾。他既有《感遇》和《杂感》的反科举思想，又不得不与其他儒生一样，被迫走上科举之路。那么，在这种矛盾的情景下，公度的科举路将会怎么样？有两种可能，一是喜剧：考官慧眼识人才，他一考即中，一鸣惊人地摆脱了他厌恶的科举生活。二是悲剧：他不得不与其他儒生一样，长期沉沦于他所不屑的科场。而现实等待他的科举命运不是喜剧，而是后者。

一、再三的广东乡试

自同治六年丁卯第一次落榜后，公度再准备三年，在同治九年（1870）他23岁时，与叔父黄鸾藻一起，第二次到广州应广东乡试。八月九日考试时，公度进入考棚号舍后，利用开卷前的间隙，在墙壁上题诗《题闱中号舍壁三首》其一云：

> 又此风光又此秋，彩毫难扫黛眉愁。
> 梦中嫁了金龟婿，蓦地惊人屋打头。

公度带着浓重的忧愁，以人在屋檐下不得不低头的委屈，参加这次应试。虽然公度的叔父黄鸾藻中举，但是公度再次落第。

同治十一年（1872），公度25岁，他与友人兴宁胡曦，及长乐陈元蓉，一同考取拔贡。拔贡为岁贡、恩贡、拔贡、优贡、副贡、例贡六贡之一，拔贡的选举因袭明朝遗制，依成均肄业之规，拔贡六年一举，州学仅拔一人。它在清朝六贡中更重才学，故当时有"欲得英才，必须选拔"之说。有了拔贡，公度多了一份信心。

于是，同治十二年（1873）秋，诗人第三次到广州应广东乡试。诗人《庚午中秋夜始识罗少珊文仲于矮屋中遂偕诗五共登明远楼看月少珊有诗作此追和时癸西孟秋也》："匆匆三年忽已过，秋风重磨旧剑镡。"三年时间匆匆而过，他不得不再次挥舞旧剑，第三次在广州应试一搏。但是，他得到的仍然是落第，诗人第三次名落孙山。

从清代举人和进士的身份结构角度看，寒门子弟在清代中进士的比例已低于明朝，到晚清时更甚，只占进士的10%左右，占举人的占20%。绝大部分中高级科举功名是官员的子弟，权力成为清朝精英教育和科举功名的重要因素。这事已引起朝廷的重视，康熙三十九年，皇帝鉴于以缙绅之家多占功名名额而妨害寒门的晋升之路，制定了官民分卷法。但不久被停，问题没有得到根本的解决。到黄遵宪这一代，黄家已是富商，公度的父亲已成为官员，这是他教育和科举的重要资源，公度中举远比寒门子弟容易。但是，黄遵宪仍然大声地抗议科举，他在科举路上三战三败，其他寒门子弟的出路，更可想而知了。

二、再三落第的心路历程

从同治六年（1867）首次应举，到同治十二年，他接连三次名落孙山，子午卯酉他连经历了三个，如果再过子年，就是满满的一周了。这种科举的厄运，对公度是沉重打击。更重要的是，对于一个不屑于科举的人而言，接连的落第是一种怎样的屈辱和折磨呢？

本来，有应试就有可能落第。对于一般的举子而言，落第是很正常的。但是，"下第常称屈"，对于一个有真才实学的人来说，不正常的落第更使人心怀悲愤。如唐代诗人刘长卿《落第赠杨侍御兼拜员外仍充安大夫判官赴范阳》："黠吏偏惊隼，贪夫辄避骢。"公度本不屑于科举，他在《将应顺天试仍用前韵呈霭人樵野丈四首》其一中有言："一第区区何足道，频番缘木妄求鱼。"对于公度来说，落第的打击更重于他人。

同治六年，公度第一次参加科举考试时，诗人《二十初度》曰："离乱艰难际，穷愁现在身。摩挲腰下剑，龙性那能驯。"诗人本颇为自负，但遭遇穷愁，只能抚剑长叹，这是龙性难驯的诗人不得志时的自画像。何况诗人以早慧知名，早有嘉应三才子的美名。老师张其翩对他早有"中有鸾凤姿，出群无与比"的预言，还有"前贤畏后生"的赞誉。公度也自视不凡，他认为考取科举不费吹灰之力："宪也少年时，谓芥拾青紫。"事与愿违，这条桀骜的蛟龙早就期待高飞远举，但是却名落孙山。此时，他内心的痛苦可想而知。

第一次落第的次年，21岁的公度作了《杂感》。

在第二次应试后，诗人住在广州城内仙湖街（今广州市越秀区北京路）的客栈里，等待发榜的消息。诗人不幸第二次落第，有《榜后五首》。其一云：

满城风雨叶声干，瑟瑟秋深酿小寒。千佛经摊名细读，三山路远到良

难！诸公自作违心论，此事谁曾冷眼看？昨日今宵又明岁，一齐情绪入心肝。

诗歌写公度读榜文的感受。乡试规定，必须在九月十五日前发榜，故这年广东省在九月十一日放榜。本年广州的九月中旬，已是深秋小寒，加之满城的风雨，更添愁苦意绪。诗人像读千卷佛经一样，在榜文中仔细地寻找着，希望能发现自己的名字。但是，读到榜文的最后一行，也没有"黄遵宪"三个字，他终于明白：这年又落第了。他长叹一声：举人这个海上仙山的路途，也实在太遥远、太艰难了！我怎能像其他落第者那样言不由衷而强作欢颜？我真能对落第冷眼相对，毫不痛心吗？想起三年前的落第，没有想到今宵又是如此！万般的感慨，一齐涌上公度的心头。

《榜后五首》其二云：

两鬓青青默自怜，不知迟我又何年？折磨少受庸非福，文字无灵敢怨天！入世畏人讥小草，在山容我作清泉。长安万里吾亲舍，只愧趋庭未有缘。

诗歌写自己落第后进退两难的处境。落第之后，诗人首先要面对自己内心的痛苦。他回到仙湖街，屈身蹲在地上，以双手托着两鬓的青丝，作无可奈何状，默无作声地顾影自怜：不知我中举会拖到哪一年？多受些磨难也并非无福，可是，为什么我的文字无法吸引考官的双眼呢？虽然如此，我也不敢怨天尤人！落第后第二个难处是无法面对自己的父母和世人：本来，落第可以让我在山野中保持清高。但是，入世不成也会被他人讥笑。最为痛心的是：落第使我无限内疚和惭愧，我怎么面对我那在京城的父亲？诗人以细腻的笔触，将自己落第后复杂的内心感受和左右为难的现实处境真实地描绘了出来，令人感同身受。

《榜后五首》其三云：

人人科第美登仙，制义抡才五百年。子集论文删帖括，祖宗养士费官钱。伤心曲学徒阿世，屈指中兴得几贤！安用毛锥谁一掷，有人纳粟出输边。

诗歌写落第后的懊恼和今后的打算。诗人说，科举制度五百余年了，自古以来中举的人如同登仙一样荣耀。落第的人则伤心懊悔，空费了祖宗和政府为己供给科举的经书子集和时文帖括等养士的金钱。诗人又想到科举制度的荒谬：为应试的制艺时文，只能培养曲学阿世的投机者。因此，即使中举，其中又有几人是能使国家中兴的贤才！面对科举无望，有人投笔从戎，有人出钱捐官，在科举之外另谋出路。那么，面对落第，我黄遵宪应该怎么办呢？

《榜后五首》其四云：

> 入时妆束果如何，子细思量未揣摩。自慰天生终有用，似闻人道愧登科。只赢好友栖依久，已算名场阅历多。依旧青衫依旧我，光阴人墨又相磨。

诗歌写诗人落第后的自我安慰。诗人说，即使中举，像那些以入时的装束而中举的人又能如何呢？仔细思量，落第也不是坏事。正如李白所说：天生我材必有用！此时，诗人似乎听到有人为登科而惭愧。因而，落第也有收获：赢得与好友继续栖居的机会，也让我再经考场而阅历增多。虽然落第，我依旧是一袭青衫，依旧是鄙夷科举的黄遵宪。只是光阴逝去，年华徒然地被消磨，诗人正自我安慰、自我调整，从落第悲哀的阴影中渐渐地走了出来。

《榜后五首》其五云：

> 书在肩挑剑在囊，槐花空作一秋忙。明知难慰操蹄祝，敢谓从今韫椟藏。早岁声华归隐晦，旁人得失议文章。且图一棹归来去，闻道东篱菊已黄。

诗歌写落第后整理行装准备归家。诗人说，既然已经落第，我只好面对现实：担起我的书箱，佩带好我的旧剑，起身返回嘉应故乡，只是辜负了秋日的槐花，让它空开了这一场。操蹄祝，语出《史记》："威王八年，楚大发兵加齐。齐王使淳于髡之赵请救兵，赍金百斤，车马十驷。淳于髡仰天大笑，冠缨索绝。王曰：'先生少之乎？'髡曰：'何敢！'王曰：'笑岂有说乎？'髡曰：'今者臣从东方来，见道傍有禳田者，操一豚蹄，酒一盂，祝曰：瓯窦满篝，污邪满车，五谷蕃熟，穰穰满家。'臣见其所持者狭，而所欲者奢，故笑之。"① 此亦见西汉刘向《说苑》卷六："臣笑臣邻

① 司马迁．史记・卷一百二十六 ［M］．北京：中华书局，1959.

079

之祠田也：以奁饭与一鲋鱼。其祝曰：下田污邪，得谷百车，蟹堁者宜禾。臣笑其所以祠者少而所求者多。"典故比喻人投入很少，期望却极大。这意味着诗人承认自己对科举用功不够，落第自有其必然性，因而对中举也不能有过分的奢望。但是，诗人也不敢说从今以后不再参加科举。早年虽有嘉应三才子的美名，但是落第只能让旁人去议论讥笑。现在，诗人也顾不得受伤的自尊心，只得坐船回家，听说家里东篱的菊花已经开放。

《榜后五首》，把诗人从读榜文到启程回家的落第心路历程细致入微地描写出来。其中，既有落第后的千种悔恨、万般痛苦，也有对科举的抨击；有对落第后如何面对社会和亲人的尴尬，也有对前途的思考。这些辗转反侧的内心世界，均被准确无遗地传达出来，足见诗人的诗歌叙事艺术已达到炉火纯青的地步。值得注意的是，诗人在第二次落第后，伤心得几乎要放弃科举，其痛苦的程度由此可见。

同治十二年，诗人第三次落第。

虽然此年遭遇同样的落第，但他有了不同于以往的大收获：他认识了周朗山，并成为知己。本来，嘉应属偏僻州县，士子本少，全靠师友陶成，学识或不如省会书院的考生，其落第或不能免。但是，公度并非平庸无学之辈。他的才华得到广东考试机关——学政府中幕僚周朗山的极大赞赏，这是他落第后的幸运。

认识周朗山，是因公度的落第试卷。公度的《寄和周朗山》："怪我头犹黑，夸人眼独明。"下自注云："君得余文，夸为过岭以来得士惟一人，以此颇为朋辈妒嫉。"既然是岭南名士——"过岭以来所见士，君一人耳"，为什么又落第呢？在省试中，考得如何固然重要，但是阅卷官常常能决定考生成败。省试的阅卷官以年老的举人居多，考生最少时也每场五六千人，隔日一场，只有一人阅卷，每人一日需阅千卷。面对五六千考生的三场试卷，他们精力不胜任，加之思想的平庸，致使马虎乱判而遗漏真才。如果主试官不能搜阅落卷而将遗漏真才拣出，公度的落榜就在所难免。清徐勤《除不学之害》云："虽有仲尼之圣，离娄之明，力能穿纸，岂能办是。不过听幕友之颠倒，取既及额，余可束阁，各听其命运之所遇。"阅卷之弊，也足以令杰出之才落第。公度试卷超出群雄，然而未被考官发现，使他叫屈不迭。

周朗山对公度的赏识是因黄遵宪的才华，更重要的是他的卓越见识和思想。朗山之于公度，有如王维之于綦毋潜。王维《送綦毋潜落第还乡》："吾谋适不用，勿谓知音稀。"公度虽落第，但是得到朗山这样的知音的赏识，这既有莫大的安慰，同时又加深了他的委屈，使公度对科举的宿怨在与好友惺惺相惜中迸发出来。公度对周朗山大倒苦水，对科举制度的愤懑倾泻而出。

周崐，字朗山，安徽定远人，广东提学使何地山的幕宾。周朗山在誊录试卷时见到公度的奇文，不觉击节赞赏："客岁校阅观风文字，定为老宿。及观英年标格，不意浩瀚磅礴之气，而波澜老成。统观词赋，知胸次轶伦超群，有灭灶更炊气概。他年功名志节，定有本末。然宣敛才就范，自当标新领异，风利不得泊矣。仆壮不如人，落落寡合，根触奇气，豪情乃发。有心人自同怀抱，将毋许为天涯知己也。爰濡毫伸纸，长歌奉赠，伏希赐和。"公度的文章大气磅礴，豪情壮彩，深邃老成，触发了朗山的激情，他写下了长诗《赠公度》。诗篇虽长，为睹全豹，姑且全录。周朗山《赠公度》：

> 名山无平峰，沧海无浅流。古来豪杰士，岂与九民俦。六经已往道脉留，文起四代淫哇休。帖括小道见根柢，金黄光焰腾千秋。丘山力重回万牛，苍冥气薄横九州。陶冶经史谢雕镂，发抒情性余歌讴。后起有志才殊尤，颎波肯与随沉浮。读书怀古元精搜，落笔耻作穿窬偷。浊浪颎洞撼巨舟，老木卷曲枝相樛。昂藏意气腾骅骝，崛强抱负蟠蛟虬。初疑老苍近白头，却视标格惊青眸。宗工铁网珊瑚收，遗珠时得象罔求。每出古鼎沉沧州，忍使断木流渠沟。国家桢干需嘉猷，孱夫不任盘根投。
>
> 假道将凭璧马酬，登云须与阶梯谋。高明道在克以柔，过刚易折市不售。太阿百炼湛霜湫，广寒七宝修琼楼。黑蹲深丛鹰脱韝，神勇足敌千貔貅。明堂重器珍琳璆，安危得借诸侯筹。纵□遇合迟渭叟，手携冰雪消繁忧。躬植圭璧凝清修，举皆深造非浮游。鲰生数奇广不侯，强弓寸挽鸣弦驱。险阪九折摧双辀，壮心千里骋八骓。酒酣耳热歌声道，剑光出匣摩蒯缑。
>
> 马衔鼓浪生灵愁，功名李郭谁匹逑？絜楛凤抱嚅唲羞，当年铁汉犹思刘。奇士磊落逢荒陬，立鹤迥出千人稠。词翰定追韩与欧，勋业宜步海与丘。我已潇洒成闲鸥，白云流水心悠悠。梦想时入罗浮幽，梅花翠羽空啁啾。清吟且涤冰雪瓯，同志欲直横流钩。看拚扶摇羊角直上九万里，回头下视抢榆鸠，嘻嘻俗艳真蜉蝣！

诗歌分为三部分。第一部分，读公度文章的感受。他称赞公度沧海洪流，为豪杰、蛟龙、千里马、天下奇士、国家的栋梁；他称赞公度的文章浩瀚磅礴，深沉老到，是"浊浪颎洞撼巨舟，老木卷曲枝相樛"。他原以

为公度是白发老宿，见面才知是才华横溢的青年，更惊讶不已。

第二部分，对公度的劝告。公度鄙视科举、抨击科举的言论令朗山眼睛一亮，他深感自己与公度"同一怀抱"了。这里透露出两个问题：第一，公度在科举试卷中也大胆批判科举。第二，公度落第的真实原因，不是他文章写得不好，而是在应试考卷中批判科举，这样的试卷哪个考官胆敢录取他呢？因此兴奋之余，他也为公度担心，害怕这些言论会招来横祸。朗山像老友一样劝告：在人生态度上，要"敛才就范"。他叮咛道：公度啊，你是国家的栋梁、明堂的重器，将来国家需要你这样运筹帷幄的贤才。科举固然可恨，但是如果想要身登青云的话，还须利用科举这个阶梯。所以，要有勇有谋，讲究策略。历史上怀才不遇的人该多少呢？姜太公、李广都是。你应收敛才气，冷却牢骚，像熊罴蹲在深林、像雄鹰藏在草莽，终有一天你会剑光出匣、驰骋千里的。在人生方法上，他劝告公度要参加科举。科举诚然无用，但它却是文人入仕的基本途径，何妨利用一下呢？朗山像一个知心朋友对待不懂事的弟弟那样，对公度苦口婆心地劝谏，掏心掏肺地述说，这种知遇之恩，令公度终生难忘。

第三部分，预言公度的锦绣前程。朗山称公度为磊落奇士，为他出自荒陬而惊讶；他称赞公度鹤立鸡群，才情超千人之上。他认为公度前程远大，文学上会超越韩愈、欧阳修，事业功名上会超越海瑞和丘浚。他说，公度一定会像大鹏一样扶摇直上九万里，那时再回头望科举场中人物，便知他们只不过是蜩、学鸠和微不足道的蜉蝣。

朗山既视公度为旷世奇才，第二天便主动去找这位沉沦科场的英雄。黄遵宪的《寄和周朗山诗跋》："壬申十一月，拔萃榜已发。（朗山）于锁院中卷（誊）试，得一副本。日西斜，有短衣古服、须眉清疏者出，曰：孰黄生？余曰：宪是也。则相视而笑，默默不得语……旋即出其所赠诗。次日谒师后，邀余见，昌言于众曰：过岭以来所见士，君一人耳。"[1] 在张其翮眼里，公度是鸾凤；在周崑眼里，他是天下奇才。认识朗山成为公度人生中的重大事件，二人超越"天涯知己"的寻常境界，在英雄惜英雄中引为同调。为酬答朗山，公度挥笔写下68句长篇《和周朗山琨见赠之作》。尔后，公度有《寄和周朗山》诗九首、《致周朗山》书信多封。"穷苦文章关性命"，朗山与公度卒然遇合就成生死之交。不幸的是，几个月后朗山在佛山的舟中溘然长逝。公度闻讯赶来，朗山尸停船上，一棺萧然。公度纸钱塞窜，望柩展拜；暮鸦野风见证二人的生死之情，公度又作《哭周朗山二首》悼念他。

---

[1] 郑海麟，张伟雄编校. 黄遵宪文集［M］. 东京：中文出版社，1991：110.

　　公度与朗山的生死交情建立在反科举的思想共鸣上。朗山对公度反科举思想的担心的确必要，公度对科举的反感沦肌浃髓一再顽强地表现出来。公度对那些"招摇过市希急售"的俗儒极度地鄙夷。公度性格刚强，"立志不肯随沉浮"，使他与俗儒界线十分鲜明。科举诱使儒生追名逐利，成为无耻的"科举种子"，这便是科举误人。科举误人又导致误国，以至于宋朱熹说，朝廷若要恢复中原，需要罢科举30年，使科举种子死绝才有可能。对于科举弊病严重的时间，日本的盐谷世弘认为在明末。他在日本文久二年壬戌（清同治元年，1862）春二月的《刻二十七松堂集序》中说："朱明之季，制义败才，奄竖败政，党祸败人，而闯贼觚虏遂败国矣。"① 到清代，科举弊病愈演愈烈。乾隆时期，兵部侍郎舒赫德指出："科举之制，凭文而取，按格而官，已非良法。况积弊日深，侥幸日众……时文徒空言，不适于用。墨卷房行，展转抄袭，肤词诡说，蔓衍支离，苟可以取科第而止……答策随题敷衍，无所发明。实不足以得人。应将考试条款改移更张，别思所以遴拔真才实学之道。"② 但是，他的主张并未得到实施，科举制继续延续，弊病也愈演愈烈。到嘉庆、道光时，清朝国运渐替，士风日漓，时文日益衰薄。到清末，时文抄袭庸滥，制艺也越来越为人诟病。公度属先知先觉者，对科举的批判也走在时代的前面。儒生堕落的丑态由科举制度造成，公度抨击儒生，实质上是抨击科举制度。公度在应举时如此痛恨科举，必然会引起考官反感，朗山怎么会不替他捏把冷汗呢？所以，他劝告公度"敛才"，在策略上暂时委屈自己，先"就范"于科举，然后才能反科举。这种出自知己的肺腑之言，令公度永生难忘。

　　朗山是在嘉应州之外第一个真正认识公度的思想和才华的人，也是最同情公度反科举的人。朗山的赏识使公度反科举的思想更为坚定，公度信笔挥洒写下《和周朗山琨见赠之作》：

　　噫嘻乎儒生读书不识羞，动夸虎头燕颔径取万户侯。万户侯耳岂足道，乌知今日裨瀛大海还有大九州。贱子生长南方陬，少年寂寂车前驺。当时乳虎气食牛，众作蝉噪嘶嗷咽。小技虫雕羞刻镂，中间离乱逢百忧。红尘蔽天森戈矛，我时上马看吴钩。呜呼不能用吾谋，驹伏辕下鹰在鞲。看人貂蝉出兜鍪，幡然一笑先生休。矢人为矢輶，兰台漆书吾箕裘，且呼古人相绸缪。打头屋小歌声道，亦手帖括吟咿嚘。时文国小原莒邹，要知

　　① 廖燕. 二十七松堂文集·卷首［M］. 东京：柏悦堂刻本，日本文久二年（1862）.

　　② 赵尔巽，等. 清史稿·卷一百〇八［M］. 北京：中华书局，1976.

假道途必由。习为谐媚为便柔，招摇过市希急售。盗窃名器为奸偷，平生所耻羞效尤。谤伤争来撼树蜉，非笑亦有抢榆鸠。立志不肯随沉浮，一齐足敌众楚咻。

皇皇使者来轩辕，玄珠出水黝然幽，珊瑚入纲枝相樛。不才如宪亦兼收，一头放出千人稠。其旁一客为马周，炯炯秋水横双眸。谓生此文无匹逑，即此已卜公侯仇。噫嘻吾文原哑呕，公竟许我海与丘。感公知己泪一流，以公才气命不犹。文不璁珮鸣琅璆，武不龙虎张旌旄。时时酒酣摩蒯缑，萧条此意将白头。至今不愿为闲鸥，乘风犹来海上游。海波正寒风飕飕，中有蝮蛇从鸱鸺。盲云怪雨无停留，老蛟欲泣潜鱼忧。何物小魅不匿廋，公然与龙为仇雠。苍梧回首云正愁，公从仙人来十洲。公其为龙求蟠虬，左揖洪崖右浮丘。招邀群策同力戮，号召百族相聚谋。铁锁重使支祁囚，赤文绿字光油油。重铭瑶宫修琼楼，呜呼此愿何时酬！

诗歌 66 句，可分为两个部分。前 31 句为第一层，批判世儒的无知和无耻，阐述诗人在社会动乱时代急于为世所用、建功立业的思想。诗歌生动具体地刻画了世儒们日日檃栝经书为试帖，钻研时文的丑态，以及他们盗窃名器，招摇过市的无耻。这些小人也曾诽谤公度，但他们是撼树的蚍蜉，嘲笑大鹏的斑鸠，诗人绝不与他们一起沉浮。由此反映出公度当时在嘉应州的现实处境：虽有人称赞赏识公度的思想，但是也遭到思想迂腐守旧的传统儒生的激烈反对。接下来 35 句是第二层，首先写诗人与朗山的际遇和知己之情，以及朗山的卓越才华。"皇皇使者"，指周朗山。周朗山来到广东，他长相黝黑，犹如玄珠出水一样，同时他又具备珊瑚珠玉般的才华，故能慧眼识人，一眼认出黄遵宪智超千人的远见卓识。接着描写周朗山对公度的赞许和忠告。在周朗山旁边，有一个如马周一样的助手，他两眼炯炯有神如同秋水。与周朗山一样，他称赞公度的文章举世无匹，但同时也警告公度：你的思想已注定你将成为王公诸侯的仇人。再接着是公度面对周朗山称赞的自谦。周朗山称赞公度是当代岭南的海瑞和丘浚，令公度感动得双泪直流。公度说：我与您的命运一样，时运不济，我文不能上殿珮玉，武不能为将巡游四方。蒯缑，指草绳缠的剑柄。《史记·孟尝君列传》："冯先生甚贫，犹有一剑耳，又蒯缑。"裴骃《集解》："言其剑把无物可装，以小绳缠之也。"它形容公度在三次落第的打击下，已经极度落魄和颓废。但是，他绝不沉沦为闲鸥，仍然希望成为大鹏乘风海上。在多次落第中，公度遭遇到时代寒风冷雨的吹打，遭到世俗蝮蛇和鸱鸺般的攻击和毁伤。他说：其实，我黄遵宪是个瘦骨小虫，哪里敢与公侯为仇。

最后写公度受到周朗山赏识的幸运，只是其中举梦何时才能兑现？

诗歌虽然用很大的篇幅书写了与周朗山的知己际遇，但是正如第一部分"噫嘻乎儒生读书不识羞"所言，诗歌的主题仍然是批判儒生和反科举。但是，公度的反科举思想终于得到周朗山的赏识，这使他在绝望中得到几许安慰，又重新燃起希望。

公度在广东的三次应试和三次落第的历程，对公度的思想有重要意义。第一次应试前的《感怀三首》，第一次落第后的《杂感》，第二次落第后的《榜后五首》，第三次落第后的《和周朗山琨见赠之作》等诗歌，都是承载青年公度思想的重要文献。它不仅传达出公度科举时期复杂的内心感受，也表达了公度对中国旧的教育和文化制度的深度思考和严厉批判。这些诗歌表明，公度伴随着科举应试和落第的打击而不断成长，他的思想也伴随着这些重要事件而逐渐丰富和成熟。没有应试的挫折，也就没有青年黄遵宪的思想。

第四章　顺天府乡试

在同治十二年（1873）广东第三次落第之后，26 岁的公度似乎等不及三年后的丙子再应广东乡试，他决定北上皇都，以应顺天乡试。

京城的顺天会试分别在辰、戌、丑、未年举行，同治十三年（1874）正是应顺天"抡才大典"之年。对于公度而言，这是在同治十二年之后增加的一次乡试机会，他决定到顺天一搏。

第一节　初次顺天乡试

同治十三年春天，黄遵宪准备北上时，作《将应廷试感怀》：

二十余年付转车，自摩髀肉问何如。暂垂鹏翼扶摇势，一学蝇头世俗书。

荡荡天门争欲上，茫茫人海岂难居。寻常米价无须问，要访奇才到狗屠。

《将应廷试感怀》在钞本中为《将之京师应廷试感怀四首》，刊本中此题仅一首。钞本第一首："三千多士纷齐集，十二周星又一回。"公度参加科举考试已一个周期了，他的感慨不能不深沉复杂。

诗歌主要写他这次上京应试的目的。首联回顾自己三次广东乡试的辗转奔波和落第的委屈。转车，即转轮，也即转蓬。《后汉书·舆服志》："上古圣人，见转蓬始知为轮。"[①] 他以随风飘转的蓬草，比喻自己多次辗转奔波于广州的科举应试。髀肉，即髀里肉生。《三国志·蜀志·先主传》："荆州豪杰归先主者日益多，表疑其心，阴御之。"宋裴松之注引《九州春秋》："（刘）备住荆州数年，尝于（刘）表坐，起至厕，见髀里

---

① 范晔. 后汉书·卷一百二十九 [M]. 北京：中华书局，2005.

肉生，慨然流涕。还坐，表怪问备，备曰：吾常身不离鞍，髀肉皆消。今不复骑，髀里肉生。日月若驰，老将至矣，而功业不建，是以悲耳。"[1] 比喻英雄废置不用。诗人说：因为穷于应付科举，自己的英雄之志已被消磨殆尽。可见，诗人从来没有单纯追求科举，而是别有宏图大业和英雄壮志。颔联写诗人这次以暂时收起大鹏翅膀以应试的委屈心理。鹏翼，《庄子·逍遥游》："鹏之背，不知其几千里也；怒而飞，其翼若垂天之云……《谐》之言曰：鹏之徙于南冥也，水击三千里，抟扶摇而上者九万里，去以六月息者也。"诗人以大鹏自比，现在他收起大鹏双翼以屈就现实，努力学习"蝇头世俗"的科举书籍以应试。颈联写到皇都的目的：他到皇都，是为了争上天门，争取中举。他不相信：难道京城真的难居吗？最后，尾联中的狗屠，指隐居在宰狗屠夫中的英雄，如燕之狗屠高渐离、齐之狗屠聂政等。《战国策》："轵深井里聂政，勇敢士也，避仇隐于屠者之间。严（仲子）遂阴交于聂政，以意厚之。聂政问曰：子欲安用我乎？严遂曰：吾得为役之日浅，事今薄，奚敢有请？于是严遂乃具酒，觞聂政母前。仲子奉黄金百镒，前为聂政母寿。聂政惊，愈怪其厚，固谢严仲子。仲子固进，而聂政谢曰：臣有老母，家贫，客游以为狗屠，可旦夕得甘脆以养亲。亲供养备，义不敢当仲子之赐。"[2] 司马迁《史记》卷八十六《聂政传》也载其事。轵，古代地名。在今河南省济源县。后来轵地深井乡的聂政，果然替严仲子刺杀了他的仇人韩国宰相侠累。汉王符《潜夫论·本政》："高祖所以共取天下者，缯肆、狗屠也；骊山之徒，钜野之盗，皆为名将。"西汉刘邦的手下，沛县丰邑少年、骊山亡徒、豪吏如萧何、曹参、樊哙等，也多是狗屠式的英雄。清吴伟业《又咏古六首》其三："古来有烈士，轵里与易水。"轵地的聂政与易水的荆轲等，都是狗屠英雄的杰出代表。诗人现在所要去的京城是战国时期燕国的首都，也正是狗屠英雄出没的地方。所以，狗屠，一箭双雕：既是公度的用典，也表达了诗人此行的目的。尾联写诗人到京城的另一目的：除了应试，他并非想了解米价这样的市井俗事，而是要结交市井的贫贱英雄。后来，诗人并没有在燕京见到聂政这样的狗屠奇才，而是在天津和烟台等地结识了龚易图、丁日昌、李鸿章等高官。诗人带着科举和结识英雄的双重目的，开始了他的顺天乡试之旅。

　　本诗蕴藏着公度人生的一个重要信息：英雄情结。本来，诗人《杂

---

① 陈寿. 三国志·卷二十二［M］. 北京：中华书局，2005.
② 刘向. 战国策·卷二十七［M］. 上海：上海古籍出版社，1985.

感》中已出现"英雄":"英雄尽入彀,帝王心始快。"入彀,指牢笼,圈套。五代王定保《唐摭言·述进士上》:"盖文皇帝(唐太宗)修文偃武,天赞神授。尝私幸端门,见新进士缀行而出,喜曰:'天下英雄入吾彀中矣!'"① 但是,诗人所引用的典故中出现的这个英雄是消极性的英雄。髀里肉生,是三国时刘备在荆州被闲置时的英雄焦虑。狗屠英雄,是身份低贱而才能卓异的隐逸状态的英雄。这两种英雄,尤其是后者,才是公度真正崇尚的。这样的英雄既是公度的自画像,公度就是仍然在乡野而身怀奇技的狗屠式英雄;也是促使公度积极进取的精神动力。虽然现在沉沦下层社会,却依然有英雄的抱负和目标。因而,这又是公度事业成功的重要原因。公度以英雄精神勉励自己,年轻时就为自己订立了超越俗儒的远大目标。这也是公度蔑视科举的真正原因。因为不屑于走寻常路,公度才与科举格格不入。狗屠式英雄的情结,是打开公度内在精神世界的一把钥匙。

英雄情结是公度轻蔑庙堂高官的原因。在镇压太平天国后,曾国藩的名声如日中天。但是,公度却说曾国藩的学术"皆破碎陈腐、迂疏无用之学"。他认为曾国藩:"事事皆不可师。而今而后,苟学其人,非特误国,且不得成名。"洋务派大臣、两广总督张之洞,也是清朝的南天一柱。但是,光绪十二年(1886)他任命黄遵宪出巡南海各岛时,被黄遵宪拒绝了。光绪二十一年(1895)黄遵宪在江宁(今南京)拜见张之洞时,竟然跷着二郎腿,一副目中无人的姿态。康有为《人境庐诗草序》:"(公度)昂首足加膝,摇头而大语……其以才识自负而目中无权贵若此。"对于宰相级的大人物李鸿章,公度也不无微词。光绪二十七年(1901)公度《李肃毅侯挽诗四首》其三:"老来失计亲豺虎,却道支持二十年。"对"晚清三杰"之一的大臣李鸿章深致讽刺。故日本人曾把黄遵宪与李鸿章加以对比:"黄某官职,不如李鸿章远甚;而鸿章识见,又不如黄某远甚。"公度《人境庐诗草》钞本的《将之京师应廷试感怀四首》其三:"诸将声名问河朔,承平人物溯乾嘉。"清朝一流的达官贵人们并没有被黄遵宪放在眼里。同题第一首:"多少文章台阁体,此中可有济时才?"道出了诗人对他们的深度蔑视。诗人晚年的《群公》:"群公衮衮各名声,一死鸿毛等重轻……九庙有灵先诏在,朝衣趋谒定应羞。"更是睥睨满朝文武。虽然他现在还在科举应试,但对满朝诸公也是一副居高临下的"此中可有济时才"的目光。他从不认为朝中文武是人才,而寄希望于草莽英雄,寄希望于市井狗屠中的奇遇。

但是，这些都无法改变公度被动北上皇都应试的性质。尽管公度十分不情愿，但他既不能不遵照父母之命，也不能不听从亡友遗言，必须克制自己对科举的反感而继续应试。被迫应试的委屈，使他在内心深处对科举更加厌恶。此时，他一边邀请好友兴宁胡曦同路上京应试，一边四处张扬他对科举的轻蔑。内心的激烈冲突使他把对科举的批判达到高潮。在动身离开嘉应之前，他在家乡掀起了一场公开批判科举的潮流。

首先，公度肆无忌惮地张扬对科举的反感。公度鄙夷科举的事不胫而走，以至在千里之外的叔父黄鸾藻对他也十分担心，不得不嘱咐他一定要参加科举。黄鸾藻《答大侄见怀之作二首》："惘惘出门去，翻成作嫁人。新交嗤白眼，旧恨忆青春。讵以甘为苦，应怜富后贫。庭闱真乐在，何以得抽身。春气溢门闾，萱堂问起居。象曾占一索，功好勉三余。前路难为导，虚名务永誉。莫怀温饱志，珍重贡丹除。"黄鸾藻，字问琴，同治九年（1870）与公度一起应试时举人，时任广东信宜县教谕。诗歌第一首，他安慰三次落第的公度，要忽视那些白眼和闲言，应该振奋起来继续参加应试，以便改变黄家因太平天国而贫穷的现状。可见公度落第之后，对公度品头论足的"讥小草"和"旁人得失议文章"的批评嘲笑，也传到叔父耳朵里。此外，因公度将在春天里出发，叔父替他占了一卦，卦象表明似有好运来临。最后劝告公度："莫怀温饱志，珍重贡丹除。"丹除，指宫殿的台阶。希望公度心怀大志，一定要获得京城乡试的捷报。可见，公度反科举的思想，令他的亲友担心不已。

其次，在具体措施上，他把反科举的诗歌四处抄送。除了回答"旁人得失议文章"的讥笑，也让朋友充分了解自己反科举的思想又不得不应试的苦衷。读了公度的诗歌后，朋友们都惊诧不已。其中，黄培祖作长诗相赠。黄培祖《再赠公度》云[1]：

公度袖诗来相见，自言："生平无所愿，此行但得七品官，饱吃黄斋与古战。读书必兼才学识，下笔乃括经史传。区区八股敲门砖，直须覆瓿焚其砚。"我闻此语色焉骇，急缮诗稿读之遍。

钧天奏罢又霓裳，玉皇端冕云中殿。有时警似着风旌，有时丽于集雨霰。有时跳掷古蛟螭，有时歌吹春莺燕。当其言情真挚处，沁入心脾尤缱绻。忽然絮语忽悲啼，是何哀感均顽艳。吁嗟奇才岂易得，家有阿连可无

---

① 张榕轩，张芝田，刘燕勋. 梅水诗传·卷六［M］. 清光绪二十七年（1901）刻本.

恨。一朝橐笔走长安，四海声华操左券。所恨长君十余载，抛掷青春随闪电。撑肠文字不宿饱，眩目琳琅空震眩。

中有临歧别我句，移宫换羽音节变。流连车笠百年心，挥叱云雷三尺剑。曲高无徒必使和，毋乃逼人以自煊。破例将观一得长，婉言谓留他日念。欲藏余拙碍难却，放胆挥毫资喷饭。已愧交情脱宝刀，聊申永好吟秋扇。天生才力原有定，底事未全关锻炼。平时无佛易称尊，敢对夷光夸盼倩。譬如遇敌避三舍，焉能薄险发一箭？暗思愤激张吾军，旋怜国小惮征缮。蓦地心兵挟长生，周有宗盟请复验。晋楚齐秦岂不大，鲁出伯禽次当先。否则两贤不相扼，君去中原主坛坫。鸿沟分割父母邦，让与老兄当一面。

黄培祖《再赠公度》最有价值的是保存了黄遵宪的佚诗："此行但得七品官，饱吃黄齑与古战。读书必兼才学识，下笔乃括经史传。区区八股敲门砖，直须覆瓿焚其砚。"这是公度在离家上京应廷试前呈给黄培祖的告别诗。它不见于公度《人境庐诗草》和《人境庐集外诗辑》，以及其他文献，也不知此诗的题目，笔者暂名《将应廷试再呈黄培祖》。

公度自言"生平无所愿……"等七句《将应廷试再呈黄培祖》佚诗的主题，仍然是批判科举。前三句叙述北上京城应试的目的，他极其轻蔑地说：此行如果如愿，可以在中举后得个七品芝麻官。黄齑，指咸腌菜。宋朱敦儒《朝中措》："自种畦中白菜，腌成瓮里黄齑。"这里比喻科举期间的艰苦生活。中间两句叙述正确的读书方法，应该广泛阅读各种书籍，写作时才能视野开阔、知识丰富。后两句批评俗儒的八股时文，这种制艺文只是科举的敲门砖，一旦中举后，它们只能拿来当作覆盖瓦罐的废纸。

黄培祖读了《将应廷试再呈黄培祖》之后，又作《再赠公度》。在此诗之前，他还有《赠公度》诗，可惜已不存。当时公度当有赠诗，题目当作《将应廷试初呈黄培祖》。可见这一时期，公度佚诗不少。

黄培祖《再赠公度》之所以长达 28 韵，是因为黄遵宪的原诗是不短于 28 韵的长篇歌行。公度的诗歌多有长篇，《感遇》52 韵，《杂感》69 韵，《和周朗山琨见赠之作》34 韵，28 韵不算最长。黄祖培，字凤五，生卒年不详，年长公度十余岁，清咸丰十一年（1861）副榜，著有《读我书轩斋诗集》。他虽然终身未能中举，但是学问渊博，尤其精于制艺，有《读我书斋制艺》行世。他设馆授徒，经他指点而登科第者甚众，著名的如温慕柳检讨、罗黼月拔贡、黄君选司马等①，因而生徒甚广。他是嘉应颇有名气的八股文专家，公度的本家。公度赴京前去请教他，自然也在情理之中。

《再赠公度》可分三个部分。诗歌前 5 韵是第一部分，叙述他阅读公度的长篇奇文。其中，还引述了公度佚诗 3 韵。中间 9 韵，是诗歌的第二部分，描写自己读公度诗歌后的感受。他评价公度诗歌的艺术意境和感染力，称公度是奇才，是黄家的天才诗人阿连，并预言公度赴京应考必定高中："一朝橐笔走长安，四海声华操左券。"最后 14 韵是第三部分，抒发送别时的惜别之情，并祝福公度顺天应试能够高中"君去中原主坛坫"。

《再赠公度》最重要的是第一部分，透露出公度赴京前强烈的反科举的行动：他令自己反科举的诗歌广为传扬。为何这样？因为英雄一般在家乡难被认可。《圣经·新约·路加福音》耶稣说："我实在告诉你们，没有先知在自己家乡被人悦纳的。"公度一边反科举，一边三次应试和落第，这种矛盾的现象早已引起部分乡人的困惑和嘲笑。在作《感怀三首》时就反科举，如今多年过去，公度参加了三次科举考试落第了三次。那么，在应试和落第这两件事情上公度应该作出解释：第一，如何面对乡人的困惑和疑问？第二，如何面对自己的内心：是继续反科举，还是妥协投降？于是，公度公开地宣扬：他并没有投降，他会继续坚持惊世骇俗的反科举的思想；同时，他也将继续获取科举这块敲门砖。这便是他动身应试前，为何会在家乡大肆宣扬反科举的原因。公度所作的诗歌，继续鄙薄时文，直言不讳地嘲弄科举。这些内容与《感怀三首》和《杂感》相比，又有了创新，令黄培祖闻之色变："我闻此语色焉骇，急缮诗稿读之遍。"公度的豪情感染了黄培祖，他称公度为奇才，是黄家的才子谢惠连，故作长诗相赠。

另外，黄培祖还有《家公度以选拔之京留诗属和三首》，其一云："此去定倾天下士，相期终古迈时人。"他热情期望公度上京赴考能一举成功。

公度在离开嘉应的饯别会上，仍然强烈地抨击科举。赴京前，嘉应亲友为他饯别，宴会上他写了《将之京师应廷试感怀四首》表达出他勃勃的雄心，但又流露出被迫屈就科举的苦恼。理智上，他明白应该听从朗山的劝告。黄遵宪《将应廷试感怀》说："暂垂鹏翼扶摇势，一学蝇头世俗书。"②情感上，他又难以忍受对科举的反感。他激烈的反科举的思想和行

---

① 温仲和. 光绪嘉应州志·二十三卷［M］. 清光绪二十四年（1898）刻本.
② 黄遵宪著，钱仲联笺注. 人境庐诗草笺注·卷二［M］. 上海：上海古籍出版社，1981.

为使朋友们十分担心，纷纷写诗劝慰。其中，萧鄂华《赠黄公度学博北上廷试》说：

> 君如汗血马，权奇骥难羁。我本非神骏，伏枥安敢悲。美君万里行，到天信有期。况复骋雄俊，安行日未歇。所望向空阔，中途力鞭驰。勿便收玉勒，从此挂青丝。闻道冀州土，古有相马师。驽骀显骐骥，定受伯乐知。诡遇不足道，调习亦所宜。勉效天闲贵，毋谓人用卑。识途非老马，一笑姑置之

　　萧鄂华，字颖初，嘉应州人，岁贡生。诗歌主要内容有二：一是祝福公度。他称公度是神骏，是汗血宝马，是千里马，况且青春年少。萧鄂华"安行日未歇"后注："公度时方弱冠。"公度所"到天"的地方，古有著名的相马师，千里马被伯乐发现便是早晚的事，祝福他北上科考成功。二是劝告公度，一定要安心应试，应试期间千万不要反科举。萧鄂华在"从此挂青丝"后注："自谓：得官后不再谈八股矣。"即公度公开地鄙夷科举时文，甚至反科举。因此，萧鄂华苦心劝告公度要"调习亦所宜"。此句后鄂华注："谓宜兼及制艺，再图进取。"萧鄂华担心公度心高气傲，不认真对待科举考试。可见，在北上顺天参加第四次科举考试前，黄遵宪对八股文的反感和批判都达到新高峰，使亲友们提心吊胆，担心不已。

　　此后，公度还不断地宣扬反科举的思想。《别张简唐思敬并示陈绛尚元焯》说："试思科第定何物，长此羁贫却恼公。"《己亥续怀人诗》："谬种千年兔园册，此中埋没几英豪。"兔园册，即《兔园册府》三十卷，指应试书。唐蒋王李恽令僚佐杜嗣先仿应科目策，自设问对，引经史为训注而编成，借汉梁孝王的兔园而名其书，后私塾多以此为科举应试书。宋孙光宪《北梦琐言》："宰相冯道形神庸陋，一旦为丞相，士人多窃笑之。刘岳与任赞偶语，见道行而复顾，赞曰：'新相回顾，何也？'岳曰：'定是忘持《兔园册》来。'道之乡人在朝者闻之，告道。道因授岳秘书监、任赞授散骑常侍。北中村墅乡以《兔园册》教童蒙，以是讥之。"[1] 清钱谦益《葛端调编次诸家文集序》："余之告端调者，亦犹夫老生腐儒挟兔园之册，坐于左右塾之闲，窃以语其乡人子弟而已。"这里，兔园册指坊间盛行的八股时文范文。本来，儒学教育的内容并不单一，儒童入学考试初用四书文和孝经，孝经题少，又以性理、太极图说、通书、西铭、正蒙命题。后

---

① 孙光宪．北梦琐言·卷十九［M］．北京：中华书局，1960．

来规定：正试四书文题二，复试四书文、小学论各一。雍正初年的科试还加经文。冬天白天短，规定题目书一、经一。后又规定科试四书、经文外，增试策论题，仍用孝经。乾隆初，复试兼用小学论。中叶以后，试书艺、经艺各一，增五言六韵诗。但是，投机钻营者把应试内容简化为《兔园册》，使科举的内容越来越狭窄。康有为《请废八股试帖楷法试士改用策论折》："甚乃《学》《庸》《论》《孟》之微言，亦只守兔园坊本之陋说。"公度晚年《病中纪梦述寄梁任父》说："我生托此国，举国重科第。记昔持墨卷，出应群儿试。"科举学谬种流传的兔园册，争的是低级的"鸡鹜食"，无聊之极。公度对科举埋没英豪深恶痛绝，却又必须与"群儿"一起应试，这是何等的委屈！

公度寄出《与胡晓岑书》云："长路漫漫溯江溃，此间不可无君语。海天万里，恨不得与之剧谈壮概也。"约兴宁胡曦一路同行，因书信不畅，未能如愿。胡曦《热草自序》说："同治十三年，朝考入都。黄子公度屡约同行，竟以邮寄屡失，遂舛期日。"公度于四月下旬先到达京城，住在宣武门外的嘉应会馆中。五月初，胡曦也到达北京，住在宣武门外的寺庙闻喜庵中，与嘉应会馆相邻。胡曦《热草自序》又说："至京子然一身，时既五月初旬矣。冰窖停车，见诸故人，共饮端午。遂蹴居宣武门外闻喜庵，邻嘉应会馆。公度听夕过谭，论文甚乐也。"二人朝夕相聚，论文谈诗，就是不谈制艺科举。胡曦《长安秋怀》："鸡栖古刹中，时读时卧起……行歌苦告谁，钟黄二三子。"鸡栖古刹，指闻喜庵。钟黄二三子，指钟赤华和黄公度，后来他们一起参加了廷试。这是公度的第四次应试，但是公度："今者命运穷，遭逢巧丸儿。"六月廷试放榜，诗人不幸第四次落榜。诗人有《榜后上余蓉初祚馨师三首》[①]，其一云：

又被风吹九下天，神山将近忽回船。半生遇合如公少，四海论文道我贤。

千里黄河翻九曲，一鸣大鸟待三年。饱闻慰藉殷殷语，两鬓摩挲只自怜。

余祚馨，字蓉初，湖南武陵人，曾官嘉兴县令，广东阳江同知，同治十三年在学政幕中，曾作《清戴肇辰从公续录序》《清王逢辰樆李谱题词》等文。本年虽然落第，但公度的才华得到学政幕僚余祚馨的高度肯定。对

①　黄遵宪. 黄遵宪集［M］. 天津：天津人民出版社，2003：324.

公度有知遇之恩的余祚馨，几乎是第二个周朗山，故公度作此诗致谢。诗歌描写自己落第后得到余祚馨的安慰。首联写自己落第：诗人本来是冲着争上天门而来京应试，却被大风吹下九重尘埃；诗人在接近海上仙山时，却忽然被吹回。颔联写余祚馨的知遇之恩：他与余祚馨相知恨晚，余对诗人才华有"四海最贤"之誉。大鸟，《史记·楚世家》："伍举曰：有鸟在于阜，三年不蜚不鸣，是何鸟也？庄王曰：三年不蜚，蜚将冲天；三年不鸣，鸣将惊人。"① 三年，是清朝科举应试的间隔期。颈联写诗人的希望：虽然自己在九曲黄河中翻了船，但是诗人准备像楚国大鸟那样，在三年后的应试中能一鸣惊人。尾联表达对余祚馨的感谢：虽然我落第后顾影自怜，但是难得您再三地安慰我。

《榜后上余蓉初祚馨师三首》其二：

金陈以外数方韩，二百年来括目看。一己屈伸关系小，斯文风气转移难。有人用我思投笔，无地求仙且炼丹。闻道《郁轮袍》一曲，飞升早已上云端。

诗歌写科举制度的弊端和自己落第后的打算。首联描写被科举遗漏的清朝贤才。金、陈、方、韩，是清代四个科举制下的幸运儿。金，指金德瑛。金德瑛，字汝白，浙江仁和人。乾隆元年进士，廷对初置第六，乾隆亲擢第一，授修撰，历官江西山东学政、左都御史、太常寺卿，深得乾隆信任。陈，指陈潢。陈潢，字天一，浙江钱塘人。胸有才华而久不遇，在邯郸吕祖祠壁上题诗数首，语甚豪迈。大臣靳辅见而惊异，暗访寻得，聘为幕客，与靳辅相得甚欢。凡靳辅的主张，多来自陈潢。因治理黄河十年的功绩，经靳辅的推荐，授金事道衔。方，指方观承。方观承，字遐谷，安徽桐城人。其祖方登峄、父方式济，皆因坐戴名世《南山集》的文字狱，并戍黑龙江。观承年少，寄食清凉山寺。每岁与兄方观永徒步至塞外，看望祖父与父亲。他们往来南北，枵腹如鼓。数年后，祖父与父皆死于塞外，益困。因知南北厄塞及民情，励志勤学，为平郡王福彭所知，聘为记室，历官内阁中书、军机处章京、吏部郎中、按察使、布政使、山东巡抚、直隶总督，加太子太保。韩，指韩菼。韩菼，字元少，江南长洲人。读书通五经，恬旷达，好山水。特工制举文，但在应顺天乡试几乎落第，被尚书徐乾学拔之落卷中。后，康熙十二年会试、殿试皆第一，中状

---

① 司马迁．史记·卷四十［M］．北京：中华书局，1959．

元，授修撰，充日讲起居注官。受知康熙，迁侍讲学士，擢内阁学士，礼部尚书。这四人，均是科举中的幸运儿，但是，在科举中，像这样险些被埋没的贤才该有多少；而侥幸被发现的又有几个？颔联写为科举制度担忧：我个人的升迁是小事，但是改变科举制度却是难上加难。颈联写落第后的打算：如果遇到知己，我打算投笔从戎；如果没有这样的机会，我就隐居炼丹。尾联写希望会有奇迹出现：如果我能遇到提拔王维那样的恩主，也可能早已飞身云端。

《榜后上余蓉初祚馨师三首》其三：

平生三战既三北，颇道文章未足凭；弹指流年三十近，惊心知己一人曾。

鸡虫得失纷无已，牛斗神灵竟不能。自笑谋身尚无策，忧时感愤又填膺。

诗歌写落第后的悲愤感情。首联写自己经历多次落第的感想：三战三北（其实诗人已四战四败了），因而公度对科举制度已产生怀疑。颔联写自己的科场际遇：弹指之间我已年近三十，在科举中除了您以外，遇到的知己只有周朗山一人。颈联是对科举的深深失望：科举中的鸡虫得失，实在没有多大的意思。应试前，我曾得到牛斗神灵必定中举的预言，现在看来丝毫不灵。尾联抒发落第后的悲愤：可笑我在科举中谋身无策，但是看到国家的内忧外患，又义愤填膺。

《榜后上余蓉初祚馨师三首》抒发了诗人在第四次落第之后的万般无奈之情。虽然余祚馨对公度的才华十分欣赏，对他的落第反复软语安慰，但是诗人对落第仍然难以释怀。对比第二次落第后的《榜后》，诗人在遭受这次重大打击后，再也没有豪情万丈，精神明显萎靡不振，对科举制度也更加失望，以至于产生了从军和隐居的念头。

落第后，同治十三年六月中旬至八月下旬，公度与兴宁胡曦、镇平钟赤华等一起在京城到金城河、陶然亭等处尽情游览，忘记落第的不快。胡曦作《六月十四日与公度闲话》《六月十六日偕公度金城河看荷花》《八月十日同公度登陶然亭》《八月二十二日出都别公度赤华四首》等诗，公度也有同题诗歌，可惜已不存。胡曦《送别赖云芝同年鹤年出都即题疲驴出京图》自注："公度诗有疲驴破帽出天津句，欲即其诗意，绘图索题。"公度有《别赖云芝同年鹤年》："子之外家吾故乡。通明移家趋华阳，至今乡音犹未忘，西风牵手情话长。北邻胡二工文章，因我识子摅肝肠。桃笙

095

棋褥铺绳床，敲冰煮茗焚清香。"诗歌颇长，仅录此四韵，诗中"北邻胡二工文章"，即指胡曦。胡曦在京城又作《长歌赠公度》：

　　长安六月车尘红，火云吁气张毒龙。有客来自扶桑东，科头高卧人海中。

　　正谊明道儒者宗，道德其始功名终。名究何名功何功，古人不作吾反躬。

　　《长歌赠公度》84句，这里选其前8句。前两句描写京城的炎热天气，次两句则以"科头高卧人海中"描写公度气势不凡的形象。第五句"正谊明道儒者宗"，写公度的才华和应有的地位。第六句"道德其始功名终"，则描写公度的科举追求。此诗中的公度趾高气扬，豪情万丈，全无《榜后上余蓉初祚馨师三首》中的萎靡和颓废。看来，胡曦相信：诗人还会参加第五次科举考试，并可获得举人的功名。

　　胡曦离开北京后，作《与公度笺》："二十二日话别戒途，经冰窖。适杨君已先行，遂驱车出广安门。摩挲城阙，辄复感叹。"叙述一路的情景和心情。胡曦取道上海、汕头回兴宁，在上海有《九月十五日夜沪上对月忆公度》叙述对公度的思念之情。

　　公度则留在北京拜见同乡前辈何如璋侍讲、邓承修和钟孟鸿两侍御等，并深受其赏识，为三年后何如璋任使日大臣时聘请公度为参赞埋下了伏笔。

第二节　再次顺天乡试

　　光绪元年（1875），公度在天津有《和钟西耘庶常德祥津门感怀诗》。此时，53岁的同乡丁日昌在天津帮北洋大臣李鸿章办理事务，黄遵宪拜见丁日昌。一番谈吐之后，深得丁日昌赏识。随后，丁日昌任福建巡抚，兼福建管船政，欲召黄遵宪进入福建巡抚的幕中任职。公度因还想在科举上最后一搏，以准备次年的顺天乡试而未往。光绪二年，郑藻如携公度拜见李鸿章，李鸿章称赞公度有霸才，这样高度的评价，实属不易。郑玉轩，即郑藻如，又名玉轩，广东香山人，官出使美、西、秘三国大臣。同治十三年后，公度凭借广东老乡的援引，四处拜谒朝中或地方上的高官，以便在科举之外另谋出路，有了初步的成果。

096

光绪二年（1876），在诗人参加的科举履历中真正是"十二周星又一回"了。他准备参加第二次顺天乡试，这是诗人第五次应试。在应试之前，诗人的内心更加复杂，感情更加痛苦，他写下了长诗《述怀再呈霭人樵野丈三首》：

呜呼制艺兴，今盖六百年。宋、元始萌蘖，明制皇朝沿。十八房一行，群蚁趋附膻。诸书束高阁，所习惟兔园。古今昏不知，各各张空拳。士夫一息气，奄奄殊可怜。黼黻承平时，无贤幸无奸，小丑一窃发。外患纷钩连。但辨口击贼，天下同拘挛。祖宗养士恩，几费大官钱。徒积汗牛文，焉用扶危颠？到此法不变，终难兴英贤。中兴名世者，岂不出其间。

汉家耀武功，累叶在西北。车书四万里，候尉三重译。物腐虫蠹生，月盈詹诸蚀。鼠盗忽窃发，犬戎敢相逼。惜哉臣年少，不及出报国。中兴六月师，群阴归殄灭。臣虎臣方叔，持节布威德。如何他人睡，犹斮卧榻侧？白气十丈长，狼星影未匿。群狐舞天山，尊者阿古柏。公与秦、晋盟，隐若树一敌。王师昨出关，军容黑如墨。猖狂猘犬吠，尚迟有苗格。东南鬼侯来，昼伏夜伺隙。含沙射人影，鬼蜮不可测。虎威狐辄假，鸱视鼠每吓。今年问周鼎，明年索赵璧。恫疑与虚喝，悉索无不力。荡荡王道平，如行入荆棘。普天同王臣，咸愿修矛戟。荷戈当一兵，吾亦从杀贼。

两汉举贤良，六朝贵门第。设科不分目，我清重进士。孔、孟生今日，必就有司试。岂能无斧柯，皇皇行仁义。宪也少年时，谓芥拾青紫。五岳填心胸，往往矜爪嘴。三战复三北，马齿加长矣！破剑短后衣，年年来侮耻。下争鸡鹜食，担囊走千里。时时发狂疾，痛洒忧天泪。群书杂然陈，所志非所事。枘凿殊方圆，如何可尝试？今上元二年，诏书下黄纸。帝曰尔诸生，尔其应大比。纷纷白袍集，臣亦出载赟。既不莘野耕，又难漆雕仕。龙门虽则高，舍此何位置。抡才国所重，得第亲亦喜。绕床夜起舞，何以为臣子？

霭人，指龚易图。龚易图（1835—1894），字少文，又字霭仁、霭人，号含晶子、乌石山房主人、东海移情客等。福建闽县人，咸丰五年举人，咸丰九年进士，历官济南知府、山东登莱青兵备道兼东海关监督、江苏按察使，云南、广东、湖南布政使等，著有《谷盈子》《乌石山房诗稿》等，建私人大通楼图书馆，是福建著名藏书家。樵野，指张荫桓。张荫桓，

《清史稿》作张廎桓。张荫桓（1837—1900），字樵野，广东南海县人。《清史稿·张廎桓传》："性通悦。纳赀为知县，铨山东。巡抚阎敬铭、丁宝桢先后器异之，数荐至道员，光绪二年，权登莱青道。"官户部侍郎、充出使美西秘大臣等，著有《三洲日记》八卷、《戊戌日记》三卷、《铁画楼诗钞》五卷、《铁画楼诗续钞》二卷、《铁画楼骈文》二卷、《奏稿》十九篇等，今人曹淳亮、林锐整理为《张荫桓诗文珍本集刊》。此诗写于光绪二年（1876），其时张荫桓代理登莱青道，龚易图任山东登莱青兵备道兼东海关监督。公度随父客居烟台，以晚辈身份拜访广东同乡张荫桓和龚易图两位烟台的地方长官，故有此诗。张荫桓和龚易图均与公度酒酣耳热，彼此唱和。龚易图《乌石山房诗存》有《黄公度以和书怀诗来再叠韵送其应京兆试》，诗歌写于秋风万里之时，他称公度是"沧海蛟龙"，赞美公度"应加黄块传家学，那笑钟繇擅妙书"，预祝公度高中。张荫桓《铁画楼诗钞》卷二有《直东旱甚吾粤乃苦淫霖感事简黄公度》，卷五有《次韵公度感怀》。张荫桓作《直东旱甚吾粤乃苦淫霖感事简黄公度》后，公度以《张樵野廉访以直北苦旱岭南乃潦诗见示次韵和之》（见黄遵宪《人境庐集外诗辑》）唱和。张荫桓《次韵公度感怀》是对公度《述怀再呈霭人樵野丈》的唱和。从张荫桓《次韵公度感怀》看，公度此诗当作《述怀——再呈霭人樵野丈》，原作《感怀》。因为《人境庐诗草》中第一篇即《感怀》，故公度在整理自己诗集时将它改为《述怀》。

公度之所以拜访龚易图和张荫桓，与他对第五次科举应试丧失信心有关，他已经着手在科举之外另谋出路。本来，公度于同治九年（1870）23岁时在广州乡试落第后，因研究天津教案，阅读和研究万国公报及制造局译刊等新书，已经开始研究西洋文化和洋务外事。经过五六年的积累，他已具备从事当时最时兴的处理洋务工作的文化视野和办事能力，具备了在科举之外另谋出路的知识准备。烟台为海疆要冲，公度在烟台眼观时局，认为中国海禁已大开，外国人到中国如履户庭，因此中国要重视国际外交，才能适应世界局势。公度的这些见解和能力，逐渐赢得了两位观察的信任。

从诗人与烟台政府高官的多次诗酒唱和看，公度与他们的关系已经非同一般。此前，诗人有《福州大水行同张樵野丈荫桓龚霭人丈易图作》，此诗抄本题作《福州大水行同张樵野荫桓龚霭人易图二观察作》。此年五月中旬，福州大雨成灾。福建巡抚丁日昌《闽省水灾办理拯恤情形疏》："省城自五月十六日后，复大雨倾盆，昼夜不息，至十九日夜雨始稍停，上游溪流奔腾下注，又值海潮顶涌，水势骤涨。城外西、南、东三路深至

七八尺及丈余不等，城内西、南、东三路水深六七尺至八九尺，即最高之
北门亦有积水一二尺。水深之处弥漫无涯。所有庙宇、营房、塘汛，闽
县、侯官二县衙署、监狱，城乡民居、田园、道路、桥梁，均被淹浸。被
难居民或攀树登墙，或爬蹲屋上，号呼之声不绝于耳。"① 城内水深八九
尺，死人无数。福建闽县是龚霭人的故乡，丁日昌是公度的客家同乡，故
福州水灾成为他们共同关心的话题。稍后，公度又有《将应顺天试仍用前
韵呈霭人樵野丈四首》，其一云："平生揽辔澄清志，足迹殊难出里闾。万
一铅刀堪小试，可容韫椟便藏诸？觚棱魏阙宵来梦，简练《阴符》夜半
书。一第区区何足道，频番缘木妄求鱼。"首联，叙述自己自幼在嘉应州
闭门读书。颔联铅刀小试，说自己参加科举考试，如果中举便韫椟而藏，
比喻自己希望得到两位观察这样的明主的任用。颈联说自己并非冬烘儒
生，而是广读《阴符》等经世致用的书以待时用。尾联回到顺天乡试，表
明自己并不看重科试中举，那只是缘木求鱼，于救世无补。其二："辙乱
旗翻屡败车，行吟憔悴比三闾。"比喻自己四次科举落第，现在穷愁潦倒
如同屈原。其三："荷戈亦是男儿事，何必河鲂始食鱼。"说自己如果再次
落第便投笔从戎。因为龚易图是对太平天国作战有功的将军。其四："碧
海掣鲸公手笔，倘分勺水活枯鱼。"碧海掣鲸比喻两位观察的大才华，分
水活鱼，用《庄子·外物》庄周贷粟于监河侯时的涸辙之鲋的故事，如果
公度第五次依然落第，希望两位观察能任用黄遵宪为幕僚。看来，公度对
第五次应试仍然不敢抱有希望，已经为自己的第五次落第做好了多种准
备：如果再次落第，除了可以到福建巡抚幕府，他还可以到张荫桓或龚易
图的幕府中就职。虽然这条万不得已的退路公度后来并没有用上，但是公
度参加第五次科举的痛苦而悲壮的心情跃然纸上。

　　正是在这种心情下，公度写下了《述怀再呈霭人樵野丈》，此诗抄本
的题目作《述怀再呈霭人方伯樵野廉访》。这是公度在烟台时，对两位烟
台的高官所写的抒发情怀的诗歌。诗歌三首共 53 韵，与《感怀三首》《杂
感》一样，也是科举主题的长诗。第一首 13 韵，公度从社会现实的角度，
批判科举制度的弊端。前 4 韵，描述清代科举的现状。科举从宋、元、明、
清历代沿袭，至今已六百余年。十八房，指明清的考官阅卷制度。明代会
试、清代会试及乡试，以十八名同考官分房批阅五经试卷，故称"十八
房"。清顾炎武《日知录》："今制：会试用考试官二员总裁，同考试官十

---

① 赵春晨. 丁日昌集·卷八 ［M］. 上海. 上海古籍出版社，2010.

099

八员，分阅五经，谓之十八房。"① 这种方法流弊甚深。严复《救亡决论》："迨夫观风使至，群然挟兔册，裹饼饵，逐队唱名，俯首就案，不违功令，皆足求售，谬种流传，羌无一是。"诗人说，明清十八房制一施行，考生们像群蚁附腥膻一样投机钻营，他们束书高阁不读，只钻研应试的《兔园册府》。在这里，科举的弊端来源于投机钻营的应试教育，不学无术的人只要善于钻营也可高中。接着7韵，描写中举人的迂腐无用。他们没有知识，昏聩无知，遇事只会激动得各自张着空拳挥舞。天下太平时，他们的丑陋还没有表现出来，一时无法窥见。但是，一旦出现外患，这些小丑们便露出原形，以口击贼。清赵翼《陔余丛考》卷四十："《五代史》：后唐诸将各自论功，李嗣源独无。或问之，嗣源曰：诸君好以口击贼，嗣源但以手击贼耳。"语见《旧五代史》卷三十五《唐明宗本纪》："尝与诸将会，诸将矜衒武勇。帝（李嗣源）徐曰：公辈以口击贼，吾以手击贼。众惭而止。"公度说，这些无用的儒生，遇到国家有事只能叽叽歪歪地陈腐议论，别无用处，使天下陷入更大的危机。可怜国家养士的金钱，只换来汗牛充栋的八股文，哪里能济困扶危、于国有用？公度《人境庐集外诗辑》之《将之京师应廷试感怀四首》其三："多少文章台阁体，此中可有济时才。"也表达了同样的思想：科举之才于国无用，于事无补。因此，最后2韵，公度呼吁变法——变革科举制度，以选拔真正的人才："到此法不变，终难兴英贤。"公度说，清朝中兴名臣如左宗棠者就是这样的人才。其实，张荫桓也是这样的人才，他一生甚至连举人的功名也没有。但他是晚清中国第一流的外交和洋务人才。因此，公度也想走张荫桓不要功名而以才用世的道路。最后，诗人公然呼吁：变革弊病满身的科举制度！公度的意见引起张荫桓等非科举出身的实干家的深刻共鸣。更重要的是，科举制度终于在30年后被真正废除。这个领先现实30年的革命口号，犹如平地一声春雷，足以令千百年来的科举制度浑身发抖，也足以震撼这个陈旧腐朽的世界。

　　第二首21韵，从清代兴衰史的角度叙述清代的内忧外患和屡次用兵。前4韵，叙述清康熙年间对察哈尔、葛尔丹、西藏等处用兵。接着2韵，写太平天国内乱引起的战争。接着4韵，写俄罗斯进入我国新疆伊犁等处引发的战争。接着9韵，描写清朝在列强虎视眈眈之下被侵略要挟的被动局面，大清王朝进入四处荆棘的窘境中。最后2韵，叙述人民愿意奋起抵抗，诗人也立志"荷戈当一兵，吾亦从杀贼"，这不仅表达了诗人愿意投

① 顾炎武．日知录·卷十六［M］．上海：上海古籍出版社，1985．

笔从戎的用世志向，更表达出诗人的远大眼界和宽广胸怀。诗人眼观天下，纵论古今，文武兼备，关注国计民生，表现出经世致用的卓越才华。在这里，充分地表现了诗人的远大抱负和伟大胸怀，积极进取的人生态度和济世匡扶的价值取向，这些品质和才能，也是他将能够得到龚易图和张荫桓两位观察任用的基础和条件。

　　第三首 19 韵，向两位长官倾诉自己被迫科举的隐衷。前 4 韵，叙述清朝以科举取士的强制性制度，其中"孔、孟生今日，必就有司试"，尤其痛彻心扉：这种强制性制度会逼得连孔子、孟子也被迫应试或者落第。如果不然，孔圣人也将没有出路。接着 8 韵，叙述自己的应试史和被迫参加科举的心情。公度说，自己年少时认为考个举人如同伏地拾芥。但是自己却"三战复三北"，接连落第。现在年岁已长，仍然一介布衣破剑短衣，年年到科场里被羞辱：担囊奔走千里，与那群鸡鹜一起打架争食。想到这些，时时愤怒得发狂，以致痛哭流涕，洒下忧天之泪。现在，科举应试的群书杂然陈列面前，但是它们学非所用，如同方与圆无法吻合，自己的见解哪里能符合考官的胃口呢？最后 7 韵，表明自己还是准备应试。今上元二年，指光绪元年和二年，皇帝以黄纸下诏，号召天下的诸生参加科举"大比"。儒生们纷纷穿着白袍聚集，他也只有跟随。他既不能在野耕田，又不能像孔子的弟子漆雕开那样从容不迫地入仕。龙门虽然高不可攀，但是离开科举，又哪里有他的升迁之路呢？选拔贤才是国家所重的大事，如果得以中举，双亲也会高兴。他绕着床半夜起舞以准备科举，如果不参加科举他哪里能成为大清的臣子？长期以来，诗人一边参加科举，一边痛骂科举制度，这种自相矛盾的现象令世人费解。在这里，诗人以对两位长官兼知己倾诉衷肠的方式，叙述了自己多年被迫应试的隐衷。他在科举问题上长期自相矛盾的现象，终于得到合理的解释了。

　　《述怀再呈霭人樵野丈三首》是诗人最后一次应试前的诗歌，它重点讨论了科举问题。第一首曲终奏雅，提出变革科举制度的重大问题。第二首纵览古今，展示了自己的经世之心和济世之才，这是诗人批判和反对科举制度的根本出发点。第三首则主要是对知己倾诉谈心，述说自己被迫应试的苦衷。本诗与《感怀三首》《杂感》等诗既有联系，又有区别。它们都是反科举的诗篇；又把反科举发展到一个新的水平：既然科举误国误民，百无一用，那么为了济世救国，必须变革、废除科举制度。

101

第三节　科举时期的思想

在投身科举的十多年中，公度的主要任务是应试中举，而非当思想家。但是，他反对科举，极度鄙夷科举。公度《别张简唐思敬并示陈绛尚元焯》："试思科第定何物，长此羁贫却恼公。"他的科举之路也自然崎岖不平：他在五次应试四次落第中艰难地挣扎，收获了大量科举的副产品——反科举的长篇诗歌。如果说应举是黄遵宪青年时期最主要的事业，那么反科举就是黄遵宪青年时期最主要的思想成果。批判是青年黄遵宪最重要的思想武器。

一、青年公度的思想

从思想的缘起和目的来看，黄遵宪青年时期的思想内容主要是批判以科举为中心的落后腐朽的教育文化制度。中国的科举制度，自隋至清实行了 1 300 年，实行公开考试、平等竞争、择优取士的选拔原则，具有打破贵族对权力的垄断的意义，为中下层平民百姓通过考试而进入社会管理阶层提供了机会，具有不朽的功绩。清保笑嵒《实学辨》："一旦尽废科举而行选举，则耿介之士、寒畯之儒，其犹有进身路乎？"[1] 是为的论。科举制度是中国封建制度下唯一可称为公平的制度，故西方人将它称为"中国第五大发明"。

但是，在考试方法上，自宋代王安石把科举变成制艺，其弊病便已显露。南宋朱熹已批评"科举害人"，他反对专为投机科举的时文："近日真个读书人少，也缘科举时文之弊也。才把书来读，便先立个意思，要讨新奇，都不理会他本意着实。才讨得新奇，便准拟作时文使，下梢弄得熟，只是这个将来使。虽是朝廷甚么大典礼，也胡乱信手捻合出来使，不知一撞百碎。"[2] 朱熹感叹"可惜举业坏了多少人"！特别具有讽刺意味的是，在元、明、清时代，科举以反对制艺的朱熹注释的《四书》为考试的标准教科书，以代替此前的五经，以应试为目的的科举制度的毛病就更多了。自宋以来，科举时文不断受到质疑，到明清时它的腐朽性进一步显露。《清史稿·选举三》载，乾隆三年，兵部侍郎舒赫德上疏："科举之制，凭

---

① 邵之棠. 皇朝经世文统编·卷一［M］. 上海：上海宝善斋，清光绪二十七年（1901）.

② 黎靖德. 朱子语类·卷十［M］. 北京：中华书局，1994.

文而取，按格而官，已非良法。况积弊日深，侥幸日众。古人询事考言，其所言者，即其居官所当为之职事也。时文徒空言，不适于用，墨卷房行，展转抄袭，肤词诡说，蔓衍支离，苟可以取科第而止，士子各占一经，每经拟题，多者百余，少者数十。古人毕生治之而不足，今则数月为之而有余。表、判可预拟而得，答策随题敷衍，无所发明。实不足以得人。应将考试条款改移更张，别思所以遴拔真才实学之道。"此议遭到礼部批驳，当时大学士鄂尔泰当国，也力持驳议，科举制得以维持。晚清时，批驳科举之议再起："有清一沿明制，二百余年，虽有以他途进者，终不得与科第出身者相比。康、乾两朝，特开制科。博学鸿词，号称得人。然所试者亦仅诗、赋、策论而已。洎乎末造，世变日亟。论者谓科目人才不足应时务，毅然罢科举，兴学校。"① 其时仍然有"科举仍为人才之薮，何必废科举"或"制艺可废科举不可废"等争论。光绪二十三年（1897），湖南督学徐致靖，提出废科举的主张。《清史稿·徐致靖传》："上书请废制艺，改试策论，省冗官，酌置散卿。"光绪二十六年（1900），两广总督陶模《图存四策疏》第一策《废科举以兴学校》②。中国从制度上正式废除科举，在光绪三十一年（1905）八月。《清史稿·选举志一》："（光绪）三十一年，世凯、之洞会奏：科举一日不停，士人有侥幸得第之心……拟请宸衷独断，立罢科举。"由直隶总督袁世凯两位总督兼南洋大臣张之洞等提出废除科举的动议，中国才最终得以罢科举，兴学校，采用西方现代的教育新制。

当科举被废除时，黄遵宪已在被贬回的嘉应州病逝半年。可见，科举制的寿命仍然比黄遵宪长了六个月。可以说，黄遵宪虽然已看到科举制度废除的曙光，但是仍然没有等到它的最后灭亡！这对自青年时期始一直不断地批判科举，并希望废除科举制的黄遵宪，是莫大的遗憾。

令人惊讶的是，处在偏僻的粤东的黄遵宪，却在30年前的青年时期就有了废除科举的思想。

朱熹认为，反科举也不是什么重大的事情，应该等闲视之。《朱子语类》卷十三："不赴科举，也是匹似闲事。如今人才说不赴举，便把做掀天底大事。"因为，朱熹对科举比较辩证，他认为科举自有其自身的价值，问题不在科举而在科举考试方法的时文，于是，他提出了"举业亦有何相妨"的观点。他认为，那些一心与科举过不去的人，其实是自己思想狭

---

① 赵尔巽，等. 清史稿·卷一百〇六 [M]. 北京：中华书局，1976.

② 邵之棠. 皇朝经世文统编·卷一百 [M]. 上海：上海宝善斋，清光绪二十七年（1901）.

隘，意志不坚定。他说："举业亦不害为学，前辈何尝不应举。只缘今人把心不定，所以有害。"甚至说："非是科举累人，自是人累科举。若高见远识之士，读圣贤之书，据吾所见而为文以应之，得失利害置之度外，虽日日应举，亦不累也。"其见识远高于清儒。黄遵宪当然不能像朱熹那样从容淡定，他的确把反科举当作天大的事件。从同治六年（1867）丁卯 20 岁时第一次参加科举应试，到光绪二年（1876）丙子中举，他的科举经历了子午卯酉整整一周，费时近十年，其间五次应试，四次落第。而他批判科举的时间从同治四年（1865）开始，比公度的科举考试的时间还长两年。纵观这近十年对科举制度的接连不断的批判，可以发现，青年公度的思想是围绕着批判科举而成长和发展的。

二、公度思想的贡献

从主题上看，青年公度的思想围绕着批判科举产生和发展。但从思想内容看，又超出了科举的范围，涉及中国文化的重大问题，他对中国文化做出了自己的贡献。表现在以下四个方面：

（1）在教育和考试制度上，提出变革科举制度的口号，比清末废除科举早了 30 年。

（2）在文字书写上，提出言文统一的文字观，比五四时期的白话文主张领先了半个世纪。

（3）在文学创作上，提出言文统一的文学观，比戊戌变法前后的"诗界革命"早了 30 年。

（4）在文字普及上，提出让工农妇孺能懂的新文字观，比五四时期的汉字拉丁化运动，早了半个世纪。

这几个问题已见上述，这里重点谈谈文字观问题。废除汉字的观点，在五四时期提出。1918 年，钱玄同等人在《新青年》杂志上提出废除汉字，改用罗马字母拼音。理由是要废孔学、灭道教，必先废汉字。这方面，鲁迅是代表，他在《答曹聚仁先生信》说："汉字和大众，是势不两立的。"鲁迅《关于新文字》："方块汉字真是愚民政策的利器，不但劳苦大众没有学习和学会的可能，就是有钱有势的特权阶级，费时一二十年，终于学不会的也多得很。最近，宣传古文好处的教授，竟将古文的句子也点错了，就是一个证据——他自己也没有懂……所以，汉字也是中国劳苦大众身上的一个结核，病菌都潜伏在里面，倘不首先除去它，结果只有自已死。"① 所谓宣传古文好处的教授，指文学史大家刘大杰教授。鲁迅提出了废除汉字的主张，因而他在《汉字和拉丁化》中说："为汉字而牺牲我们，还是为我们而牺牲汉字呢？"更直白地说："汉字不灭，中国必亡。"（鲁迅《病中答救亡情报访员》）。鲁迅的观点，代表了那个时代的声音。当时在实践操作层面，已经出现了实行新文字的"汉字拉丁化"运动。1931 年，在海参崴举行的中国新文字第一次代表大会上，由吴玉章等拟订了"拉丁化新文字"方案，以拉丁字母拼写汉语，不标记声调。1933 年国内各地相继成立团体进行推广，1935 年上海中文拉丁化研究会发起《我们对于推行新文字的意见》签名运动。1936 年，蔡元培、鲁迅、郭沫若、茅盾等文教界人士六百余人签名，推行拼音文字主张的"国语罗马字运动"和"大众语文"，灭汉字运动如火如荼。虽然拼音文字至今没有成功，以象形、会意为基础的古老汉字今天仍然没有或许永远也不会被废除。但是，它作为五四运动的一个组成部分，不可忽视。黄遵宪的文字观，却比五四的大师们早了半个世纪。

由此可知，公度的思想具有以下特点：

（1）思想的成熟性。公度是个早慧的才子，也是思想早熟的人。同治九年（1870）他 23 岁时所作《寓汕头旅馆感怀寄梁诗五居实》说："未到中年哀乐备，无多同调别离难。"他百感交集，颇多超群者的孤独。在提出上述观点的时期，公度还没有到想做思想家的年龄，他也没有全面地思考中国的文化和教育问题，他的出发点只是面对科举困境时遇到的实际问题。在现象上，他的行为也许可笑：他一边应试，一边抱怨科举；犹如一个不喜欢读书的孩子，一边上学，一边嘟囔着不喜欢读书。但是，黄遵宪在这不经意的嘟囔抱怨中，从批判科举出发而涉及中国文化教育中"众生殉文字"的重大问题，公度的思想在无意中趋于成熟。

事实上，在他抱怨科举的时期，他已接触到中国政府的高级官员，并能得到他们的赞许。光绪元年七月，他在天津见到广东潮州丰顺县的客家人丁日昌；光绪二年见到广东南海广府人张荫桓、广东香山人郑藻如、合肥李鸿章等。丁日昌为福建巡抚和船政大臣；郑藻如三品卿衔为出使美、西、秘三国大臣；张荫桓日后为太仆寺卿，总理各国事务衙门行走、户部侍郎、充出使美、西、秘三国大臣；李鸿章任两江总督兼南洋通商大臣、直隶总督，加太子太保衔、协办大学士、一等伯等，后相当于今国务院总理。他们都是中国当时具有新思想的一流人才，清朝新兴的洋务运动的主

---

① 鲁迅. 鲁迅全集·第 8 卷［M］. 北京：人民文学出版社，2005：337.

要领导人和外交大臣。黄遵宪周旋与这些大人物之间，不仅诗酒唱和，而且还能得到他们的高度肯定，李鸿章还称赞公度有"霸才"。黄遵宪《李肃毅侯挽诗四首》其四："人哭感恩我知己，廿年已慨霸才难。"公度自注："光绪丙子，余初谒公。公语郑玉轩星使，许以霸才。"霸才，是公度崇尚的人才境界。公度《到广州》："秋风独上越王台，吊古伤今几霸才？"《徐晋斋观察寿朋吴翰涛贰尹广濡随使美洲道出日本余饮之金寿楼翰涛即席有诗和韵以赠》："四海霸才能有几？今宵欢乐又偕同。"李鸿章称赞公度为"霸才"，不仅因其才华出众，而且还见出他思想的成熟。由于他的才能和思想在科举期间已得到政府高官的赏识，所以公度在中举的次年就成为中国第一届驻日的外交官。

（2）见解的深刻性。上述四个问题的本质是什么呢？是一个国家的文化现代化问题。要实现社会的现代化，必须首先实现教育的现代化。公度《文字》说："盖文字者，所以代语言之用者也。"[1] 教育的现代化，必须在语言文字等实用工具层面上实现现代化。中国旧教育制度脱离了社会实际，而首先作为教育基础的语言文字等工具，也脱离了中国人阅读、书写和创作的实际。所以要使社会进步，就必须实现社会的现代化。而社会的现代化，首先必须实现教育和文化的现代化。而教育文化的现代化，必须首先在语言文字等工具和操作层面实现现代化。公度在19世纪70年代就实质性地提出教育文化的现代化问题，而中国正式提出现代化的口号在20世纪80年代，可见公度思想的深刻性。

（3）思想的超前性。说黄遵宪已提出现代化问题，这似乎太玄乎了？其实，从观念层面看，黄遵宪提出的问题的本质，是社会的进步问题，是使脱离实际的中国回到现实和世界进步的轨道中来的问题。这种直面社会现实和社会必须进步的思想，早已超越当时大清的统治者天朝至上的固化观念。从操作层面看，关于上面四个具体问题，黄遵宪的思想已超越戊戌变法和五四运动先驱们三十甚至五十年。黄遵宪在嘉应时期就产生了科举变法的思想，所以，他一到日本就有了为中国政治变法而作《日本国志》的超前行为。他在《日本国志》之《凡例》中说："日本变法以来，革故鼎新，旧日政令百不存一。今所撰录皆详今略古，详近略远，凡牵涉西法，尤加详备，期适用也。"在本书卷二《国统志》说："源氏有勘乱之功，其因时变法，民亦赖以苏息。"热情地歌颂日本的变法维新。在卷十四《职官志二》："府、县会议之制仿于泰西，以公国是而伸民权，意甚美

---

[1] 黄遵宪. 日本国志·卷三十三［M］. 上海：上海古籍出版社，2001.

也。日本维新之初，国皇会群臣设五誓，首日万机决于公论。"歌颂日本在明治维新后向西方学习民主自由的制度，歌颂它"意甚美也"。诗人对民主和自由的羡慕，透纸而出。所以，光绪二十一年，三品京堂、总理各国事务衙门行走袁昶携《日本国志》对两江总督兼南洋大臣张之洞说："此书早布，省岁币二万万。"岁币二万万，指中国在甲午战败后对日本的战争赔款；意即中国如果早日看到《日本国志》，像黄遵宪主张那样政治改革，就不至于有甲午的战败了。光绪二十三年六月六日，公度对日本驻华公使矢野文雄说："二十世纪之政体，必法英之共主。"虽然当时中国还没有启动变法，虽然君主立宪未必完美，但是黄遵宪早已经产生中国必须遵循人类发展的共同规律、中国必然要奉行人类普世的价值观的思想，有了中国政治制度必然要变法维新、中国人民必然要走世界民主道路的预言。可见，黄遵宪的思想一直在中国思想界处在超前的位置，他总是走在时代的前面。

公度思想的超前性，可以从他的客家老乡的观点中见出。温廷敬《何如璋袖海楼诗文钞序》："迩者沧海横流，时事日亟。一二新奇激烈者，流惑于外来之学说，而不审国情，不加抉择，乃欲尽弃古来相传之历史社会学问文字，而悉从之。至有专白语而辟文言，废家庭而非孝道。风气所尚，靡然从之。而反观社会中，则迷信之陋习，权利之私心，相沿未改。青年志士之流，多信瞽史星卜之说，以觊侥幸之富贵。神仙尽秘之书风行于世，以极新极旧二者，交映于吾人之眼帘，而又不能分其派别，吾恐不数年间，国之粹美尽去，劣恶仍存，徒借新说以便其私，而相寻于灭亡，可胜慨哉。故吾谓俄国以极端之说而乱，中国必以极端之说而亡者，此也。夫文字者，国之魂也。吾国文字，尤数千年道德学术之所存也。白话为通俗之文，备文字之一种，未尝不可，乃欲尽弃文言，而从之，而不知各有所长，各有所便，其究是欲全国不学，但奉《红楼梦》《水浒传》为文学教科书也。岂不谬哉。"① 距离公度，时间过去了50年，但是温廷敬仍然反对白话文。公度就是温廷敬眼中的"新奇激烈者"，因为他在清同治年间就提出白话文问题，光绪四年在驻日大使馆参赞任上就高度评价和宣传《红楼梦》，他对日本汉学家说："《红楼梦》乃开天辟地、从古到今第一部好小说，当与日月争光，万古不磨者。"他把《红楼梦》与《左传》《国语》《史记》《汉书》并列，是中国最伟大的著作。这些观点，在

107

---

① 温廷敬总纂．（民国）新修大埔县志·卷三十五［M］．民国三十二年（1943）．

1949 年以后成为中国大陆的主流思想。从五六十年后温廷敬的反对中，也可见公度思想的超前性。

光绪二十二年（1896），吴季清在《人境庐诗草跋》说："性情深厚，识力坚卓，故能以雄直之气，达沉郁之思……君才识度越寻常万万，偶借此陶写可矣，不宜敝精神于此也。"黄遵宪的思想"度越寻常万万"的评价，可谓确论。

三、公度思想的成因

公度的思想为何如此超前呢？第一，从外部因素说，是受新思想的影响。嘉应州虽是偏僻小州，但是它地处沿海，乃华侨和海外客家人的通道，可以较早地接触到海外的新事物和新思想。自宋以来，海外诸国入贡，可附载方物与中国贸易，广东的海上国际贸易一直不断。明代永乐以后，在福建之泉州、浙江之宁波、广东之广州设立市舶司以管理国际贸易。《明史·食货志五》："宁波通日本，泉州通琉球，广州通占城、暹罗、西洋诸国。"[①] 广州的商业发展更快，特别是自道光二十二年（1842）八月，广州、福州、厦门、宁波、上海各海口成为通商口岸以后，广东的发展更是日新月异。龚自珍《书番禺许君》："粤之东维，帝南服，而天下之雄也。其山怪，其土阻，其水大壑，其物产英诡，其人沉雄多大略。"[②] 广东已成为天下之雄。伴随着国际贸易，西方的新事物和新思想首先在沿海登陆。嘉应州与广州一样，成为接受西方新思想的先驱。从具体的通道上说，嘉应州除了从广州通海外的西路通道，还可从梅江走汕头的东路海上通道。今天，为了纪念 19 和 20 世纪离开中国前往印度洋群岛的中国人和海外华人，联合国教科文组织将"印度洋之路"的最后一站确定在梅州松口，在此建立起世界移民广场和纪念馆，就是基于梅州的东路海上通道。无论是华侨出洋，还是南洋通商，嘉应人接触新思想并不逊色于广州。公度虽然生在穷困的嘉应，而耳目能及时接通海外，故能得风气之先。因而，他在洋务、外交能力，在新思想方面，走在中国的前列。因而，粤东的客家人丁日昌、何如璋、黄遵宪与在广府地区的张荫桓、郑藻如等一样，成为新时代新思想的先驱。

第二，公度的思想和性格。外因固然重要，但主要原因还是公度自己的思想和性格。首先，从触发和起因上看，公度的思想并非生于高谈阔

---

① 张廷玉，等. 明史·卷八十一 [M]. 北京：中华书局，1974.
② 龚自珍. 龚定庵全集类编·卷十一 [M]. 北京：中国书店，1991.

论，而是缘于科举时的痛苦感受。1865 年是公度的老师张其翮对他的科举前途寄予无限希望的一年，但是公度就在本年写下了批判科举的诗歌《感怀三首》，也许张其翮没有意识到，他的得意门生在读科举时文时就产生了批判科举的叛逆思想。在《感怀三首》和《杂感》中，公度批评古代汉语的难读难写、批评中国言文不一的文化制度，是来自初学读书写作的儿童的切身体验。黄遵宪设想：要是能读口语化的文章多好。要考科举就必须攻制艺时文，制艺虽然无用，但是依然很难侍候。学生除了四书、五经，还要读宋儒濂、洛、关、闽等派的著作和注解，要读《性理大全》《近思录》《近思续录》《伊洛渊源录》《伊洛渊源续录》《理学名臣录》等性理群书，要读何北山、王鲁斋、吴草庐、金仁山、许白云、方逊志、薛敬轩、吴康斋、陈白沙、胡敬斋等诸儒的文集和注解。有趣的是，明清科举以程朱理学为根本，程朱理学大师本人却反感科举。伊川先生认为，科举之事，不但妨功，而且夺志。朱熹认为，举业害人："举业乃分外事，倒是难做。可惜举业坏了多少人！"他大声疾呼："科举之弊极矣！"钳制思想、压制创造力的举业，对有才华的人是残酷的思想折磨和个性压迫，它必然引起公度的强烈反感。公度从攻读时文时的痛苦直觉出发，产生了厌恶科举的情绪。他的反科举不是别人的"教唆"，而是来源于他读八股文的切身感受。

其次，从思想的主体性看，公度的思想缘于他独立的精神个性——"龙性"。对于个人而言，他本可以像清初廖燕和同时人张荫桓那样，自己讨厌科举便坚决不参加科举。廖燕认为，明太祖开科取士与秦始皇焚书的作用是相同的。他在《明太祖论》中说："吾以为明太祖以制义取士，与秦焚书之术无异。特明巧而秦拙耳，其欲愚天下之心则一也。"① 他在《辞诸生说》《习八股非读书说》《作诗古文词说》《重刻光幽集序》，以及《答客问五则》中，均批判科举。他说："士生当世，泽及生民曰功，死而不朽曰名。世人不悟，专事科第，陋矣。"因此，他筑室于武水之西，题曰"二十七松堂"，从此闭门不出，日究经史，毅然告别科第。张荫桓也是厌恶科举就再不应试的人，公度《樵丈尚书六十有一赋诗敬祝》："横榻冰厅争问礼，鸣珂紫禁独承恩。"此句下公度自注："公不由进士而兼署礼部侍郎，实异数也。"② 其实，张荫桓不仅不是由进士出身，甚至连举人也

---

① 廖燕. 二十七松堂文集·卷一［M］. 东京：柏悦堂刻本，日本文久二年（1862）.

② 左鹏军. 新见黄遵宪、丁日昌集外诗及考订［J］. 松辽学刊（哲学社会科学版），2000（2）.

不是。但是，对于国家而言，当科举祸及民族和子孙时，一个有正义感的人是不能坐视不顾的。公度此时正血气方刚，性格豪放，心怀天下。公度《慷慨》："龙泉腰下剑，一看一摩挲。"他常怀英雄之气。公度的《庚午中秋夜始识罗少珊文仲于矮屋中遂偕诗五共登明远楼看月少珊有诗作此追和时癸酉孟秋也》："狂吟高歌彻屋瓦，两目虎视方眈眈。此人岂容交臂失，闯然握手惊雄谈。"《己亥杂诗》："天下英雄聊种菜，山中高士爱锄瓜。"他时常仗剑狂歌、虎视雄谈，故周朗山称他为豪杰奇士。德国哲学家黑格尔说，英雄人物的基本定性是"个性的独立性"，"英雄只出现在未开化状态"①。青年黄遵宪具有独立思考的精神个性，他从反感科举的直觉中，发展出批判科举的深刻思想。

110

---

① 黑格尔. 法哲学原理［M］. 范扬，张企泰，译. 北京：商务印书馆，1961：97.

第五章　使日时期的文化交流

黄遵宪等中国首届驻日大使馆官员，均有一个使日话语问题。所谓使日话语问题，是指一群不懂外语的外交官在外交生涯中如何与异邦人士交流的问题。具体地说，是指一群不懂日语的中国首届驻日本大使馆的外交官，在日本如何与同样不懂汉语口语的日本人的交流。

第一节　命运转折

光绪二年（1876），公度 29 岁。八月初八这天，黄遵宪第五次进入科举应试的考场，并于十六日完成第三场锁门的考试。九月中旬，终于得到盼望已久的喜讯：以顺天乡试第 141 名举人的身份中举。他长舒一口气，终于告别落第的生涯，有了十多年日夜期盼的举人身份，完成了命运转折。

虽然公度的亲人和朋友都希望他再考进士，入翰林。特别是取他为拔贡的广东学政何廷谦，对他寄予莫大的希望：他指望得意门生公度能继续参加科举考试，直到待诏金马玉堂。但这些人并不懂得公度内心的痛苦，经过这五次应试公度已身心俱疲，他不再愿意考什么进士了，只希望从此告别科举考场。故王治本说，公度中举算是幸运："如予而言，天下不平事十常八九。非仆夸言，黄、沈之得中举人，亦幸矣。"[1] 黄、沈，指黄遵宪和沈文荧。侥幸中举之说，相信会得到公度首肯。

但是，新科举人并没有大挑知县的资格。于是，其父砚宾先生为其捐资，得到候选知县的资历。捐资，是清代士人的三大出路之一。福建巡抚王凯泰《应诏陈言疏》："且以近日士风言之，聪明有用之才，或投笔从戎，早膺荐剡；或挟资干进，亦博功名；其伏处乡间者，转多迂腐。"[2] 黄

---

① 刘雨珍．清代首届驻日公使馆员笔谈资料汇编·下册 [M]．天津：天津人民出版社，2010：420．

② 饶玉成．皇朝经世文编续集·卷九 [M]．清光绪八年（1882）刻本。

遵宪在此前落第时已有投笔从戎的打算，但他不能迂腐乡里。在中举后，最快的出路便是捐资求进。公度父亲再为他入资为道员，得到出使日本参赞的职位。《清史稿·黄遵宪传》："黄遵宪，字公度，嘉应州人。以举人入赀为道员。充使日参赞。"光绪二年十二月，清朝以翰林院侍讲何如璋升为出使日本的钦差大臣，候选知府张斯桂为副使，黄遵宪为参赞，组成中国首届驻日本大使馆的班底。

因此，黄遵宪终于完成从嘉应到东京的空间转换，在异邦开始他崭新的外交生涯。

何如璋（1838—1891）乳名行扬，字衍信，又字子峨，号璞山，广东省大埔县双坑村人，清代杰出的外交家。清咸丰十一年（1861）举人，同治七年（1868）进士，翰林院编修。以潜心西学、通晓洋务，受到李鸿章赏识。历任翰林院侍讲、出使日本正使钦差大臣、福建船政大臣，著有《管子析疑》36卷、《使东述略》1卷、《使东杂咏》1卷，以及《袖海楼诗草》4卷、《何少詹文钞》等。《使东述略》和《使东杂咏》正是这次使日的作品。何如璋是大埔客家人，与公度之父为世交，他赏识公度对时政和洋务的思想，于是聘任公度为使日参赞。后来，光绪十七年黄遵宪为新加坡总领事官时，仍然是道员的资格。

中国与日本是一衣带水的近邻，先秦时期日本就已见诸中国文献。《山海经·海内北经》："盖国在钜燕南、倭北。倭属燕。"《晋书》已有《倭人传》，《隋书》称《倭国传》。日本二字，见于正史在唐代。《旧唐书》卷六："日本国遣使贡方物。"同书卷十一："渤海使献日本国舞女十一人。"同书卷一百九十九有《日本传》。在清代以前，日本是天朝上国的附属国。日本使节到中国是朝贡，中国使节到日本是宣谕，两国间平等的外交关系的确立时间很晚。清道光二十二年（1842）"南京条约"后，中国被迫对外开放。清咸丰十年（1860），清政府设立总理各国事务衙门，以办理外交事务后，中国被迫与西欧各国确立了现代的外交关系，但不包括日本。黄遵宪代郭嵩焘《诰封通政大夫何淑斋先生暨德配范夫人八旬开一寿序》："日本密迩近邻，且为同文之国，天子尤慎其选。丙子八月，乃以翰林侍讲子峨何君膺其任。"事实并非如此，到清同治十年（日本明治四年，1871）五月，由军机大臣直隶总督李鸿章和日本伊达宗城在天津缔结《中日修好条规》，中国与日本才确立现代国家间平等的外交关系。

即使如此，总理各国事务衙门的奏章称日本仍然为进贡："日本国使臣议约事竣，来京呈贡方物。"光绪四年（1878）何如璋《使东述略》："国家声教覃敷，东际海，西拓回藏，北绥内外蒙古，南极滇黔，界交趾，复跨海郡县台琼，凡朝鲜、琉球、安南、暹罗、缅甸之属，悉隶藩服，职贡献。泰西诸国，慕中土殷富，不惮远涉重洋，款关求市。番舶之入粤澳者，无岁无之。道光时海禁大开，英、法、美结约通商。自时厥后，环地球之内，麋至者十有余国。而日本以同文之邦，毗邻东海，亦复慕义寻盟。各国因轮舶转输，懋迁日众，遂遣使入都展觐，持节护商。朝廷以礼隆报聘，有来无往，非宜也。且五大部洲风气殊异，不有人焉以察之，则政治得失、民气强弱，与夫山川物产之险阻盈虚，末由知其曲折。爰遣朝臣，问与国。"[1]何阐述出使日本之由，仍然是旧的外交观念。

根据《中日修好条规》第四款："两国均可派遣秉权大臣，并携带眷属随员，驻扎京都。"故光绪二年八月，命出使英国大臣二品顶戴直隶候补道许钤身改充出使日本国钦差大臣，翰林院编修何如璋以侍讲升用并加三品衔充出使日本国副使，但并未成行。因出使英国大臣郭嵩焘的举荐，这年十二月改派许钤身任福建船政局，升翰林院侍讲何如璋充出使日本国钦差大臣，知府张斯桂为副使，组成了中国首届驻日大使馆的班底。

第二节　赴日上任

使日大臣何如璋本应在光绪三年（1877）正月赴日，但因日本意欲吞并琉球而阻拦琉球向中国进贡，又因日本萨摩人陆军大将西乡隆盛以减赋锄奸为名倡乱鹿儿岛，故何如璋行期后延。到此时，中国对驻日大使仍没有足够的重视，大使何如璋的官衔才五品。六月，朝廷将何如璋升为四品，充二等，并增加月薪银一千两。光绪三年，大埔人林达泉在上海拜见何如璋，公度在座，这是黄遵宪与林达泉的唯一一次见面。八月，何如璋一行正式出发，出京都，经通州、大运河、烟台到上海。十月十九日，何如璋最终确定了出洋的日期和随使人员。十月二十三日，何如璋率领候选知府副使张斯桂、参赞黄遵宪、正理事范锡朋、副理事余舍人□，及翻译随员沈鼎钟、沈文荧、廖锡恩，以及厨师杂役等26名，乘坐江南第五号"海安"轮，从上海吴淞口出海，向日本进发。

出发之前，公度《将之日本题半身写真寄诸友》："如此头颅如此腹，此行万里亦奇哉！诸公未见靴尖趯，待我扶桑濯足来。"诗歌描写公度出使日本前的肖像和精神面貌。首联既是告别科举时代的窝囊，又是开启新

①　何如璋. 使东述略［M］. 台北：文海出版社，1970：20.

时代的颂歌。同样还是屡屡落第的头颅和心胸，虽然在科举时代受尽委屈，但是今天要扬帆万里东征日本了。公度一扫科举时期的沉闷，表现出开创新生活的奇情和豪迈。尾联写自己高昂劲健的足靴，展现出濯足扶桑、俯视沧海的博大气魄。此时的公度，意气风发，壮志满怀。《将之日本题半身写真寄诸友》是公度从嘉应到东京的转折点，也是公度人生转折的里程碑，他正式地告别科举的沉沦和萎靡，走向奋勇开拓和积极进取的使日新时代。

在这近 40 人的队伍中，还有黄遵宪的大舅梁居实。梁居实（1843—1911），又名守官，字诗五，又字仲遂，嘉应州白土堡人（今梅州市梅县区）。梁出身书香世家，著有《梁诗五先生遗稿集》。梁居实自幼聪慧好学，曾师从嘉应州留余堂举人张麟定。他与黄遵宪除了是亲戚，还是好友。公度在同治八九年间有《寓汕头旅馆感怀寄梁诗五居实》《将至潮州又寄诗五》《闻诗五妇病甚》《怀诗五》《为诗五悼亡作》等诗，可见二人关系密切。经黄遵宪的推荐，他成为何如璋之子何其毅的家庭教师，与公度一起赴日，后来在光绪二十九年（1903）成为驻日使馆一等参赞，光绪三十一年在日本有《乙巳四月九日独酌昆谷公园酒楼看杜鹃花》诗。另外，何如璋的弟弟何定求、张斯桂的孙子张子敬、黄遵宪的三弟黄遵楷等也一起赴日，他们中不少人日后成为外交家。

中国首届驻日大使馆人员使日的行程，大使何如璋在《使东述略》和《使东杂咏》中记载十分详细。光绪三年十月二十六日，使日官员乘坐的"海安"轮抵达日本长崎。公度兴奋万分，作《由上海启行至长崎》：

浩浩天风快送迎，随槎万里赋东征。使星远曜临三岛，帝泽旁流遍神瀛。大鸟扶摇抟水上，神龙首尾挟舟行。冯夷歌舞山灵喜，一路传呼万岁声。

满城旭影曜红旗，神武当年此肇基。竿木才平秦世乱，衣冠创见汉官仪。中原旧族流传远，四海同家聚会奇。此土此民成此国，有人尽日倚栏思。"

他乘千里东风，俯瞰万里大海，耳听日本华侨万岁的欢呼，壮志满怀。十一月初三，抵达神户。十六日，公度随何、张两使赴日本皇宫见日本天皇，呈递国书。

中国首届驻日大使到达日本，是中日两国外交史上的大事。日本汉学者称：自隋唐时两国通好以来有千余载，至此才有使者奉国书正式确立两国外交关系，开创了中日外交史上的新篇章。十二月二十一日，公度去东京寻觅中国驻日大使馆的馆址，最后确定在东京芝山之上的月界僧院。所谓"芝山月界僧院"，这是当时大使馆人的称呼。其实，它是增上寺的一个分院。增上寺是日本的著名大寺，与日光山东照宫、今上野公园内宽永寺并列，为德川世代将军的家庙。德川家为明治维新以前两百余年中掌握日本最高权力的人物，故其家庙之恢宏壮丽、气象阔大，在日本历史上亦为仅见。由此芝山之上的月界分院，也颇为壮观。

光绪三年十二月二十五日，何如璋率领中国首任驻日大使馆员正式住进东京芝山增上寺的月界分院中。此日起，大清帝国的黄龙国旗正式在日本东京上空迎风飘扬。公使馆仪门严肃，馆内陈设雅致。大使馆门口悬挂清皇七子淳亲王胤祐撰写的对联，中堂悬当朝丞相李鸿章书写的条幅，大堂上座位整齐，帷幔低垂，布置之美丽，规模之宏壮，令人赞叹。

中国驻日大使馆四周的环境清秀美丽。大使何如璋《使东述略》："癸巳，黄参议公度复往东京租馆……公度回，云馆在芝山，为月界僧院。院外万松森植，无嚣尘；唯屋属东式，稍湫隘耳。然阅十余家，无逾此者。已与定议，明日寺僧当来署券也。"① 芝山月界僧院，在芝山山麓，距芝山仅数百步，为芝山净土宗的增上寺的闲置院落，院舍二所，院后有小园，绿树环植。四周古松苍翠，风起涛生，与海边的惊潮山寺遥相对望。虽是京都，却有林栖岩隐之幽。何如璋《使东杂咏》之《月界僧院》云："负郭芝山郁万松，漫天风雪舞群龙。客居自笑耽幽癖，时听寒涛杂晓钟。"黄遵宪对这里的环境也十分满意，《己亥杂诗》之四十四："几星十二遍周天，绕尽圆球剩半环。法界楼台米家画，总输三岛小神山。"自注云："余客海外十二年，环游地球，所未渡者大西洋耳。山水明秀，日本最胜。"② 于是，大使何如璋、张斯桂、黄遵宪等人在这优美的环境中开始了在日本的首届使节生活。

四天后，光绪四年元旦，这是黄遵宪在日本的第一个春节。新年，新的使命，新见异邦日本，一切都是崭新的，这令公度十分兴奋。他像换了一个人似的，科举时期的愁苦情绪和批判思维完全不见了，全力投入首任大使馆的工作中。

中国首届驻日大使的使日时间，存在理论上和实际上的差异。从理论上看，应该是遵循三年一任的规律，连任两届为六年：即从光绪二年十二

---

① 何如璋. 使东述略［M］. 台北：文海出版社，1970：20.

② 黄遵宪著，钱仲联笺注. 人境庐诗草笺注・卷九［M］. 上海：上海古籍出版社，1981：824.

月算起，到光绪七年十二月为止。但实际上因日本战乱耽误一年，大使馆员们在日的实际时间，从光绪三年（1877）十一月下旬觐见日本天皇算起，到光绪七年（1881）十二月，大使由出使日本大臣黎庶昌接替，除公度量移中国驻美国旧金山总领事外，首届人员全部回国。公度在日本的时间，实际为四年多，举其整数，故可称为黄遵宪在日五年。

公度素来酷爱新事物。在这五年中，他在使事之暇，以风俗使者的身份，通过广泛地与日本士大夫交游的方式，学习和了解日本文化和日本明治维新的新思想。不巧的是，日本东京都文人对来自异邦的中国文人也十分好奇。为了一睹大唐衣冠，接触他们日夜向往的中国文化，他们成群结队地来到中国大使馆。因此，大使馆一时成为中日文人的文学沙龙。在中国使臣住进芝山之后五六天的正月初二，一批日本文人到中国大使馆拜见。此后，他们更是时常来到使馆，几乎没有虚日。由于日本有脱鞋进屋的习惯，芝山月界僧院之外的走廊上，常常被日本文人脱下的屐屦布满。公度《庚辰四月重野成斋安绎岩谷六一修日下部东作鸣鹤蒲生纲斋重章冈鹿门千仞诸君子约游后乐园园即源光国旧藩邸感而赋此》《送宍户玑公使之燕京》《续怀人诗》等诗提到的日本友人有：伊藤春辅博文、榆本□□舞扬、大山□□岩、浅田栗园惟常、重野成斋安绎、宫本鸭北小一、龟谷子藏行、岩谷六一修、蒲生纲斋重章、青山季卿延寿、小野湖山长愿、森春涛鲁直、冈鹿门千仞、鲈彦之元邦、宫岛栗香城一郎、小森泽长政、森大来柢南、秋月古香种树、若谷修、日下部东作鸣鹤、石川鸿斋、宍户玑、佐野雪津常民、源桂阁辉声、儿玉士常□□、生田水竹□□、松本丰多□□、城井原锦原□□、鹤田原缟□□、原苇风清□□、藤川三溪□□、成濑大域温、太田晴斋、睡庵西岛俊、梅轩藤原忠负、桂香女史河丘、树堂青木可咲、岳阳增田贡、松井操、三浦安、栖川炽仁亲王、檀本武扬、大沼枕山、南摩纲纪、鹤田嫩娃、关义臣、内田九成、川田瓮江、迹见花蹊、生田水竹、副岛沧海、中村敬宇、金子弥平、井上子德、宫岛大八郎、松井强哉、谷山之忠、高木正贤、池田宽治、加藤樱老、内邮绥所、手冢寿雄、木原元礼、小山朝弘、杉村武敏、松平庆永、有马道纯、植树家壶、山田则明、宫部襄、川岛浪速、向山黄邮、曾根俊虎、高谷龙州、石幡贞、栗木锄云、本多正讷、中川雪堂、伊地知正治、谷干城、荻原西畴、胜海舟、吉井友实三峰、古贺谨一郎、税所笃三、菊池溪琴、长冈护美、大久保利加、中村确堂、胜安芳、梗本武扬、佐野常民等人，其他有姓无名或有名无姓的人还不在其数。

其中，大河内辉声、有马道纯、植树家壶等是日本贵族。日本历史上素来崇尚中国文化，唐代开元初来中国的日本使者，将唐朝赏赐宝物尽数卖掉，以购买中国的古籍运回国。使节仲满因慕中国文化而留在大唐长安50年，改名为朝衡，在唐官至左补阙。当中国首届驻日大使馆建立时，正值明治维新十年，日本处在维新变革的新时代。此时日本已开始扩展，吞并琉球，与中国产生冲突。但日本对中国的基本政策还没有大的变化，民间对中国文化的崇尚态度还基本依旧。日本学者仍然崇拜中国文化："贵邦人皆工诗文，虽有千百东洋猴头儿，远无及。嗟辫发先生之大才，尤居多。"[①] 他们认为：在日本或中华以外，学习中华文章是变则（变体），希望能够直接地向中国学者学习"正则"（正体）。因此，他们视中国学者如师长，每日到中国使馆求学问经者络绎不绝，客人应接不暇。石川鸿斋《谨呈钦差大臣何阁下》："赖仰余光将乞教，清谈勿惜劳毫端。"他们来中国大使馆前，拜何如璋、黄遵宪等中国文人为老师，谦虚地学习中国文学和文化。大使何如璋的书法和文章俱佳，他熟悉洋务，甚得李鸿章的赏识。副使张斯桂，因为丁韪良《万国公法》作序而出名。随员沈文荧，字梅史；廖锡恩，字枢仙；王治本，字泰园，他们都是饱学之士。在笔谈中，他们深受日本文人的欢迎。温廷敬《清詹事府少詹何公（如璋）传》云："日本朝野名士以诗文相质正唱和，或就乞书，得一屏一箑，以为珍玩。"[②] 石川鸿斋《呈公度黄君》："黄公今日过蓬岛，捧履吾将效子房。"他像汉代张良当年拜下邳圯上老人为师一样，拜黄遵宪为师。态度之诚恳，姿态之谦虚，令人感动。石川鸿斋还说："仆何物，叨蒙华人赞誉，真一代奇福，可以夸耀万世。"[③] 日本汉学家的恭谨谦虚令人感动。

同时，天朝上国的大使何如璋、副使张斯桂、参赞公度等以导师自居，对前来求学的学生热情接待，或批阅其诗文，或诗酒唱和，彼此赠答，中日文人欢会的场面前所未有。日本文人石川鸿斋《日本杂事诗跋》云："今上明治天皇十年（光绪三年），大清议报聘，凡汉学家皆企踵相望，而翰林院侍讲何公实膺大使任。入境以来，执经者问字者乞诗者，户外屡满，肩趾相接，果人人得其意而去。"时王韬在日本，他目睹了中日文人交流的盛况，光绪五年他在《黄遵宪日本杂事诗序》中说："日本人士耳其名，仰之如泰山北斗，执赞求见者户外屡满。而君为之提唱风雅，于所呈诗文，率悉心指其庇谬所在。每一篇出，群奉为金科玉律，此日本

① 实藤惠秀，郑子瑜. 黄遵宪与日本友人笔谈遗稿［M］. 东京：早稻田大学东洋文学研究会，1968：4.

② 何如璋. 使东述略·卷首［M］. 台北：文海出版社，1970.

③ 郑海麟，张伟雄编校. 黄遵宪文集［M］. 东京：中文出版社，1991：115.

开国以来所未有也。日本文教之开，已有千余年，而文章学问之盛，于今为烈。又得公度以振兴之，此千载一时也。"① 中日文人在笔谈记录中有名有姓的人物：中国 30 多人，日本 68 人。以首届中国驻日大使馆为标志的中日文人之间的友好交流，是两国历史上空前绝后的风流佳话，因为再过十余年，便是中日甲午战争了。

第三节　使日时期的交流方式

在日本时期，黄遵宪协助正使何如璋和副使张斯桂努力工作。在处理正常的外交事务之外，他们时刻关心国内的事件。

光绪四年五月，国内发生水灾，大使馆发动日本华侨组织——日本中华会绅董事会捐款救灾。上海《申报》1878 年 5 月 30 日《情深桑梓》报道："今年因何、张两星使驻扎日京，而山右又遭岁歉。复由郑君诵之、俞君五、饱君卿云等，聚赞一万二千二百二十三元。禀请两星使，解交李伯相赈助。此已早列各报，尽人周知。兹闻李伯相：以该华商，不邀奖叙，好义可风。已于三月内奏请颁赐'乐善好施'匾额，候交星使转谕中华会绅董敬谨悬挂，以沐褒荣。"同时中国首届驻日大使馆内也发起募捐："并悉：星使以下各参赞、翻译随员，均有损助，共一千八百元。备录如下：正使何如璋三百元，副使张斯桂二百元，参赞领事余中翰云眉一百六十元，黄遵宪孝廉一百元，范锡朋司马一百元。随员人等：陈文史百五十元，潘任邦一百元，张宗良一百元，美国人麦加缔一百元，廖锡恩六十元，沈文荧六十元，沈笛云六十元，吴广霈一百元，冯昭伟六十元，任静和三十元，刘坤三十元，张鸿淇三十元，何定求三十元，陈衍范三十元。"② 国内有难，日本华侨慷慨解囊，这些刚到日本不久的大使馆人也踊跃捐款救灾，参赞黄遵宪也捐了 100 银圆，他们的行动得到宰相李鸿章的高度肯定。捐款事小，但是它反映出大使馆工作的积极主动。另外，中国首届驻日大使馆的人员，一般难以见到全貌。这里 19 人的捐款名册，是除开杂役的中国首届驻日大使馆的全部人员。

中国首届驻日大使馆的人员，除了两名翻译沈鼎钟、沈文荧，基本不懂日语。十分有趣的是，一群不懂日语的外交官，在日本是怎样开展外交

---

① 王韬. 弢园文录外编［M］. 上海：上海书店出版社，2002：208.
② 上海申报馆主编［N］. 申报，1878－05－30.

工作的呢？

原来，是笔谈这种文化交流方式，解了这群不懂日语的中国首届驻日大使馆官员们的围。

汉语属汉藏语系，习惯称为中文、中国话，海外多称华语。日语，又称日文、日本语，语言系属尚不明确。日语又分为九州日语、关西日语、关东日语和八丈语四种方言。中日语言不同，何如璋《使东述略》："又方言殊异，文义支离，中人罕通日文者，即语言亦非甚习。"那么，中国首届驻日大使馆官员怎么与日本人交流呢？

这要得益于中日书同文。公度《日本杂事诗》之十《中日修交》："载书新付大司藏，银汉星槎变有光。五色天章云灿烂，争夸皇帝问倭皇。"注云："我朝龙兴辽沈，声威所至，先播旸谷。又以彼二百年中，德川氏主政，讲道论德，国方大治，故海波不扬。迩以泰西诸国，弛禁成盟。念两大同在亚西亚，同类同文，当倚如辅车，于同治辛未，遣大藏卿伊达宗城来结好。至光绪三年，朝议遣使修报，恭赍国书，践修旧好，载在盟府，彼国臣民，多额手相庆。"诗歌叙述中日正式建交，以及中国首届驻日大使到达日本，所赖的基础便是"同类同文"。虽然中日言语不同，但是日本古籍采用汉字，日本汉学家通晓汉字，故中国人到日本可用汉字与日本文人进行交流。

事实上，日本文人与中国首届驻日大使馆人的首次笔谈，便在无意中自然生成。日本文人石川鸿斋带领三个和尚首次访问中国大使馆时，作《谨呈钦差副大臣张阁下七律二首》其一："扶桑本是同文国，感读康熙御制诗。"他虽然不能口说汉语，却索笔书写汉字，进呈给副使张斯桂，张书写汉字回答。张斯桂回答石川鸿斋的《七律二章即请鸿斋大和尚郢正》："手持龙节荷恩荣，来到东瀛作客卿。异地尽多香世界，同文赖有楮先生。"注云："问答都以笔谈。"日本文人与中国大使馆人的首次笔谈就这样产生了。"问答都以笔谈"，简称笔谈或笔话，它便是中国外交官在日本的话语方式。

日本古代在东亚儒家文化圈内，书面语使用汉字。石川鸿斋《访梅史沈君席上赋呈》："殊邦却是同文字，考订何须劳译官。"言语需要翻译，笔谈却可免去。于是产生了中日文人的交流方式：笔谈，即用笔书写汉字进行彼此问答对话性交流。日松井操《题芝山一笑集》："汉家日域同文字，合作芝山笑一团。"描写了中国首届驻日大使馆的文人在芝山之上展开中日文人笔谈的情景，而且彼此无限欢乐。日本友人松井强哉也说："故虽不通言语，挥毫颇得真神。"这些诗文描写了中日文人在言语不通的

情境下，以笔代舌进行交流的场景和趣味。

笔话或笔谈的名称，中国古代早已有之，如《梦溪笔谈》《清暑笔谈》《闲余笔话》之类。但这是中国文人的笔记，中日文人笔话却不同。首先，它是笔写的口语，内容是彼此"谈话"，却以文字的形式出现，出自以笔代口的无奈。其次，它是国际性的，它在中日、中韩、日韩等不同语言的两国人士之间进行，是以汉字为载体的国际性口语交流。它产生的基础，是在世界的东方存在着一个儒家文化"传播四方，逐渐引发了周围各国的文化"①的文化圈；在世界进入现代而逐步开放之初，东亚一些言语不通的人在国际交流情境中以文字代言语，它是特殊历史背景下的产物。笔话以文字的方式出现，成为具有超越时空的文献；其国际性内容，使它具有外交文献的价值，因而它在中外文化交流史上具有重要地位。

以笔代口虽没有口语流利和快捷，但也有口语所无法比拟的优点。它可使谈话主体在缓慢书写中从容地思考，故其内容更加凝练和优雅。黄遵宪《和宫岛诚一郎》说："舌难传语笔能通，笔舌澜翻意未穷。"②加上其可保存的文献性质，使之成为中日早期外交活动的历史见证。

笔话也有缺点。它虽可以使言语不通的人进行交流，其效果却未必畅通无碍。中日文人笔话还因交流不畅，闹出笑话。清朝大使馆在芝山增上寺，名为"芝山使廨"，日本人称为"芝山内的支那公使馆"。日本汉学家石川鸿斋也住在芝山增上寺，故他又号芝山外史。黄遵宪《过答拜石川先生》："望衡对宇比邻居，相见常亲迹转疏。"③描绘了大使馆与石川比邻而居的情景。何如璋一行在光绪三年十二月二十五日住进芝山月界僧院，在五六天后的光绪四年正月初二，日本友人松井强哉、高木正贤、青山延寿、内郝宜之、加藤熙、龟谷行、冈千仞、石川鸿斋等人，便造访中国大使馆。石川鸿斋凭借近邻的关系，成为造访的引导者。石川鸿斋（1833—1918），名英，字君华，号鸿斋，以号见称，又号芝山外史、雪泥等。日本三河丰桥人，明治间诗人，汉学家，潜研经史，擅长南画，尤精人物、山水画，著有《精注唐宋八大家文》《日本八大家文读本》《和汉合璧文章规范》《画法详论》《夜窗鬼谈》《鸿斋文钞》《日本外史纂论》等40余

---

① 内藤湖南．日本文化史研究［M］．储元熹，卞铁坚，译．北京：商务印书馆，1997：61．

② 杨天石．近代中国史事钩沉——海外访史录［M］．北京：社会科学文献出版社，1998：4．

③ 石川鸿斋．芝山一笑［M］．东京：文升堂，明治十一年（清光绪四年，1878）．

种。其著作传入中国的有《文法详论》《续文法详论》《史记评林》《校点补注十八史略》《日本文章轨范》《日本大玉篇》《康熙字典音释》等。其中《日本八大家文读本》《日本文章轨范》等，有中国文人何如璋、黄遵宪、沈文荧等人的序文或评点。石川鸿斋是黄遵宪敬重的学者，光绪五年黄遵宪《日本文章轨范序》云："石川鸿斋，日本高才博学之士，外而汉籍，内而和文，于书无所不读。"当时，芝山增上寺有名僧30余名，为了学习中国文献，聘请石川鸿斋为汉语教师。一天，他带领知恩院大教正彻定、天德寺少教正义应等三僧，带着各自的诗歌到中国大使馆拜见，中国大使馆副使张斯桂误以为石川鸿斋也是僧，称他为大和尚，回赠《七律二章即请鸿斋大和尚郢正》。其一云："芝山禅院飚龙旗，正是皇华驻节时。我借云房权作署，僧求星使暂临池。风生莲座饶书卷，香泛茶杯当酒卮。谁识扶桑多韵事，两三衲子各工诗。"不仅他称鸿斋等为"两三衲子"，而且后来何如璋作《和石川鸿斋谨呈钦差大臣何阁下韵》，其二云："神山遥指快乘风，问俗新来大海东。且喜僧祇逢法显，愧无注义比房融。教分儒释源虽异，字溯周秦道本同。衡宇相望还不远，芝房时约访生公。"日本文人树堂青木可咲评点何如璋诗歌云："宝盖、经坛、释道安、劫灰、象法等，浑从误认君华处涌出，与虎溪三笑同。一大笑，令闻者绝倒，是所以名《芝山一笑》也。"鸿斋见后，连忙作《谨呈鲁生张阁下》："但讶高作中多杂佛语，且卷末以仆为大和尚。仆本致仕士，非僧也。曩同知恩院大教正及天德寺少教正始登贵馆，妄冒渎尊严。然两僧皆圆头阔袖，仆乌发士服。顾近时蕊乌为俗态者多，故目仆为僧亦宜矣。"鲁生（1817—1888），即张斯桂：字景颜，号鲁生，清浙江慈溪县（今浙江宁波市江北区庄桥街道马径小区）人，熟悉洋务和海战，1871年入福建船政大臣沈葆桢幕，1876年任中国驻日副使，1882年任直隶广平府（今河北省邯郸市）知府，著有《海宁塘末议》《使东诗录》《使东采风集》等。石川鸿斋被误认为和尚后，特地向张斯桂解释。两大使见后，恍然大笑，以"谬呼名士为开士"表示歉意。张斯桂又作《石川先生偕彻定等三僧同时来访以诗见赠并持笺索书置之高阁久未裁答偶一挥毫忘其僧俗后接来函始知其误因题句答之聊博一笑》诗，何如璋作《余初未见石川先生以其偕彻定来也和其诗误为僧作此以解嘲》，以表示歉意。黄遵宪作《石川先生以张星使之误为僧也来告予曰近者友人皆呼我为假佛印愿作一诗以解嘲因戏成此篇想阅之者更当拍掌大笑也》诗，误会一释，成为中日文人笔谈交流的趣事佳语。后来，参加笔谈的日本友人越来越多，谈话越来越融洽。其中源桂阁对笔话十分热心，也十分谦恭。他自称"东洋鄙人"，称中国文人为"中

华雅客"。他屈尊纡贵，甚至称大使何如璋、副使张斯桂等人为"爹"，自称为"儿"，或"扶桑黄口儿"。如光绪四年七月五日源桂阁《致何如璋书》："子峨慈爹大人阁下：儿观昨晚梅史所邮送之信，乃曰：爹无事乃来。果然则难确定之言也，儿好生抱惶惑。"这种谦虚向学的态度，真诚朴实的情谊，使中日笔谈情境融洽，谈话内容生动有趣。

中国首届驻日大使馆员与日本文人的笔话，很快就结出硕果。中国首届驻日大使馆的笔话，出现在中日正式建交之时，蕴藏着中日文人之间的丰富内容和情感联系，日本清泽秀称它为中日文人的"文墨相亲"。五个月后，石川鸿斋把中日文人笔话中的诗歌编辑成书，名为"芝山一笑"。书名中的芝山，是中国大使馆的驻地；一笑是误会释然后彼此的会心一笑。《芝山一笑》，着眼于中日文人笔谈的深厚情谊和无限趣味。

笔谈的欢乐不仅发生在芝山，也存在于其他场景中。中日文人的笔谈酒会，又叫哑饮。石川鸿斋《呈公度黄君》："默对礼终嗤哑然，寒暄无语共俱怜。"描绘了彼此相对，寂静无声而又情趣盎然的会谈场面。日本冈千仞《芝山一笑跋》："余识两公使，尤与沈梅史相熟，而不解华言。每过从，寻常寒暄，应酬晤语，悉出以笔。每至神会意领，怡然大笑。一日设酒招待，家人观其终坐不接一语，戏呼曰：哑饮。语曰：哑者善笑。我二人对饮，不特默默如哑，其善笑亦殆哑者也……凡舌所欲言，出以笔墨。纵横自在，不穷其说则不止。其哑然嗒然，皆有所默契于心神之内，而发于言笑之表者。此所以异哑者之善笑也。"这事发生在著名汉学家冈千仞的府邸，冈千仞宴请沈文荧。沈应邀出席，席间两人觥筹交错，以笔代语，一声不吭。在旁殷勤服侍的冈妻说：你俩一声不吭，只有表情和手势，酷似哑巴，可称"哑饮"！《跋》文描写了中日文人笔谈时幽然心会的过程，抓住了彼此解颐的愉快欢笑。

中日笔话起源较早，据《莲池笔谭》，19 世纪 30 年代，中国文人朱柳桥便与日本友人野田笛浦有笔话，比黄遵宪的笔话早了半个世纪。1862 年太平天国战争时期日本千岁丸轮船到达上海，日本高须藩士比野辉宽与上海人"以笔代舌"[①]，在"既方便又有趣"中留下了《赘疣录》《没鼻笔语》等笔话；荻藩士高杉晋《游清五录》也收录了笔话。但真正使笔话具有东方式国际交流意义的是，中国首任驻日大使馆人何如璋、张斯桂、黄遵宪等人在日本的笔话。

中日笔话产生的动力源于中日友好的国际文化交流，日本友人源辉声

是中日友好的代表。源辉声（1848—1882），号桂阁，祖居大河内，故又称大河内辉声或源桂阁。他原是日本高崎世袭藩主，食禄八千余石，明治维新废藩立县，他被委任为高崎知县，但他不愿为官，朝廷改封为五品华族，入修史馆，实际上他闲居东京墨江家中。源桂阁家园景色美丽，成为除芝山外又一个中日文人聚会和笔谈的中心。王韬《扶桑游记》光绪五年（1879）四月二十四日："桂阁……家在墨川，屋宇幽敞，楼临江水，可以远眺，笔谈既竟，招余至新桥滨家小饮。"李筱园《日本纪游》光绪六年（1880）四月十七日写道："桂阁年仅三十余，澹泊不仕，以诗文自娱。所住之屋临水曰墨江，对岸樱花十里，春日景致极佳。"源桂阁笔话产生于这样优美的环境中。当时，源桂阁最早意识到中日邦交伊始的笔话有重要价值，他最早搜集笔话，并把零星的纸张整理装订成书。他对笔话情有独钟，一是常请中国人"文字赐谈"，以制造笔话氛围。即使面对有日语翻译的场合，他也自称"口讷"而用笔语，意在"以一支笔换来千万无量语言"，因此被誉为"桂翁藏于谭"。二是专心收集笔话，力争不漏一纸。光绪四年（1878）三月十五日，桂阁因病不能出席笔话，他特别叮咛："今者佳作佳话可颇伙，伏冀抄录在纸上而相授焉。弟在书斋里，明日翻阅而可佐兴，偏祁一言一话，不漏于纸上。"① 由于源辉声的长期搜集，他藏有笔话资料最多。而且，他精心整理和编辑，把收集到的笔话装裱成册，入库保存。1882 年，源辉声去世，其碑文云："君天资敏捷，善文辞，工笔札，有诗数卷，《清韩笔话》百卷，藏于家。"他成为保存中日文人笔话最多的一家。当然，笔话的产生还有其他原因，如日本式的爱国主义动机，宫岛诚一郎的笔话即属此类。

中日文人笔话的成果累累。在源桂阁所保存的笔话中，中国大使馆初建第一年的《戊寅笔话》（光绪四年，1878）26 卷，笔话 178 次，几乎平均每两天一次。中日文人的聚会和笔谈，几乎成为他的专业，成为没有明文规定的制度。第二年的《己卯笔话》（1879）16 卷，笔话 40 次。第三年《庚辰笔话》（1880）10 卷，笔话 114 次，另外还有《枣园笔话》17 卷（1880—1881，辉声与王治本笔话 141 次）。聚会和笔谈，成为源桂阁最后的事业。伴随着笔话的，是中日两国人民的亲密交流和和睦友好。在明治时期，日本文人以得到中国文人的书法题词为荣，日本著名作家永井荷风的随笔集《冬天的蝇》："在小时候，我记得父亲的书斋和客房的壁龛中，

---

① 实藤惠秀，郑子瑜. 黄遵宪与日本友人笔谈遗稿［M］. 东京：早稻田大学东洋文学研究会，1968：16.

挂着何如璋、叶松石、王漆园这些清朝人所写的字幅。"日本文人凡出版著作，没有不请中国文人何如璋、黄遵宪等题字、作序或评论的。《黄遵宪题批日人汉籍》保存了何如璋、张斯桂、黄遵宪、沈文荧、王韬等序评日本石川英编《日本八大家文读本》、小野长原著《湖山楼诗稿》、关义臣编《日本名家经史论存》、森槐南《补春天传奇》、宫岛诚一郎著《养浩堂诗集》、蒲生重章著《近世伟人传》、冈千仞著《藏名山房集》、中川雪堂著《雪堂诗集》等①。应该说，这是日本文人对天朝上国的大清的最后一次崇拜与尊敬了。在《戊寅笔话》之后16年，蕞尔小国的日本在甲午海战中大败大清帝国，之后，夺朝鲜、割台湾，战争赔款高达白银两亿，使庞然大物的大清纸老虎原形毕露，此后日本文人再也不会如此崇拜和尊敬中国文化和文人了。

中日文人笔话，既是中日文人的交流方式，更重要的是，它是中国首届驻日使节的工作方式。大使馆人以笔话结识和团结日本文人，以笔话进行外交联系，以笔话推动外交工作。

第四节　笔话的发现

中国首届驻日大使馆人与日本文人的笔话交流是种历史现象。笔话记载的是中国首届驻日大使馆人与日本文人的口语谈话，由于口语性和随机性，它在当世并未受到重视。后来由于1894年的中日甲午之战，以及1937年开始的日本侵华战争，中日正常邦交因战争被破坏，体现中日友好的笔话变得不合时宜，它被厚厚的历史尘埃埋藏起来。

中日文人笔话均为个人保存，因保存者不同，它们被称为源辉声笔话、宫岛诚一郎笔话、冈鹿门笔话、增田贡笔话等。

（1）源辉声笔话的发现。

源辉声所保存的中日文人笔话的发现，在半个世纪后的1943年（日本昭和十八年）。这年，应日本黄遵宪研究的需要，学者丰田穰与实藤惠秀合作将黄遵宪《日本杂事诗》译成日文，书成后实藤惠秀给源桂阁儿子大河内辉耕赠书，使辉耕想起亡父与黄遵宪的笔谈，还保存在辉声坟墓所在地的平林寺，这使实藤大喜过望。11月14日，辉耕带领实藤惠秀前往平林寺。寺主白水敬山禅师将遗稿拿出来，笔话之多难以形容，它堆了一

---

① 郭真义，郑海麟. 黄遵宪题批日人汉籍［M］. 北京：中华书局，2009.

米多高，这使二人大吃一惊。这堆笔话，除了上述以外，还有《罗源帖》18 卷，《丁丑笔话》7 卷（1877 年，笔话 89 次），《韩人笔话》1 卷，《书画笔话》1 卷。笔话原本 96 本，与《日本杂事诗稿冢碑文》所说的"《清韩笔话》百卷"相符。后来遗失了 23 本，所存 73 本，实藤惠秀命名为"大河内文书清韩笔话"，它是《大河内文书》中的一小部分。这样，笔话才重见天日。

　　这批笔话的整理历时 20 多年。实藤惠秀当即借回 6 本，抄完送回再借7 本，两年间抄了 13 本。整理工作在 1945 年中断，1962 年丰田穰早已去世，经周作人介绍，实藤惠秀得到新加坡学者郑子瑜的合作，整理又重新开始。1964 年，实藤惠秀将笔话的 1/5 译成日文，命名为"大河内文书——明治日中文化人の交游"出版[①]。1965 年整理完成，1968 年得到新加坡黄望青的资助，文稿以"黄遵宪与日本友人笔谈遗稿"为题，由日本早稻田大学东洋文学研究会出版。此书后收入沈云龙主编的《近代中国史料丛刊续编》第十辑，由台北文海出版社影印出版；1991 年郑海麟、张伟雄编校《黄遵宪文集》，第一部分即笔谈节选，大陆学者才有机会见到它。此时，离笔话产生已过去一百多年。

　　（2）宫岛诚一郎笔话的发现。

　　宫岛诚一郎所存的笔话是在 20 世纪 90 年代被发现的。1991 年，日本学者佐藤保发表《黄遵宪与宫岛诚一郎——养浩堂诗集》，[②] 1995 年笕久美子发表《黄遵宪与宫岛诚一郎——日清政府官僚文人交游的轨迹》。[③] 中国访日学者杨天石发表《黄遵宪与宫岛诚一郎——东京宫岛吉亮先生家藏资料研究之一》，[④] 刘雨珍先生等也进行了研究[⑤]，这使得黄遵宪与宫岛诚一郎的笔谈浮出水面。在中国首任驻日大使到日本不久的 1878 年 2 月 15日，宫岛诚一郎到芝山月界的中国公使馆访问，2 月 28 日中国公使回访。在这两次中日文人的聚会中，中国大使馆的公使何如璋、副使张斯桂都与

　　①　实藤惠秀·大河内文书——明治日中文化人の交游［M］. 东京：平凡社，1964：18.

　　②　佐藤保. 黄遵宪と宫岛诚一郎——养浩堂诗集ノート［M］. お茶の水女子大学中国文学会报，1991.

　　③　笕久美子. 黄遵宪与と宫岛诚一郎——日·清政府の官僚文人交游の一轨迹［M］京都大学. 中国文学报第五十册，1995.

　　④　杨天石. 近代中国史事钩沉——海外访史录［M］. 北京：社会科学文献出版社，1998.

　　⑤　刘雨珍. 黄遵宪と宫岛诚一郎の交友に关する综合的考察——宫岛诚一郎文书を手がかりに［J］. 山梨大学社会科学研究所. 社会科学研究第 26 号，2001.

宫岛诚一郎进行了长时间的笔谈。刘雨珍编校《与宫岛诚一郎等笔谈资料》载：光绪四年（1878，明治十一年）三月十七日，宫岛诚一郎到芝山月界僧院拜访，与正使何如璋、参赞黄遵宪笔谈。宫岛云："始接黄君公度，尔后愿赐大教。"宫岛吉亮家藏资料《栗香大人与支那人问答录》所载的日期是四月十九日，这是指阳历。据此，宫岛在中国大使馆建馆三个月后，才与黄遵宪初次见面。据《黄遵宪与日本友人笔谈遗稿》之《戊寅笔话》第六卷第42话，戊寅（1878）三月二十三日，黄遵宪笔谈说："有修史馆宫岛诚一郎，其（青山君）同僚也。尝辱敝庐，彼实闻声而来者。仆辈与之笔话者数矣。"这天，二人话语特别投机。他们从汉学谈到西学，从西学谈到儒家四书五经，从学问谈到日本的樱花和中国的樱桃，二人笔谈融洽，从此成为莫逆之交。六月十四日，宫岛诚一郎在自己家中设宴招待中国使节，何、张二公使和黄遵宪、沈文荧参加。在此后的四年多时间里，宫岛诚一郎与中国使节进行了多次笔谈，留下了《笔话九则》等资料①。宫岛诚一郎除了精心整理和保存笔谈的原始资料外，还将其隐秘和关键性内容摘要记入他的日记《养浩堂私记》中。

（3）冈鹿门笔话的发现。

冈鹿门所存的笔话，在20世纪90年代被发现。黄遵宪与冈鹿门的笔话早有所闻，1968年实藤惠秀《黄遵宪与日本友人笔谈遗稿序》曾经说到他见过冈鹿门的儿子冈百世保存的黄遵宪与冈鹿门笔谈的纸片；1991年日本出版的《黄遵宪文集》中，黄遵宪《致王韬书》云："《鹿门笔话》，均寄呈清览。"② 黄遵宪《藏名山房集序》谈到他与冈鹿门的《昌平馆笔话》，但这些笔话一直石沉大海。2001年，日本女子大学陈捷发表《从〈莲池笔谭〉〈清谦笔话〉等笔谈录看日本汉学家冈千仞与访问日本的中国知识人的文化交流》③，黄遵宪与冈鹿门笔谈的原貌才为世人所知。据陈捷所见，在《冈鹿门杂著》第298册目录中有冈鹿门笔谈三种。《冈鹿门杂著》第292册后半载有冈鹿门与中国人笔谈的原稿真迹，《冈鹿门杂著》第294册载有笔谈正文《莲池笔谭》《清谦笔话》等。《莲池笔谭》11页，半页10行，每行17～22字不等。《清谦笔话》6页，半页10行，每行20字，中缝双鱼尾，鱼尾间印有"振衣生文稿"，下鱼尾印有"明治乙亥"字样。《莲池笔谭》前有冈鹿门自注："戊寅八月一日，邀黄、沈二公使饮

① 夏晓虹. 诗骚传统与文学改良［M］. 杭州：浙江文艺出版社，1998.

② 郑海麟，张伟雄编校. 黄遵宪文集［M］. 东京：中文出版社，1991：146.

③ 陈捷. 从《莲池笔谭》《清谦笔话》等笔谈录看日本汉学家冈千仞与访问日本的中国知识人的文化交流［J］. 日本女子大学纪要，人间社会学部第12号，2001.

长酏亭,适王泰园来会。笔谈至晡,得十数纸,乃略次其前后,使勿绞缠之妨。"《清谦笔话》前有冈鹿门自注:"戊寅九月廿日。"戊寅,清光绪四年,日本明治十一年,即 1878 年。《清谦笔话》中沈文荧云:"约黄公度、廖枢仙,适皆有事,属敬谢。"黄遵宪因有事没有参加这次笔话。此外,还有黄遵宪与冈鹿门二人对谈的笔谈资料一种,这大概就是黄遵宪所说的《鹿门笔话》了。陈捷文章后面附录了可嘉惠学界的这三种笔话的原文。这距笔谈产生之时,已 120 多年。短短的十余年中,在大河内辉声保存的笔谈资料之外,发现两种重要的笔谈资料。

(4)增田贡笔话的发现。

增田贡先生有《清使笔语》,为他与黄遵宪、沈文荧、王韬等人的笔谈。见于刘雨珍编校的《清代首届驻日公使馆员笔谈资料汇编》,2010 年由天津人民出版社出版;又见于王宝平主编的《日本藏晚清中日朝笔谈资料·大河内文书》,2016 年在浙江古籍出版社出版。

这些笔谈,是中国首届驻日本大使馆官员何如璋、张斯桂、黄遵宪等六七十位日本友人笔谈的遗存。它们内容丰富,从日常生活的独特角度,为中日文化交流和中日外交关系的研究提供了资料。

第五节　笔谈谍影

笔谈的国际性使它与参与者的国家利益相连接,从而使笔谈潜藏着外交上的风险。中日文人笔谈也并非全都是友好的交流,其中也出现了间谍身影,宫岛诚一郎就是其中之一。

宫岛诚一郎(1867—1943),幼号熊藏、雄藏,字栗香、粟芗,八十八溪渔父,号养浩堂,米泽藩人。他出生于日本藩士家庭,自幼熟读唐诗、《左传》等中国典籍。曾任藩校兴让馆助教,维新后任修史局御用挂、宫内省御用挂,后任贵族院议员,著有《国宪编纂起源》《养浩堂诗集》等。当时,宫岛诚一郎年四十,为日本政府修史院六位官。宫岛诚一郎虽然给公度《日本国志》的撰写提供的资料支持最多,但是他暗中成为日本政府的耳目。宫岛诚一郎间谍行为的发现,是 21 世纪初的事。在 1998 年发表的《黄遵宪与宫岛诚一郎》中,宫岛与中国使节的关系还被描绘为无比友好。其阴暗行为,到 2001 年才露出水面。

宫岛诚一郎是较早访问中国驻日大使馆的人。仅就所存笔话看,在中国大使馆建馆 20 多天后的光绪四年一月二十四日,他就出现在大使馆的贵

宾席上，进呈诗稿，向中国文人请教。他学识渊博，态度谦恭，深受中国文人的欢迎。光绪四年三月十七日，他对公度说："敝国与贵邦结交谊始于今日，而学汉字盖隋唐以来，连绵不绝。敝国本是东海孤岛，幸以贵邦之德，制度文章聊以增国光。今日更得拜晤，以后事事讲求，互讨论两国之是非，不无补益于政治。"① 态度无比谦恭。王治本评价他："栗香有意学诗，而才情豪迈，斐然可观。其人亦磊磊不染尘俗气，颇属可人。"由于他精通汉语，热心问学，自然成为笔话中的重要人物。他与中国文人的笔谈甚多，并精心搜集保存。今所存的宫岛诚一郎笔话有：其长子宫岛大八整理的《栗香大人与支（那）人之问答录》，简称《问答录》；日本早稻田大学图书馆藏《宫岛诚一郎文书》，简称《宫岛文书一》；日本国立国会图书馆藏《宫岛诚一郎关系文书》，简称《宫岛文书二》；鱼住和晃《宫岛家文书收录资料目录》，简称《宫岛文书三》或《养浩堂私记》等。陈捷整理的《（黄遵宪）与日本友人宫岛诚一郎等笔谈》，刘雨珍整理的《清代首届驻日公使馆员笔谈资料汇编》第二编即《与宫岛诚一郎等笔谈资料》。因此，他有充分的机会，为日本政府搜集中国首届驻日大使馆的机密资料。

宫岛的间谍行为早有预谋，并贯穿笔谈的始终。日本政府原准备聘请他负责接待中国使节，但宫岛自告奋勇，认为与其以官方身份出现，不如以私人身份与中国使节接触，以便更好地探听中国使馆的机密，为日本政府服务。他在与日本明治政府高级官员大久保利通等密谋后，谢绝了日本政府外务省的公职聘请，决定利用与中国使节闲谈的机会"为政府谋求利益"，自觉和主动地充当了日本政府的间谍。这缘于日本文人的爱国主义，自然也无可厚非。

在中国使节到日本后不久，宫岛诚一郎就积极与中国使节接触。1878年2月15日和28日，他两次与公使何如璋、副使张斯桂进行长时间的笔谈。然后，于3月2日，将笔谈记录送到日本政府外务卿办公室，与外务省官员寺岛、吉井等一起研究笔话资料。3月14日，他又向日本政府内务卿大久保利通呈阅重要笔谈资料一条。大久保利通（1830—1878），日本江户末期、明治初期政治家。名正助、一藏，号甲东，萨摩藩（今鹿儿岛县）人，与西乡隆盛、木户孝允并称为维新三杰，历任明治新政府参议、大藏卿、内务卿等，著有《大久保利通日记》《大久保利通文书》等。大

---

① 刘雨珍. 清代首届驻日公使馆员笔谈资料汇编·下册［M］. 天津：天津人民出版社，2010：441.

久保虽然在光绪四年一月二十六拜访过中国大使何如璋，但他看过笔谈后仍然大喜，并规定：以后宫岛每两日夜里向他汇报一次笔谈："敬读君与清公使有所往来，希望两日之内可以一见。所示之趣，皆已知晓。方便之时，退朝后可来一叙，特此奉答。三月十四日。利通。"可见，笔话对日本政府有重要作用。

在 1878 年 5 月 14 日大久保被暗杀后，宫岛诚一郎又改与高级官员岩仓右府秘密接头，继续进行间谍活动。岩仓指示他："此笔谈非谈寻常文事，于国事颇有巨大干系。作为内部机密，惟可示以主管参议一人，烦请誊写一部。"凡有重要消息，宫岛均立即将笔谈记录上呈日本政府。

宫岛的间谍行为对中国造成最严重的损害，是在日本强占中国领土琉球岛的事件上。1878 年 12 月，日本违背《中日修好条规》强占琉球岛，宫岛诚一郎更是频频到中国公使馆刺探中国对此事的反应等机密。光绪五年（1879）六月十七日（日本明治十二年八月四日），他从中国公使馆随员沈文荧嘴里得知："彼（美国格兰特）驻北京一月，我政府托球事于彼，彼来贵邦，为我作排解，仆辈望之。"沈文荧轻易地将美国格兰特受中国政府之托到日本调停中日争端的机密，泄漏给宫岛，宫岛立即向日本政府右大臣岩仓右府报告。岩仓右府得知，大喜道："今格兰特将琉球之事奏陈圣上，又忠告政府。然不知其乃受清廷之请愿而为其周旋。今得此言，实需仔细考虑，则我须先采取措施。"然后，明治政府指派伊藤博文、西乡从道、吉田清成等接待格兰特，陪同他参观日光、箱根等地，使格兰放弃支持中国的立场。这致使调停计划流产，中国的国家利益蒙受了巨大损害。宫岛诚一郎《养浩堂私记》卷二载，日本明治十二年八月二十日，宫岛诚一郎又面见岩仓右府："详谈沈文荧之密话，且听其机密之政略。"在何如璋即将离任之际，宫岛再次前来刺探在日本占领琉球后，中国是否会动武的机密，并立即报告。《养浩堂私记》卷二："此事关系外交机密，特戒泄露。"[①] 宫岛诚一郎做贼心虚，唯恐丑态暴露。在中日两国文人友好交流的幌子下，这些阴谋活动触目惊心。

在间谍事件中，黄遵宪经受了考验。事实证明，黄遵宪既是笔话的活跃主角，又是谨慎的外交官。在与宫岛的交往中，他既热情主动，又谨慎有度，严守机密。1879 年日本强占琉球的阴谋显露，三月一日黄遵宪在与宫岛的笔谈中警告："然贵政府若有事于球，非篾球也，是轻我也……条

129

　　①　刘雨珍. 黄遵宪与宫岛诚一郎の交友に关する综合の考察——宫岛诚一郎文书を手がかりに［J］. 山梨大学社会科学研究所. 社会科学研究第 26 号，2001.

规可废，何必修好？故必绝聘问，罢互市，吾辈不得不归。"表达了中国使节严正的外交立场。

但是，沈文荧多次泄露中国的外交机密。沈文荧（1838—1880），字梅史，号春萍馆，浙江余姚人，首届驻日公使馆随员。他与宫岛关系亲密，经常诗酒唱和。1878年6月14日有《奉和宫岛先生玉韵即乞郢政"正"》："东指蓬莱碧海通，挥毫雄辩乐无穷。高斋啸咏皆名士，荀令香薰散晚风。"他称宫岛为名士，与之笔谈其乐无穷。光绪四年六月二十四日，他《致宫岛先生书》说："目前在曾氏晤谈，甚欢畅。迩来炎暑，谅侍祺康绥。奉上寿诗一首，乞指教我为幸。此布，顺请宫岛先生撰安，尊公万福，府上均好。"并献上给宫岛的父亲一瓢先生的祝寿诗《戊寅五月从何张二星使拜谒一瓢先生先生今岁七旬矣既跻大耋备致多福虽僵筬不能及也奚颂遐龄以侑寿卮即请教正是祷姚江沈文荧拜稿》。1879年7月18日，宫岛在沈文荧处打探到中国的外交机密，随即向日本政府报告。事后，他在《养浩堂私记》卷二感叹万分："以上笔谈事件，颇为紧要，就中美国格兰特受清国之托，为其周旋事，实属紧要中之紧要。若非沈氏之雅量，绝不置（致）对外泄露。若黄遵宪为其机要枢纽之人，从未透露过有关格兰特调停之片言只语。"但是，沈文荧没有丝毫的察觉，与宫岛的关系更为亲密。1880年8月，沈文荧《致宫岛诚一郎函》："栗香先生阁下：一昨得手教，承垂爱券券（拳拳）铭感。所赐陟厘，洁白光莹，实是佳品，愧无茂先《博物志》副此珍贶。寿诗有绢，当即书此，复顺请侍安。不具。仟来，接奉手教，并绢本二轴，当遵教转呈张公使及黄大令也。此复，顺颂：栗香先生近安。沈文荧顿首。"他对宫岛几乎没有戒备之心。

当时，黄遵宪也并未察觉宫岛的阴谋。在日本期间，宫岛诚一郎是公度最亲密的友人。光绪七年黄遵宪《养浩堂诗序》："自余有随槎之行，居麴町者四载，乃衡宇相望，昕夕过从。自是以来，墨堤之赏樱，西湖之折柳，龟井之看梅，春秋佳日，裙屐觞咏，未尝不相见，相见未尝不谈诗。"在十几年后，他在新加坡时的《续怀人诗》其八："一龛灯火最相亲，日日车声辗麴尘。绝胜海风三日夜，拿舟空访沈南蘋。"自注云："宫岛诚一郎。君驻麴町，与使馆隔一墙耳，每见辄论诗。昔画师沈南蘋客长崎，赖山阳闻其名走访之，阻风三日夜。及至，而南蘋已归，以为平生恨事。"赖山阳（1780—1832），名襄，字子成，幼名九太郎，号山阳、三十六峰外史。日本江户后期的历史学家、汉诗人，著有《日本外史》《日本政记》《山阳诗钞》《日本乐府》等。沈南蘋，即沈铨（1682—?），字衡之，号南蘋，中国清代湖州（今浙江德清新市）人，画家，沈文荧的同族。《清史稿》卷五百四："沈铨，字南蘋，浙江德清人。工写花鸟，专精设色，妍丽绝人。雍正中，日本国王聘往授画，三年乃归，故其国尤重铨画，于格为别派。"沈南蘋，他的同乡俞樾称他为沈南屏。俞樾《春在堂诗编》卷十一有《乾隆间日本曾以金币聘吾邑沈南屏先生为画师今余又应其国人之请选定日本诗四十四卷沈肖岩广文以为吾邑盛事赋诗见赠率成一绝句酬之》诗。沈南蘋在雍正、乾隆年间为日本天皇御用教师，在日本形成了"南蘋派"的重要画派，使日本的画风为之一变。日本学者田能村竹田《山中人绕舌》、日本著名鉴赏家浅野梅堂的《漱芳阁书画记》、田边茂启《长崎文献丛书》第一集第二卷等著作中，均有关于他的记载，日本昭和三年《日本东京美术俱乐部入札目录》有沈南蘋《花鸟画》。公度用日本史学家赖山阳思念沈南蘋的典故，表达他对宫岛先生的一往情深，而且彼此友谊多年后还念念不忘。公度对宫岛可谓情深义重，但关于国家的外交机密，黄遵宪守口如瓶，使宫岛无机可乘。相比之下，沈文荧处事不慎，致令国家机密外泄，招致重大的民族损失，不可原谅！若沈文荧也能像黄遵宪一样，中华民族的损失或可避免，琉球或仍然属于中国版图。但是，宫岛诚一郎处心积虑的阴谋活动，实在防不胜防，也实在不光彩。这虽然是个别事件，也给中日两国邦交和文化交流活动蒙上了阴影。

第六章　使日著作

五年使日时期，在外交工作之余，黄遵宪还撰写了奠定其史学地位的日本史著作和部分文学作品。

第一节　日本杂事诗

在中国首届驻日大使馆中，黄遵宪以五品衔（食七品俸）即选知县任参赞，官阶在他之上的有二品公使何如璋、三品副使张斯桂、正五品陕西省候补直隶州知州沈文荧等。故在笔谈之初的《芝山一笑》中，黄遵宪的出现并不多。但在后来，黄遵宪名声大噪，甚至远远地超越正使何如璋、副使张斯桂和沈文荧。不仅如此，之后，笔谈首先因黄遵宪的研究而发现，也因他而身价百倍。

黄遵宪在日本文化研究中的地位，首先应归功于他的日本史学著作。黄遵宪在中国偏僻山区长大，在出使日本前对日本文化所知不多。他能完成日本著作，无疑缘于出使日本参赞，无疑缘于中日文人笔谈。在以笔话为工具的中日文化交流中，黄遵宪在中国驻日大使馆的人中收获是最大的，这表现在：

第一，黄遵宪突破官阶的限制，成为笔谈的中心人物。在官场中必然遵循官场规则，官阶尊卑是官场活动的基本原则。在中国驻日大使馆中，主事的是清钦差全权公使大臣二品顶戴翰林院侍讲学士何如璋、同钦差副使大臣三品顶戴候选知府张斯桂、正五品陕西省候补直隶州知州沈文荧等，故在《芝山一笑》中，黄遵宪不仅露面不多，而且没有为其写序的机会。但后来他却成为笔谈的中心，冈鹿门的《清谶笔话》载，戊寅（1878）九月二十日在冈鹿门的家中笔谈，参加者有冈鹿门、沈文荧、木原等。谈话开始时，沈文荧即对黄遵宪有事没能参加做了说明，日本朋友深以为憾，木原云："黄先生爽快人，今日不见临，深为遗憾。"笔谈结尾时，冈鹿门又云："请致意黄君、张公，贵人不可烦。"笔话先后六次提到没有在场的黄遵宪，似乎他没有参加就少了乐趣。王韬的《日本杂事诗序》载日本朋友心目中的黄遵宪："既副皇华之选，日本人士耳其名，仰之如泰山北斗，执贽求见者，户外屦满。而君为之提倡风雅，于所呈诗文，率悉心指其纰漏所在，每一篇出，群奉为金科玉律，此日本开国以来所未有也。"这是缘于黄遵宪的人气和影响力，缘于其文学气质和丰富广博的学识。

第二，公度的使日著作《日本杂事诗》。公度在使日期间拟作的第一本历史著作，当为世界史的《万国史记》。公度《评万国史记序》："余从前亦欲作此书，自草条例，凡为《列国传》三十卷。为《志》十二：曰天文，曰舆地，曰宗教，曰学术，曰食货，曰货殖，曰武器，曰船政，曰兵法，曰刑律，曰工业，曰礼俗；为表十七：曰年表，曰今诸侯表，曰疆域表，曰鄙远表，曰土产表，曰货殖表，曰税表，曰国债表，曰民数表，曰教表，曰学表，曰职官表，曰兵表，曰船表，曰炮台表，曰电线表，曰铁道表。顾以其书浩博，既非一朝一夕所能竟，又非一手一足所能成。积稿压架，东西驰驱，卒未成书。"可惜，在他未完成之时，冈本监辅的《万国史记》已经问世，他只得作罢。如果《万国史记》能够完成，它当是中国人所作的第一部《世界史》。

《日本杂事诗》当为公度使日期间正式完成的第一本历史著作。光绪五年（1879），即黄遵宪到日本后的第二年正月，他的《日本杂事诗》已经杀青。《日本杂事诗》最初称为《杂事诗》，源桂阁有"黄氏《杂事诗》二卷"之说，其写作始于光绪四年（1878）秋天，历时三四个月，到光绪五年初已完成，故光绪五年正月，洪士伟为公度《日本杂事诗》撰写《序》云："爰于公余，编为韵语。又虑略而不详，阅多费解。特变诗人之例，为史氏之书。事纪以诗，诗详以注。"《日本杂事诗》虽云为诗，却是史。公度"特变诗人之例，为史氏之书"，即以诗歌的形式叙述日本历史。在文体上，它将诗歌与散文的注释相结合。在题材上，它是历史的叙述。因而，它是韵语的日本史，是诗性的历史。光绪六年二月朔日，王韬的《日本杂事诗序》云："今公度出其嘉猷硕画以佐两星使，于遗大投艰之中而有雍容揖让之体，其风度端凝，洵乎不可及也。又以政事之暇，问俗采风，著《日本杂事诗》二卷，都一百五十四首。叙述风土，记载方言，错综事迹，感慨古今，或一诗但纪一事，或数事合为一诗，皆足以资考证，大抵意主纪事，不在修词。"公度《日本杂事诗》重在叙事，内容在日本的风俗和史实。

公度《日本杂事诗》的产生，清王韬认为，它在体例上受到宋阮阅等

人的影响。王韬《日本杂事诗序》："如阮阅之知郴州，曾极之宦金陵，许尚之居华亭，信孺之官南海，皆以一方事实，托诸咏念。顾体例虽同，而意趣则异。"王韬说到的四位皆宋人，阮阅有《郴江百咏》，曾极有《金陵百咏》，许尚有《华亭百咏》，方信孺有《南海百咏》，他们均像唐代的刘禹锡一样，用民歌竹枝词体来歌咏地方风物，这些人对公度确有影响。

其实，类似《百咏》体的诗集，远不止以上四种。在宋代，郭祥正有《西湖百咏》、董嗣杲也有《西湖百咏》、张尧同有《嘉禾百咏》等。在元代，冯子振有《梅花百咏》，韦珪也有《梅花百咏》。在清代，太素生有《沈阳百咏》、李确有《梅花百咏》等。王韬之说虽有道理，但比较笼统，未中肯綮。但细究之，阮阅的《郴江百咏》和许尚的《华亭百咏》，诗而无注；曾极的《金陵百咏》、方信孺的《南海百咏》，有诗有引，但无注。在体例细节上，它们对公度的影响还十分有限。

应该说，在体例上，真正对公度产生影响的当是清代陈坤的《岭南杂事诗钞》和何如璋的《使东杂咏》。陈坤（1821—?），字子厚，浙江钱塘（今杭州市）人，自幼随祖父到潮州，居粤东近三十年。道光二十四年（1844）任大埔县典史，二十五年转任海阳县典史，咸丰六年（1856）任海阳县丞，咸丰七年署理大埔知县，同治元年（1862）升任潮阳知县，著有《岭南杂事诗钞》《粤东剿匪纪略》《鳄渚回澜记》《从政绪余录》《潮乘备采录》《治潮刍言》等。说公度《日本杂事诗》受到陈坤《岭南杂事诗钞》的影响，原因有四：第一，它们名称相近，均名《杂事诗》。第二，它们形式相同，均是一诗一注："取其杂事，衍为小注，串之以诗。"第三，陈坤在清咸丰七年任大埔知县，大埔是客家县，与嘉应州近在咫尺。第四，咸丰十年时，公度已13岁，与陈坤为前后辈人，公度对长期居住和为官于粤东客家地区的陈坤比较熟悉。虽然陈坤《岭南杂事诗钞》的正式出版在光绪二年（1876），但是《岭南杂事诗钞》的撰写在他任大埔知县时已经开始，公度对它当有耳闻。何如璋的《使东杂咏》详后说。王韬舍近求远，殊不可解。

但是，对公度《日本杂事诗》产生直接影响的，还是现实的原因。对此，光绪十一年（1885），公度《日本杂事诗重刊自序》："友朋贻书询外事者，邮筒络绎。余倦于酬答，辄以此应之。"他说，创作动机是为了应付家乡亲友对东洋风俗的询问。此说还见于光绪六年三月十一日公度《致增田岳阳先生书》："仆东渡以来，故乡亲友邮筒云集，辄就仆询风俗，问山水。故作此诗，以简应对之烦。"其实，这是模仿宋代周去非《岭外代答》的说法，《岭外代答·序》说："乃亲故相劳苦，问以绝域事，骤莫知所对者，盖数数然。至触事而谈，或能举其一二，事类多而臆得者浸广。晚得范石湖《桂海虞衡志》，又于药裹得所钞名数，因次序之，凡二百九十四条。应酬倦矣，有复问仆，用以代答。"但是，此说并不可信，理由有三：第一，公度创作《日本杂事诗》时，他刚到日本才几个月，并没有产生以它代替回信的痛苦。第二，公度上面的说法，乃是《日本杂事诗》产生以后的事，甚至是他"在外九年"以后的事，光绪四年（1878）《日本杂事诗》未产生时并非如此。第三，公度后来到美国、新加坡和英国，却没有产生《美国杂事诗》《新加坡杂事诗》和《英国杂事诗》等，代答说并无佐证。《日本杂事诗》产生的真正原因有二：一是中日文人笔谈的现实需要。当中国首届驻日本大使馆的金黄龙旗在日本京都芝山上空飘扬之后，日本文人纷纷带着自己的诗集到中国大使馆交流。光绪四年正月二十四日，宫岛诚一郎的《养浩堂诗稿》已在中国大使馆人中传阅；同时，中国文人沈文荧的《春萍馆诗草》四册和《名石稿文集》已在日本友人中流传。故源桂阁说："弟每阅《春萍馆诗草》玉作，则啧啧叹慕，恍如游其地。"当中日文人的诗集交流向纵深发展时，光绪四年正月三十日，源桂阁求读公度的诗集。他对公度说："玉作固多，章章出金玉，希取出一册而见示，弟写完而藏库笥。"公度回答："旧作梅史尚未见，实不曾收拾也。东来事忙，未暇及此，恕我何如？"① 源桂阁谦恭请求赐书，公度却无书可出，这令公度难免有些尴尬。在这种情境下，何如璋及时拿出了他的反映中国使节使日生活的著作《使东杂咏》，光绪四年四月初一，何如璋所撰的《使东述略》和《使东杂咏》，已经寄给北京的总理衙门。同时，它已在日本文人中辗转传抄，成为日本文人读到的大使馆人的第三大著作。稍后，由石川鸿斋编辑的反映中日文人诗酒唱和的《芝山一笑》，在当年的七月诞生；这种现实的场景切实地催促公度拿出新作来。二是诗文交流让中国人正确认识日本。日本友人冈鹿门《书日本杂事诗后》引公度语云："中土人寰海咫尺，付之不问，所以致今日之势。故余在使馆，每获一事，咏为韵语，使足未出其域者，得坐谙日东沿革典故。"公度在这里所痛感的中国人对日本史杳然无知，以"致今日之势"。在光绪十六年（1890）公度的《日本杂事诗200首》的"自序"（日文版《日本杂事诗》称为《定本之序》）中表述得更明白："嗟夫！中国士夫，闻见狭陋，于外事向不措意。今既闻之矣，既见之矣，犹复缘饰古义，足己自封。"它是

135

---

① 刘雨珍.清代首届驻日公使馆员笔谈资料汇编·上册［M］.天津：天津人民出版社，2010：21.

中国士大夫故步自封、盲目自大的丑陋形象的表现。公度希望用自己的著作改变中国人闭关锁国的短浅目光，以及轻视日本的愚昧思想。

同时，何如璋《使东杂咏》为公度的《日本杂事诗》提供了现实的范例。在体例上，《使东杂咏》的基本形式是一诗一注，如描写日本民居风俗的："板屋萧然半亩元，栽花引水也清娱。客来席地先长跪，瀹茗同围小火炉。"注云："东人喜为园亭，贫仅壁立者亦种花点缀。离地尺许，以板架屋，席其上，客来脱履户外，肃入跪坐，围炉瀹茗，以淡巴菰相饷。"其中，诗歌为七言四句的竹枝词形式，这是自唐代刘禹锡以来描写民间风俗的典型诗体；注释则是解释或补充诗歌内容的散文。这种一诗一文、文史辉映的形式，也是黄遵宪《日本杂事诗》的基本形式。在体例上，何如璋的《使东杂咏》对《日本杂事诗》有直接的影响。

在何如璋《使东杂咏》产生八九个月后，公度《日本杂事诗》终于在光绪五年正月问世。二者在时间上一先一后，在内容上均是使日的著作，二人又是中国驻日本大使馆的同僚，彼此相互启发、相互激励的关系不容置疑。虽然《日本杂事诗》在体例、产生时间、诗歌形式和内容上，受到何如璋《使东杂咏》的直接影响；但更重要的是，在中日文人以诗集交流的现实场景中，如同源桂阁的催促一样，《使东杂咏》几乎也是一种催促。

公度《日本杂事诗》受何如璋的影响，还有内证。《日本杂事诗》："翠华驰道草萧萧，深院无人锁寂寥。多少荣花留物语，白头宫女说先朝。"注云："谨案：《使东述略》曰：西京以山为城，无垣郭雉堞，周环数十里，有贺茂川萦贯其中。过故宫，守吏导入。有紫宸殿，殿屏图三代、汉、唐名臣像。循殿西行，过曲廊，涉后园。落叶满阶，鸣禽在树。有瀑名青龙，水喧石罅，泠泠然作琴筑声。静对片时，尘虑俱息。"《日本杂事诗》在"轻于蝉翼薄于纱"一首后公度自注："《使东杂咏诗》注曰：败絮，机器揉碎熬烂，视其白而茸也，用水调匀，由机出之，机轮递转，泻浆成幅，腐者新，厚者薄，湿者干，顷刻即就，坚致如雪。"《日本杂事诗》引述何如璋的著作不止一处，表现作者对何如璋的尊敬。何如璋在工作上是公度的上级，在年龄和情感上是公度的父辈和同乡，公度的《日本国志》曾拟与何如璋共同署名，表现出他们在著作上不分你我的亲密关系，其《日本杂事诗》受何如璋《使东杂咏》的影响，自在情理之中。

《日本杂事诗》虽受《使东杂咏》影响而生，但它却青出于蓝而胜于蓝。公度的《日本杂事诗》脱稿后，日本友人争相传阅，轰动了中日两国朝野。一代名家如重野成斋安绎、冈鹿门千仞、青山铁枪延寿、蒲生子闇重章等，用彩笔加以评点，形成"丹黄烂然，溢于简端"的格调。之后

《日本杂事诗》的版本层出不穷，第一版刊行于成书当年，即光绪五年。《日本杂事诗154首》脱稿后，及时上呈清政府总理各国事务衙门，衙门令译署用同文馆聚珍版印行，称为官印本或总署本。光绪六年，王韬在香港循环日报馆印行有王韬作《日本杂事诗序》的第二版，同年还有日本凤文馆印行的第三版。《日本杂事诗》版本甚多，流行甚广，在黄遵宪生前已有不下十种。公度的《日本杂事诗》在现实生活中，丰富了中日文人的文化交流。《与大河内辉声等笔谈资料》载，源桂阁说：梅史有《春萍馆诗草》《名石稿文集》，公度有《日本杂事诗》，何公使有《使东杂咏》之大作："仆浑抄写藏之。每逢佳士，不得其集，则怳若入宝山空手而回。"公度为中日文人交流，及时地贡献了自己的宝贝，使之成为中国首届驻日本大使馆文人的第四大佳作，得到日本文人的赞赏和喜爱，公度获得了"海外偏留文字缘，新诗脱口每争传"的殊荣和满足。光绪五年（1879）春，公度沿着何如璋将《使东杂咏》上呈总理各国事务衙门的渠道，也将《日本杂事诗》上呈总理衙门。总理衙门即本年于同文馆在北京铅印出版发行，它是《日本杂事诗》最早的版本。

137

公度的《日本杂事诗》深深地打动了源桂阁。为了纪念《日本杂事诗》，源桂阁在他的庭院中修建《日本杂事诗》稿冢。这类冢已见于唐代，李肇《国史补》："长沙僧怀素，好草书，自言得草圣三昧。弃笔堆积，埋于山下，号曰笔冢。"清代文人喜埋稿立冢，俞樾有《余于右台仙馆隙地埋所著书汇封之崇三尺立石识之题曰书冢李黼堂方伯桓用东坡石鼓歌韵为作书冢歌依韵和之》诗："我生巳年月在丑，至今巳成六十叟。人间岁月信如流，金乌飞腾玉兔走。"黄遵宪也喜此风雅。《庚辰笔话》第三卷第十九话载，光绪五年十二月二十二日源桂阁说："鸿斋言：君所编《杂事诗》稿，敝邦人加评者有之，期取出赐览。又君言：将诗稿糊涂者瘗之于敝园。敝园已竖碑镌字，而未得其稿……仆之来，欲言此事也。"[①] 源桂阁与公度均生于1848年，有"登堂公谨是同年"之谊，且二人性情相近，友情笃厚。公度不愿自己保存手稿，于是仿刘蜕之文冢、怀素之笔冢，将《日本杂事诗》手稿葬于东京浅草区今户町14号番地，当时叫墨江（今东京隅田川）江畔源桂阁的院中，并立公度书写的"日本杂事诗最初稿冢"碑以资纪念。日本明治己卯（清光绪五年，1879）九月，源桂阁在家举行酒会，邀请中国大使馆黄遵宪、沈文荧等人参加，隆重举行埋葬《日本杂

---

① 刘雨珍. 清代首届驻日公使馆员笔谈资料汇编·下册 [M]. 天津：天津人民出版社，2010：326.

事诗》稿的仪式。日本源桂阁《葬诗冢碑阴志》云："是为公度葬诗冢也。公度姓黄氏，名遵宪，清国粤东嘉应举人，明治丁丑随使东京，署参选官。性隽敏旷达，有志略，能文章，退食之暇，披览我载籍，咨询我故老，采风问俗，搜求逸事，著《日本杂事诗》百余首。一日过访，携稿出示，余披诵之，每七绝一首，括记一事，后系以注，考记详赅，上自国俗遗风，下至民情琐事，无不编入咏歌。盖较《江户繁昌志》《扶桑见闻记》，尤加详焉，而出自异邦人之载笔，不更有难哉！余爱之甚，乞藏其稿于家，公度曰否，愿得一片清净壤，埋藏是卷，殆将效刘蜕之文冢，怀素之笔冢也乎？余曰：此绝代风雅事，请即以我园中隙地瘗之，遂索公度书碑字，命工刊石。工竣之日，余设杯酒，邀公度并其友沈刺史、杨户部、王明经昆季，同来赴饮。酒半酣，公度盛稿于囊，纳诸穴中，掩以土，浇酒而祝曰：一卷诗兮一抔土，诗与土兮共千古，乞神物兮护持之，葬诗魂兮墨江浒。余和之曰：咏琐事兮着意新，记旧闻兮事事真，诗有灵兮土亦香，吾愿与丽句兮永为邻。沈刺史等皆有和作，碑隘不及刊。明治己卯九月，桂阁氏撰并书。广群崔刻。"① 《葬诗冢碑阴志》记叙了葬诗冢碑的由来和葬诗时的祭祀仪式，以及黄遵宪、源辉声的《葬诗冢碑诗》，而沈文荧、杨枢、王治本、王藩清等人的《葬诗冢碑诗》，则因源辉声未载入《葬诗冢碑阴志》而永远地遗失了。由于源桂阁的经营，埋葬《日本杂事诗》稿的诗冢，成为连接中日两国友谊的风流雅事。

石碑后来移到东京北部琦玉县新座寺附近的源桂阁家族墓地所在的平林寺，《日本杂事诗》稿的诗冢和日本友人的评点，是《日本杂事诗》在日本广受欢迎的标志，也是《日本杂事诗》在中日文化交流史上的重要文物。

公度《日本杂事诗》有多篇序跋，它们甚至可以形成公度《日本杂事诗》连绵不绝的出版故事。在光绪五年最早的同文馆北京铅印本《日本杂事诗》中，并无序跋。在光绪六年香港循环报馆印行的《日本杂事诗》中，有洪士伟和王韬的《日本杂事诗序》两篇。在光绪十一年（1885）广西梧州版，有公度的《自序》，日文版《日本杂事诗》称它为《重刊之序》。在光绪十六年（1890）版中，黄遵宪又新作《自序》一篇，日文版《日本杂事诗》称它为《定本之序》。在钟叔河校注的《日本杂事诗广注》中，有日本三河石川英《日本杂事诗跋》。另外，康有为有《日本杂事诗序》一篇，不知为何版而作。据光绪六年三月十五日公度《致王紫铨书》：

---

① 黄遵宪. 日本杂事诗［M］. 实藤惠秀，丰田穰，译. 东京：平凡社，1968：16.

"鹿门自作《书后》文一篇，龟谷省轩、蒲生子闇皆有《序》。其他东京文人多欲作序、跋者，他日汇齐，当再补刻。"那么，还有日本冈千仞《日本杂事诗跋》和日本蒲生重章《日本杂事诗序》。但是，龟谷省轩的《日本杂事诗序》，以及其他日本东京文人的序跋，则未见。另外，日本源桂阁有《日本杂事诗葬诗冢碑阴志》，但是，《日本杂事诗》最应该有《序》的是黄遵宪的上级和父辈中国首任使日大臣何如璋，却未见。《日本杂事诗》，除了总署本、香港报馆本等外，还有日本凤文坊本、中华印务局、日本东西京书肆等版本，龟谷省轩及其他日本东京文人的《日本杂事诗序》，定有发现之日。

第二节　日本国志

公度在使日时期的第二本著作是《日本国志》。

光绪七年（1881），黄遵宪在日本参赞任上的第四年，《日本国志》的草稿已经完成。其实，光绪五年出版的《日本杂事诗》与《日本国志》有内在的联系，它为《日本国志》而生，是《日本国志》的前期成果。公度《日本杂事诗自序》："余于丁丑之冬，奉使随槎。既居东二年，稍与其士大夫游，读其书，习其事，拟草《日本国志》一书，网罗旧闻，参考新政，辄取其杂事，衍为小注，串之以诗，即今所行《杂事诗》是也。"这就是说，黄遵宪借助笔话与日本文人交谊，为撰写《日本国志》搜集资料。他到日本的第一年，《日本杂事诗》已基本完成。在此年的《芝山一笑》中，主角是何如璋、张斯桂、沈文荧、王治本等，公度无甚地位。但是在《芝山一笑》完成半年后《日本杂事诗》写成，黄遵宪声名鹊起。其写作缘起，在《日本杂事诗》最末一篇的自注中说："日本与我仅隔衣带水，彼述我事，积屋充栋。而我所记载彼，第以供一噱。"因此，他发誓要撰写《日本国志》。为了写作《日本国志》，他先"复举杂事，以国势、天文、地理、政治、文学、风俗、服饰、技艺、物产为次，衍为小注，串之以诗"，这便是《日本杂事诗》。

《日本国志》初名《日本志》，或《日本史志》。光绪六年（1880）二月二十九日，冈鹿门问公度："闻之石川君，阁下近草《日本志》，仿何书体？已曰《志》，与史异其体者。"光绪七年六月二十日，公度回："有志焉，而恐力未逮，至速亦须明年乃能脱草。"同日，公度对日本友人宫岛

139

诚一郎说："仆所撰《日本志》，十既成七八。"① 书成之日，它名《日本国志》。黄遵宪《日本国志自序》说："既居东二年，稍稍习其文，读其书，与其士大夫交游，遂发凡起例，创为《日本国志》一书。朝夕编辑，甫创稿本，复奉命充美国总领事官。"可见，虽然《日本国志》的最后定稿在光绪十三年，但其主体部分在使日期间的光绪七年已基本完成。

在中国首任驻日大使馆人中，驻日期间有使日著作的有三人：何如璋最先拿出使日著作《使东述略》和《使东杂咏》二种，已见上。副使张斯桂有《使东诗录》，不分卷。黄遵宪虽在何如璋影响下撰写《日本杂事诗》，但他一开始就以《日本杂事诗》为铺垫，重点在《日本国志》。公度的使日著作格局宏大，思虑深远，成果丰硕，撰成《日本杂事诗》两卷、《日本国志》四十卷。在数量和质量上，均远远地超越他的上级何如璋和张斯桂，这是黄遵宪的名声远超其上级的根本原因。公度在驻日参赞任上，充分发挥笔谈的作用，广泛地团结日本文化界的朋友，既为外交活动创造和谐的环境，也为撰写两部日本著作搜集资料。借助笔谈，黄遵宪结识了数十位日本朋友。公度《中学习字本序》说："遵宪来东，士夫通汉学者，十知其八九。"② 这些日本汉学家们和文人，或问学，或赋诗，或访问风俗，在中国公使馆周围形成了以汉学为纽带的文化圈子。它的意义有三：第一，推动了日本的汉学热，笔谈成为中日文化交流的重要窗口。第二，为中国公使馆的外交活动提供了有利的文化环境。第三，为《日本杂事诗》和《日本国志》奠定了资料基础。黄遵宪认为，今之参赞官，即古之小行人。他到日本后，立即以文化风俗使者自命，广泛搜集异邦的文化和风俗资料。源桂阁《葬诗冢碑阴志》云：黄遵宪"咨询我故老，采风文俗，搜求逸事"。公度《日本国志自序》："《周礼》：小行人之职，使适四方，以其万民之利害为一书，礼俗政事教治刑禁之顺逆为一书，以反命于王。其《春官》之外史氏：则掌四方之志。郑氏曰：谓若晋之乘，楚之梼杌是也。占皆盛时，已遣辖轩使者于四方，采其歌瑶，询其风俗；又命小行人编之为书，俾外史氏掌之。所以重邦交考国俗者，若此其周详郑重也。"他一到日本，就以强烈的使命感自我激励，借助笔谈，广交朋友，广集资料，为《日本国志》的诞生做好文献准备。

黄遵宪撰写日本史的难度，远远大于日本学者。对此，公度也有自觉意识。日本友人蒲生重章《日本杂事诗序》："黄君公度既来日本之一年，

---

① 刘雨珍. 清代首届驻日公使馆员笔谈资料汇编·下册［M］. 天津：天津人民出版社，2010：574.

② 郑海麟，张伟雄编校. 黄遵宪文集［M］. 东京：中文出版社，1991：111.

余始与订交。又半载，出其所著《日本杂事诗》示余曰：仆以他邦人，述大邦事，知不免隔靴搔痒之诮，且措词未善，或误以为有所刺讥，则与不非大夫之义相背，尤非仆志。子其为我纠缪而正之乎？"《日本杂事诗》尚且如此，何况《日本国志》。此前日本史传入中国的不多。公度《日本杂事诗后记》云："《日本史》中土少传本，惟近世李氏申耆《纪元篇》、林乐知《四裔年表》，虽偶有误，尚可考其世也。"而且，此前日本人著的《日本史》也不多，只有五六种：如编年体的《日本史》、水户藩源光国的纪传体《大日本史》、水户藩臣青山延光的《日本纪事本末》、赖山阳的《日本政纪》、纪执政大将军的《日本外史》和纪传体的《日本史》。《大日本史》只有纪传，没有表，志也只有《兵》《刑》二篇。公度《日本杂事诗》卷一："纪事编年体各存，黄门自立一家言。《兵》《刑》志外征文献，深恨人无褚少孙。"公度自注："故搜求典礼，网罗政事，戛戛乎其难矣。"① 因此，在黄遵宪之前，不少日本学者拟撰写日本史而没有成功。冈鹿门说："此事（撰写日本史），水户史官所欲为，而不能为。盖无足以供史料者也。蒲生君亦有此志，中途而止，亦坐无史料耳。"② 作为异邦之人，黄遵宪要撰写《日本国志》的难度，远比日本人水户和蒲生等大。但是，黄遵宪终于大功告成。这除了他本人的努力外，笔谈所结交的日本朋友的帮助无疑发挥了很大作用。如光绪七年六月二十二日（日本明治十四年七月十七日）黄遵宪《致宫岛诚一郎函》："仆所撰《日本志》将近脱稿，中有海军一门，因海军尚无年报，拉杂采辑，虑不免有误，且尚有一二询请之事，因念令弟小森泽君今官海军，仆亦叨有一面之识，不揣冒昧，敬以奉恳。谨此，敬问时祉。"③ 公度为《日本国志》所缺的资料，寻求笔谈结识的日本朋友宫岛诚一郎的帮助。因为宫岛诚一郎的弟弟小森泽先生在日本海军任职，公度因此希望小森泽帮助提供的资料主要有：①日本海军舰船表；②日本海军学校规则；③日本海军新设的规程局的职能；④日本海军士兵规则和薪俸；⑤日本海军经费预算年表等方面的文献资料。另外，日本史学家冈鹿门为公度提供了《日本史》中的《刑法志》和《兵马志》资料，日本学者重野安绎、青山延寿、龟谷省轩、蒲生、石川英等笔谈友人也对此倾注了心血。

———————————

① 钟叔河. 走向世界丛书：三 [M]. 长沙：岳麓书社，2008：671.

② 实藤惠秀，郑子瑜. 黄遵宪与日本友人笔谈遗稿 [M]. 东京：早稻田大学东洋文学研究会，1968：321.

③ 刘雨珍. 清代首届驻日公使馆员笔谈资料汇编·下册 [M]. 天津：天津人民出版社，2010：575.

《日本国志》初拟三十卷，与何如璋共同署名，初稿在光绪六七年间已接近完成。《与宫岛诚一郎等笔谈资料》载，光绪六年三月，公度说"近日作《日本史志》，必至今年年尾乃能脱稿。分十三目，书约三十卷"。《何如璋黄遵宪与金宏集笔谈》载，光绪六年七月，公度说："《日本志》仆与何公同为之，卷帙浩博，可为三十卷，姑未清草。"后公度更加重视此书，光绪十一年在驻美国旧金山总领事任上请假回国，以专心著书，于光绪十三年（1887）在嘉应州家中人境庐完成。《日本国志》定稿为四十卷，十二《志》，五十万言。搁笔之日，公度作《日本杂事诗日本国志书成志感》："湖海归来气未除，忧天热血几时摅？《千秋鉴》借《吾妻镜》，四壁图悬人境庐。改制世方尊白统，《罪言》我窃比《黄书》。频年风雨鸡鸣夕，洒泪挑灯自卷舒。"公度终于完成此书，他长吁了一口气。

光绪十六年，公度在他修订版的《日本杂事诗自序》中说："余于丁丑之冬，奉使随槎。既居东二年，稍与其士大夫游……余所交多旧学家，微言刺讥，咨嗟太息，充溢于吾耳。虽自守居国不非大夫之义，而新旧同异之见，时露于诗中。及阅历日深，闻见日拓，颇悉穷变通久之理，乃信其改从西法，革故取新，卓然能自树立，故所作《日本国志》序论，往往与诗意相乖背。久而游美洲，见欧人，其政治学术，竟与日本无大异。今年日本已开议院矣，进步之速，为古今万国所未有。时与彼国穹官硕学，言及东事，辄敛手推服无异辞。使事多暇，偶翻旧编，颇悔少作，点窜增损，时有改正，共得诗数十首；其不及改者，亦姑仍之。"这是说，公度在作《日本杂事诗》时，还有许多与日本维新变法相抵触的旧观念，但在作《日本国志》时，公度已经脱去旧的"如此头颅如此腹"，完全成为一个新人。故公度又称他的《日本国志》为《明治维新史》。

《日本国志》对清朝的国家大政和中国的历史走向意义重大。它虽名为《日本国志》，却充满了作者的"忧天热血"，实为中国的"改制"而作。黄遵宪到达扶桑时，日本明治维新已进行了十年，日本的改革万象俱新，一个通过改革而自强的新日本正出现在公度面前。公度在科举的十多年中，对中国的政治极为不满，日本的新气象却令公度兴奋不已，他通过日本的政治改革看到中国的出路。于是"网罗旧闻，参考新政"，借日本的维新史以警醒中国。他在《日本国志》中，除了《国统志》《职官志》《邻交志》《学术志》等重点在古代外，其余八志的重点均在明治维新的改革新史，他借一衣带水的邻邦抛弃闭关锁国的国策，积极向西方学习以变法图强的经验，传达出"改从西法，革故鼎新"的世界历史发展规律和历史精神，为中国的变法提供实际的范例。它对于古老中国的出路，有拨云见日之功。康有为《人境庐诗草序》："及参日使何公子峨幕，读日本维新掌故书，考于中外之政变学艺，乃著《日本国志》，所得于政治尤深浩。"《日本国志》书成后，引起中国政府最高决策部门的高度重视。钦差大臣、出使英法义比四国、二品顶戴、都察院左副都御史薛福成《日本国志序》云："此奇作也！数百年来鲜有为之者。"三品京堂、太常寺卿袁昶携带着它到江宁对张之洞说："此书早布，省岁币二万万。"忧国忧民的知识分子均把它当作拯救中国的法宝。1898 年，光绪皇帝命令进呈此书到御前。黄遵宪《己亥杂诗》之七十二云："三诏严催倍道驰，《霸朝》一集感恩知。"自注："（皇上）命枢臣进《日本国志》，继再索一部。"① 《霸朝》是隋李德林的著作，他有《霸朝杂集》五卷，对隋朝的兴起有重要意义。隋高祖读了《霸朝杂集》后说："自古帝王之兴，必有异人辅佐。我昨读《霸朝集》，方知感应之理。"公度以隋高祖对《霸朝杂集》的重视和对李德林辅佐隋朝兴起的感激，比喻光绪皇帝对黄遵宪和《日本国志》的重视，可见《日本国志》对中国前途的意义重大。

黄遵宪十分重视历史。在理论上，公度特别重视史学。他在《藏名山房集序》中说："天下万事万物，有迹可循者，皆后胜于前，独文章则今不如古，近古又不如远古。盖文章所言之理，今人所欲言者，古人既言之，掇拾其唾余，窃取其糟粕，欲与古之人争衡，必有所不能。文章家之足自立者，其惟史乎！吾今日目之所接，耳之所遇，身之所遭，皆吾所独，古之人莫得僭越之。"从题材上，新产生的史实为古所无，它自有无法代替的价值。从学术传统上，中国素来重视历史。在光绪四年二月四日《戊寅笔话》第四卷《第三十话》中公度说："敝邦教士，诸经之外，最重史，大约如君所言。"② 在学术实际上，黄遵宪也重视历史，而视诗歌创作为余事。其《支离》说："穷途竟何世，余事且诗人。"丘逢甲在《人境庐诗草跋》中说公度："其于诗也，虽以余事及之，然亦欲求于古人之外，自树一帜。"梁启超《饮冰室诗话》："公度既不屑以诗人自居，未肯公之同好。"周作人《人境庐诗草》说："我看重《日本杂事诗》与《日本国志》，其次才是《人境庐诗草》。"③ 没有中日笔谈，没有《日本杂事诗》和《日本国志》，黄遵宪不可能有这样丰硕的史学成果和深远的历史影响。

① 黄遵宪著，钱仲联笺注. 人境庐诗草笺注·卷九［M］. 上海：上海古籍出版社，1981：840.

② 刘雨珍. 清代首届驻日公使馆员笔谈资料汇编·上册［M］. 天津：天津人民出版社，2010：38.

③ 周作人. 人境庐诗草［J］. 逸经，1937（25 – 26）.

143

第三节　使日文学

上述《日本杂事诗》和《日本国志》均属史学著作，公度在使日时期还有文学著述。

所谓使日文学，是指黄遵宪在中国驻日大使馆参赞期间所作的作品。在这期间，虽然公度的重心在史学著作，但文学上仍然获得丰收。公度的使日文学包括诗歌和散文两类。

一、使日诗歌

黄遵宪在使日期间的诗歌有两部分。

（1）公度编入《人境庐诗草》中的部分。包括卷三诗歌 48 首和卷四他离开日本时的诗歌 2 首，共 50 首。它们大抵可分为三类：

一是纪游诗。《由上海启行至长崎》2 首和《奉命为美国三富兰西士果总领事留别日本诸君子》，记叙了公度到达日本和离开日本的行程。《不忍池晚游诗》15 首、《大阪》《游箱根》4 首、《为佐野雪津常民题舣亭》等，记叙他在日本游览山水名胜的游历生活，是出现在公度眼前的异邦新景物。光绪八年一月二十日公度离开日本时所作《奉命为美国三富兰西士果总领事留别日本诸君子》说："远泛银河附使舟，眼看沧海正横流。欲行六国连衡策，来作三山汗漫游。唐宋以前原旧好，弟兄之政况同仇。如何瓯脱区区地，竟有违言为小球。"还表达了中国对日本背信弃义地吞并琉球的不满。

二是送别和唱酬诗歌。如《石川鸿斋英偕僧来谒张副使误谓为僧鸿斋作诗自辩余赋此以解嘲》《宫本鸭北以旧题长华园诗索和》《宫本鸭北索题晁山图即用卷中小野湖山诗韵》《庚辰四月重野成斋安绎岩谷六一修日下部东作鸣鹤蒲生纲斋重章冈鹿门千仞诸君子约游后乐园园即源光国旧藩邸感而赋此》《送宍户玑公使之燕京》《送秋月古香种树归隐日向故封即用其留别诗韵》等，都产生于诗人与日本文人的友好交往和文化生活中，中日文人以笔谈为纽带，彼此赠诗作赋，是中日友好往来的结晶。《徐晋斋观察寿朋吴翰涛贰尹广濡随使美洲道出日本余饮之金寿楼翰涛即席有诗和韵以赠》一首，则为诗人在异国他乡招待路过日本的中国官员的诗歌。《送宍户玑公使之燕京》："《海外大荒经》，既称带方东。是有君子国，挂剑知儒风。唐宋时遣使，车书万里同。缁流唱金经，武士横雕弓。内国既多事，外使不复通。迩者海禁开，乘时多英雄。捧盘从载书，隔海飞艨艟。益知唇齿交，道谊在和衷。子今持使节，累叶家声隆。博学等黄备，抱德追营公。冠垂华随枝，手捻梅花红。同行二三子，亦如贯珠骏。子能弥阙失，竹帛铭汝功。今日送子去，东西倏转蓬，扶桑遥回顾，旭影多朦胧。仰瞻阙庭高，我心亦忡忡。"这是诗人在东京送日本驻中国大使上任的诗。宍户玑（1829—1901），日本文政十二年（1829）出生，是日本长州藩藩士安田直温的第三子，幼名辰之助，名子诚，后改名敬宇，成为藩儒山县太华的养子后改名半藏，再被长州藩家老宍户家收为养子，改名宍户备之助，宍户玑。他历任日本司法大辅、文部大辅、元老院议官。1879 年三月，成为日本驻清国首任公使。《清史稿》卷一百五十八载光绪六年二月："日本使臣宍户玑来议琉球条款，不协，敕海疆戒备。"在任驻清公使期间，与中国总理衙门就琉球问题进行多次交涉。他和两届外务卿寺岛宗则、井上馨，都强调日本对琉球的领有权，拒绝恢复琉球国，仅将宫古、八重山两岛割让给中国，翌年双方达成和议。但由于流亡清朝的琉球人强烈反对，清方推翻了这个和议。但是，宍户玑拒绝再谈，并于 1880 年底愤而归国，致使日本吞并琉球成为现实。《清光绪朝中日交涉史料选辑》载，光绪六年十二月二十七日，《总理各国事务衙门奏日本使臣宍户玑回国摺》："本月十二日接其（日本大使馆）照会，称（宍户玑）奉咨回国。饬其参赞田边太一，暂署使臣。"[①] 宍户玑于十二月二十一日正式启程离开北京回国，大使由参赞田边太一接任。钱仲联《人境庐诗草笺注》卷三引《清史稿交聘年表》："日本驻使宍户玑，光绪五年闰三月任，光绪八年卸任。"宍户玑光绪八年卸任的记载，当有误。公度的诗歌作于光绪五年三月何如璋、黄遵宪等送日本驻中国大使宍户玑启程到中国时，诗歌追溯中日外交关系的历史，歌颂宍户玑不凡的身世和才学，预祝他出使中国成功，以及对中日外交前景的担忧。诗歌记载了日本首届驻中国大使宍户玑到中国上任的正式的外交活动，是难得的珍贵资料。

　　三是反映日本历史事件的诗歌。如《西乡星歌》、《樱花歌》、《陆军官学校开校礼成赋呈有栖川炽仁亲王》、《都踊歌》、《近世爱国志士歌》12首、《赤穗四十七义士歌》等，它们或者描写日本史上的重大事件，或者反映日本的文化和风俗，与《日本杂事诗》和《日本国志》相表里，反映了诗人对日本历史和文化更深入的认识。《流求歌》则记叙了日本吞并琉球、阻挠琉球国王向中国进贡的重大历史事件，此时日本向外扩张和侵略

---

　　① 清光绪朝中日交涉史料选辑［M］．北京：人民日报出版社，2009：69.

的倾向已经显现，日本与中国的冲突已经开始，预示了中日甲午海战的必然性，它对于研究琉球的灭亡、中日外交关系的转折，有重要意义。

（2）公度的逸诗。如《光绪四年三月十四日分韵即景诗》《题扇赠源桂阁》《思念小万》《赠小万》《思小万和栗香韵》《次韵宫岛评小万》《前游香岛读宫岛先生诗依韵奉贺》《步宫岛养浩堂即吟韵》《录旧词博一笑》《送沈梅史归国》《诗以诮沈君》《题沈石田山水画》（以上12首题目为笔者拟），《和宫岛诚一郎》《一舣老人古稀祝寿诗》《宫本鸭北以樱花盛开招饮长华园即席赋诗》《鹤田嫩姹先生今年八十夫人亦七十其子元缟官司法省来乞诗上寿赋此以祝》《关义臣口招饮座中作次沈梅士韵》《赋呈紫诠先生》《席中用川田瓮江韵赋呈紫诠先生即乞斧正》《浪华内田九成以所著名人书画款识因其友税关副长原苇清风索题杂为评论作绝句十一首》《大雪独游墨江酒楼归得城井锦原游江岛诗即步其韵七首》《别宫岛诚一郎诸君》《留别宫本鸭北》等近40首。另外，还有几首联句的诗词。它们是公度在日本期间与日本友人的应酬诗，见于中日文人笔谈资料中，未被编入《人境庐诗草》。它们是公度的逸诗，但也可能是公度有意忽略的。这些诗歌，主要反映了公度与日本文人的文化交往，是中国首届驻日大使馆文化生活的重要组成部分。这些诗歌，描写异国他乡的新事物、新事件、新人物，是公度对中国文化的新贡献。

二、使日散文

公度在使日期间，散文著述丰富。光绪四年（1878）有《蝙蝠伞铭》《皇朝金鉴序》《春秋大义序》《中学习字本序》《巡回日记序》《赖山阳书翰跋》《诰封通政大夫何淑斋先生暨德配范夫人八旬开一寿序》（代）7篇；光绪五年（1879）有《先哲医话跋》《日本文章轨范序》《养浩堂诗集跋》《近世伟人传第四编书后》《冈千仞诗评》5篇；光绪六年（1880）有《题近世伟人传》《养浩堂诗集跋》《评万国史记序》《仙桃集序》《评与某论冉求仲由书》《明治名家诗选序》《藏名山房集序》《朝鲜策略》8篇；光绪七年（1881）有《牛渚漫录序》《北游诗草序》《读书余适序》《养浩堂诗集序》《春秋大义序》《畿道巡回日记序》《皇朝金鉴序》《斯文一斑第七集评语》《斯文一斑第八集评语》《斯文一斑第九集评语》《评爱国丛谈序》《评送佐和少警视使欧洲序》等。四年期间，有散文30多篇。

黄遵宪有《人境庐诗草》，而无《人境庐文钞》，可见公度不太重视散文。有趣的是，在公度使日之前，除了《寄和周朗山诗跋》外，基本上没有散文。到日本之后，由于日本文人恭恭敬敬地向公度请教，他们的诗集、文集完成以后，请公度为他们撰序写跋，公度无法推辞，故有斯作。这无意中为公度打开了一扇散文创作的之门，是他文学生涯中的意外收获。

在使日期间，公度还有其他的散文著作，如光绪六年（1880）的《朝鲜策略》。光绪六年七月十五日，黄遵宪在日本第一次与访日的朝鲜修信使金宏集会谈。金宏集（1842—1896）：又名金弘集，字敬能，号道园，李朝朝鲜后期的政治家。1880年作为修信使访日，带回黄遵宪的《朝鲜策略》，成为朝鲜开化运动的积极推进者。后任左议政，三度出任总理大臣，推动官制改革、断发令及废除科举等；1896年被杀害，谥号"忠献"，著有《修信使日记》《金弘集遗稿》等。光绪六年七月十六日，大清钦使何如璋和参赞黄遵宪一起，与金宏集会谈。七月十八日，钦使何如璋、副使张斯桂，与金宏集会谈。此日，黄遵宪没有参加，他在大使馆撰写《朝鲜策略》。光绪六年八月二日，金宏集访日即将结束，黄遵宪会见金宏集，呈上《朝鲜策略》。黄遵宪说："仆平素与何公使商略贵国急务，非一朝一夕。今辄以其意见书之于《策》，凡数千言。知阁下行期逼促，恐一、二见面不达其意，故迩来费数日之力草（就）。虽谨冒渎尊严上呈，其中过激之言，千万乞恕，鉴其愚而怜其诚，是祷。"① 此数千言之《策》，即《朝鲜策略》。

《朝鲜策略》之《引言》云："地球之上，有莫大之国焉，其曰俄罗斯。其幅员之广大，跨行三洲，陆军精兵百余万，海军巨舰二百余艘，顾以立国在北。天寒地瘠，故狘然思启其封疆，以利社稷。自先世彼得王以来，新拓疆土既逾十倍。至于今王，更有囊括四海，并吞八荒之心。其在中亚细亚，回鹘诸部，蚕食殆尽。天下皆知其志之不小，往往合纵以相拒。土耳其一国，俄久欲并之，以英、法合力维持，俄卒不得逞其志。方今泰西诸大，若德，若奥，若英，若意，若法，皆耽耽虎视，断不假尺寸之土以与人。俄既不能西略，乃幡然变计，欲肆其东封，十余年来，得桦太洲于日本，得黑龙江之东于中国，乂屯戍图们江口，据高屋建瓴之势，其经之营之，不遗余力者，欲得志于亚细亚耳。朝鲜一土，实居亚细亚要冲，为形势之所必争。朝鲜危，则中东之势日亟。俄欲略地，必自朝鲜始矣。嗟夫，俄为虎狼秦，力征经营三百余年，其始在欧罗巴，继在中亚细亚，至于今日更在东亚细亚，而朝鲜适承其敝。然则策朝鲜今日之急务，

① 刘雨珍. 清代首届驻日公使馆员笔谈资料汇编·下册［M］. 天津：天津人民出版社，2010：708.

莫急于防俄。防俄之策如之何？曰：亲中国，结日本，联美国，以图自强而已。"①《朝鲜策略》正文便是具体论述防俄的方针方法。金宏集接到《朝鲜策略》后，感激万分地说："见示册子，万万感铭，胜似逢场笔话多矣。得暇奉阅，仍当携归，俾我国人咸知上国诸公之眷念如是厚且挚矣。"

《引言》提出虎狼之国的俄罗斯为亚洲侵略之源，指出朝鲜的头号危险是俄国的侵略，为朝鲜制定的抵御俄国侵略的方针是："亲中国，结日本，联美国"，即合纵抗俄之策。这些意见，公度曾与钦使何如璋讨论，何如璋说："熟察亚洲大局，将来为我大害者，非英非德非澳，唯一俄国也。俄国真虎狼之国，其作祸，先发端于朝鲜。朝鲜一跌，中土则危。"这些意见，基本上是中国的外交方针。光绪五年二月十日，公度说："近日李爵相且驰书朝鲜：告以日本之可亲，俄人之可畏。"因此，公度的《朝鲜策略》，基本代表了中国政府的主张。《朝鲜策略》中把俄国视为亚洲的最大危险，在中国外交史上具有深远的意义。掠夺中国唐努乌梁海、海参崴等数百万平方公里的国家，不是别人，正是俄罗斯。

黄遵宪在使日期间的史学和文学著作，都与笔话有紧密的联系。

---

① 文献七［M］．北京：书目文献出版社，1981：65.

第七章　思想转变

黄遵宪的命运发生根本变化的时间是在光绪三年底，他到达日本东京任中国首任驻日大使馆参赞之后。他思想的变化也与此相联系。

第一节　使日初期的思想

如前所说，从黄遵宪读书时期的《感怀三首》和《杂感》等诗歌中，我们可以看到青年黄遵宪激烈地批判儒学、批判中国几千年的教育文化制度，并在语言文化、文学创作和语言与文字统一等方面提出"我手写我口""诗界革命"等新见解。他在这些思想方面的深度，远远地超越了他的时代，甚至比五四时期新文化运动中白话文大师们的主张还早，黄遵宪的思想无疑具有超前性。

但是，这只是一方面。在政治思想方面，公度丝毫没有、也不可能超越统治阶级的思想红线。在光绪三年前，他的政治思想和基本的文化思想，与闭关锁国环境下的大清儒生一样，封闭而保守。此时的黄遵宪，不过是中国落后偏僻山区的一个久不得志而满腹牢骚的读书人，虽然对清朝的科举制度充满怨怒和批判，但是他却像四处碰撞的苍蝇，八方乱闯却找不到出路。

具体而言，在使日初期的光绪三四年，也即他使日后的第一二年，公度的思想保守顽固，对日本明治维新以来出现的新思想和新制度表示质疑和反对。

黄遵宪初到日本时，明治维新仅进行十年。中国首届驻日大使馆进驻芝山时，黄遵宪的身边聚集了一批文化修养极高的汉学家，但是他们是思想守旧的反对明治维新的日本儒生。他们对新出现的维新变法不满，他们的观点对初到日本的公度形成了先入之见。光绪十六年，公度《日本杂事诗》之《定本自序》回忆说："余于丁丑（光绪三年，1877）之冬，奉使随槎。既居东二年，稍与其士大夫游，读其书，习其事……时值明治维新

之始……余所交多旧学家,微言讥刺,咨嗟太息,充溢于吾耳。虽自守居国不非大夫之议,而新旧异同之见,时露于诗中。"这使他的《日本杂事诗》部分地打上守旧的烙印。严格地说,此时公度的思想与出使日本前时变化不大。《宫岛诚一郎与何如璋黄遵宪笔谈》载,光绪四年六月三日公度说:"若以素日不学无术之人遽煽动自由之说,加之大国武风侠气渐染日久,其不为乱者几希。故仆私谓教士取士为今日莫急之务,如铁道等,其次者也。"沈梅史也附和说:"贵国今尚西法,言利与民权,皆致乱之道也。人皆争利,不夺不餍,民苟有权,于君何有?"此时的公度,与清朝多数儒生一样,完全站在统治阶级一边,诅咒西方的民主自由,把人民的自由视为致乱之源。《戊寅笔话》第二十五卷《第一六八话》载:光绪四年(1878)十月二十二日,公度说:"近者士风日趋于浮薄,米利坚自由之说,一倡而百和,则竟可以视君父如敝屣。所赖诸公时以忠义之说维持世教耳。"他把新兴的民主自由思想,视为浅薄的跟风潮流,呈现出一副中国封建社会迂腐保守的劣等儒生的可憎面目。不独公度,此时在日本的中国士大夫也大体如此。清王韬《跋日本冈鹿门文集后》:"日本执政者,又复崇效西法,振兴西学,尽弃其旧而新是谋,甚至于改正朔,易服色,冠裳制度、礼乐政刑俱为一变。而民俗亦渐浇而黠,向之所谓敦厚者,一旦荡焉泯焉。启不知者观之,以为富强著效,驶缦乎驰域外之观。其知之者,或以为失之于太骤,或以为失之于太似。其实所学西法,亦徒袭其皮毛,未得其精,而已嚣然自足矣。"[1] 王韬与公度一样,也难以骤然接受西方的学说,对西学、西法持反对态度。公度《病中纪梦述寄梁任父》:"孰能张纲罗,尽杀革命徒?汝辈主立宪,宁非愚欲迁。"此时的公度,与这样的反动和凶恶相去不远。

因此,公度在政治理论上牵强附会,狂妄自大。他认为,西方民主自由的新思想,其实并没有新意,它只不过是中国老祖宗"墨人自由之说"。当日本出现作为现代政治制度重要保障的多党制时,公度把它等同于中国明代末年已经出现的复社和几社,他认为:"士大夫退居,最以理乱不知、黜陟不闻为宜。自立一社,往往多事。明季士大夫喜立社,其弊至于乱国,可鉴也。"他既表现出闭关自守的国家中士人荒诞的制度自信,同时又有井底之蛙的盲目自大。此时的辫发先生黄公度,与大清那些"豚尾辫发,长袖行縢"的顽固儒生,有何差异?

在文化理论上,公度更为守旧。光绪五年二月在与冈千仞的笔谈中,

---

① 王韬. 弢园文录外编·卷十 [M]. 上海:上海书店出版社,2002:283.

公度说："吾考耶苏之学，尽同于墨子。昌黎有言：'孔必用墨。'使登圣人之门，要当是一贤人。其荒诞不经之说，则以当时泰西人尚野蛮，不为神奇，不足以坚其尊信之心（回教亦如此）耳。"①他认为，西方的基督教的学识，与东方中国墨子的学识完全相同，这真是石破天惊之论。光绪七年，公度为日本医学家浅田宗伯的《牛渚漫录》作《序》云："余尝以为泰西格致之学，莫能出吾书之范围。或者疑余言，余乃为之征天文算法于《周髀》盖天，征地圆地动之说于《大戴礼》《易乾凿度》《书考灵曜》，征化学之说于《列子》《庄子》，征光学之说于《墨子》，征电气之说于《亢仓子》《关尹子》《淮南子》，征植物动物之说于《管子》《抱朴子》，闻者始缄口而退。挽近士夫喜新鹜奇，于西人之医事，尤诧为独绝。见其器用之利，解剖之能，药物之精，辄惊叹挢舌，谓为前古之所未有，转斥汉医为迂疏寡效，卑卑无足道。噫嘻！何其不学之甚也。"浅田宗伯（1815—1894），名惟常，字宗伯，号栗园、识此，日本信浓（今长野县）人，生于医学世家，精通中医。曾任德川将军家典医、宫内省侍医，著有《皇国名医传》《伤寒辩要》等。他多次为黄遵宪治病，彼此成为好友，公度为其《先哲医话》《仙桃集》《牛渚漫录》等著作序。在公度看来，日本明治维新崇尚西学是"喜新鹜奇"，在态度上十分可笑，在知识上是完全无知。因为，西方的一切学术：不管是形而上学的思想理论，还是形而下的天文、历算、生物、化学、电气、动物、植物等一切科学技术，虽不能说都源于中国，但都是中国古已有之，是"莫能出吾书之范围"的。其实，公度不仅无知，而且狂妄，夜郎自大到了惊人的地步。

应该说，公度的思想是复杂的。在政治思想上，他在日本时期就有了改变。在文化思想上，虽然科举时期就批判科举制度，主张科举改革，但是却始终变化不大。故在公度的大著《日本国志》中，他依然故我。在《日本国志》卷三十二《学术志一》："余考泰西之学，其源盖出于墨子。其谓：人人有自主权利，则墨子之尚同也；其谓：爱汝邻如己，则墨子之兼爱也；其谓：独尊上帝，保汝灵魂，则墨子之尊天明鬼也。至于机器之精，攻守之能，则墨子备攻备突、削鸢能飞之绪余也。而格致之学，无不引其端于《墨子·经上下篇》。当孟子时，天下之言，半归于墨，而其教衍而为七。门人邓陵、禽猾之徒，且蔓延于天下。其人于泰西，源流虽不可考，而泰西之贤智推衍其说，至于今日。而地球万国行墨之道者，十居

151

① 刘雨珍. 清代首届驻日公使馆员笔谈资料汇编·下册［M］. 天津：天津人民出版社，2010：638.

其七。距之辟之于二千余岁之前，逮今而驳骏有东来之意，呜呼，何其奇也。"公度认为，西方的一切学问均源于中国先秦时的《墨子》。虽然由中国的墨子传到西方的文化传播路径和源流难以考证，但是究其学术而言，却与《墨子》完全相同。

他对墨子情有独钟，特别爱读《墨子》，并把《墨子》中与西方学术有关的章节录出为《钞出墨子中与西学相合者》，寄给日本友人，以宣传他的"西学墨子说"。光绪七年闰月廿四，黄遵宪《答社长中村敬宇书》中说："仆向读《墨子》，以谓泰西术艺，尽出其中。至《尚同》《兼爱》《尊天》诸篇，则耶稣之说教，米利坚之政体，亦隐括之。自明利玛窦东来吾国，始知西学，当时诧为前古未闻，不知二千余年之前，已引其端。乃知信昌黎一生推许孟子，而有孔必用墨、墨必用孔之言，盖卓有所见也。仆曾钞出《墨子》中与西教相合者数节，今以敬呈。"中村正直（1803—1891），通称敬辅，号敬宇，先以儒学显，后通西学。曾任幕府儒官，维新后任东京女子师范学校教授、东京大学教授等。译有《西国立志篇》《自由之理》等，著有《敬宇诗集》《敬宇文集》等。中村正直读了公度的《墨子》选抄说："余未读《墨子》，忽得公度先生此抄本，始惊其见识卓然，真有不可磨灭者焉。"公度的惊天之论，深深地打动了中村正直，他惊叹公度的见解，对它推崇备至，认为"西学墨子说"可以永垂不朽。他又作《蕴奉赠黄公度先生》诗："公度先生轩霞表，使我对之俗念了。一夕知胜十年读，如泛大海探异宝。尝论墨子同西说，卓识未经前人道。示我离诗绪余耳，亦自彪炳丽词藻。平生心期在经纶，如闻著志既脱稿。嗟我多歧徒亡羊，一事未成头已皓。看君膂力将方刚，经营四方济亿兆。他年万里垂天翼，庇护幸及蜻蜓岛。"[①] 中村正直极力推尊公度的"西学墨子说"。

中村正直诗中的"如闻著志既脱稿"，即指《日本国志》。公度的确在《日本国志》中大力宣传他的"西学墨子说"。他在《西学篇》说："外史氏曰：以余讨论西法，其立教源于墨子，吾既详言之矣。而其用法类乎申韩，其设官类乎《周礼》，其行政类乎《管子》者，十盖七八。若夫一切格致之学，散见于周秦诸书者尤多。余考泰西之学，墨翟之学也。尚同、兼爱、明鬼、事天，即耶稣十诫所谓'敬事天主，爱人如己'。他如：化，徵《易》：若蛙为鹑，五合，水、火、土，离然，铄金，腐水，离木；同，重体合类异，二体不合不类，此化学之祖也。均，发均县轻重而发绝，不

---

① 葛兆光. 清华汉学研究·第一辑［M］. 北京：清华大学出版社，1994：230.

均也，均，其绝也，莫绝：此重学之祖也。"总之，在公度眼里，西方的一切均没有新意，西方的一切均不值得惊奇，西方的一切也不值得学习。因为，西方的一切，均是我们东方老祖宗的孑遗而已。

这种天朝上国的大国沙文主义态度，在文化思想上是阻碍中国人承认新事物、接受新思想的头等毒药。它在戊戌政变中发酵，在中体西用中显灵，甚至百余年后的中国仍在延续。晚清的公度思想如此，不足为怪。

第二节 思想的变化

虽然在文化思想上公度顽固不化，但是在政治思想上，他在使日时期就开始发生改变。

到光绪五年，公度上述的言论较少见到了。公度目睹了日本明治维新带来的新面貌，看到"中华以外天"变从西法带来的社会进步，随着视野的逐步开阔，他的观念开始转变，并开始主动地学习西方民主自由的学说。公度《致梁启超书》："二十世纪中国之政体，其必法英之君民共主乎？胸中蓄此十数年，而未尝一对人言。惟丁酉（光绪二十三年，1897）之六月初六，对矢野公使言之，矢野力加禁诫。尔后益缄口结舌。虽朝夕从公游，犹以此大事未尝一露，想公亦未知其深也。仆初抵日本，所与游者多旧学，多安井息轩之门。明治十二三年时，民权之说极盛，初闻颇惊怪。既而取卢梭、孟德斯鸠之说读之，心志为之一变，以谓太平世必在民主。然无一人可与言也。"① 卢梭是法国启蒙主义思想家，他坚持社会契约论，主张建立理性王国；强调自由平等，反对压迫；提出天赋人权，反对专制、暴政。其代表作有《论人类不平等的起源和基础》《社会契约论》《爱弥儿》《忏悔录》等。卢梭在《社会契约论》中说："人是生而自由的。"卢梭《论人类不平等的起源和基础》："在一切动物之中，区别人的主要特点的，与其说是人的悟性，不如说是人的自由主动者的资格。"孟德斯鸠是法国杰出的思想家，在《论法的精神》中提出著名的三权分立学说，第二卷重点论述了自由的概念、法律自由与政体的关系，作者将国家政体的权力归结为立法权、行政权和司法权三种，它们应该是相互依存、相互制约，又不可相互代替。他认为，三权分立关乎国家政体的巩固，以

153

---

① 黄遵宪. 致梁启超书［M］//郑海麟，张伟雄编校. 黄遵宪文集. 东京：中文出版社，1991：195.

及民众、社会团体、政党等社会阶层政治自由是否得到保障，因此应按照立法、行政、司法三权分立的原则组成国家，这是他对人类文明政治理论的最大贡献。卢梭的天赋人权理论，孟德斯鸠的三权分立的理论，是西方现代民主制度的奠基著作。孟德斯鸠《论法的精神》发表于1748年，卢梭《社会契约论》发表于1762年，1776年，美国第一个运用他们的理论建立了新型国家，并将人权和三权分立理论写入美国宪法。十多年后的1789年，法国资产阶级革命家发表《人权宣言》，在人类历史上再次肯定天赋人权和三权分立原则。这些理论，使美国、法国等欧美现代国家拔地而起，并强盛至今。公度在日本所读的著作，应该是卢梭的《社会契约论》和孟德斯鸠的《论法的精神》等。在公度使日时期，虽然这些著作发表已一百余年，但是公度在19世纪80年代读到它们，在中国人中仍然是最早学习西方民主自由思想的人之一。由于他直接追溯到现代民主自由思想的源头，把握了现代民主自由制度的根本，这使他在政治思想和国家政体等方面发生深刻的思想转变，由此摒弃了原来的封建独裁的国家观念，思想上产生了质变和飞跃。

同时，明治天皇决定开设国会，把现代的民主制度首先在东亚付诸实践，公度闻讯极为鼓舞。其《致宫岛诚一郎书》说："仆辈捧读诏书，亦诚欢忭蹈舞不已。君民共治之政体实胜于寡人政治，况阀阅勋旧之所组织者！"[①] 黄遵宪《己亥杂诗》自注载，公度私下对何如璋说："中国必变从西法。"[②] 此时公度在日本，他的思想继续向纵深发展变化，作出了中国必然走西方民主自由政治的预言。虽然他的预言并没有应验，但是它所隐含的价值观：中国应该走西方民主之路是确定的。此时的中国，在不情愿被迫开放上亦步亦趋，还在消极地对抗西方国家，故恩格斯《波斯和中国》称中国这个"世界上最古老的帝国"正在作"垂死挣扎"。但由于日本实行主动的开放和政治改革，于1885年实行内阁制，翌年开始制宪，并于1889年正式颁布宪法，1890年召开第一届国会，全面的政治和经济改革使日本迅速崛起，而将中国留在原地"垂死挣扎"。公度渐渐认识到日本变法维新的正确性："万国强由法变通"，他为日本的政治改革叫好。他在《致宫岛诚一郎书》中说："君民共治之政体实胜于寡人政治！"他把日本的变法与中国的命运联系起来："滔滔海水日趋东，万法从新要大同。"公

---

① 杨天石. 近代中国史事钩沉——海外访史录［M］. 北京：社会科学文献出版社，1998：14.

② 黄遵宪著，钱仲联笺注. 人境庐诗草笺注·卷九［M］. 上海：上海古籍出版社，1981：826.

度的思想从此转变，他热情地歌颂日本的变法维新，《西乡星歌》说"光华复旦歌维新"，《近世爱国志士歌序》："卒以成中兴之业，维新之功，可谓盛矣。"当然，他对中国的前途也并不乐观，他认为，变法有几种选择：一是日本的主动自强，二是埃及的被迫开放，三是印度的不改革而受奴役，四是波兰的不改革而国土被瓜分。为了避免被奴役和被瓜分，中国应走日本式的主动自强之路。

应该说，公度使日之后他的思想才发生重大转变。他认清了民主自由的历史潮流和西方人引领的世界潮流，对中国的前途有了"必变从西法"的坚定信念，他已经找到拯救中国的方法。

公度思想的转变意义重大。随便说一声"改革"，是很容易的。唯物论的物质变化原理表明：天下万物无时无刻不在变化中，社会的变革也是如此。但是，社会在器物上接受新事物容易，在经济上部分改革也较容易。但是，在政治上改革却十分艰难。20世纪80年代以来，中国改革开放已40年了，但是却依然停留在器物和经济等部分事物上，虽然国务院总理也曾千呼万唤，但是政治改革至今却未有分毫的松动。黄遵宪思想的伟大，首先便是他关于中国的政治改革的思想。他希望改革中国陈旧的封建政体，希望废除专制独裁的政治制度，建立现代的民主政体。黄遵宪曾被称为保皇党首领，其实他是戊戌变法的先锋。在改革的皇帝和复辟的太后之间，他的确是保皇党，其实质是改革派而已。因此，黄遵宪与戊戌变法主将康有为最能彼此欣赏。光绪三十四年康有为在逃亡中为公度作《黄公度诗集序》（即今《人境庐诗草序》），他在《日本杂事诗序》中说："吾友嘉应黄观察公度，壮使日本，为《日本杂事诗》……黄子文而思，通以瑟，周历大地，略佐使轺，求百国之宝书，罗午旁魄，其故至博以滋。而日本同文，而讲其沿革、政教、学俗，以成其《国志》，而耸吾国人，用意尤深，宜其达政专对绰绰也。《杂事诗》者，亦黄子威风之一羽而已。"他对黄遵宪的知己之感，深切动人。故戊戌政变后，逮捕康有为的军队包围了黄遵宪的住处，认为公度私藏了康有为。康有为获罪后，人们讳言康氏。但是章太炎在中国同盟会的机关报《民报》第十号上发表《箴新党论》说："黄遵宪康有为，交最深……有为既败。杨刘死。张之洞、梁鼎芬始与有为抵拒。其党人亦稍稍引去，而江标以连蹇死，惟黄遵宪始终依迬。"

公度的思想变化，首先表现在他使日时期所著的《日本杂事诗》中。《日本杂事诗》其六："剑光重拂镜新磨，六百年来返太阿。方戴上枝归一

日，纷纷民又唱共和。"① 此诗在日文版的《日本杂事诗》中标题为"明治维新"，自注："中古之时，明君良相，史不绝书。外戚颛政，霸者迭兴。源、平以还，如周之东君，拥虚位而已。明治元年，德川氏废，王政始复古。伟矣哉中兴之功也！而近来西学大行，乃有倡美利坚合众国民权自由之说者。"诗歌介绍"共和"，诗注较客观地描写日本西学流行和实行美国民主自由的思想。《日本杂事诗》其七："呼天不见群龙首，动地齐闻万马嘶。甫变世官封建制，竟标名字党人碑。"自注："明治二年三月，初改府藩县合一之制，以旧藩主充知事。而萨、长、肥、土旋上表请还版图。至三年七月，竟废藩为县。各藩士族亦还禄秩，遂有创设议院之请。而藩士东西奔走，各树党羽，曰自由党、曰共和党、曰立宪党、曰改进党，纷然竞起矣。"此诗在日文版的《日本杂事诗》中标题为"废藩置县"，诗歌歌颂日本废除封建制度，注文介绍了日本创设议院的分权制，和伴随民主的多党制的出现。当时，板垣退助、宫部襄、副岛种臣等主张民主自由的人物纷纷涌现。板垣退助（1837—1919），幼名猪之助，别名正躬、正形，号无形、如云等，土佐藩人。维新后曾任参议，后下野，设立爱国公党、立志社、自由党等，致力于推动日本的自由民权的运动。

公度思想的变化，还表现在使日时已完成草稿的《日本国志》中。在《日本国志》卷一《国统志一》中，公度说："且夫物极必反，事穷必变。以一线相延之统，屡蹶而复振，宜乎剑玺之传与天壤无穷矣。然而近日民心渐染西法，竟有倡民权自由之说者。中兴之初，曾有万机决于公论之诏，而百姓执此说以要君，遂联名上书，环阙陈诉，请开国会而伸民权。而国家仅以迟迟有待约之，终不能深闭固绝而不许。前此已开府县会矣，窃计十年之间，必又开国会也。嗟夫，以二千五百余岁君主之国，自今以往，或变而为共主，或竟变为民主，时会所迫，莫知其然。虽有智者，非敢议矣。作国统志。"公度从历史角度，论述日本民主自由的发展历程和历史必然性。虽然统治阶级千方百计地阻扰民主，但是"开国会而伸民权"的新生事物终于出现在千岛之国。《日本国志》卷三《国统志三》又道："初，水户藩德川齐昭素主攘夷论，尝建美国十不可和之议……板垣既归，遂倡民权自由之说，居林下十数年，众推为党魁云。"虽然德川齐昭等旧势力仍然抵制民主自由思想，但是在板垣等新生力量的倡导下，民权自由最后取得了胜利，揭示了世界民主自由必然胜利的历史大趋势。这些思想，不要说在晚清时惊天动地，就是放在一百余年后的中国，它仍振

---

① 黄遵宪. 日本杂事诗广注 [M]. 长沙：湖南人民出版社，1981：36.

聋发聩。公度的思想，不仅超越晚清时期他的同辈，而且超越了中国思想界150年。

　　公度的思想变化，还表现在他使日时期的诗文中。光绪三年，公度《西乡星歌》："尊王攘夷平生志，联翩三杰同时起。锦旗遥指东八州，手缚名王献天子。河鼓一将监众军，中宫匡卫罗藩臣。此时赤手同捧日，上有一人戴旒冕，是为日神之子天帝孙。下有八十三州地，满城旭彩辉红轮。乾坤整顿兵气息，光华复旦歌维新。"西乡隆盛（1827—1877），通称吉之助，号南洲，萨摩藩人。他是日本江户末期、明治初期的政治家，他与大久保利通、木户孝允并称为维新三杰，历任明治新政府参议、陆军大将等。1877年九月，因西南战争兵败自尽。诗歌颂扬西乡隆盛的精神，歌颂日本的统一，以及明治维新以来的国家新面貌。《近世爱国志士歌序》云："日本自将军主政凡五百年，世不知有王。德川氏兴，投戈讲艺。亲藩源光国作《大日本史》，立将军传，略仿世家、载记及藩镇列传之列，世始知尊王之义。后源松苗作《日本史略》，赖襄作《日本外史》，亦主张其说。及西人劫盟，幕府主和，诸藩主战，于是议尊王，议攘夷，议尊王以攘夷。继知夷之不可攘，复变而讲和戎之利。而大藩联衡，幕府倾覆，尊王之事大定矣。当家康初政，颇欲与外国通商。继而天草教徒作乱，遂一意锁港，杜绝内外。下令逐教士，炮击外船。甚至漂风难民，亦不许回国，处以严刑。识者深忧之，而未敢昌言也。外舶纷扰，屡战屡蹶。有论防海者，有议造炮舰者，有欲留学外国者，德川氏皆严禁之。唱尊王者触大忌，唱通番者犯大禁，幕府均下令逮捕。党狱横兴，株连甚众。而有志之士，前仆后起，踵趾相接，视死如归。死于刀锯，死于囹圄，死于逃遁，死于牵连，死于刺杀者，盖不可胜数。卒以成中兴之业，维新之功，可谓盛矣。明治初年，下诏褒奖，各赠阶赏恤。今举其尤著者十数人，著于篇，以兴起吾党爱国之士。"歌颂日本的尊王统一，歌颂明治维新对国家的中兴之功。《近世爱国志士歌》："拍枕海潮来，勿再闭关眠。"闭关锁国，关乎一个国家的国运。日本明治维新摒弃了闭关锁国的国策，主动对世界实行开放，开放成为推动日本发展的重要动力。此时的中国，骨子里仍然是闭关锁国。此前闭关锁国导致鸦片战争，当闭关锁国难以继续时才被迫开放，在抵制世界潮流中苟延残喘。一有机会继续闭关锁国，故下有乱杀洋人的义和团排外运动，上有荒唐的对德、奥、美、法、英、义、日、俄八国的《宣战诏书》，最后京师沦陷、两宫西狩，导致四亿五千万两白银的庚子赔款，耗尽了清朝最后一点元气，使大清寿终正寝。可见，闭关锁国是中国落后和日本崛起于世界的重要分水岭。光绪六年，公度

157

《明治名家诗选序》："德川氏中叶以后，禁网繁密，每以文字之故，下儒者于狱，至使学士大夫不复敢弄笔为文。维新以来，文网疏脱，捐弃忌讳，于是人人始得奋其意以为诗，所以臻此极盛也。"他抨击封建独裁制度下的文字狱，歌颂明治维新时期的言论自由。公度《藏名山房集序》："自欧米诸国接踵东来，举从古未通之国，从古未闻之事，一旦发泄之。问其政体，则以民为贵，以共和为政，以天下为公。"他歌颂欧美民主自由的政治制度，歌颂民主共和的政体，歌颂天下为公的思想。这些思想与辛亥革命时期孙中山的思想和语言何其相似。在专制独裁的大清帝国时期，这些思想是何等的进步！

由于有了新思想，公度后来成为中国维新变法的积极宣传者、倡导者和参与者。他在任驻美国旧金山总领事、驻英国使馆参赞和驻新加坡总领事期间，深受美、英等现代民主政治和政体的启发，对中国政治改革提出了"君主立宪"的鲜明主张。1894 年，他回国后立即投身于变法维新的政治运动。他参加强学会，与梁启超、汪康年一起创办《时务报》，在湖南署按察使期间，协助湖南巡抚陈宝箴推行新政，先后设立保卫局、南学会、时务学堂，延请梁启超入主湘学，使湖南风气大变。他还提倡还权于民，建立人民自治的新政体，以改革封建官权大于一切的旧体制："遵宪首倡民治于众曰：亦自治其身，自治其乡而已。由一乡推之一县、一府、一省，以迄全国，可以成共和之郅治，臻大同之盛轨。"① 这些"民治"思想，实质就是民主自由。他是中国宣传民主思想最早的人之一，是推动中国政治改革的伟大先驱。这些政治改革的新思想和新举措，令皇帝耳目一新。《光绪实录》卷四百十八载，光绪二十四年四月，皇帝下诏："湖南盐法长宝道黄遵宪、江苏候补知府谭嗣同、著该督抚送部引见。广东举人梁启超、著总理各国事务衙门察看具奏。"虽然后来谭嗣同、梁启超的名气超过黄遵宪，但是在戊戌夏天朝廷所重用的变法维新人氏中，黄遵宪却排在第一位。光绪二十四年六月，戊戌变法已经启动，皇上下诏军机大臣和张之洞："前经降旨：电催黄遵宪来京。现在计已启程，无论行抵何处，著张之洞、陈宝箴催令趱程迅速来见。"② 此时戊戌变法刚刚开始 30 余天，距戊戌政变还有两月，皇帝处在生死存亡的关键时刻，他专门下诏催促黄遵宪来京。皇上如此心急火燎，可见公度对于变法维新的重要意义。《光绪实录》卷四百四十五载，光绪二十五年五月，慈禧太后下旨："候选道

---

① 赵尔巽，等. 清史稿·卷四百六十四 [M]. 北京：中华书局，1976.

② 宝鋆，载龄，沈桂芬，等. 光绪朝实录·卷四百二十二 [M]. 北京：中华书局，1986.

左孝同，从前是否钻附革抚陈宝箴、交结黄遵宪、梁启超，有无主张民权，擅易冠服情事。"在戊戌变法失败后，公度成为排在湖南巡抚陈宝箴之后的第一罪臣。公度暴得大名以及转瞬即逝的荣辱，均缘于他变法从西的政治改革的伟大思想。

第三节　与冈鹿门的友情

黄遵宪的思想为何有这样的变化和进步呢？

他的思想在短时期里发生如此深刻、剧烈的变化，在契机上应归因于公度出使日本，在外部原因上归因于日本明治维新的历史大趋势，而在具体的过程和环节上，则缘于日本进步文人的影响。

黄遵宪使日时期，结识的日本朋友数以十计，其中交谊至深的主要有源桂阁、宫岛诚一郎、冈鹿门、石川鸿斋等。在这些人中，宫岛诚一郎是他最亲密的朋友，历史学者冈鹿门则是黄遵宪"相知最深"、对其的思想影响最大的人。

对于冈鹿门，在 20 世纪 90 年代以前，中国关于他的资料较少。冈鹿门在《人境庐诗草》中仅出现两次，一是公度《人境庐诗草》卷三的《庚辰四月重野成斋安绎岩谷六一修日下部东作鸣鹤蒲生绹斋重章冈鹿门千仞诸君子约游后乐园园即源光国旧藩邸感而赋此》诗。二是《人境庐诗草》卷七《续怀人诗十六首》之七："袖中各有赠行诗，向岛花红水碧时，只恨书空作唐字，独无炼石补天词。"自注："大沼子厚寿、南摩口口纲纪、龟谷子藏行、岩谷六一修、蒲生纲斋重章、青山季卿延寿、小野湖山长愿、森春涛鲁直、冈鹿门千仞、鲈彦之元邦，皆诗人也。壬午寿，余往美洲，设饯于墨江酒楼，各赋诗送行，多有和余留别韵者。森大来柢南，鲁直之子，年仅十六，兼工词，曾作《补天石传奇》示余，真系京才子也。别后时时念之。"① 在 1991 年出版的《黄遵宪文集》中，有公度《冈鹿门北游诗草序》，书信《致冈鹿门柬》一封和黄遵宪与他的笔谈一次，资料仅此而已。2001 年以来，冈鹿门与公度的书信、序跋、评点和笔谈等未刊资料逐渐被发掘出来，新加坡郑海麟《黄遵宪传》第四章第四节，留学日本的学者陈捷《从〈莲池笔谭〉〈清谦笔话〉等笔谈录看日本汉学家

159

---

① 黄遵宪著，钱仲联笺注．人境庐诗草笺注［M］．上海：上海古籍出版社，1981：582.

冈千仞与访问日本的中国知识人的文化交流》① 对此作了介绍，日本东京都立中央图书馆特别资料室所藏冈千仞的笔谈原件《莲池笔谭》《清谦笔话》《黄遵宪与冈千仞笔谈》等被中国学者整理出来，尤其是刘雨珍编校的《清代首届驻日公使馆员笔谈资料汇编》等书在 2010 年出版后，对他们二人关系的研究有了深入可能。

对于日本文人冈千仞，清俞樾《东瀛诗纪》载："冈千仞，字振衣，号鹿门，仙台人，著有《东旋诗纪》一卷。"但是，冈千仞是他 30 岁以后的名字。冈千仞（1833—1914），本名庆辅、启辅，字天爵，日本仙台下级藩士。他崇拜中国文化，有"吾虽非禹域人，同是禹域人种中一人"之说。因而自幼受中国文化影响，熟读四书五经、唐宋八大家的作品、《左氏》《国策》、《庄子》诸书和《近思录》《伊洛渊源录》等中国典籍，曾任日仙台藩议事局议员、东京府立中学教员、文部省编修寮、大学教师、修史馆编修、东京书籍馆干事（实际上的东京图书馆馆长）等职。明治初年（1868）辞职归家，因钦慕中国西晋诗人左思《咏史》其五"振衣千仞冈，濯足万里流"描写的魏晋名士风度，遂改名冈千仞，字振衣，号鹿门。中国第二任驻日大使黎庶昌在《拙尊园丛稿》卷六称他："怀抱郁勃之气。"清王韬称赞他为"豪侠之士"，其《跋日本冈鹿门文集后》云："吾友冈君千仞，当今豪侠士也，沉思而远虑，博学而多闻。"日本龟谷省轩称赞他："冈天爵文坛飞将，除山阳外眼中无人。"冈是英杰之士。辞职后兴学育才，有"弟子三千"之称。他勤奋著述，有《尊攘记事》《藏名山房文初集》《砚癖斋诗钞》《藏名山房杂著》《在臆话记》《涉史偶笔》，译著《法兰西志》《米利坚志》等三百余卷，是明治时期知名的汉学家和史学家。

冈鹿门喜欢与中国文人往来，他的中国朋友数以十计。中国首任驻日公使一行到日时，冈鹿门正主持东京图书馆工作，该馆离中国公使馆驻地芝山增上寺的月界分院只相隔数尺，他常到使馆访问。王韬《冈千仞〈观光纪游〉序》："始见君于莲池酒亭，辱投缟纻，往来无间，浮舟墨水，连舆晃山。"他与中国文人有了往来，《观光诗草》请公度作序，并有公度和嘉应黄均选的评语；《禺于日录》《热海游记》请中国公使馆随员、书法家杨守敬题写书名，王治本作跋；《涉史续笔》请中国公使馆随员姚文栋作序；他到广东时获得端砚，著《砚癖斋诗抄》，于是请中国公使馆随员黄

① 郑海麟. 黄遵宪传［M］. 北京：中华书局，2006；陈捷. 从《莲池笔谭》《清谦笔话》等笔谈录看日本汉学家冈千仞与访问日本的中国知识人的文化交流［J］. 日本女子大学纪要，人间社会学部第 12 号，2001.

超曾题写书名，徐琪作序；《东旋诗纪》请中国公使馆随员刘庆汾题写书名，王治本作序。1884 年夏游中国，除了与时任福建船政大臣的中国旧友何如璋相会外，他到苏州、杭州、北京、保定、天津、上海、广州等，与中国洋务派首领宰相李鸿章、两江总督曾国荃，以及洋务派代表如袁昶、盛宣怀等会见，还与中国著名文人俞樾、李慈铭、易顺鼎、张裕钊、文廷式等数十人，以及黄遵宪的朋友龚易图等人相见，诗酒欢会，历时一年。李鸿章称赞他："议论、笔力横绝，自是东洋名手。"袁昶称他："先生东国之英，蕴蓄深厚，通古今之变，达天人之故。"文廷式《纯常子枝语》："余尝举《吾妻镜》书名问日本冈千仞振衣，振衣答云：'吾妻，地名，函根以东总称。'"即他在中国访问时的事。他的中国之行留下了《航沪日记》《苏杭日记》《沪上日记》《燕京日记》《沪上再记》《粤南日记》等，总名为《观光纪游》①。《观光纪游》还见于鲁迅的记载，他在《三闲集》之《皇汉医学》说："小朋友梵儿在日本东京，花了四角钱在地摊上买到一部冈千仞作的《观光纪游》，是明治十七年（1884）来游中国的日记。"中国人对他的日记十分亲切。1896 年，冈千仞与河野汀荃合著的《翻译米利坚志》在新学盛行的湖南长沙出版，对戊戌变法及 20 世纪初的中国思想界有较大影响。

在他的中国友人中，较重要的是黄遵宪。与公度的日本友人源桂阁和宫岛诚一郎相比，公度与冈鹿门相见的时间稍晚。源桂阁首次与公度相见在中国使节到日后三个多月的 1878 年三月三日，据《黄遵宪与日本友人笔谈遗稿》之《戊寅笔话》第 6 卷 42 话，宫岛诚一郎在三月二十三日前，已经与黄遵宪"笔话者数矣"。1878 年春夏因汉学家石川鸿斋前往中国公使馆拜访而产生的《芝山一笑》中，有冈鹿门等十人的诗，公度已于此时与冈鹿门见过面；但二人深入的交往在此年八月。冈鹿门《莲池笔谭》自注："戊寅（1878）八月一日，邀黄、沈二公使饮长酺亭，适王秦园来会。笔谈至晡，得十数纸，乃略次其前后，使勿绞缠之妨。"这比前二人晚了 4 个月。但二人友情真挚，冈鹿门《书〈日本杂事诗〉后》："清国大使馆于增上寺，余与重野、藤野二氏往见。黄君公度出接，以笔代舌，一面如旧。"他不像源桂阁那样急切，也不像宫岛诚一郎那样表面热情而别有用心，他老成持重、情真谊深，一见如故。公度也珍藏着冈鹿门的记忆，《藏名山房集序》："往（岁）余与冈子相遇于昌平馆，冈子卒问余……"

① 冈千仞. 观光纪游［M］//王锡祺. 小方壶斋舆地丛钞：八. 上海：上海着易堂，清光绪十七年（1891）.

1878 年，公度与冈鹿门在笔话之外，还诗文唱酬。自 1878 年夏初见之后，二人"文酒订交，棹舟墨陀，载酒东台，唱和徵逐，殆无虚月"。据王韬《扶桑游记》：光绪五年（1879）闰三月二十八日晚，在西洋酒楼举行招待王韬的宴会，日本文士冈鹿门、重野安绎、佐田白茅等出席；1880 年四月，他与重野成斋、岩谷六一等请公度到日本历史学家源光国故居后园游玩，公度赋诗纪念①。同年七月初，冈鹿门率学生游北海道，鹿门先于墨江酒楼设宴话别，接着公度又于柳桥水阁饯行，酒酣情深处，公度赋诗"归来倘献富国策"相赠，两人依依难舍②。1882 年一月，何如璋任期已满，新公使黎庶昌已前来接手，何如璋回国，黄遵宪改任驻美国旧金山总领事。二月四日重野安绎和宫岛诚一郎联合举行欢送宴会，二月二十日公度在上野八百善举行告别宴会；二月二十六日，何如璋在隅田川中村楼举行大型告别宴会③。1882 年初春，东京墨江中日双方宴会频繁，一派依依惜别的意境。冈鹿门与大沼厚、南摩纲纪、龟谷行等日本友人，在花红水碧的墨江酒楼为公度设宴，赋诗赠别，隆重欢送公度。冈鹿门把这些诗歌收集成册，作《送清国黄君公度赴任美国序》铸成永远的纪念。这份深情，公度多年不忘，《续怀人诗》："袖中各有赠行诗，向岛花红水碧时。"④ 仍感念其事，感情深厚。

二人的交往生动有趣。光绪五年立春这天，黄遵宪《致冈鹿门书》："得缄，背汗雨下，虽严寒若暑中。以仆之固陋，为村塾冬烘先生尚不可。先生顷许为一字师，殆引昌黎师不必贤于弟子之言乎？善对而近谑矣。"公度把发生在唐代李相身上的"一字师"典故，误记为韩愈。后来公度察觉，于同月十五日郑重地向冈鹿门道歉。陈捷《黄遵宪与冈鹿门笔谈》载："前辱函以'一字师'三字为错引故实。'一字师'之典屡见，不关昌黎。仆本无心及此，作是语者，仆谓一字尚不敢当，况竟称之乎！以解先生胸中之疑。"⑤ 深表歉意。其实，"一字师"典故，复杂繁多。除了五

---

① 黄遵宪著，钱仲联笺注．人境庐诗草笺注·卷九［M］．上海：上海古籍出版社，1981：252.

② 郑海麟，张伟雄编校．黄遵宪文集［M］．东京：中文出版社，1991：154，121.

③ 刘雨珍．黄遵宪と宫岛诚一郎の交友に关する综合的考察——宫岛诚一郎文书を手がかりに［J］．山梨大学社会科学研究所．社会科学研究第 26 号，2001.

④ 黄遵宪著，钱仲联笺注．人境庐诗草笺注·卷九［M］．上海：上海古籍出版社，1981：582.

⑤ 陈捷．从《莲池笔谭》《清谦笔话》等笔谈录看日本汉学家冈千仞与访问日本的中国知识人的文化交流［J］．日本女子大学纪要，人间社会学部第 12 号，2001.

代王定保《唐摭言》之李相外，还有宋罗大经《鹤林玉露补遗》之杨万里，宋魏庆之《诗人玉屑》之齐己，宋周紫芝《竹坡诗话》之曾吉父，明黄溥《闲中今古录》之元萨天锡，等等。公度弄错，情有可原。但公度的真诚感动了冈鹿门，从此冈鹿门更由衷地景仰和称赞他。在《送清国黄君公度赴任美国序》中，他称公度"才兼文武，学涉古今"，尊他为"天下善士"（《藏名山房文初集》卷三），在《书〈日本杂事诗〉后》称赞公度："器识宏远，不妄言笑。"公度对冈鹿门也极为欣赏，1880 年五月《致冈鹿门书》又云："仆来大国，阅人多矣，然于文最爱吾子，于诗最爱龟谷省轩。虽不敢谓天下公论，然私意如此，不能随他人为转移也。"他对冈氏诗歌评价很高，称赞其忧国忧民之心，并高度评价其作品的艺术性。公度《冈鹿门〈北游诗草〉序》："君生东北，固悉外情，屡著论，论开拓防御之方。……其诗雄健磊落，写物状，纪风土，无一徒作者。使读者如身游其地，目击其状。"① 公度与冈鹿门友谊深厚，黄遵宪为冈鹿门的著作所写序与评语达七篇之多，这是中日友谊和文化交流史上灿烂的一页。

163

第四节　与冈鹿门的学术交往

在黄遵宪的日本友人中，冈鹿门淡泊名利，学养深厚，深得公度尊敬。在诗歌创作、历史著述和思想等方面，公度与他均有深切的交往。

冈鹿门与黄遵宪的交谊首先从文学创作开始。冈鹿门性格豪爽，然亦才高自负，《莲池笔谭》龟谷行云："冈天爵文坛飞将，除山阳外眼中无人。"冈鹿门著作的序跋只请长辈或知己，姚文栋《涉史续笔序》："振衣初成《偶笔》时，贻书饭山曰：'海内知己可序吾书者，独吾子而已耶！'"冈比公度还年长 15 岁，但是，他对公度十分敬重。他认为，日本文人"在海外学中华文章"者，都是"变则文章"（变体），他要直接向中国文人学习"正体"。因此，他对来自中国的公度等敬如师长，向公度请教诗文作法。冈鹿门《莲池笔谭》："自今将安而受教门下，不知仆辈下手学文，自何地。"他还将所作的诗文呈给公度批改评阅，公度不负所托，悉心指导。己卯（1879）腊月十九日，公度《致冈鹿门书》云：

---

① 郑海麟，张伟雄编校. 黄遵宪文集［M］. 东京：中文出版社，1991：121.

诗之为道，性情欲厚，根柢欲深。此其事似在诗外，而其实却在诗先（舍是无以为诗）。至诗中应讲求者：曰家法，曰格律，曰句调，曰风骨，凡此皆可学而至者也。若夫神韵之高浑，兴象之深微，此不可造而到焉者。优而柔之，渐而渍之，厌而饫之，或一蹴即至焉，或积久而后至焉，或假（终）身而不能一至焉。有天限，非人力之所能也。先后沉浸浓郁，其书满家，而中经乱离。拳拳君国，又深有风人之旨，蕴蓄于中者，固可谓深且厚矣！顾此卷抚时感事，慷慨悲歌，不少名篇。顾格间有未纯，造句间有未谐，树骨甚峻而亦过于露立，过于怒张。则讲求于诗之中者，似尚有所未至也。从事于学，所能至者，而徐而俟之。他日造就，盖未可量也。譬犹龙驹凤雏，骨相既具而神采未足，又譬犹名花异卉，苞蕊既含而烂漫犹待。宪虽不才，拭目企之矣。

这段文章后来被称为《冈千仞诗评》。在此，黄遵宪当师不让，耳提面命，认真地教导。冈鹿门对此十分感激，其《〈东旋诗纪〉绪言》云："（黄）君为余论学诗之法，颇为详密。二君（黄遵宪和沈文荧）中土名流，今幸得亲皆提嘶（携），真希世之遇也。"

冈鹿门还谦虚地把著作呈给公度批评和作序。1880 年五月，冈鹿门将文集呈给公度修改，黄遵宪作序，称他为"良史之才"。《日本杂事诗》成后，公度也请冈鹿门订正并作《书日本杂事诗后》，故 1880 年公度《致王韬书》有"鹿门自作《书后》文一篇"等语，冈鹿门为公度作序跋多篇。王仲厚《黄公度诗草遗著佚闻》云：重野安绎、冈千仞、青山、蒲生四人为公度校评诗稿，拾遗补阙。公度与冈鹿门二人在彼此欣赏、修改、评阅对方著作的过程中，有了真诚的友谊和深切的思想交流，建立了深切的精神联系。在这期间，二人还以笔谈的形式广泛地探讨文学和学术，讨论深入广泛。公度与冈鹿门的笔谈现存的有三种：

其一，1968 年出版的源桂阁存《黄遵宪与日本友人笔谈遗稿·庚辰笔话》第七卷第 47 话。庚辰年（1880）四月初九，源桂阁约何、张两公使和公度等人到他家赏樱花，在场的还有石川鸿斋、龟谷省轩、冈鹿门等日本朋友。副使张斯桂等先到，先与日本朋友笔谈，公度陪伴公使何如璋后到。公度到后，冈鹿门即把话题转向公度，谈《日本国志》的写作问题。冈鹿门云：

闻之石川君，阁下近草《日本志》。仿何书体？既曰志，与史异其体者，此事水户史官所欲为而不能为，盖无足以供史料者也；蒲生君亦有此志，中途而止，亦坐无史料耳。《日本史》仆有刑法、兵马二志。①

此前，日本已有水户藩源光国等学者著《大日本史》等著六部，但只有纪传，而无《志》。作为历史学家，冈鹿门特别关心黄遵宪的《日本国志》，明白它的写作难度，故热情地与公度探讨，并把自己的《刑法志》和《兵马志》主动贡献出来。后在《黄遵宪与冈鹿门笔话》中，公度云："仆《诗》（按：指《日本杂事诗》）中有曰：'兵刑志外征文献，深恨人无褚少孙。'望诸君子速为此事也。"即指此事。从冈鹿门问话开始，笔谈在他与公度两人之间相互往返，主题集中在公度的《日本国志》和《日本杂事诗》上。冈鹿门还说："先生《杂事诗》天下争购，所谓长安纸贵者。"又说："闻所递《日本杂事诗》八十部，请者争至，以先睹为快；他书苦求者寥寥。"两人笔谈至12回合，才有鸿斋等人插话。为黄遵宪《日本国志》的写作贡献资料，冈鹿门具有表率作用。此后，石川、宫岛诚一郎和龟谷行等都关心此书的写作，一起审定提纲，收集资料，为《日本国志》的写作效力。

其二，冈鹿门保存的《莲池笔谭》。戊寅年（1878）八月一日，冈鹿门邀黄、沈二公使至长酡亭，笔谈到黄昏。席间，先寒暄天气、莼菜鲈鱼之美，然后冈鹿门引到公度的诗歌上，他说："往日诵黄先生《嘲石川鸿斋》长古一篇，纵横斡旋，实为韩苏手段，敬服敬服。弊邦能诗人唯限律绝。往时江稼圃来长崎之日，观邦人古诗概为失体，概不见之，果然否？"这次笔话重点讨论中日两国文学，先谈日本文学家物茂卿《徂徕集》、赖子成的《山阳文诗》；还谈到文学家白石、梁星岩、春涛、湖山、斋藤拙堂等。赖子成等是日本著名的文学家，黄遵宪《日本杂事诗》自注云："国人无不知其名，三百年来古文家之领袖也。"② 黄遵宪高度评价山阳"自有一种不可磨灭之精神"。这使冈鹿门十分感动："'不可磨灭之精神'七字，山阳在地下，当庆知己于百年之后也。"然后，笔话转到中国文学家魏冰叔之文章、杨铁崖之古诗，以及《徐霞客游记》《水经注》《后赤壁赋》《祭十二郎文》等；还谈到清代文学家侯朝宗、袁枚、俞长城、汪纯翁、孙润谷、胡天游等；还谈到唐宋八大家、《左传》、《战国策》、《史记》、《庄子》等；这是一次专题性的文学笔谈，直到天晚公度告辞才罢。

---

① 实藤惠秀，郑子瑜. 黄遵宪与日本友人笔谈遗稿［M］. 东京：早稻田大学东洋文学研究会，1968：321.

② 黄遵宪著，钱仲联笺注. 人境庐诗草笺注·卷九［M］. 上海：上海古籍出版社，1981：1121.

其三，冈鹿门保存的《黄遵宪与冈鹿门笔谈》。笔话先谈日本的释典礼仪，这是针对公度撰写《日本国志》需要文化史资料而产生的话题；然后他们谈西学东渐后的日本思想界和学术界，谈中国的孔子之道，西方的耶稣之学；最后谈到冈鹿门呈给公使何如璋评阅的书稿、冈鹿门的译著《法兰西志》和冈鹿门为公度《日本杂事诗》所写的跋文等。这次笔谈比较特殊，只有公度与冈鹿门两人的对话。公度曾说到《鹿门笔话》而不见，怀疑即此。

冈鹿门与黄遵宪的学术交流范围广泛，从彼此的文墨交流到中日文学评论，从著作撰写到资料支持，从文化传统到思想变革。冈鹿门的学者特质，决定了与公度的交往方式和思想深度。尤其应该注意的是，冈氏对黄遵宪《日本国志》写作体例的讨论和多次的资料贡献，最为宝贵。这种富有深度的学术和思想交流，是人生重要的学术机缘，它将二人的友谊提升到精神的层面，他们在彼此欣赏中成为学术上的良师益友，二人的交流一步步地向精神深处发展。

第五节　冈鹿门思想的影响

公度任中国驻日外交使节后，思想脱胎换骨。公度的使日生涯，其实是他免费的留学生活，新的世界和新的知识使他的学识和思想产生了根本的变化。其中，冈鹿门的思想和著作的影响，是一个重要原因。虽然在汉语上，公度对冈鹿门耳提面命，但是在西方学术和现代思想上，冈鹿门又是公度的导师。公度在思想转变的过程中，闪现着冈鹿门思想的影响。

冈鹿门著作宏富，精通西方历史和思想，是当时日本走在时代前列的知识分子。在黄遵宪的日本朋友中，冈鹿门学问最渊博、思想最深刻。王韬《扶桑游记》称冈鹿门：性格豪爽高亢，思想深沉，为文字之豪，"日国人才，聚于东京者，所见多不凡之士，而鹿门尤其矫矫者"。王韬《冈千仞〈观光纪游〉序》又说："抵掌剧谈，辄及五大洲大势。君以一书生，睥睨当世，眇视朝贵，其志可谓大矣。"他精通西学，"于泰西情形，了然若指诸掌"；加之他精通汉学，以汉语翻译西方著作，是当时东亚中西思想文化传播的重要使者；以至于日本共产党创始人之一的共产国际执行委员片山潜，在1883年前后曾师从冈鹿门。在年龄上，冈鹿门是公度长辈；在西方历史和西学思想上，他又是对公度耳提面命的老师，对公度思想影响也最深。为了传播西方文明和思想，他在明治十一年（1878）翻译和注释了《法兰西志》（与高桥二郎合著）和《米利坚志》（与河野荃汀合著）。这些著作，都签名赠送给公度，使公度能及时地阅读。光绪六年三月八日，公度《致冈千仞函》："振衣先生阁下：大作奉还，仆亦廖赘数语，想不鄙弃也。《法兰西志》，他日必当以寄丁公，备采择。匆匆不多及，惟自爱。"公度不仅自己喜爱冈千仞的《法兰西志》，还打算将它寄给在中国的丁日昌，以备丁日昌"采择"，通过中国当朝大臣的手而对中国政局和历史发挥影响。光绪六年五月十日，冈鹿门致函公度，将著作《藏名山房集》七卷交予公度评阅和赐序。五月十一日，公度回函："既辱高命，不敢不序。"五月十二日，公度到箱根山中修养半月，他带着《藏名山房集》进山阅读、细加批评。光绪六年六月十九日公度《致王韬书》云："弟昨评冈鹿门文。"在这一个多月中，公度都在评阅冈鹿门的著作，评语有的长达千余字。例如对《藏名山房文初集》中《复目生书》的评语：

167

> 圣贤学问，皆归实际，可见诸施行。宋明诸儒之学，为儒家帝门别派，存其说可也；深信之，真有坏学术而误国家者，今其效既略可睹矣。篇中论宋儒处，极有见地。

公度最用心的是为冈千仞文集所写的序言。一个月后，即光绪六年六月，黄遵宪的《冈千仞〈藏名山房文初集〉序》告成，序曰：

> 天下万事万物，有迹可循者皆后胜于前，独文章则今不如古，近古又不如远古。盖文章所言之理，今人所欲言者古人既言之，掇拾其唾余、窃取其糟粕，欲与古之人争衡，必有所不能。文章家之足自立者，其惟史乎？吾今日目之所接、耳之所遇、身之所遭，皆吾之所独，古之人莫得僭越之。文章家之史之大者，为古所绝无，其惟今日五大部洲之史乎？
> 自欧米诸国接踵东来，举从古未通之国、从古未闻之事一旦发泄之：问其政体，则以民为贵、以共和为政、以天下为公；问其学术，则尽水火之用、竭天地之蕴、争造化之功；问其国势，则国债库藏动以亿数、徂练之师陆则枪炮以万数、水则轮舶以百数；问其战争，则伏尸百万、流血千里，其甚者，寻干戈二三百载不得休息；以及百丈之船、万钧之炮，周环地球、顷刻呼吸之电音，腾山慕涧、越林穿洞、日行数千里之火车，飞凌半空之气球。凡夫邹衍之谭天、章刻之测地、《齐谐》之志怪，极古人所谓怪怪奇奇者莫不有之；极古人荒唐寓言之所不及者又有之。苟以是笔之

于书，则夫欧米诸［国］从百战百胜、艰难劳苦以通东道者，皆适以借吾文章之用也，岂不奇哉！

　　昔人论史迁文，谓非独史才，亦网罗者博有以资之。今五洲万国二千年之事，岂翅倍此？吾意数十年后，必须一学兼中西者，取列国之事著之于史，以成古今未有之奇书。而不意东来日本，乃几几得之于冈子千仞。冈子向官编修，曾译《米》《欧》二志行世，所为文章，指陈形势，抒写议论，类不受古人牢笼。余每读其文，未尝不叹为方今良史才也。往［岁］余与冈子相遇于昌平馆，冈子卒问余，曰：“子每言不能为文，果何能？”余奋笔书曰：“能知五部洲之事，嘻夫，非曰能之，吾欲尽熟彼事而后治吾文也。”今若俄、若英、若德、若奥、若意，皆纵横寰海以强盛闻。冈子尚有志译其书，余不将橐笔篚、捐弃百事而从之游也乎？

　　序文首先从史学独创性的特点对冈鹿门撰《五大部洲史》的“古所绝无”的独创性给予肯定，赞叹冈鹿门《五大部洲史》中展现的欧美国家的强盛和科学技术的发达，然后盛赞冈鹿门的良史之才，以及他此前所撰的“奇书”——米欧二志的巨大史学成就。序文用略带欧化意味又铺张扬厉的排比句，使西方的科技成果和前所未见新鲜事物联翩而至。中国古代神话中的幻想均成今之事实！公度完全沉浸在新事物、新知识的激情中，笔端洋溢着对新世界、新思想的欣喜和歌颂。这与其说是冈鹿门文集的序文，不如说是对《法兰西志》和《米利坚志》等西方文化的序言；与其说是作序，不如说公度正沐浴在思想变革的洗礼中。

　　公度与冈鹿门的交往史，其实也是黄遵宪思想的转变史。冈鹿门的《法兰西志》成于公度到日本后的第九月，即1878年9月，这月20日，冈鹿门设宴请中国学者座谈，庆《法兰西志》告成，并请赐序（冈鹿门《清谭笔话》）。公度没有参加，但1879年春，公度谈到此书。《黄遵宪与冈鹿门笔话》中，黄对冈说：“《法兰西志》仆欲寄以一部，以备采择。阁下所著文笔雄深，若吾国有翻译刻本，必当不胫而走。”1880年夏，公度细读了《法兰西志》等书，方有此序。《法兰西志》和《米利坚志》均是借欧美史学题材以传播新思想、开阔新视野的著作，冈鹿门在《法兰西志》每卷末均有作者“论曰”，表达冈鹿门的思想见解和史学评价。例如卷二末的冈鹿门“论曰”：

　　法国之有国会，创于法兰哥之时，迨泰甫帝兴，始开国会，为张治化之本……此会一开，为君相者，不得滥用生杀予夺之权，帝之德化，衣被一世……至圣路易王，归立法之权于国会，统行政之权于君相，公会、大议会等陆续继起，上下权限画一，得人尽其分，始为君民同治之体。各国模仿，骎骎乎日进文明之域。

冈鹿门介绍了西方现代政治文明的核心——国会制度，卷三介绍西方最具现代人文精神的核心思想：自由。卷三末冈鹿门"论曰"：

余观九世路易护民权，及四世非立谕国人自由权利，喟然叹曰：欧洲各国所以日趋旺盛者，在于此也与！夫人有心性而有思虑，有耳目而视听，虽以父母兄弟与我分其骨肉，犹不能同其趋舍，岂非以自由心性出于天与、而非他人所能限定之故乎？欧洲各国有所见于此，故分之权限，设之法制，使人人享自由权利，莫之妨害。

科学和民主、德先生和赛先生，是中国人五四以来前仆后继、抛头颅洒热血所追求的目标，是最具有时代气息的西方现代性新思想。1879 年前后，这对封建古老的中华帝国而言，讲自由民主即为叛逆。这些思想对公度的冲击力度，无法想象！公度此时正准备撰写《日本国志》，这些论点和思想正适逢其时。后来《日本国志·职官志二》云"公国是而伸民权"，《礼俗志》云："自由者，不为人所拘束之义也。"他还说："太平世必在民主。"这与冈鹿门之"论曰"，何其类似！① 冈氏的思想和著作是公度思想转变的重要契机和媒介，与冈氏的交往过程，构成公度思想转变的具体细节和历史过程，黄遵宪的政治思想就是这样转变的。

黄遵宪与冈氏的友谊，发生在东亚国际性的交流工具——汉文字交流的背景下。虽然 20 世纪 20 年代以后中国流行汉字消亡论，但历史上以汉字为纽带在东亚形成一个跨国的汉文化圈。元王恽《中堂事纪》："中统二年，高丽世子植来朝，宴于中书省。问曰：'传闻汝邦有《古文尚书》及海外异书。'答曰：'与中国书不殊。'"高丽、安南、日本等外国贡使至中国时，常出重金购中国作家的文集回国。日本紫式部《源氏物语》第三十二章《梅枝》载，日本延喜天皇曾以中国字书写《古今和歌集》一卷："此卷由浅蓝色中国纸合订而成，封面为深蓝色中国花续，浅蓝玉轴，五彩巾带，更显高雅端庄。每卷所用书体迥异，笔墨甚是精美。"此书用的

169

---

① 郑海麟. 黄遵宪与冈千仞［C］//黄遵宪与近代中日文化交流国际学术讨论会论文集. 北京：［出版者不详］，2001.

是中文字，纸张用的是浅蓝色中国纸，封面文饰的是深蓝色中国花絮。在《源氏物语》中，处处是中国色彩：红梅色是中国绸制常用服，沉香木制箱里的中国古书，建筑模仿中国皇后宫殿的装饰，御座以四十条中国席重叠做成，源氏的桌子覆着中国经罗桌毯，四壁屏风是淡紫色中国绿缎……东亚汉文化圈自古渊源有自。以汉字和儒家经典为中介的文明把中国及其周边国家如高丽（朝鲜）、日本、占城、安南（越南）等连成一个整体。至浩罕、巴达克山等西失于俄，越南、缅甸南失于英、法，琉球、朝鲜东失于日本，此圈遂破。公度 1891 年《致宫岛诚一郎书》："我两国文字同，风俗同，其友好敬爱出于天然，岂碧眼紫髯人所能必并乎？"① 日本的维新对中国触动最大，冈鹿门的思想和用汉语写成的《法兰西志》等著作，对公度的触动也最大。冈鹿门《观光纪游》说："黄公度在东，悦余好论洋事。"新思想和冈鹿门的《法兰西志》及其"洋事"，是公度与冈鹿门思想和友谊的联结点。汉字文化圈中，冈鹿门的思想与使日本崛起的明治维新联系紧密，公度接受了新思想的洗礼，并一度与戊戌变法相遇。光绪二十四年，翰林院侍读学士徐致靖荐他为"堪大用者"，皇上下诏："工部主事康有为、刑部主事张元济、湖南盐法长宝道黄遵宪、江苏知府谭嗣同、广东举人梁启超，特予召见。"② 但是，中国的崛起却因一个刚愎自用的老太太的政变而失之交臂！历史，令人扼腕长息！

第六节　告别日本

光绪七年底，中国首届驻日大使的两届任期已满。清总理各国事务衙门指示：随使各员，除黄遵宪量移金山总领事外，三口理事并本任各随员均须回国。

光绪七年十二月十六日，即日本明治十五年二月四日，日本政府派海相胜海舟与宫内次官古井三峰为中国驻日本首届大使设宴饯别。胜海舟（1823—1899），幼名麟太郎，日本开明政治家，曾任陆军总裁、海军上将、海相，日本近代海军之父、思想家。胜海舟送给何如璋旧时德川将军家用的绘有金龟的酒杯三个，以祝何如璋长寿。吉井友实（1828—1901），

---

① 日本国会图书馆藏《宫岛诚一郎文书》，《黄遵宪致宫岛诚一郎书简》341－5，转引自刘雨珍. 黄遵宪と宫岛诚一郎の交友に关する综合的考察——宫岛诚一郎文书を手がかりに［J］. 山梨大学社会科学研究所. 社会科学研究第 26 号，2001.

② 赵尔巽，等. 清史稿·卷一百〇九［M］. 北京：中华书局，1976.

名幸辅，号三峰，萨摩藩人，曾任工部大辅、宫内大辅、枢密顾问官等。他的住宅，离中国大使馆不远，与公度是老朋友。此时，他以宫内次官的身份出席。他说："公度兄：多年辱交谊，临别赠所持短刀，请佩用。"把自己随身所佩的名刀赠送给公度，以祝黄遵宪开创伟大的事业。光绪八年正月初九，日本友人在中村楼召开盛大的正式告别盛宴，以饯别何公使如璋和黄参赞遵宪等中国首届驻日大使馆人，新任公使黎庶昌也赴宴，日本自公卿大夫以至于士庶一百余人参加欢送宴会。日本朋友作《送黄公度转任米国领事官序》以送别，这类文章今存两篇。蒲生重章《送黄公度转任米国领事官序》其文不长，全文如下："余尝读《晋书》，至于羊祜、陆抗方对境构兵之时，使命常通，以酒药相遗，饮之而不疑，服其宏怀雅量矣。岁戊寅，清国黄公度奉使来我邦，留寓五年，与吾辈诗酒征逐，欢然不疑，如旧相识，余又服其宏怀雅量矣。然今清国与我邦交际日笃，非如晋吴窥衅相阋也。公度之欢然不疑，固宜矣。余第钦其人君子，不让羊、陆也耳。公度博学能文，尝作《日本杂事诗》，俾余序之。其书讽喻恳到，蔼然君子之言，于交际和亲事，盖三致意焉。今兹壬午任满，转任米国领事官。将发，余因言此以为别，且告曰：公度至米国，亦当有米国杂事诗之著，书成请寄一本。余虽不肖，将复序之。时大日本明治十五年某月，蒲生重章撰。"蒲生重章从中日两国建立外交关系说起，他肯定中日两国友好关系，肯定公度在驻日参赞任上对日的友好和雅量，赞赏公度的《日本杂事诗》，最后以希望公度到美国后再作《美国杂事诗》结束全文。冈鹿门也作《送清国黄君公度赴任美国序》，后收入《藏名山房文初集》卷三。此文较长，录其部分。冈鹿门《送清国黄君公度赴任美国序》："于是大清命何、张二大臣报聘，馆辇下，监通商事务，公度黄君以参赞从之。君才兼文武，学涉古今，暇则与辇下名士，为文酒之游。不以余不敏，为可与谈，往来游从，欢然莫忤。君尤用心于当世之务，每谈及五洲之大势，反复讨论，不得其说则不措……今兹壬午二月任满，转监美国商务，东发有日，征余言。余观今之讲当世之务者，谁不言诵其诗、读其书，尚友古人于千载之上乎？而今所谓欧美各国，三代圣人之所不知，诗书百家之所不载。然则今之讲当世之务者，止诵孔孟、读诗书，尚友古人于千岁之上而已，可乎？今君执美国，与三十二联邦名贤往来游从，闻其所未闻，见其所未见，则其有得于当世之务，果为如何？余闻美国学问工业骚驳乎日进，汽轮轨道横绝东西，七昼夜始达西部，宇内无此大工业也。君过此，必将有所喟然而叹、慨然而赋矣。"相比而言，冈鹿门《序》立论高远，叙事细腻，感情深厚，文采焕发。他称赞公度"才兼文武，学涉古

171

今"，祝贺公度在美国的新任上，面对崭新的世界，在政治上有新的作为，在文学有新的收获。正月初九宴会后，中国首届驻日大使馆人立即从东京启程，当日到达横滨。

正月初十，黄遵宪在横滨作《致栗芗先生书》："昨日盛宴，为欧美交际之所无。鄙人无似，亦辱附末座，感幸不已。当作一长歌纪之，俾史氏大书特书，比于齐桓冠裳之会也。"此长歌，即《奉命为美国三富兰西士果总领事留别日本诸君子五首》，其一：

远泛银河附使舟，眼看沧海正横流。欲行六国连衡策，来作三山汗漫游。唐宋以前原旧好，弟兄之政况同仇。如何瓯脱区区地，竟有违言为小球。

诗歌写中国首届驻日大使馆人秉承唐宋以来中日友好的精神，长风破浪到海上三神山的日本出使，也写到本届使日中的遗憾——日本夺去琉球。其二：

占此江山亦足豪，凌虚楼阁五云高。人饶春气花多媚，山入波流地尚牢。
六代风流余蜡屐，百家磨炼惜名刀。廿年多少沧桑感，尽日凭栏首重搔。

诗歌描写中日的饯别宴会，前四句叙述昨天的中村楼百人相送的豪华盛宴，后四句写到吉井三峰伯赠送的名刀，令诗人感慨不已。其三：

海外偏留文字缘，新诗脱口每争传。草完明治维新史，吟到中华以外天。
王母环来夸盛典，《吾妻镜》在访遗编。若图岁岁西湖集，四壁花容百散仙。

"新诗脱口每争传"，指公度的《日本杂事诗》，"明治维新史"，指《日本国志》。后四句，描写在日本的生活和作为，表达依依不舍之情。公度使日五年，不仅在著述上完成了《日本杂事诗》和《日本国志》两本著作，更重要的是，公度成为一个拥护维新变法的改革政治家。日本明治维新的新思想、新气象，以冈鹿门为代表的日本文人对公度的影响，会使公度在以后的外交人生和中国的变法维新运动中发挥重大影响，开创属于黄遵宪的新篇章。《奉命为美国三富兰西士果总领事留别日本诸君子五首》的后面两首，表达对日本樱花和日本友人的依依惜别之情。

光绪八年（1882），公度 35 岁。公度在横滨等了八天，这八天中，他继续评点佐野雪津常民的诗集，撰写给佐野雪津的《题舻亭》及《纪梦诗》，他仍然沉浸在与日本友人的深情中。正月十八日，公度在横滨登上去美国的轮船。他正式地向日本挥手，也向他的青年时代告别，前往美国旧金山担任总领事。在他的新职期满后，光绪十年，黄遵宪的官衔由金山总领事官、补用知府升格为道员用候选知府并加布政使衔。从而，他有资格进入《光绪实录》，并为他后来任湖南布政使打下基础。

现在，他奔赴新的天地，满怀豪情地开创新的事业。

第八章 客家史研究

建在地球肚脐上的古希腊德尔菲神庙墙上，有句著名箴言："认识你自己！"它是知晓之神阿波罗对人类的最高诫命，它是人类精神的基本法则。古希腊人中最智慧的人苏格拉底实践了这条诫命，他使"认识你自己"成为希腊人的格言。故苏格拉底时常教导人要"认识自己"，他说："哦，我的好朋友，不要不认识自己。"① 德国哲学家黑格尔《哲学史讲演录》说："更确切点说，精神的事业就是认识自己。我是一个直接的存在，但这只是就我是活的有机体而言；只有当我认识我自己时，我才是精神。'认识你自己'，这个在德尔菲的智慧庙上的箴言，表达了精神本性的绝对命令。"② 认识自己，认识自己的历史，也是黄遵宪难以忽视的自我精神法则。

黄遵宪是嘉应州客家人，他的客家问题研究植根于他自我认识的需要。因而，客家问题研究顺理成章地成为公度关注的学术重点。

黄遵宪的客家史观和后一章的客家民俗研究，并非完全是他青年时期的成果。但是，公度认识客家自我的精神活动首次出现在清同治五年，即公度 19 岁时。并且，这种认识活动从他青年时代直到老年，几乎贯穿了他的一生。这些思维活动既植根于黄遵宪青年时期对客家族群的自我认识，也植根于他青年时期的史学兴趣，以及他特别关注民俗和民间文化的轺轩使者情结，故将他的客家史观置于此处研究。

从学术史看，黄遵宪在客家研究中的地位很有趣。在黄遵宪之前，客家源流的研究还寥若晨星。在黄遵宪之后，以罗香林的《客家研究导论》为代表将客家研究推向高峰。黄遵宪处在客家研究承先启后的重要时代，在这个意义上说，黄遵宪的客家研究有重要的学术史意义。

---

① 色诺芬. 回忆苏格拉底［M］. 吴永泉，译. 北京：商务印书馆，1984：112.

② 黑格尔. 哲学史讲演录·第一卷［M］. 贺麟，王太庆，译. 北京：商务印书馆，1959：35.

第一节 发端

同治五年（1866）三月，黄遵宪的妹妹黄珍玉出嫁，在操办她的婚礼时，公度思绪万千，写下《送女弟》，第一次阐述了他的客家史观，这成为公度客家研究的发端，也开创了嘉应客家研究的新篇章。

公度的《送女弟》35 韵，比较长，但是，公度的长篇诗歌较多，《送女弟》在他的诗歌中，只能算是中篇。这首诗歌内涵丰富，并且联结时代的重要神经，值得深入研究。诗歌三节，第一节云：

> 阿爷有书来，言颇倾家赀。箱套四五事，莫嫌嫁衣希。
> 阿母开箧看，未看先长欷。吾家本富饶，频岁遭乱离。
> 累叶积珠翠，历劫无一遗。旧时典衣库，烂漫堆人衣。
> 今日将衣质，库主知是谁？扫叶添作薪，烹谷持作糜。
> 尺布尚可缝，亲手自维持。行行手中线，离离五色丝。
> 一丝一泪痕，线短力既疲。即此区区物，艰难汝所知。
> 所重功德言，上报慈母慈。

《送女弟》看似普通，但它却与近代中国的一些重大事件相关联。

一、《送女弟》的历史背景

《送女弟》与太平天国南部军的灭亡紧密相连。本节 13 韵，叙述由他主持妹妹黄珍玉婚礼的原因。照理，妹妹出嫁应该由父母主持，为何让长兄公度主持？这显然是不同寻常的事，所以应该将原因交代清楚。由公度主持婚礼的主要原因是，太平天国南部军在嘉应州造成大灾大难，所以大难之后，黄家的婚礼只能从简。"频岁遭乱离"和"历劫"，即指同治四年十月太平天国康王汪海洋的十万大军攻打并占领嘉应州。为了躲避战难，公度一家仓皇出逃，辗转流落到大埔三河，再逃难到潮州。十二月二十二日，太平军十万大军在嘉应州全军覆灭。到同治五年正月，太平天国残余大部被肃清，公度一家才从潮州返回嘉应。回到家里，家园已经被战火烧成焦土，财物被洗劫一空，家人只得勉强住下。公度感慨万端，写下《乱后归家四首》，其四："便免颠连苦，相依此一窝。窗虚添夜冷，屋漏得天多。"描写乱后的家园：家里的廊柱还在，但是房间已经千疮百孔，屋顶

见光漏雨，尤其女孩难以安身。在兵荒马乱的"乱离"之年里，家人最担心的是少女的安危。为了使妹妹免遭不测，也为了让妹妹不受屋漏锅破的凄凉之苦，于是让妹妹珍玉匆匆出嫁。

匆匆出嫁，草草成婚，是女子的悲剧，也是黄家的悲剧。这样的悲剧，曾经在黄家一再地上演。在前一年的同治四年，黄家逃难在潮州时，便将黄遵宪16岁的姑母匆匆地嫁给张士驹。灾难中的婚姻，本来不幸。而更不幸的是，婚后一月，张士驹死在潮州。张士驹一家更是不幸：半月前，他的父母死在逃难的潮州。现在他又丢下新婚的妻子，死在潮州，尸骨也难以归家。公度作《哭张心谷士驹六首》，其一云："匆匆事业了潮州，竟认潮州作首丘。哀泣一家新故鬼，此邦与汝定何仇。"然而，更不幸的还是公度的姑母。可怜的红颜少女，16岁便开始灰头土脸地守寡，一直到她去世。现在，公度的妹妹又走上姑母草草出嫁的道路，妹妹的命运又如何呢？想到这些，公度内心一片酸楚，无法言说。

此时，公度的父亲黄鸿藻在京城任户部主事，由于战乱已无法等他回家主持婚礼。"阿爷有书来"，指经过父亲的同意，决定让年仅19岁的公度操持妹妹的婚礼事宜。大乱之后，家财一空，但是父亲爱女心切，特地指示要倾其家赀为妹妹操办嫁妆。黄家原来开当铺，家里在嘉应州算是比较富裕的。但是战乱使家园毁灭，家中一贫如洗，公度的母亲只得将自己身上的耳环戒指等脱下，送到他人的当铺典当换钱，才凑得区区的"箱奁四五事"。公度心酸不已，只得请求妹妹原谅："莫嫌嫁衣希"，黄珍玉就这样嫁给了同里的张润皋。这样简陋的婚礼发生在大难不死后的非常岁月里，公度在万般无奈的仓促婚礼上，唏嘘感慨。

二、《送女弟》与公度的客家史观

公度的《送女弟》还与客家在中国华南地区的现实处境紧密相连。《送女弟》第二节：

> 中原有旧族，迁徙名客人。过江入八闽，展转来海滨。
> 俭啬唐魏风，盖犹三代民。就中妇女劳，尤见风俗纯。
> 鸡鸣起汲水，日落犹负薪。盛妆始脂粉，常饰惟簪巾。
> 汝我张黄家，颇亦家不贫。上溯及太母，劬劳无不亲。

客民例操作，女子多苦辛。送汝转念汝，恨不男儿身。[①]

本节 10 韵，诗歌追本溯源，叙述黄家的家族渊源。司马迁说："人穷则反本，故劳苦倦极，未尝不呼天也；疾痛惨怛，未尝不呼父母也。"[②] 由公度主持妹妹的婚礼，表明黄家到了极端穷困的时候，故公度自述起自家的身世和悲苦。大难之中，全家九死一生。紧接着妹妹珍玉草草地出嫁，他怎么能不满怀辛酸呢？

嘉应州是一个纯客家的州。清政府为了便于管理，雍正十一年，批准广东巡抚鄂弥达的请求，以潮州府属的程乡县为基础，割原属潮州的大埔和原属惠州的兴宁、长乐，而设立嘉应州，并直隶广东布政使司。故这段自诉家庭悲苦的诗歌，既是公度的家族史，也是嘉应州客家人的历史。

前两韵叙述客家的历史，后八韵描写客家女子的美德。这是公度第一次借自家的历史表达他的客家史观，其主要内容如下：

（1）客家的概念。公度称客家为客人，或客民，这是"客家"一词的初始概念。它以原始朴素的形式，表现出客家对自己身份认识的直观性和朦胧性。

因客人或客民的原始称谓与客家概念的起源有关，这里对"客家"一词的来历稍作追溯。

"客家"一词产生于何时呢？明正德十二年五月，为防起义农民隐藏在民间，王守仁在闽粤赣湘四省边区实行保甲制。王守仁《十家牌法告谕各府父老子弟》："某坊都里长某下甲首军户，则云：某所总旗、小旗、某下。匠户，则云：某里甲下、某色匠。客户，则云：原籍某处、某里甲下、某色人，见作何生理、当某处差役，有寄庄田在本县某都、原买某人田、亲征保住人某某。"明代户籍分民、军、匠三类，这里的"客户"属于民户，但是他们客居于此四省边区，当指客家。正德时王守仁的"寓民""客户"等词，是较早的客家概念。清初顺治时《户口牌甲之令》中的"山居棚民""广东寮民""川省客民"等词，也多指客家。可知，明代正德时，乃至清初顺治时，"客家"一词仍未产生。"客家"一词最早见于清初康熙年间。清屈大均纂康熙《永安县次志》，其中卷十四："县中雅多秀民，其高、曾、祖父多自江、闽、潮、惠诸县迁徙而至，名曰客

---

① 黄遵宪著，钱仲联笺注. 人境庐诗草笺注·卷一［M］. 上海：上海古籍出版社，1981.

② 司马迁. 史记·卷八十四［M］. 北京：中华书局，1959.

家。"① 客家一词在清初已出现在永安地区的官方文件中。有学者认为，
"客家"称谓在康熙二十六年已经通行，大概根据即此。

但奇怪的是，在惠州、嘉应州等地的客家内部，他们仍自称"客人"。
可见，客家一词还没有被客家社会所接纳。嘉庆年间，宋湘的书信和徐旭
曾的《丰湖杂记》均称客家为"客人"。嘉庆举人吴兰修《李乔基传》
说："李乔基，名安善，以字行，嘉应州人，善搏击，尽得少林法。客台
湾，见土豪啸聚，白昼相仇杀，叹曰：变将作矣。乃简北庄数百人，团练
之。"自注："广东嘉应、平远、镇平侨寓者，谓之客人。南北路各百余
庄。"② 吴兰修，字石华，嘉应州人，嘉庆戊辰举人，官信宜县学训导，诗
人，历史学家，著有《荔村吟草》《南汉纪》《南汉地理志》《端溪砚史》
等。李乔基为嘉应州人，它侨居台湾，是客家人中的俊杰。吴兰修在
《传》中并不称自己为"客人"，只是在注释中转述民间对客家的"客人"
称谓，可见吴兰修并不认同"客人"一词。但此时，人们在口语中仍用
"客人"或"客民"等非特称性的名词，而非"客家"。可见，"客家"一
词还没有得到社会的认同。清嘉庆举人黄钊的《石窟一征》，又名《镇平
县志》，是重要的客家文献。但是，《石窟一征》中没有出现指称客家的词
语。陈春声认为，至少在清中期以前，韩江流域还未见到"客"的称谓，
这是对的。客家人在晚清时还自称为"客人"或"客民"，"客家"一词
的通行要更晚。

可见，《永安县次志》的"客家"一词是屈大均首创，但之后，它长
期没有得到客家人的响应。屈大均（1630—1696），初名邵龙，又名邵隆，
号非池，又号菜圃，字骚余，又字翁山、介子，广东番禺人。明末清初著
名的学者、诗人，岭南三大家之一。他的著作"屈沱二十四种"被禁毁
后，后人辑为《翁山诗外》《翁山文外》《翁山易外》《广东新语》及《四
朝成仁录》，合称"屈沱五书"。另主编《广东文集》《广东文选》《翁山
文外集》等，还编纂《广州府志》《定安县志》《永安县次志》等。屈大
均是这样创造"客家"一词的。康熙二十六年（1687），他在《入永安县
记》中说："县中多闽、豫章、潮、惠诸客家。其初，高、曾至此，或农
或商，乐其土风，遂居之。风气所移，大抵尚勤俭，务敦朴，有浑古之
风。"③ 这是屈大均第一次在自己的著作中使用"客家"一词，也是他后来
《永安县次志》中"客家"一词的基础。屈大均《广东新语》卷十一《文

178

---

① 屈大均. 永安县次志·卷十四［M］. 广州：岭南美术出版社，2009：260.
② 陈在谦. 岭南文钞·卷十四［M］. 广州：学海堂，1838.
③ 屈大均. 翁山文外·卷一［M］. 吴兴：嘉业堂，清同治七年（1868）.

语》中的《土语》:"兴宁、长乐人曰哎子……又曰:客语,似闽音。"已写到客家方言,但没有客家一词。"客家"虽然借助政府主编《县志》的行政力量,在文本中定格下来,但是它在屈大均自己的著作中都没有通行,在社会上就更没有多少影响。

这是因为,客家一词的流行与否,并非只是单纯的语言学问题,它必须借助社会化力量,即大型的社会运动才能被普及。事实上,客家一词成为官方术语是在广东土客大械斗时期。在土客大械斗之前,客家人并没有统一的客家意识。在广府地区的客家人,他们只希望泯灭土客界线,在不知不觉中融入广东的主流社会,他们没有理由要招惹是非、标新立异,非要强调自己与土著不同的身份。在粤东纯客家人地区,他们也没有必要标注自己的身份。但是,在土客大械斗时期,广府地区土客的壁垒被扩大,客家的观念被强化。当官方需要描述客家时,客家一词便借助社会主体力量而走向全国。客家一词走向全国主要依靠两大力量:一是政府公文;二是全国性报刊。在政府公文上,"客家"首见于清《同治实录》。《同治实录》卷五十八:"刘长佑奏:新宁县东西两路客家,勾结非类,突入广海寨,挟仇焚杀。""客家"一词首先出现在同治二年二月两广总督刘长佑的奏章中,然后进入中央的《同治实录》。

但是,在《同治实录》中,客家一词也不多见,而更多的是"客匪"和"客民",甚至"客匪"比"客民"更加流行。例如"发逆客匪""广海客匪""肇庆客匪""阳春客匪""五阬客匪""曹冲客匪""高明客匪""赤溪客匪""江西客匪"等,它们分别出自两广总督毛鸿宾、两广总督晏端书、两广总督瑞麟、广东巡抚蒋益澧的奏章,以及广府举人冯典夔的告状书。"客匪"一词,最早出现在咸丰七年九月的政府文件中。《咸丰实录》卷二百三十五:"又谕:有人奏广东客匪肆劫请饬查办一摺。据称:广东肇庆府属,向有外来客民。杂处山谷,在恩平、开平、新宁、鹤山、新兴、高明六县者为尤众。咸丰四年,土匪滋事。该匪等借团练为名,纠众数万,焚毁村落,百数十里内,人烟一空。"这里,先定义广府客家,然后介绍六县"客民"是如何转变为"客匪"的。这六县是土客大械斗的主要战场,"客民"之所以变成"客匪",也是因为六县土客大械斗。在《清史稿》中,并无客家一词,多以"客民"指称客家,在土客械斗时期则称"客匪"。清代官方术语中的"客匪",虽与太平天国有关,但主要指土客大械斗中的客家,它流行的时间也是土客大械斗同时的同治、光绪年间。"客匪"虽然难听,但它是客家一词在特殊时期的变种,它以行为社会学的方式对"客家"一词起到了普及的作用。《咸丰实录》还有以"客

民"称呼肇庆府属的客家人，可见，在咸丰、同治年间，客家一词在官府文件中也没有定型。

全国性报刊是促使客家一词流行的另一重要力量。同治十一年（1872）创刊的上海《申报》，在六月十九日第 73 期有《山狗移祸》云：

> 粤东居山以偷盗山地为生者，名曰山狗。凡居山者，皆藉此利，而客家则更有甚焉。每年际清明时，看穴中有人到祭拜，如遇此山子孙有事，或道途远涉，或出外贸易，歇一年不到，始则偷掘基碑，继则毁坟灭骨，从转而卖。此罪比劫人财物者更大焉，是以定律：凡属此者，杀之无赦。迭经宪谅示禁而犹不恤，今枭司又出示严禁。①

同日《申报》第 4 页还有一则番禺县《失山之状》的盗墓犯罪报道："城内乍粉街故翰林梁国宗之父、故举人梁信芳夫妻二枢，葬小北门外西坑。始葬一日，是晚两枢被人撬开棺之和头。明日，梁氏父子见之，即行禀官追捕。其地属番禺县治，上宪责令：即速破案。县官出差购线：有西坑客家名孖指五者，是周年从山觅食者也。"这位番禺西坑的客家人名孖指五的，正在广府文化区内。这种视客家比山狗更恶劣的观念，代表了土客大械斗时期广府人对客家的基本认识，它与政府公文中的"客匪"相互补充，构建起社会对客家的基本价值判断。报刊以其每日不断的经常性，以及覆盖全国的普遍性，比政府公文更具普及性和影响力。值得注意的是，"客家"一词正是这样开始了它在社会上的流行之路。晚清陈坤《岭南杂事诗》卷六《客家》条云："也种芙蓝也种茶，荒山寄迹事畬畬。语音莫讶多啁哳，笑说侬生是客家。"自注："粤多荒山，外省之江、闽，本省之惠、潮、嘉等处穷民，往往携眷而来，搭寮居住，开垦山田、栽植，或种芙蓝茶果，遂以为业。日渐蕃庶，入籍应考而成望族者，到处皆然。惟语音与土著迥不相同，故谓之客家。"陈坤（1821—?），字子厚，浙江钱塘人，自幼随祖父到潮州，居粤东近 30 年。道光二十四年（1844）任大埔县典史，道光二十五年转任海阳县典史，咸丰六年（1856）任海阳县丞，咸丰九年署理大埔知县，同治元年（1862）升任潮阳知县。因此，他对客家地区大埔、嘉应一带的情况十分熟悉。这是"客家"以他称的形式，在文人著作中出现的例子。慕颜注："凡人久居此邦，子孙语音未有不改。惟客家虽数世不变，推其原故，此种客家最为土人鄙薄，无肯与为

---

① 山狗移祸 [N]. 申报，1872-07-24.

婚姻，语音何自而改。土客既分，积成仇隙，往往因小忿而启争端，干戈相寻，竟为粤中大患也。"①　文中明显透露出土客大械斗的历史背景。

另外，乾隆《兴国县志》载张尚瑗《请禁时弊详文》云："兴邑地处山陬，民多固陋，兼有闽广流氓，侨居境内，客家异籍，礼仪罔闻。"张尚瑗，康熙五十一年（1712）时仍在兴国知县任上。他称闽广流氓为"客家异籍"，其时间与屈大均相去 20 多年。但是，此"客家异籍"与"客籍""棚民"的含义相近。福建平和县东八十里有"客寮乡"，坂仔有"客寮径"等。道光《平和县志》卷三："深寮山，在县东坂仔约之客寮乡，离城八十里。"但是，此客却指瑶族或壮族。道光《平和县志》卷十一："和邑深山穷谷中，旧有猺獞，椎髻跣足，以槃、篮、雷为姓。《虞衡志》云：本槃瓠之后，自结婚姻，不与外人通也。随山散处，编荻架茅以为居，植粟种豆以为食。言语侏偊，性颇鸷悍，楚、粤多有之。闽省凡深山穷谷之处，每多此种，错处汀、潮接壤之间。善射猎，以毒药傅弩矢，中兽立毙。居无常所，视其山之腴瘠，瘠则去焉。自称狗王之后，各画其像，犬首人身，岁时祝祭。无文字，其贸易商贾，刻木大小短长以为验。亦有能通华文者。与土人交，有所不合或侵负之，则出而詈殴讼理。一人讼则众人随之，一山讼则众山随之，土人称之曰客，彼称土人曰河老。"此"河老"，即"福佬"，指闽南人。相对的"客"或者"客家"，则指瑶族。这是另一系统的"客家"概念，与广东的客家不同。

可见，"客家"一词基本上是广府人的用语。它由屈大均在游记散文中首创，后经由太平天国和土客大械斗时期的政府公文和报刊宣传与扩散，在同治、光绪年间在全国流行起来。"客家"一词流行的语言过程背后，是借助社会冲突而唤醒客家意识、形成客家族群的社会过程和文化过程。

但是，直至清末，在嘉应客家地区的客家人却仍自称"客人"或"客民"。据不完全统计，在黄遵宪的诗文中，"客人"凡 16 见，"客民"凡 8 见，但没有一例称为"客家"的。即使在黄遵宪晚年的光绪二十八年，在客家内部，客家一词仍然少见，流行的称谓仍然是"客人"或"客民"，这与《清史稿》的称谓基本一致。这也可以反证：客家一词的形成在客家外部。换言之，并非客家人要标榜自己是"客家"。作为弱势的少数族群，他们原本想泯灭"主客"界线，安安静静地融入主流社会，更不想以"客家"身份招摇过市，主动地挑起土客之争。

---

① 　陈坤.岭南杂事诗钞笺证·卷六 [M].广州：广东人民出版社，2014：517.

特称性的"客人"，容易与来家做客的泛称性的"客人"相混，它应该是临时性的；客民，也非特称概念，它本泛指从他省别县迁来的一切人，而非指说客家方言的人，它们被"客家"一词取代是必然的。但是，此时客人、客民词语的流行，应该是客家未被社会严格区分时的语言学现象。

（2）"客人"的定义：它指由于"迁徙"到异地定居的人群，与它相对的是土著，或曰原住民。

（3）客家的历史渊源。黄遵宪认为，客家的族属是"中原旧族"，族源是"三代遗民"，即是历史悠久的正统的汉族人。

（4）梅州客家的迁徙史。梅州客家是从中原迁福建，再由福建迁梅州。

（5）客家的风俗。由于客家是中原古族，故他们的风俗纯正。其中最有代表性的是客家妇女的勤劳品质，这主要表现在：她们从早到晚，整日操劳，任劳任怨；即使富裕人家，妇女平时也不打扮，整日穿一套青色的劳苦大众的装束；妇女一生均操劳不已，即使年逾八十也整日劳作。面对妹妹黄珍玉，既然客家女子一生如此辛苦，公度感叹：恨妹妹不是男儿身。公度的叙述表明：客家妇女的勤劳美德，是客家为中原旧族的重要证据。

诗歌第三节：

> 阿母性慈爱，爱汝如珍珠。一日三摩挲，未尝离须臾。
> 今日送汝去，执手劳踟蹰。汝姑哀寡鹄，哀肠多郁纡。
> 弟妹尚稚幼，呀呀求乳雏。太母持门户，人言胜丈夫。
> 靡密计米盐，辛勤种瓜壶。一门多秀才，各自夸巾裙。
> 粥粥扰群雌，申申詈女婆。汝须婉以顺，朝夕承欢娱。
> 欢娱一以承，我心一以愉。待汝一月圆，归来话区区。

本节12韵，描写公度的母亲送别女儿出嫁时的千叮咛千嘱咐。诗中出现了公度的母亲、守寡的姑母、胜过丈夫的太母，这几位女性支撑着黄家的门户。由女人支撑门户，这是客家家庭的重要特色，是客家女性勤劳简朴美德的具体体现，也是客家风俗纯正和客家是中原旧族的证据。

三、《送女弟》与广东土客大械斗

在妹妹出嫁时，公度为何要大谈客家的历史渊源呢？这是因为它与客家的现实境遇相关。当时，客家已经出现在中国华南大地上。嘉应客家话因震惊全国的太平天国而闻名天下。太平天国的主要领袖洪秀全、杨秀清、石达开等，均是客家人。太平天国发生后，广西贵县一带客家人村落和本地人村落也发生了土客大械斗，被打败的客家人无家可归转投太平军，太平军中的客家人也是骨干，因而客家话成为太平天国的"天话"。太平天国文书《王长次兄亲目亲耳共证福音书》载洪秀全在 1860 作《主自证主题洪世万手扇诗》云："真主为王事事公，客家本地总相同。"而且太平天国的客家话，其实就是嘉应州客家话。1854 年出版的瑞典人韩山文的《太平天国起义书》："秀全之祖先由嘉应州迁此（花县），故族人均用嘉应州方言，本地人称此等客籍为客家。"本地人，指广府人。嘉应客家话随着太平天国而名闻中外，客家为世所注目。

更重要的是，同治年间广东的土客大械斗达到巅峰。清初，客家从惠潮嘉道等地南下，迁徙到比较富裕的地区，遂与原住民（或曰土民）产生摩擦，渐渐形成械斗。清嘉庆年间，土客矛盾尖锐，从而发生土客大械斗。清咸丰、同治年间，因客家迁徙到比较富裕的广州肇庆一带，与珠江三角洲西部诸县的广府人发生冲突，土客大械斗再次发生。清徐勤《拟粤东商务公司所宜行各事》载，咸丰四年，红巾之乱、土客之争，死伤数十万①。同治元年，土客大械斗更加激烈。在土客杂居的肇庆府属之恩平、开平、阳春、高明、阳江、新宁、高要、鹤山等县，成为械斗的中心战场。清人说："广民骁悍腾锐，器械精良，闽民亦素畏之。"故大规模的土客械斗如军队作战。因为长年的盗匪作乱和土客仇杀，广东的村寨多建成恩平式的碉楼和城堡，村民呈半军事化状态生活。民风尚武，以及种族自卫精神，使械斗格外惨烈，致使家破人亡，壮丁皆死，田园荒芜。清丁日昌代广东巡抚的《拟劝息械斗告示》云："迨斗至数年之后，壮丁死尽，资财用尽，常业卖尽，田地荒尽，菜色鹄形。"② 同治元年，皇上下诏："近闻广东恩平等县土著民人，与客民互斗。新宁客民，戕害弹压委员主簿王言等。恩平、开平客民，在阳春县城外大肆焚掠，其势甚张……恩平等县土著客民，互相械斗，已属肆意横行，复敢将弹压委员戕害。并在阳春县城外，肆行焚掠。尤属目无法纪，劳崇光身任地方，何以并未将该处械斗滋事情形奏闻。着该督迅即派委妥员，会同地方文武各官，并土著客籍各绅士，禁止互斗，解散党羽。一面将戕官焚掠各犯严拏，从重惩办，

①　麦仲华．皇朝经世文新编·卷十下［M］．上海：上海书局，清光绪二十四年（1898）．

②　赵春晨．丁日昌集·卷二十九［M］．上海：上海古籍出版社，2010.

183

以儆凶顽。"① 虽然官府声称但分曲直，不分土客，但实际上，在上述公文中政府已明显地偏袒土著，将矛头直指客家。客家本是后来的弱势群体，当土客矛盾发生时，省府州县官员怕硬欺软，不敢主持公道，偏袒土著，结果使土客矛盾难以化解。

同治五年（1866）三月，公度写作《送女弟》时，广东巡抚蒋益澧自带亲兵才敢到粤上任。《清同治实录》卷一百七十三载："广东民俗强悍。降众散处，伏莽遍地，抢掳各案，层见叠出。西江土客，械斗成风，蔓延日甚。"广东西路土客战争正酣。广府人尤其是四会县一带，把客家人称为"匪"，或者称为"犵""獠""猺"，或"客"字加"犬"旁，视客家为野蛮民族。有时政府偏袒土著，竟然也称客家为"客匪"，甚至派国防军攻打客家村寨。《清同治实录》卷一百九十三载，同治五年，两广总督瑞麟、广东巡抚蒋益澧派东路陆军进剿客匪，先败后胜，曹冲客匪经官军进剿后，胆敢筑寨屯粮，抗拒官军。瑞麟与蒋益澧再令总兵徐文秀、梅启照，以及瑞麟部将方耀、郑绍忠等，率领军队分路攻杀客家村寨："破斩五坑客匪，曹冲、赤溪及新安、东莞诸匪。"② 这些大械斗，"地延八县，事阅九年"，村庄被夷为平地，死亡达百万之众。其持续之久，规模之大，死伤之众，影响之深，在中国历史上前所未有。以致两广总督瑞麟和巡抚惊呼"斗杀尤惨"。商务印书馆 2003 年出版的刘平《被遗忘的战争：咸丰同治年间广东土客大械斗研究》，对此有专门的研究。

土客械斗的结果，以客家的失败告终。两广总督瑞麟扣留客家头领黄焕章等，使客家四散奔逃。瑞麟与广东巡抚蒋益澧又令械斗客民悔罪，然而土客结仇已深，不得不分别遣散，以免相互寻衅。后由官府给赏遣散，把客家安插于广东的高、廉、雷、琼、韶五州以及广西的贺、容、贵等县。但高、廉、雷、琼、韶民风强悍，广西土匪未净，客家的安插之路仍然艰辛。如同治四年（1865）三月，副将卓兴押送客民赴恩平之那扶、金鸡水等处安插时，遭到恩平土民的肆行掳杀。土客械斗之祸始于恩平，后纵横八九县，在官府介入调解、遣散安置客家时，抗拒官府、肆意屠杀客家的，还是恩平。恩平碉楼今日成为旅游的景观，而昔日的七八百座碉楼却是土客战争的工事，是惨烈械斗的见证。

黄遵宪的《送女弟》便产生于这样的环境中。虽然械斗发生在肇庆，但是肇庆不少客家人的老家是嘉应州，故肇庆诸县土客之争的血案牵连嘉

---

① 宝鋆，载龄，沈桂芬，等. 同治实录·卷二十四 [M]. 北京：中华书局，1986.

② 赵尔巽，等. 清史稿·卷三百八十八 [M]. 北京：中华书局，1976.

应的亲人，他岂能无动于衷。故他在妹妹仓促出嫁感伤家世时自然地说到客家的历史渊源。《送女弟》是公度的即兴之言，其真实性无可怀疑。它不是公度的创造，而是来自祖传的旧说，其说由来已久。而且黄家的历史在嘉应州并非个别，嘉应州人基本上如此。故公度家族的历史，基本代表了嘉应客家人的历史。在这里，黄遵宪以诗歌的形式提出了嘉应客家的历史源流等重要问题。20世纪客家学界关于客家历史渊源研究的主要内容，已经大体包含于此了。

四、《送女弟》与客家研究的新发展

客家研究与其说是纯学术的研究，毋宁说是社会行为的表达。清代任何一次客家研究，背后都与客家生存危机的土客大械斗有关。

清嘉庆年间，广东土客械斗在博罗、增城、东莞一带出现，促使客家意识的产生。嘉庆三年（1798），宋湘《家园杂忆四十韵》："世吾过二十，族众约三千。"宋湘说，他祖上迁徙到梅州有20代了，宋氏始迁祖当在宋末元初来梅州，这标志着客家意识的觉醒。嘉庆五至八年，宋湘在临近土客矛盾前沿的惠州主持丰湖书院，土客冲突促使他思考客家问题，并与同事徐旭曾等交流探讨。宋湘《致徐旭曾书》："嘉应、汀州、韶州之客人，尚有自东晋后迁来者，但为数不多也。"搜集和论证例外的事实，使他的客家元代形成说更为坚实。嘉庆二十年（1815）土客大械斗发生，徐旭曾作《丰湖杂记》，以理论的形式，阐述客家元代形成说。在嘉庆土客械斗的背景下，宋湘与徐旭曾代表着客家研究的起源。

清咸丰、同治土客大械斗的发生，催生了客家研究史上第二次客家渊源的研究。除了公度的《送女弟》外，还出现了嘉应杨懋建的《嘉应识小书》、丁日昌的《致蒋巡抚益澧书》和林达泉的《客说》等成果。同治四年，在连州南轩书院任教的杨懋建目睹广东土客大械斗，在南轩书院的拣栖集中作《嘉应识小书》。杨懋建（1803—？），字掌生，号尔园，别号留香小阁、蕊珠旧史、辰溪戍卒、求自慊斋、甘溪瘦腰生、仰屋生、梦侠情禅室主人、实事求是斋等。道光辛卯恩科举人，嘉应州人。官国子监学正，清代诗人、小说家，著有《留香小阁诗词钞》《留香小阁文钞》《实事求是斋文钞》《实事求是斋集存》《蕊珠旧史》《京华杂录》等。《嘉应识小书》存于《留香小阁文钞》中，不分卷。杨懋建《嘉应识小书》云："相传：吾州维宋元之际遭兵燹后五六百年，皆无事……州谣谚云：未有梅州，先有杨古卜。盖三族，皆传世逾四十，真宋遗民矣。其他诸旧族，皆云自汀州宁化迁来，约各传世二十。以三十年为世计之，约略相当吾族

始迁祖三郎。二世为《万一郎谱》皆称：元处士，当不诬也。"① 在客家源流上，《嘉应识小书》主张梅州客家元代形成说。

同治五年是客家研究取得新发展的一年。除了公度的《送女弟》外，还有林达泉的《客说》和丁日昌的《致蒋巡抚益澧书》。林达泉（1829—1878），家名世洪，字海岩，广东大埔县三河松水涧（今大埔县英雅镇水口村松水涧）人。清咸丰十一年举人，曾任江苏巡抚丁日昌幕僚，历任崇明知县、江阴知县、海州知州、台湾府台北府知府，著有《林太仆文钞》两卷及《客说》等，《清史稿》卷四百七十九《循吏传》有传。林达泉《客说》未署日期，但有："客与土斗，客非与官仇。呜呼！何不溯其所由来也。故为之说。"可知它作于同治土客械斗时。其具体的时间，也可从械斗处理的相关时间得知。同治五年二月，因郭嵩焘举荐，以蒋益澧署广东巡抚。三月，广东巡抚蒋益澧上任，处理肇庆土客械斗。四月，已于上年十月升任两淮盐运使的丁日昌，奉命赴广东潮州办理潮州英领事入城纠纷，他向清廷上《论潮州洋务情形书》，提出解决该纠纷的三条意见。丁日昌本对广东土客大械斗十分关心，同治元年（1862），他在《赣州途次上曾宫保书》对曾国藩说："肇庆土客一案日久蔓延，亦恐为他日腹心之患，省中百孔千疮，自系实在情形。"② 报告广东土客大械斗的具体实情。同年《上曾中堂书》四说："肇庆土客相持日久，亦恐酿成大祸，皆与地方、厘务两有关碍。当道倘能未雨绸缪，粤东庶几其有瘳乎？"对广东官府在土客大械斗案中的责任，颇有微词。故同治五年四月，遂有《致蒋巡抚益澧书》，以论述客家的来源，为客家被诬以野蛮民族而辩护。同时，他希望广东省府能对土客械斗作公平的处理，不致偏袒。林达泉是丁日昌的门生和幕僚，光绪三年因太平天国军攻打大埔县而暂离幕府，回大埔组织团练保卫家乡。同治四年十二月底，太平天国十万大军在嘉应州覆灭。同治五年四月，林达泉从大埔赶到潮州，拜见回潮州办事的老师丁日昌。二人会面后，话题集中到太平天国剿灭后的广东时局和土客械斗，林达泉希望作为客家人的丁日昌能对广州省府大员施加影响，于是有了丁日昌的《致蒋巡抚益澧书》。作为学生和幕僚，丁日昌的公文多出于林达泉之手，直到同治八年后林达泉才离开幕府。在潮州，丁也深感广东的土客械斗事的紧急，令达泉代他作《致蒋巡抚益澧书》。其后，林达泉将书信内容概括为《客说》，在客家人中传播。故《客说》的主题论述客家是三代遗民

---

① 杨懋建. 实事求是斋杂存［M］//桑兵. 清代稿钞本第一辑·第二十八册. 广州：广东人民出版社，2008：633.

② 赵春晨. 丁日昌集·卷九〇［M］. 上海：上海古籍出版社，2010.

而非苗蛮土著，希望官府不要相信土著胡言而助土著驱逐客家，其内容与丁日昌的书信相近。因林达泉与丁日昌特殊的关系，故林达泉的《客说》与丁日昌的《致蒋巡抚益澧书》有着内在的联系。换言之，丁日昌作《致蒋巡抚益澧书》后，林达泉作《客说》，它们均作于同治五年四月，公度的《送女弟》则作于同治五年三月。可见，这三篇客家文献几乎同时，均产生于同治五年的三四月间。丁日昌的《致蒋巡抚益澧书》遗失，林达泉年长公度20岁，是前辈乡贤，同治五年他因与太平天国作战有功而以知县选用，故他的《客说》比公度的影响大。

清嘉庆年间广东的土客大械斗，产生了徐旭曾的《丰湖杂记》，标志着客家研究的起源。同治年间广东的土客大械斗，产生了杨懋建《嘉应识小书》、丁日昌的《致蒋巡抚益澧书》、林达泉的《客说》与公度的《送女弟》，标志着客家研究发展到一个新阶段。

第二节　再论

自青年时代公度第一次阐述客家史以来，在此后25年里，他没有再讨论这个问题。但在中年后，公度关于客家的论述骤然多了起来。

光绪十七年（1891），公度44岁，他第二次讨论客家问题。这一年六月，公度在英国特别思念身在嘉应的好友胡晓岑。公度《寄怀胡晓岑同年》诗："一别匆匆十六年，云龙会合更无缘。隔邻呼饮记同巷，积岁劳思杳一笺。无数波涛沧海外，何时谭话酒杯前？太章走遍东西极，天外瀛洲别有天。"这是以诗歌代书信，故诗后署："遵宪呈稿。光绪辛卯夏六月，自英伦使馆搔痒处书寄。"胡晓岑，即胡曦（1844—1907），一名晓岑，字明耀，号壶园，广东兴宁人，公度的朋友，历史学家。他科场屡次失意，在光绪十一年（1885）落第后绝意仕进，专心治学，在诗歌、历史、书法等领域均有成就，著有《湛此心斋集》、《壶园外集》十种、《读经札记》、《读史札记》等。在"叙述风土"上有《兴宁图志》《兴宁图志考》《枌榆碎事》《广东民族考》《梅水汇灵集》等著作，在客家史研究上也颇有建树，故公度引为同调。他特别思念与胡晓岑在京城应试时谈文论酒的岁月，希望能再与他一起讨论如客家渊源这样的学术问题。本年，公度又有《与胡晓岑书》云：

遵宪居日本五年，在金山四载，今又远客英伦，五洲者历其四，所闻

所见，殊觉诡异，有《山海经》《博物志》所不详者。然一部十七史，几不知从何处说起。异日相见，乃能倾囊倒箧而出之耳。惟出门愈远，离家愈久，而惓恋故土之意乃愈深。记阁下所作《枌榆碎事序》有云："吾粤人也，搜辑文献，叙述风土，不敢以让人。"弟年来亦怀此志，尝窃谓：客民者，中原之旧族，三代之遗民，此语闻之林海岩太守。既【而】闻文芸阁编修，述兰甫先生言：谓吾乡土音，多与《中原音韵》符合。退而考求，则古音古语，随口即是。因欲作《客话献征录》一书，既使后进知水源木本，氏族所自出……既掇拾百数十条，惟成书尚不易。且须归乡里中，得如公辈，互相讨论，乃可成耳。弟于十月可到新加坡，寄书较易也。

不能对面晤谈，公度在异国也要用书信与故友讨论客家问题，可见对故友思念之深、对客家问题的萦怀之久。《枌榆碎事序》是胡曦在同治十三年（1874）甲戌在京城参加顺天乡试，寄寓在北京宣武门外的寺庙闻喜庵"湛此心斋"庐时所撰。但是今存的《枌榆碎事自序》中，并无"吾粤人也，搜辑文献，叙述风土，不敢以让人"等语，当是后来胡曦修改《自序》时删除了。林海岩，即林达泉，已见前。公度的"此语闻之林海岩太守"，即光绪三年，公度使日前夕在上海见到已任台北府知府的林达泉，并聆听了他《客说》中的观点。林海岩是公度的客家前辈，他与大埔人使日大臣何如璋齐名，黄称何为世伯，他通过何如璋，认识了林海岩。公度谈到此事时，林海岩逝世已经十多年了。文芸阁，即文廷式（1856—1904），清末江西萍乡人，字道希，号芸阁、纯常子。光绪进士，光绪二十年（1894）任翰林院侍读学士。因参与戊戌变法，受慈禧太后仇视革职。戊戌政变后，逃往日本避难。兰甫先生，即陈澧（1810—1882），清广东番禺人，字兰甫，道光十二年举人，主讲学海堂数十年，著有《东塾读书记》《汉儒通义》《声律通考》《汉书水道图说》《东塾集》等。他是广东的大学者，故公度以他的话为权威的证据。

《与胡晓岑书》的内容丰富，它透露出当时学界探讨客家问题的重要信息：

第一，公度思考客家问题的原因。"惟出门愈远，离家愈久，而惓恋故土之意乃愈深。"叙述公度此次写《与胡晓岑书》的原因，这也是他思考客家问题的原因，同时也是他写作《客话献征录》的原因。公度在英国时，他的见闻越来越多，对故乡和故友的思念越来越深，对故乡的客家问题的思考也越来越成熟。

第二，公度当下对客家问题的思考。在同治五年首次论述客家问题后，公度的思考和研究并没有间断，他仍然在不断地思考，并搜集资料。

第三，公度曾在学术界广泛探讨和宣传客家问题。《与胡晓岑书》说到四位学者，其中两位是嘉应州的客家人，一位是广府人，一位是江西人。嘉应客家有部分从江西迁入，广府则是客家再迁徙并发生土客械斗的地方。可见，公度在不同的时间、不同的场合，和多位与客家有关的学者讨论客家的渊源，在学界掀起了讨论客家的热潮。

第四，公度受大学者陈澧关于客家方言的启发，在英国时已开始撰写《客话献征录》一书，并撰成了部分草稿。

第五，当时学界在讨论客家问题时形成的重要观点有：一是同林达泉提出的"客民者，中原之旧族，三代之遗民"的"中原旧族说"，公度赞同此说。二是广府人陈澧赞同客家的"中原旧族说"，并提供语音学上的证据。他认为：客家语音为中古时的汉族语音，因为它与《中原音韵》所记载的中古音相同。

第六，公度这次写信给历史学家胡曦，既是报告自己对客家问题的思考和研究近况，为以后与胡曦探讨客家渊源做准备，更是希望胡曦能对客家渊源多做研究。胡曦在"叙述风土"上的成果如《兴宁图志》《份榆碎事》等著作，与公度的期望不无关系。

第三节　客家史观的内容

光绪二十五年（1899），是公度在戊戌政变被贬回嘉应州的第二年，这年他52岁。闲居乡里，他有充分的时间深入思考客家问题了，因此，关于客家史的论述也成果累累。首先，他作《己亥杂诗》89首，其中多首论述客家的历史渊源，且仍然以诗歌的形式开始了晚年的客家研究。

《己亥杂诗》赫赫有名，它原是清代诗人龚自珍的诗题。龚自珍（1792—1841），字璱人，号定庵，浙江仁和（今浙江杭州）人。晚年居住昆山羽琌山馆，又号羽琌山民。他是清代著名思想家、诗人、文学家，揭露清统治者的腐朽，主张"更法"和"改图"，是改良主义的先驱，被柳亚子誉为"三百年来第一流"，著有《定庵文集》。清道光十九年（1839），48岁的龚自珍写下了大型组诗《己亥杂诗》315首，两年后暴卒。60年后的黄遵宪，这位崇敬龚自珍的、自龚自珍之后最杰出的诗人，作《己亥杂诗》89首，6年后病卒。龚诗议论纵横，社会、政治、文化、

189

诗歌均在洋洋洒洒中道出；黄诗也以议论为主，把自己一生的所历和感慨摄入诗中，二者何其相似。梁启超《饮冰室诗话》："龚定庵有《己亥杂诗》三百六十首，言近世文学者喜诵之。近顷见人境庐主人亦有《己亥杂诗》数十首，盖主人一生历史之小影也。"公度晚年在嘉应州家中回顾历史，写下《己亥杂诗》，其中部分诗歌阐述了他的客家史观。

公度《己亥杂诗》之二十四云：

筚路桃弧展转迁，南来远过一千年。

方言足证中原韵，礼俗犹留三代前。

自注："客人来州，多在元时，本河南人。五代时，有九族随王审知如闽，后散居八闽。今之州人，皆由宁化县之石壁乡迁来，颇有唐魏俭啬之风，礼俗多存古意，世守乡音不改，故土人别之曰客人。方言多古语，尤多古音。"

本诗蕴含的客家史观的内涵主要有四：

第一，客家的族属和历史渊源。客家是中原旧族，三代遗民。公度认为：客家的族属是三代前的古汉族，客家的历史是一部中原汉族的迁徙史：第一次迁徙的时间在千年之前，即晚唐、五代时，从中原的河南迁往福建。虽然他们已离开中原，但是方言与中原音韵相合，礼仪风俗仍然是三代前的遗留，这是他们为中原旧族的重要证据。

此说与他19岁时的《送女弟》和光绪十七年的《与胡晓岑书》中的观点基本相同，这次只是重申而已。这表明，30多年来公度关于客家的族属和客家渊源的观点没有变化，现在他仍然坚持这个观点。此说虽然来自前辈林达泉，但公度极为赞成，它成为公度客家史观的中心观点。

第二，梅州客家元代形成说。自注："客人来州，多在元时。"元代是客家人的第二次迁徙，也即嘉应客家的形成时间。注文解释和补充诗歌，内容也比诗歌更具体，其大意是：客家的祖地在河南，五代时期开始第一次迁徙，河南的九大家族随着王审知迁到福建，散居在福建八闽之地。"客人来州，多在元时"，这八个字力重千斤，它使梅州客家形成的时间上限明确而具体，也使后来客家历史研究中名噪一时的五次迁徙说、九次迁徙说、十一次迁徙说等愈古愈好的学说及其所引发的争论，都显得无谓。

公度认为，后来入闽的河南光州固始人中的一支，由福建省宁化县石壁乡迁到嘉应州，便成为梅州客家。

第三，公度提出了客家族属的证据——客家方言和客家礼俗。黄遵宪认为，客家是中原遗民的主要证据是客家话，它与古汉语在语音上十分接近。这在《与胡晓岑书》中已有论述，公度在英国时已开始撰写《客话献征录》，即从客家方言的角度去论证客家历史。这次，他被贬回家的次年便写作《己亥杂诗》，与他八年之前在英国的计划应该有关。遗憾的是《客话献征录》夙愿未了，他便撒手归天，《客话献征录》便永无见天之日了。《己亥杂诗》中的客家诗歌，当是《客话献征录》的代偿形式。客家是中原旧族的另外一个重要证据是礼俗：嘉应客家继承了三代前唐魏等国的俭啬之风，礼俗多存古意。总之，方言的古语和礼俗的古风，成为客家是中原汉族的主要证据。

第四，"客人"称谓的来历。在本诗自注中，他再次指出客家的称谓"客人"是土著的称呼："土人别之曰客人。"这实际上再次提出"客家"的定义。"客家"是"土人"对外来人的称谓，其目的是为了把外来人与土著相区别。可见"客人"虽在黄遵宪时代已成为客家的自称，但最初却非如此，它是土著对外来者的他称！本来，土与客是相对的，是相互转化的。如果作"客"已久，便化"客"为"土"。"客"具有临时性、不确定性，它本不应成为一个族群的称谓，但是历史竟然如此。古直《述客方言之研究者》说："其所以别，固不在居处之久暂，而在语音之异同也。以此之故，土客之界长存。"可备一说。但根本原因当是"土人"与"客民"的鸿沟太深、彼此的对峙太严重和双方阵营太强大所致。称客家为"客人"的"土人"是谁？黄遵宪在这里没有点明。照理，最初应该是嘉应州的土著，即黄遵宪后来在《古香阁诗集序》里所说的"岭东之人"。但在第二次土客大械斗时期，这个"土人"便是《嘉应州志》所说的"广州人"了。也就是说，这个"土人"有一个演变过程。

黄遵宪《己亥杂诗》之二十五云：

男执干戈女甲裳，八千子弟走勤王。
崖山舟覆沙虫尽，重带天来再破荒。

自注："梅州之土人，今惟存杨、古、卜三族。当南宋时，户口极盛，其后昰、昺播迁，文、陆号召，土人争从军勤王。崖山之覆，州人士死者十盖八九，井邑皆空，故客人从他邑来。今丰顺、大埔，妇人皆戴银髻，称孺人，相传帝昺口敕，此亦足补史传之缺也。"

本诗在前一首基础上继续深入，论述梅州客家在元代形成的原因。南宋末年的民族战争，使梅州的土著几乎完全消亡，大量的外来开荒者来到

梅州填补空白，才有了客家。这是对"客人来州，多在元时"论述，作具体的阐述。公度认为：为何有客家，是因为南宋末年抵抗蒙古人的战争，使梅州原来的人被消耗殆尽，后来外来的新移民充实到空地梅州，才有了客家。此说比较在理，因为大规模、集团军式地移民，必然是因剧烈的社会动荡形成空地效应，才会吸纳大量的移民。此说蕴含着移民不得不移的历史必然性，即历史上没有无缘无故的族群大迁徙，大规模的迁徙必然与惊天动地的历史大事件相联结。诗歌展现了南宋末年王朝覆灭使梅州井邑皆空的历史画卷，它明确提出梅州客家是南宋灭亡的历史产物，其形成时间在元代。

注文提供了更细致具体的内容。梅州客家的历史固然可以从元时算起，但梅州的历史却并非只从客家开始。元代客家来梅州前，当地本有大量的土著，而且人口殷盛。只因为抵抗蒙古侵略的民族战争，他们义不容辞地加入南宋末帝的军队，最后悲壮地在崖山之战中捐躯，使梅州的土著死亡十之八九，遂造成了梅州的人口真空。梅州客家是战后由大批遗民填补真空的结果。南宋前的土著居民只剩下杨、古、卜三姓，最早称客家为"客人"的，当是这三姓。公度所说，事件清楚，事实具体。光绪《嘉应州志》引《谈梅》云："元世祖至元十四年（1277），文信国引兵出江西，沿途召集义兵，所至响应。相传：梅民之从者，极众。至兵败后，所余遗孑，只杨、古、卜三姓，地为之墟。闽之邻粤者，相率迁移来梅，大约以宁化为最多。所有戚友，洵其先世，皆宁化石壁乡人。"[①] 注云："父老流传：松口卓姓，有八百人勤王。败后，只存卓满一人。"可以参证。由于梅州井邑皆空，故客人从邻近福建省宁化县石壁来到梅州，这便是梅州客家人的起源。

黄遵宪《己亥杂诗》之二十六云：

> 野外团蕉岭上田，世传三十子孙千。
> 元时古墓明朝屋，上覆榕阴六百年。

自注："土著有传世四五十者，从宁化来者，皆传二十余世。溯其始基，知为元时矣。孙枝蕃衍，多者数千人，少者千人。入明以来，坟墓世守无失。元时墓存一二而已，明时筑室，亦有存者。"

本诗及注是对上一首诗的梅州客家元代说提供具体的田野调查的论

---

① 温仲和. 光绪嘉应州志·卷三十二［M］. 清光绪二十四年（1898）刻本.

据。这论据有二：一是活人的房屋建筑的年代和家族谱谍的世系，例如从宁化迁来梅州的已有 20 余代人。宋湘《家园杂忆四十韵》："世吾过二十，族众约三千。"与此类似。宋湘比公度早 90 年，故云 20 余代。二是地下死人的坟墓，以及古榕树 600 年的树龄。以人类在大地上留下的生存痕迹和文化遗存来论证客家的历史，使客家史有据可凭。可见，为了深化客家历史的研究，黄遵宪回故乡后作过细致的调查。他依据这些具体的数据和材料，才得出梅州客家的历史始于元时的结论。黄遵楷《先兄公度先生事实述略》云："嘉应一属，所自来者，皆出于汀之宁化石壁乡，历年六百，传世二十五六。征诸各姓，如出一辙。因别土著，故通称之曰客人。"① 与公度之说相同。公度依据的是使梅州土著井邑一空的宋元之交的大战乱，把客家来梅州的时间定在元初。

　　这三首诗及其注释比较完整地表达了黄遵宪的客家史观，它包括四个方面：一是客家渊源的中原遗民说；二是梅州客家元代形成说；三是客家方言和礼俗的证据说；四是"客家"称谓的来历和定义。这四个方面互相联系，构成了一个整体，形成了他比较系统和完整的客家史观。

　　这些话题，在《送女弟》和《与胡晓岑书》中也部分阐述过，但是在上述诗歌和注释中，论述更全面，观点更明确，资料更丰富，比较集中地体现了公度的客家史观。

　　黄遵宪在戊戌政变发生被贬回家之后，写《己亥杂诗》中的上述诗歌。大约是戊戌政变后，他身心均受到改革反对派的打击，因健康原因而改变了在英国确定的客家研究的计划，未写拟议中的《客话献征录》。他在梅州开展调查研究，以具体的材料和数据，提出梅州客家形成的时间和原因的学说，拓展了他早期《送女弟》和中年时期《与胡晓岑书》中的客家历史研究。《己亥杂诗》丰富了他的客家史观，特别是他的梅州客家元代形成说。

　　在《己亥杂诗》以后，黄遵宪的客家史观基本定型。此后，只要有机会，他会反复宣传和强调他的客家历史观。

---

① 黄遵宪 . 人境庐集外诗辑 ［M］. 北京：中华书局，1960：119.

第四节　客家史研究高潮

光绪二十五年（1899）后，公度曾五次论述客家问题，形成了他客家研究的高潮。

除了《己亥杂诗》外，光绪二十五年公度又作《李母钟太安人百龄寿序》："五岭以南，介乎惠、潮之间者为吾州。环州属而居者，数十万户，而十之九为客民。其迁移五六百年，其传世廿六七代，其来自闽汀，而上溯其源，乃在河洛。其性温文，其俗俭朴，而妇女之贤劳，竟为天下各种类之所未有。"论述到嘉应州客家的人口和所占比例、嘉应客家的来源、迁徙到嘉应州的时间、繁衍的代数，以及客家的风俗美德等问题。

光绪二十六年（1900），公度53岁，作《古香阁诗集序》："有中原之旧族，三代之遗民，过江入闽，沿海而至粤，迁来已八九百年，传世已二十五六代。而岭东之人，犹别而名之曰客民。其性温文，其俗俭朴，其妇女之贤劳，竟甲于天下。予向者祝《李母钟太安人百龄寿序》所谓五大部洲各种族之所未有者也。盖中人以上，类皆操井臼，亲缝纫；其下焉者，靸履叉髻，帕首而身裙，往往与佣保杂操作，椎鲁少文，亦不能无憾焉。"他论述客家的族属、迁徙到福建的时间、客家的称谓，重述《李母钟太安人百龄寿序》里关于客家妇女勤劳、简朴的美德，同时对下层的客家人劳作艰苦和没有文化也表示遗憾。

光绪二十七年（1901），公度54岁，作《梅水诗传序》："嘉应一州，占籍者十之九为客人。此客人者，来自河、洛，由闽入粤，传世三十，历年七百，而守其语言不少变。有《方言》《尔雅》之字，训诂家失其意义，而客人犹识古义者；有沈约，刘渊之韵，词章家误其音，而客人犹存古音者。乃至市井诟淬之声，儿女噢咻之语，考其由来，无不可笔之于书。余闻之陈兰甫先生，谓客人语言，证之周德清《中原音韵》，无不合。余尝以为客人者，中原之旧族，三代之遗民，盖考之于语言文字，益自信其不诬也。"探讨客家族源、客家的迁徙由河南到福建再到广东的路线和时间，重点探讨了客家方言的语音和词汇的古老性问题，再次提到大学者陈澧对客家语音的专家论断。这次的客家方言论，较前更为详细。

公度还有《书林太仆客说后》。光绪《嘉应州志·方言》引公度《书林太仆客说后》："有《方言》《广雅》所不能详注，而客话犹存古音者；有沈约、刘渊之韵已误，而客话犹存古音者。"亦作于本年。其文已见于

《梅水诗传序》，不赘。

光绪二十八年（1902），公度 55 岁，为自己黄家家谱作《攀桂坊黄氏家谱序》：“嘉应一州，十之九为客人，皆于元初从闽之宁氏县石壁乡迁来，虽历年六百，传世二十余，犹别土著，而名之曰客。吾始迁祖，初居镇平，亦来自宁氏，其为金华之黄软，为邵武之黄软，则不可得而详也。昔山谷老人自序出于金华，而其谱止及于分宁，七世以上，皆略而弗著。至晋卿学士祖其说，作《族谱图序》，亦断自九世祖以下。古者图谱有局，掌于史官。自局废而士大夫家自为谱，各以其所闻论著，不能旁搜广览，以征其实，故往往矛盾参差，至不可读。谱不过十世，详于近，略于远，盖慎之至也。吾宗自文蔚公迁于攀桂坊，及吾而八世，今亦师其意，以文蔚公为断。自始迁祖至文蔚公，凡十数世，邱垄之尚完、祭享之不废者，编为前编。始迁祖以上，则不得不付之阙如矣。既以世系绘为图，举名字生卒之概引为表，复举德行事业之可知者，述为传略，总名之曰家谱。吾闻之林海岩先生曰：‘客人者，中原之旧族，三代之遗民。’今稽之吾族，来自光黄间，其语言与中原音韵相符合，益灼然知其不诬。自念得姓受氏，四千余岁，实为五部洲种族之最古者。”这是他最后一次探讨客家问题。他以自己黄家的家族迁徙史论证客家的历史，黄家始迁祖初居镇平，到八世祖文蔚公迁于嘉应州城郊的攀桂坊，以论证嘉应客家的元代形成说。最后再次引用林海岩的话：“客人者，中原之旧族，三代之遗民。”可见，此语成为公度客家史观的中心论点。

在这几年中，公度反反复复地论述客家的历史渊源，虽然有时各有侧重，但是大体说并没有脱离光绪二十五年《己亥杂诗》中的观点。

公度为何要这样不厌其烦地反复论述客家的历史呢？难道他不怕重复？其实，在公度作上述诸《序》反复地论述客家问题时，广东关于土著与客家的争斗正酣。例如，光绪二十六年，嘉应州人钟用和看到《四会县志》将客家的“客”加上犬旁，面对这类歧视客家、污蔑客家的种族情绪，他颇为气愤，作《土客源流考》，寄到香港报社发表。可见，公度一再强调客家的历史渊源并非无因，其背后是广东土客大械斗后的历史阴影，或现实中发生了排斥客家的新事件，它激发公度不得不再论客家。因为这并非是静态的理论阐述，而是必须对现实社会新发生的事件做出回应。当时，学界讨论客家方言或客家族属等问题的人不下 30 人，客家问题激荡社会之后，必然会在学界有所反映。

光绪二十八年的《攀桂坊黄氏家谱序》是公度最后 次论述客家历史了。三年后的光绪三十一年（1905）乙巳二月二十三日，公度在嘉应州的

195

人境庐家中与世长辞。恰恰就在本年，顺德黄节《广东乡土历史》在上海国学保存会出版，他说："广东种族，有曰客家、福老二族，非粤种，亦非汉种。"因黄节著名学者的地位和影响力，客家问题的争论进入高潮。连公度的好友胡曦也作《广东民族考》，参与客家问题的争论。但是公度已无法参与争论了，他的客家研究已经戛然中止。

第五节　客家史研究的意义和影响

在公度的一生中，探讨客家问题见于记载的有七八次之多，未载入文献的不知几何。从19岁时的《送女弟》起，到55岁的《攀桂坊黄氏家谱序》止，跨越达36年。在公度的学术中，哪一个问题能如此长久萦怀，能如此挥之不去呢？可以说，公度生命不息，探讨客家便不止。从探讨到论述，从论述到宣传，客家史观几乎伴随了公度的一生。

那么，公度的客家史观对后世有什么意义呢？

如前所述，黄遵宪的客家史观的内容有四，但其核心为二：一是客家族属和历史渊源的中原旧族说；二是梅州客家起源的元代形成说。这两大板块互相联系，但又各有区别，公度有时侧重于前者，有时侧重于后者。但这两者对于后世的客家研究都有十分重要的意义。

一、梅州客家元代形成说比"南渡衣冠"说合理

"南渡衣冠"说，认为客家由南宋贵族形成，时间在南宋。元代形成说，认为"南渡衣冠"伴随着南宋梅州的土著一起尽数陨灭，梅州客家中根本没有"南渡衣冠"的踪影。梅州客家是南宋"南渡衣冠"与梅州本地的南宋人民被元兵消灭，梅州成为无人区后，福建人民迁徙到梅州客地而形成的，其时间在元代。这两种学说虽然均强调改朝换代的战争与客家形成的关系，但二者在人口主体和形成时间上，差别很大。梅州客家元代形成说远比"南渡衣冠"说合理，它对于正确认识澄清"南渡衣冠"说，是难得的清醒剂。

但是实际上，在客家研究中"南渡衣冠"说冠冕堂皇，比较流行。"南渡衣冠"说起源于同治五年，这年大埔客家林达泉《客说》："客之源流，殆托始于汉季，盛于东晋六朝，而极于南宋。何以明之？客之先皆北产也，居丰镐河洛齐鲁之交。或为帝王之胄，或为侯伯之裔，或为耕凿之民。皆涵濡沐浴于礼乐诗书之泽数千百年。自汉中平以还，中原云扰，孙

氏父子割据江表九郡八十一州之地，能召集贤能。北方之士多依以成名，而客于是乎滥觞焉。递于东晋，元嘉五胡乱华，冠带数千里之区，腥膻塞路。于是乎，豪杰之徒相与挈家渡江，匡扶王室。其时著姓有王谢之家。王谢，太原人也。自余衣冠之族，则有八姓，若林、邵、胡、何等族，俱入闽中。其他流民，避乱江南。有司为之立南徐、南司等州，谓之侨军州。昔军州，今州县。谓之侨，即今言客耳。降及南宋金源，划淮汉以北，疆以戎索。其随康王而南，或官于南而不能归北者，并散处于大江东西，五岭南北。及帝昺南迁，遗民益蔓延于南海之疆，与土人望衡对宇，往来交际，迭为宾主，或联婚媾。长其子孙，既千数百年于兹矣。由是观之，大江以北无所谓客，北即客之土；大江以南，客无异客，客乃土之耦生。今之世，欲求唐虞三代之遗风流俗，客其一线之沿也。"① 林达泉认为，客家的渊源有三个：一是在汉代末年，二是在晋代，三是在南宋。他的原话是："客之源流，殆讬始于汉季，盛于东晋六朝，而极于南宋。"他不仅主"南渡衣冠"说，甚至追溯到汉代。这里有两个问题：第一，"殆"，乃猜测不定之词，此说为林达泉的假想，没有实在的基础。第二，三个时段其实是模糊不清的两可之言，其方法是把客家的迁徙与历史上三次改朝换代的战乱相比附，牵强附会，并无事实根据。因而，林达泉故乡的人多认为客家的渊源在宋代："吾邑各族，其肇基始祖，十九为宋代人物，宋以前盖无闻焉。不独吾埔，即征之全省，莫不皆然。岂古人物渐归淘汰耶，抑年代湮远，湮没不可考耶？"② 所谓宋代，实指南宋，即"衣冠南渡"。这些学说，把客家研究建立在虚无缥缈的沙滩上，难有说服力。遗憾的是，达泉此说，不论是观点还是方法，都被罗香林继承，这对客家学十分不利。虽然公度也承袭了林达泉的客家"是三代遗民、中原旧族"的观点，但公度认为梅州客家形成于元代，这使客家研究比较实在，也部分地纠正了林达泉虚幻飘忽的观点。黄遵宪的"梅州客家元代形成说"对于澄清客家历史源流研究中的客家越古越好说有重要意义。

二、中原旧族说为黄遵宪所提炼并广泛宣传，使它成为客家历史学说的经典命题

本来，中原旧族说并非公度的创造，而是来自林达泉。但是，林达泉《客说》原文是："三代唐虞之盛，吾不获睹矣。唐虞三代之遗裔与其遗

---

① 温廷敬辑. 茶阳三家文钞·卷四［M］. 台北：文海出版社，1925.
② 温廷敬总纂.（民国）新修大埔县志·卷十二［M］. 民国三十二年（1943）

民，吾犹将于客焉遇之……今之世，欲求唐虞三代之遗风流俗，客其一线之沿也。"《客说》语言拖沓，大意即客家是"唐虞三代之遗裔"。光绪十七年（1891），公度《与胡晓岑书》："客民者，中原之旧族，三代之遗民。此语闻之林海岩太守。"即使它是林达泉的思想，但是，是充满热情与概括力的公度，将它提炼成凝练而概括的经典性的客家史观命题，并正式地推向学术平台。更重要的是，黄遵宪的知名度和影响力远比林达泉大，于是它成为客家振奋人心的口号。客家在广东属少数族群，受到多数族群的排斥。章太炎《客方言序》说："（广东）常分主客，偏心者鄙夷之，以为蛮俚，播之书史。"更有甚者，土客矛盾激烈到诉诸武力，形成持续多年死伤百万的大规模械斗。古直《述客方言之研究者》云：清同治年间"曹冲（今台山县）土客械斗，有司袒土诬客，以匪剿之、放之，无俾异种，十数万众，死亡过半！今赤溪县客［家］，其孑遗也。通人陈兰甫先生睹此惨祸，恻然不忍。"① 在土客大械斗中，黄遵宪概括的"中原之旧族，三代之遗民"的口号，对于反击土著歧视，捍卫客家的生存权利，有振聋发聩的作用。而且，公度一生都在坚持不懈地宣传这个口号。他1866年就初步表达了他的客家史观，走出嘉应州后在中外多种文化的参照下，在多种学术场合，都宣传这个口号。尤其是他晚年在《李母钟太安人百龄寿序》《己亥杂诗》和各种序跋中反复述说和宣传，他的客家史观广为人知。后来温仲和修撰光绪《嘉应州志》时请教他，得到黄遵宪的指导后，客家中原旧族说被写进光绪《嘉应州志》："嘉应州及所属兴宁、长乐、平远、镇平四县，并潮州属之大埔、丰顺二县，惠州府属之永安、龙川、河源、连平、长宁、和平、归善、博罗一州七县，其土音大致皆可相通。广州之人谓以上各州县人为客，谓其话为客话。大埔林达泉著《客说》，谓客家多中原衣冠之遗，或避汉末之乱，或随东晋、南宋渡江而来。凡膏腴之地，先为土著占据，故客家所居，地多硗瘠，其语言多合中原之音韵，其说皆有所据。"公度《客话献征录》虽没有成书，但温仲和《嘉应州志》卷八《方言》将它完成。可见，公度的客家史观被社会广泛接受。虽然在时间上惠州徐旭的《丰湖杂记》比公度早了近百年，但是知道的人不多。而黄遵宪的学说，在他的影响力之下，在他的学界朋友胡曦、温仲和、陈兰甫、文廷式等的学术影响下，发挥出远比徐旭曾、林达泉大得多的学术效能。

---

① 罗翔云．罗蔼其［M］//黄彩灵．兴宁文史·第23辑．香港：世界华人出版社，1998：322.

中原旧族说在学术上并非没有瑕疵，但它在客家生存斗争中意义重大。中原旧族说为何流行，这缘于现实的需要。同治年间的土客械斗激起了林海岩、黄遵宪等人的客家研究激情。黄节的《广东乡土教科书》出现后，大埔客家人温廷敬立即反驳，并组织客家源流调查会调查和宣传客家历史源流问题，于是客家历史源流遂成为争论的焦点。黄遵宪之后四十余年，罗香林以其《客家研究导论》《客家源流考》《客家史料汇编》《客家迁徙及分布地图》等将客家历史源流研究推向高潮，罗成为客家问题的权威专家。罗香林的客家研究在林海岩、黄遵宪等人的基础上产生，他的学术主题是具体地展开中原旧族说。林海岩、黄遵宪为罗香林的学术研究提供了基本的学术观点和历史逻辑，罗香林只是把中原旧族说看作具体的文本确认和学术论证。之后，20 世纪的客家研究并未跳出中原旧族说的藩篱。尔后，虽然出现了客家南迁的五次说、九次说、十一次说等，不过是说客家越古越好说的拓展，它并未超越中原旧族说。

三、黄遵宪推动了客家方言研究

客家方言是中原旧族说的证据，它是嘉应州文人走出本州后在异地文化的参照和启发下，认识到客家方言的历史价值——竟然成为论证客家是中原旧族的有力论据，从而推动了客家方言的研究。在公度之前，镇平黄钊《石窟一徵》九卷，其中以两卷介绍客家方言。林海岩《客说》："其土既殊，其音即异。惟于客也否。客于县，而他县之客同此音也。客于府，则他府之客同此音也。于道、于省无不如此。是称客无殊，其音即无异也。且土之音，或不叶于韵。客则束发而授《语》《孟》，即与部颁之韵不相径庭。盖官韵为历代之元音，客音为先民之逸韵，故自吻合无间。其有间则杂于土风耳。非其朔也。是为客之音。"《客说》总计 1 200 余字，但是论述客家方言达八分之一，对方言的重视可知。黄遵宪草拟《客话献征录》，虽然未成，但是它启发了温仲和在《嘉应州志》中作《方言志》卷，完成了公度的夙愿。在温仲和之后九年，杨恭桓《客话本字》面世；章太炎又取温、杨二家所论 61 事，作《岭外三州语》；民国初年，兴宁罗蔼其又著《客方言》，客家方言的研究迅速兴盛起来。但是这个金矿一旦打开，它就再不仅仅属于客家证据说了，它因其"能通古音"而成为语言学界的一个大宗。可以说，黄钊、林海岩、黄遵宪等开启了客家方言研究的大门，对客家方言研究产生了直接的影响。章太炎《客方言序》云："广东称客籍者，以嘉应诸县为宗，家率有谱，大氐本之河南，其声音亦与岭北相似。尝因其志，为《岭外三州语》，盖本之温氏书，犹未完具。

最后得兴宁罗翙云《客方言》十卷，所记逾于温氏盖三四倍，上列客语，下以小学故训通之，条理比顺，无所假借，盖自是客语大明。"章太炎所说的罗翙云，即罗霭其。罗霭其（1868—1938），原名罗翙云，广东兴宁人，著名语言学家，中山大学教授。著有《客方言》《尔雅注》《京音准》等。罗霭其《客方言自序》："若夫语言，尤多周秦以后、隋唐以前之古音。林海岩曰：客音为先民之逸韵（《客说》）。陈兰甫曰：客音多合周德清《中原音韵》（《嘉应州志·方言》引）黄公度曰：有《方言》《广雅》所不能详注，而客话犹存古语者；有沈约、刘渊之韵已误，而客话犹存古音者（书《客说》后）。三君之说，皆为知言。"罗霭其认为，客家方言研究，乃林海岩、陈兰甫、黄遵宪三君开其端绪，在三君之后，客家方言研究才蔚为大观。

第六节　不足之处

当然，黄遵宪的客家史观研究中也有不足之处，主要有：

（1）公度的客家历史研究较为粗浅，停留在直观感受阶段。这是一个学科还处在草创阶段的表现，公度也在所难免。但是，黄遵宪的客家研究直接启发了罗香林，黄遵宪是从徐旭曾《丰湖杂记》到罗香林的《客家源流考》等著作的一个历史过渡和中介。

（2）公度的有关结论还有待核实。梅州客家的历史渊源有著名的中原旧族说，此说的直接源头是"光州固始"说。那么梅州客家众口一词的光州固始说的真实性如何呢？据薛居正等《旧五代史》卷一百三十四《僭伪列传》之《王审知传》和欧阳修《新五代史》之《闽世家》可知，王审知，字信通，光州固始人。其父王恁，世为农民。唐广明元年（880），黄巢作乱，江淮盗贼蜂起。贼帅王绪攻陷固始县，王审知之兄王潮为县佐，被王绪署为军正，后王潮杀王绪而代之。唐光启二年（886），福建观察使陈岩提拔王潮为泉州刺史，陈岩死后王潮杀陈岩女婿范晖而代之，故尽有八闽五州之地。在这个时期，王审知依附于其兄王潮，王潮死后，王审知代其兄为福建节度使、福建管内观察使。王审知状貌雄伟，隆准方口，颇有将帅之像，常乘白马，军中号"白马三郎"。唐末，王审知为威武军节度、福建观察使，累迁检校太保，封琅邪郡王。梁朝开国，累加中书令，封闽王。后梁开平三年（909）三月，封检校太师、中书令、福建节度使王审知为闽王，并赐号忠勤保安兴国功臣，这便是河南光州固始人的入闽史。

那么，光州固始说是真实的，还是关于祖源的美丽的传说？福建虽然有此传说，但是福建人宋郑樵早对此驳斥得体无完肤。郑樵《夹漈集》之《家谱后序》："吾祖出荥阳，过江入闽皆有沿流，孰为固始人哉？闽人称祖，皆曰：自光州固始来。实由王潮兄弟，以固始之众从王绪入闽。王审知因其众克定闽中，以桑梓故，独优固始人。故闽人至今言氏族者，皆曰固始。其实，滥谬。"① 郑樵说，福建人祖宗的光州固始说完全是假的。郑樵是伟大的历史学家，又是福建人，他的话极具权威性，真实可信，因此，道光《平和县志》卷十一《杂识志》云："野史稗官，见闻互异。世远年湮，孰非孰是。考镜之资，征文贵备。传信传疑，旁乔物议。鉴古证今，谈何容易。吾儒旁搜，得其大意……漳人称祖，皆云来自光州固始者。由王潮兄弟从王绪入闽，王审知因其众克定闽中，以桑梓故，独优固始。而陈将军元光。亦出固始、故言氏族者，至今本之，而不尽然也。按：郑樵《家谱后序》云：吾祖本出荥阳，过江入闽，皆有源流，孰为光州固始人哉？即此可知，向来相沿之误。"② 原来，福建人渊源的光州固始说，本来荒谬。沿袭这种说法而来的客家渊源光州固始说，难道不是更为荒诞？

罗香林《客家研究导论》运用谱牒、史书等资料详细论述了客家"为中原衣冠旧族""为避战乱迁居南方""历经五次大迁移"等观点。其实，真实的历史事实却是，王潮、王审知等人身上没有丝毫的衣冠旧族的痕迹，他们到达福建，不仅不是躲避战乱，反而变做盗贼在制造战乱。这些乱子贼人入闽称王，带来的是福建人口增长，还是人口的大消耗，这需要具体考证。

在王审知入闽的时间上，王审知随着乱贼王绪入闽的时间在晚唐，公度所说的时间并不准确。公度所说的客家人的第一次迁徙，与罗香林不同，与林达泉也不同。其实，这些说法，传说或臆断的成分居多。因王审知出身农民和盗贼，他抛弃祖宗坟墓和妻子为大盗。王潮起家于王绪的提拔，可却莫名其妙地杀了王绪。王潮入闽，倚重闽帅陈岩。陈岩卒，其子婿范晖代之。王潮又杀了范晖，遂为福建观察使，王潮之不义已十分明显。王潮死后，其弟王审知代之，朝廷封为闽王。王审知死，其子王延翰代之。此时，王潮的无道和不义的报应便来到王家后代身上，王延翰为其

---

① 郝玉麟. 乾隆福建通志·卷六十六 [M]. 上海：上海古籍出版社，1986.

② 黄许桂修，曾泮水纂. 道光平和县志·卷十一 [M]. 厦门：厦门大学出版社，2008.

弟王延钧所杀。王延钧嗣位，狂妄无知，借号称帝，改元龙启，但他为其子王昶所杀。王昶不道，为闽人所杀。立其从父、王审知之子王延羲，改元永隆。王延羲不道，为其将连重遇所杀。王审知之子王延义嗣位，又为连重遇所杀。王氏入闽后，多行不义，子孙无道，相互淫乱仇杀，王氏子弟在福州者无少长皆被杀，王氏之族遂尽。以伪易伪，以暴易暴，最后暴乱以终。史臣评论道："审知僻据一隅，仅将数世。始则可方于吴芮，终则窃效于尉佗。与夫穴蜂井蛙，亦何相远哉！"① 这样的豺狼虎豹，岂有丝毫的衣冠旧族踪影？穴蜂井蛙们保留了多少传统文化，传承了多少中原礼俗，这只是臆想。这些人入闽的光州固始人及王审知们在福建已被几乎杀尽，他们又怎样从福建迁徙到梅州，更是子虚乌有的神话。的确有大量的福建人迁徙到梅州，但是，他们什么时候到梅州的，他们是中原旧族的王审知们吗？

（3）公度的梅州客家元代形成说也值得商榷。在公度的客家研究中，梅州客家元代形成说是最有价值的学说。但是，第一，此说并非公度独创。清杨懋建《嘉应识小书》也主此说。其论据与公度相似，也是"未有梅州，先有杨古卜"的谣谚和"皆云自汀州宁化迁来，约各传世廿六"。可见，此说为梅州民间普遍性的传说。第二，公度的梅州客家元代形成说也有漏洞。例如，梅州客家在元代是如何形成的，公度并没有具体的论证。因而在具体的形成时间上，公度也闪烁其词，说法游离不定，甚至混乱。梅州客家形成的时间，公度有时说是六百年，《己亥杂诗》自注："客人来州，多在元时。"光绪二十八年的《攀桂坊黄氏家谱序》"历年六百，传世二十余"，基本同此。有时又说五六百年。光绪二十五年《李母钟太安人百龄寿序》说"其迁移五六百年，其传世廿六七代"。有时又是七百年，光绪二十七年《梅水诗传序》说："传世三十，历年七百。"在时间上分别有五百、六百、七百年三个说法。与此相联系，嘉应客家在梅州传世的代数有三十世、二十余、二十五六世三个说法。这几个说法差异比较大，如以公度同治四年《送女弟》的时间为基准：七百年前是南宋前期的乾道元年，六百年是南宋后期的咸淳元年，五百年则是元代末期的至正二十五年。这三个时间点，使公度的梅州客家元代形成说无法落实，无法考证。实际上，梅州客家形成的时间，有多种说法。同治四年，杨懋建《嘉应识小书》说："各族占籍程乡，年代无可考。今按元史仁宗延祐二年丁巳，赣州人蔡五九据汀州、陷宁化，五〔吾〕族由石壁村移居入粤，当在

① 薛居正．旧五代史·卷一百三十四〔M〕．北京：中华书局，1976.

此时。"杨懋建说，梅州客家进入程乡的年代本无可考。这是句大实话，但是，他又勉强地说梅州客家形成的时间在元代的丁巳年，即元代的延祐四年（1317），也即元代中叶。这依然是猜测之词，难以为据。可见，梅州客家元代形成说，并不严谨。这是因为，公度、杨懋建等说是沿袭梅州民间传说，没有经过严格的考证。

　　其实，对于公度的梅州客家元代形成说，公度的好友温仲和即不同意，他提出梅州客家明代形成说。光绪《嘉应州志》卷八《方言》温仲和《跋》云："今之土著，多来元末明初。以余耳目所接之人，询其所自来，大抵由汀州之宁化，其间亦有由赣州来者。其言语声音，皆与汀、赣相近，其传次亦相上下，约在二十余世之间，父老相传，皆云未有梅州，先有杨、古、卜。杨、卜二姓，未知如何，询之古姓，则在三十余世四十世之间。"温氏确定的客家来梅州的时间"元末明初"，亦即明代。这比公度的"元代说"晚了一个朝代。温仲和依据的依然是改朝换代的大战乱，但客家形成的时代却在明代。丘逢甲《还乡书感》："南渡衣冠尊旧族，东山丝竹负中年。"自注："予族由宋迁闽。"然后丘家："当元明之交，播迁斯土。"丘逢甲实际上是说：第一，客家的渊源：客家是南渡的衣冠旧族，即福建客家元代形成说。第二，客家的第二次迁徙：明代由闽入梅：梅州客家明代形成说。温、丘均主梅州客家明代形成说。公度等人的元代形成说与温仲和等人的明代形成说，二说的结论不同，但是根据却相同：均是依据历史上改朝换代的大战乱，均是"询其所自来"的证据，均有"大抵由汀州之宁化"迁来的家族传说，均有传世"二十余世"的采访记。但是，证据相同，二说的结论却完全不同。

　　那么，梅州客家到底是元代形成的，还是明代形成的？两说中谁是谁非？抑或两说均为臆断？

　　罗香林之前的客家历史研究已歧说纷呈，混乱至极。公度之后，罗香林又激于义愤，夸张其词，力主五次迁徙说，七次迁徙说等，使客家史研究走上越古越好的歧途。

203

第九章　客家民俗研究

　　黄遵宪是中国近代风俗学上的第一人。在中国文化史上，黄遵宪、严复、陈独秀是中国近代风俗学上的三大家。而首开风气的人，则是黄遵宪。

　　当中国文人不知"民俗学"为何物之时，在中国华南山区的嘉应州，19 岁的公度在《送女弟》中说："就中妇女劳，尤见风俗纯。"从而迈开了他风俗研究的第一步。这不仅是他风俗学的开端，也是中国近代史上风俗学的横空出世。此后，他采集山歌民谣，关注中外风土人情，成为中国近代史上风俗学的第一人。公度《都踊歌序》云："西京旧俗：七月十五至晦日，每夜亘索街上，悬灯数百。儿女艳妆靓服为队，舞蹈达旦，名曰都踊。所唱皆男女猥亵之词，有歌以为之节者，谓之音头。译而录之，其风俗犹之唐人《合生歌》，其音节则汉人董逃行也。"他每到一地，都关注当地的风俗民情，是中国比较民俗学的先驱。《日本杂事诗》"所以觇国情，纪风俗"，是他异邦风俗学的重要专著。他的《槟榔屿采风纪》，已经采用现代人类学田野调查的方法，在新加坡采风问俗，为现代风俗学做出了方法论上的重要贡献。公度《皇朝金鉴序》："无论何国，其政教风俗，皆有善有不善。"《日本国志叙》："采其歌谣，询其风俗。又命小行人编之为书，俾外史氏掌之。所以重邦交，考国俗者。若此，其周详郑重也。"他《日本国志》的《礼俗志序》："天下万国之人、之心、之理，既已无不同，而稽其节文，乃南辕北辙，乖隔歧异，不可合并至于如此，盖各因其所习以为之故也。礼也者，非从天降，非从地出，因人情而为之者也。人情者何？习惯是也。"[①] 他对风俗的起源、风俗的本质、风俗的表现形式、风俗学的历史演变等，均有深入的研究，并形成自己独到的理论见解。加之他在风俗学方法和风俗学实践上的思想，形成了他风俗学的系统理论。他作为中国现代风俗学的第一人，当之无愧。

　　值得注意的是：日本民俗学作为独立学科，始于 1913 年。这年，日本

---

① 黄遵宪 . 日本国志 · 卷三十四［M］. 上海：上海古籍出版社，2001.

学者柳田国男与高木敏雄创办《乡土研究》杂志，石桥卧波等成立日本民俗学会，创建《民俗》杂志，以发表民俗学论文。但黄遵宪在 1879 年发表专著《日本杂事诗》，1887 年发表《日本国志》之《礼俗志》，这比日本学者的日本民俗研究早了二三十年。黄遵宪不仅是近代中国对日本风俗作系统研究的第一人，也是日本民俗学的拓荒者①。

在黄遵宪的风俗学研究中，客家民俗是其重点。从青年时期一直到晚年，他对客家民俗的研究，从没有停止过。

费孝通《乡土中国》说："从基层上看去，中国社会是乡土性的……那些被称为土头土脑的乡下人，他们才是中国社会的基层。"② 从乡土长出的社会，与城市中的市民社会完全不同。黄遵宪似乎对此早有领悟，他把客家民俗的研究和中国乡土的研究结合起来，作为他史学研究的基础。如果说他的客家史研究，他的日本国史的研究属于上层雅文化的范畴，那么，客家民俗的研究和日本民俗、新加坡民俗的研究，则更多是对乡土底层文化的描述。在认识论上，它们更具有客观性的价值。

第一节　客家歌唱习俗

喜爱山歌，是客家民俗中最明显的特色。在客家地区，无论是乡村田野，还是城市街巷，到处都可以听到悠扬的客家山歌。爱唱山歌的习惯一直延续到现代，今天的梅州市有独具特色的客家山歌剧团；广东梅县、兴宁、五华、揭西、河源也有客家山歌剧团，福建龙岩、兴国等地有客家山歌剧团，广西贺州也有客家山歌剧团。客家山歌戏《啼笑因缘》《挽水西流》《雪里梅花》等蜚声海内外，山歌剧团成为全国少有的一道文化景观。

也许这些山歌剧团并不知道，搜集和研究客家山歌的第一人，竟然是著名的外交家黄遵宪。

（1）开收集整理客家山歌之先河。有人认为，采集南粤民歌成为专书的，以李调元的《粤风》为最早。其实，这是错误的。因为李调元的《粤风》基本抄录清初吴淇的《粤风续九》。《粤风续九》或《粤风》中的民歌，罗香林认为，有的是客家民歌，故将它们收入《粤东之风》中。《粤风续九》中的民歌是否是客家民歌，还待考证。但是，它是《粤西之风》，

①　韩养民，翁建文. 中国近代风俗史上三大家［J］. 西北大学学报（哲学社会科学版），2003（2）.

②　费孝通. 乡土中国［M］. 北京：人民出版社，2008：1.

而非《粤东之风》，是可以肯定的。而且，《粤风续九》或《粤风》，并非专门搜集客家山歌。同治八年（1869），公度22岁时整理的《山歌》15首，则是客家人专门搜集和整理客家山歌的开端。这个伟大的里程碑，在客家山歌史上意义重大，但是却一直被人忽视。

公度《山歌》的全貌。在《人境庐诗草》第一卷中，《山歌》为九首，但它并非公度客家《山歌》的全貌。公度客家《山歌》的披露有个过程，除了九首外，1937年3月《逸经》杂志载，在周作人所得的《人境庐诗草》抄本中，《山歌》为12首。而兴宁罗香林家藏的、公度手书的《山歌》则为15首，这才是公度《山歌》的原始稿本。《山歌》的原始稿本最初作于同治八年，光绪十七年（1891）八月五日，黄遵宪在任中国驻英国伦敦使馆参赞时，将它重新抄写一份，以寄给在中国广东兴宁的胡晓岑。公度同时寄给胡晓岑的文件有三，一是公度的《奉怀诗》，它又名《忆胡晓岑》。诗云："一别匆匆十六年，云龙会合更无缘。隔邻呼饮记同巷，积岁劳思寄一笺。无数波涛沧海外，何时谈话酒杯前？太章走遍东西极，天外瀛洲别有天。"二是公度的书信《致胡晓吟［岑］》："晓岑同年执事：别来匆匆，一十六载，音问疏阔，亦非始料所及……今寄上《奉怀诗》一首，又《山歌》十数首。如兄意谓可，即乞兄钞一通，改正评点而掷还之。"看来，《忆胡晓岑》诗，最初名《奉怀诗》。三是《山歌》15首和附于其上的《山歌题记》五则。此时公度正在研究客家山歌，他之所以寄出《山歌》15首，是希望胡晓岑对它加以文学批评，然后寄回新加坡，以便于公度作山歌研究时参考。公度之所以寄出《山歌题记》，是为了帮助胡晓岑了解《山歌》产生的历史背景和由来，以便于胡晓岑准确地评点。但是，胡晓岑没有来得及评点，也没有将《山歌》寄回。后来，公度的《山歌》资料，诗歌、书信、《山歌》手稿和《山歌题记》等，为后辈兴宁罗香林所得，罗香林在民国二十六年（1937）在《书林》杂志第一期发表。《书林》杂志第一期的要目有：①罗香林《发刊词》；②李景新图书分类概述；③温丹铭《竹林草堂诗钞序》；④黄遵宪遗著关于乡邦文献及山歌《寄胡晓岑》；⑤钱玄同《关于黄公度先生墨迹寄罗香林》；⑥谢富礼《粤东采珠者》等。另外，还有梁振东《客家研究导论读后》①等。《书林》的第一期，也是创刊号，它几乎是客家文化的专号。这里，钱玄同《关于黄公度先生墨迹寄罗香林》，即指黄遵宪的遗著山歌和《寄胡晓岑》的手抄原件，它在1937年由罗香林公开发表。《山歌》十五首，又见于1937

---

① 钱玄同：关于黄公度先生墨迹寄罗香林［J］. 燕京学报，1936（21）.

年三月的《逸经》杂志，并附有校记。公度的《致胡晓岑函》有 7 通，这是最后一通。今《黄遵宪全集》收录《致胡晓岑函》2 通。但是，这是错误的。因为，这二通其实为一通，不过是将一封信撕成两半了，被编者误认为是两封信，这是题外话。公度的《山歌》15 首，除了了《人境庐诗草》卷一的九首外，另外六首还见于北京大学中文系近代诗研究小组编的《人境庐集外诗辑》中。

（2）客家山歌的性质。公度的《山歌》，前有《序》云：

> 土俗好为歌，男女赠答，颇有《子夜读曲》遗意。采其能笔于书者，得数首。

黄遵宪的《山歌序》虽然寥寥数语，但是它包含了公度关于客家山歌性质的重要见解。"土俗"，指客家民俗。客家人爱唱山歌的习俗，植根于客家人的本能和天性之中。客家人长在山野，在山野劳作中发出声音，最好的方法便是富有旋律的山歌。日久天长，代复一代，自然习以成俗。客家山歌云："大路唔行生溜苔，山歌唔唱心唔开。"在歌谣的自然流露中，对客家山歌源于人的天性作了陈述。的确，客家人爱唱山歌就如同人要说话、要走路一样，它是山野人的言语方式和自然本能，因此在客家地区山歌十分普遍。"男女赠答"，即男女对唱。它虽仅仅四字，但是内涵丰富：第一，它阐述了客家山歌的人类本体性特征。客家山歌产生于男女爱恋的原生情境，人类自然繁衍的种族激情是驱动客家山歌发生和发展的本体论基础，也是其内在的动力学原则。第二，它阐述了客家山歌的基本主题和题材。客家山歌的基本题材和主题，是青年男女之间的风情。第三，它还暗示了客家山歌的审美特色。客家山歌被人类最烂漫的男女之情所驱使，郎情女意、眉目顾盼之间焕发出灿烂的青春华章，它必然成为人类最富审美魅力的诗歌。"《子夜读曲》遗意"，指客家山歌的历史渊源。《子夜读曲》，指六朝民歌《子夜歌》和《读曲歌》。《子夜歌》是六朝著名的江南民歌，《晋书》："吴歌杂曲，并出江南。东晋以来，稍有增广。"[①]《乐府诗集》卷四十四的吴声歌曲《吴声十曲》中，第一即《子夜歌》。另外，还有游曲《子夜四时歌》《子夜警歌》和《子夜变歌》等。《乐府解题》："后人更为四时行乐之词，谓之《子夜四时歌》。又有《大子夜歌》《子夜警歌》《子夜变歌》，皆曲之变也。"《读曲歌》，即《徒曲歌》，指没有音

---

① 房玄龄，等. 晋书·卷二十三 ［M］. 北京：中华书局，1974.

乐伴奏的清唱民歌，南北朝刘宋时有《读曲歌》民歌 89 首。《宋书》："《读曲哥》者，民间为彭城王义康所作也。其哥云'死罪刘领军，误杀刘第四'是也。凡此诸曲，始皆徒哥，既而被之弦管。"①　"哥"，当作"歌"。"读"，即"徒"，指没有弦管的清唱。它的产生，《古今乐录》："《读曲歌》者，元嘉十七年袁后崩，百官不敢作声歌，或因酒宴，止窃声读曲，细吟而已，以此为名。"②《读曲歌》产生于元嘉十七年，元嘉为南朝宋文帝的年号，十七年为公元 440 年。因国丧禁乐，人们只能浅斟低吟，但它更加婉约动人。《读曲歌》与《七日夜》《女歌》《碧玉》《桃叶》《长乐佳》等一样，属江南吴声民歌。如《读曲歌》其四："千叶红芙蓉，照灼绿水边。余花任郎摘，慎莫罢侬莲。"其五："思欢久，不爱独枝莲，只惜同心藕。"四是女子所唱，五是男子所答，构成优美的男女对唱的情歌意境。《大子夜歌》云："歌谣数百种，子夜最可怜。慷慨吐清音，明转出天然。"《子夜歌》《读曲歌》均是中国历史上最清丽、最优秀的民歌。公度说，客家民歌是六朝时最负盛名的江南情歌《子夜歌》《读曲歌》的遗存。这既是指其源流，也是对客家山歌的高度赞扬。"采其能笔于书者"，指公度客家《山歌》的来历：这些诗歌均采集于客家民间，而非公度的创作。但公度《山歌题记》其五："仆今创为此体。"它又是公度的创作。综合以上两说，这些《山歌》的基本体裁、模式和韵调，采集于客家民间底层社会；但是，在内容和文采上，又经过了公度的整理和润色。客家山歌的文人化，缘于公度之"创"。

　　总之，公度认为：乡土特色的客家山歌具有高度的艺术性，它有六朝民歌的风韵，完全可以与优秀的江南民歌媲美。

　　（3）客家《山歌》的艺术成就。客家山歌情致细腻，语言优美，音韵和谐动人，艺术性高。这里以《人境庐诗草》卷一《山歌九首》的第一首为例：

> 自煮莲羹切藕丝，待郎归来慰郎饥。
> 为贪别处双双箸，只怕心中忘却匙。

　　这是一位客家女子在家炖莲藕汤时的即兴之歌。为了论述方便，笔者暂且将它命名为《莲羹》。《莲羹》的内涵深厚，包含了八个方面的内容。

---

①　沈约. 宋书·卷十九［M］. 北京：中华书局，1974.
②　郭茂倩. 乐府诗集·卷四十四［M］. 北京：中华书局，1979.

①内容。《莲羹》虽仅七言四句，但是这28字却描写了女子生活的两重天地。前两句分为两层：第一层描写女子在家煮莲藕的现实生活。在广东的饮食习俗中，因为广东天热而人们特别喜爱炖汤。女子也因擅长炖汤，而在男子眼中身价倍增。因此，她此时正满心欢喜，为款待情郎而炖煮美味的莲藕莲子汤。第二层，描写女子的精神生活。她一边在切莲藕炖汤，一边在心中盼望着情郎归来。她似乎念叨着：我的情郎，你饿了吧，你快回来，描写婉转缠绵的相思心理。后两句，描写情场的风云突变。她的莲藕汤已经炖好，但是，情郎却久久没有归来。这时，女子内心顿时翻江倒海，她寻思道：他为何不来？他莫不是在外面有了新的相好，莫不是他贪图别的女子的双箸与双住，莫不是忘了我俩的双匙与双持。

②戏剧性的冲突。情歌后两句突然剧情逆转，发生了惊雷闪电般的戏剧冲突。这种炸雷般的突变情节，属于六朝民歌中的"变歌体"。《子夜变歌》云："人传欢负情，我自未常见。三更开门去，始知子夜变。"客家女子此时的感情纠葛，分明是六朝《子夜变歌》的翻版。不同的是，六朝江南女子在子夜时始知情郎之情变，而客家女子在日中时始知情郎之新变。女子风云突变的爱情心理，有其产生的社会根源：即女子在爱情中处于悲剧角色的社会地位问题。女子为何在爱情中如此忐忑不安，如此疑神疑鬼？原来，这是男女在社会中的地位不同，因此在爱情中的风险也不一样。男子社会地位和经济地位高，他们在外行走江湖，更有在外面寻花问柳的机会和客观条件。女子在爱情中处于被动地位，她们只能株守门户，常常在毫不知情的情况下就被男子无情地抛弃。故女子猜疑妒忌的后面，是社会制度的不公和女子婚姻爱情的易碎。

③多层级的艺术世界。《莲羹》四句诗歌，构成多重的艺术天地：诗歌第一层，描写了女子的日常家务。诗歌的第二层，刻画了她们炽热强烈的爱情。第三层，描写她们内心的恐惧和苦涩。第四层，描写女子的生活遭遇和社会地位。这四层世界，一重重地深化，一重重地相连；从女子的现实生活到精神生活，再到人生悲剧和社会问题，在生活琐事中蕴藏着爱情的甜蜜，在甜蜜中转换为人生的苦涩，在苦涩中透露出社会问题。从爱情的甜蜜到风云突变，这既是爱情的"变歌"格局，也是人生和社会的大悲剧。山歌虽然短小，却内涵深厚。在艺术上故事曲折，情节变幻，而感情强烈，意境优美，它丝毫不亚于经典的六朝江南民歌，堪称中国民歌的经典。

④"挂折"的结构艺术。这多重艺术天地的建构方法，在明清山歌中叫做"挂折"。"挂折"艺术见于公度读过的梁绍壬《两般秋雨庵随笔》

卷六《粤歌》："粤俗好歌，凡歌以不露题中一字，语多双关，而中有挂折者为善。"它又见于清李调元《南越笔记》卷一《粤歌》："粤俗好歌，凡有吉庆，必唱歌以为欢乐，以不露题中一字，语多双关，而中有挂折者为善。"它还见于屈大均《广东新语》卷十二《粤歌》："粤俗好歌，凡有吉庆，必唱歌以为欢乐，以不露题中一字，语多双关，而中有挂折者为善。"三者之中，屈大均为首创。当时，屈大均24种著作全被朝廷禁毁。梁、李二人只能暗中引用。所以，他们并非抄袭，而在暗中宣传屈大均的思想。屈大均又说："挂折者，挂一人名于中，字相连而意不相连者也。" "人名"，当作物名。因为情歌中少有人名，而主要是托物寓意。"挂折"，即挂意于物。所写事物只是诗歌的表层，其所挂所折的深层含义，才是诗歌的真谛。《莲羹》所写的炖莲藕汤只是表层，而深层则是男女爱情和人生悲剧。"挂折"的艺术，其直接渊源是六朝民歌，其更久远的历史则是《诗经》的比兴艺术。《莲羹》将六朝民歌和《诗经》的托物起兴与托物寓意巧妙地结合起来，它寄情于物表，托物以写情思，把六朝民歌和《诗经》的兴寄艺术发展到一个新的水平。

⑤双关的修辞艺术。实现"挂折"的艺术构思的修辞艺术手法是双关，而实现双关的方法主要是谐音、比喻等。"挂折"构思及其艺术方法，是使民歌内涵丰富而深邃的秘诀。在民间语言中，言语并非直白无味，而是妙趣横生，话中有话。在民歌艺术中，也常常言此意彼，诗中有诗。在修辞上，民歌常常运用谐音、比喻等修辞方法。民歌使用双关等修辞手法，本不奇怪，但是将双关艺术发展到如此精美，却很少见。在本诗中，双关有两大特色。第一，双关数量的丰富性。在《莲羹》中，蕴含着五组谐音：一是饮食的莲，谐音为爱情的"连"和"怜"。二是将藕之丝，谐音为情之"思"。三是将莲之藕；谐音为心理活动之"怄"。四是将吃饭时的筷子之箸，谐音为爱情中男女的同"住"。五是将饮食中汤匙的双匙，谐音为男女的相"持"。第二，双关内在结构的系统性。这五组谐音，又相互连接，构建起多重的艺术境界。同时，又步步深入，引人入胜，形成立体多维度的艺术空间。它们是人间的饮食生活，又是男女的爱情甜蜜；它是情场的波谲云诡，又是女子的人生和社会悲剧；它是炖莲的芳香藕丝，又是爱怜的激荡相思；它是女子在情场危机中的惴惴"怄思"，又是女子永远不变的情爱相持。民歌用谐音艺术并不奇怪，但是，将谐音双关发展到如此复杂的艺术迷宫，真是精妙绝伦。古今情歌，罕有匹敌。

⑥含蓄蕴藉的艺术风格。诗歌通过描写客家女子炖汤煮饭的生活，以表达女子真诚热烈的爱情。但是，诗歌中只有煮莲藕的情景，没有出现直

白的"爱""恨"一类的文字,这便是民歌追求的"题中不露一字"的艺术境界。这种境界,本是古代文人山歌理想中的最高艺术境界。唐司空图《二十四诗品》之《含蓄品》云:"不着一字,尽得风流。"宋严羽《沧浪诗话》之《诗辩》说:"故其妙处,透彻玲珑,不可凑泊。如空中之音、相中之色、水中之月、镜中之象,言有尽而意无穷。"在诗歌字面上"不露一字",而内容上写尽深沉缠绵的爱情,这是古今文艺理论家日夜追求的艺术理想。但是,客家《山歌》居然将它完美地实现了,这是多么了不起的艺术成就。民歌运用"挂折"的构思和双关艺术,将诗歌写得如此接近广东女子的厨房生活,又如此深入地刻画了恋爱女子的内心世界。她既为情郎相思情深,又有在情场风云中遭遇情变的惊心动魄,她似乎呼喊着:彼苍者天,我爱良人!彼苍者天,毋夺我良人!情到深处,她情思萦魂。深到变处,她烈火中烧,肝肠寸断!谁说汉族不善于歌唱?本诗在任何民族的民歌中,均是情思婉转、哀感顽艳的极品,是思想和艺术的双绝!

⑦浑然天成的审美特色。《山歌》融深情于物象,融辗转于即兴,融多彩于天成,具有高度的艺术成就。这种艺术成就难以用语言形容,公度只得称它为天籁。公度《山歌题记》其一:"以人籁易为,天籁难学也。"这种天籁般的山歌,李调元又称为"天机"。其《南越笔记》卷一:"儿女子天机所触,虽未尝目接诗书,亦解白口唱和,自然合韵。"① 《莲羹》情思上缠绵深切,艺术上盘旋萦回,文彩上飞霞闪电,它是客家人的天籁,客家人的《国风》《子夜》,真可与先秦《国风》、六朝《子夜》和《读曲》等相媲美!对于客家山歌的情韵优美,张元济《岭南诗存跋》:"瑶峒月夜,男女隔岭相唱和,兴往情来,余音袅娜,犹存歌仙之遗风。一字千回百折,哀厉而长……广东音韵之妙,殆出天性,故于学诗尤近。"② 他在粤人善歌的大背景下称赞客家山歌,自注云:"俗称山歌,惠潮客籍尤盛。"所谓惠潮客家,即雍正后的嘉应客家。歌仙遗风,指松口歌仙刘三妹所唱的客家山歌的影响。客家山歌,的确有歌仙的遗韵。公度说是天籁,李调元说是天机所触,张元济说是天性所在,它们赞美了客家山歌艺术的高度成就。

⑧山歌对公度文学创作的影响。由于篇幅,这里只分析鉴赏了《莲羹》一首。但是,公度整理的《山歌》都是上品之作。客家山歌对公度的

---

① 李调元. 南越笔记·卷一 [M]. 北京:中华书局,1985.
② 何藻翔. 岭南诗存·卷首 [M]. 上海:商务印书馆,1925.

文学创作和文学风格产生了深远的影响，金受申《晚清两大平民诗家：金和黄遵宪诗的研究》："山歌土谣，向为缙绅先生生、学士大夫所不屑取。而先生大胆采入诗歌，所以才造成优美的作品。"① 他认为：《山歌》是公度作品中最美的诗歌。山歌对公度的文学思想有重大影响，胡适《五十年来中国之文学》："他早年受了本乡山歌的感化力，故能赏识民间白话文学的好处；因为他能赏识民间的白话文学。"② 客家山歌深深地融入公度的精神中，公度逝世21年后的1926年，钟敬文先生说："前清时期，文人如王士祯、李调元之流，都谈到我们广东的山歌，并且把它采摘的一些记在他们的著作里。到了人境庐诗集的作者——黄公度——居然把这种鄙野的山歌，杂入了自己的作品中。"③ 公度的诗歌多长篇，描写细腻，语言流畅而平易，确有山歌的余韵和风神。

（4）公度的山歌理论。公度的山歌理论，主要体现在《山歌题记》五则中。它本是对《山歌》及其背景的回忆，也抒发了他对《山歌》的感受和赞美，阐述了公度的文学思想和民歌理论，其要点如下：

①客家民歌在艺术上是天地至文。黄遵宪认为，民歌是天下最好的文章。《山歌题记》其一说："十五国风，妙绝古今，正以妇人女子矢口而成，使学士大夫操笔为之，反不能尔。以人籁易为，天籁难学也。余离家日久，乡音渐忘，辑录此歌谣，往往搜索枯肠，半日不成一字。因念彼（嘉应州）冈头溪尾，肩挑一担，竟日往复，歌声不歇者，何其才之大也。"他认为，客家民歌与十五《国风》一样"妙绝古今"，是天地间最美好的文学，他高度礼赞客家山歌的作者——客家女子们："何其才之大也！"

②客家民歌在历史渊源上继承了《诗经》的《国风》精神。公度认为，客家山歌直接继承了中国文学源头的《国风》精神。同治十一年（1872），他《与朗山论诗书》又说："市井之谩骂，儿女之嬉戏，妇姑之勃溪，皆有其意以行其间，皆天地之至文也。"光绪二十七年（1901），公度《梅水诗传序》："乃至市井诟谇之声，儿女噢咻之语，考其由来，无不可笔之于书。"均歌颂客家民歌的自然之美。公度认为，客家民歌从创作主体上与《国风》一样，都是一群不识字的山野村氓所作。从创作情景

---

① 金受申. 晚清两大平民诗家：金和黄遵宪诗的研究［J］. 新北辰，1937（8）

② 胡适. 胡适文存·第二集第二卷［M］. 台北：台湾远流出版事业有限公司，1986：99.

③ 钟敬文. 客家情歌［M］. 上海：上海文艺出版社，1991：4-5.

上，它们均产生于人们劳作时的至真情怀，均具有"情动于中而形于言，言之不足，故嗟叹之，嗟叹之不足，故咏歌之，咏歌之不足，不知手之舞之足之蹈之也"① 的特色，是"妇人女子矢口而成"的即兴之歌。从诗歌题材上看，它们均是"男女有所怨恨，相从而歌，饥者歌其食，劳者歌其事"② 的产物，因而客家市井小人的谩骂，嘉应儿女的嬉戏，客家围龙屋中妇姑的争吵等等，均可进入诗歌。这种至情的文学，反而成为最美的文学，它的美几乎没有语言可以形容。因为它出自天性，是宇宙中自然生成的天籁之音，故它的价值远高于文学家的创作，有文化的士大夫反而想学而不能。明冯梦龙《叙山歌》云："而民间性情之响，遂不得列于诗坛，于是别之曰山歌。言田夫野竖矢口寄兴之所为，荐绅学士家不道也。"公度把冯梦龙"荐绅学士家不道"变成"使学士大夫操笔为之反不能尔"，是对山歌最大的褒奖。公度好友胡曦说："《西河勾栏怨》，上下平韵三十首，惜多忘记。其佳者，实可入茂倩《乐府》。"③ 茂倩《乐府》，即宋郭茂倩的《乐府诗集》一百卷，是中国宋代以前优秀民歌的总集。公度、胡曦均认为，梅州的山歌、兴宁《西河勾栏怨》等民歌，均可与中国历史上最优秀的山歌媲美。

公度《山歌题记》其四："又有《乞儿歌》，沿门拍板，为兴宁人所独擅场。仆记一歌曰：'一天只有十二时，一时只走两三间，一间只讨一文钱，苍天苍天真可怜！'悲状（壮）苍凉。仆破费青蚨百文，并软慰之，故能记也。"这以兴宁乞丐伴以快板的《乞儿歌》为例，阐述了民歌缘于悲壮苍凉的真情，艺术上自然天成，因而它并非只是文人可以学习模仿的单纯技巧。

民歌是自然天籁的思想，的确来源于《国风》精神。清人方玉润称赞《诗经》十五《国风》第一《周南》第八篇《芣苢》说："夫佳诗不必尽征实，自鸣天籁，一片好音，尤足令人低回无限。"他称赞《周南》第九篇《汉广》说："近世楚、粤、滇、黔间，樵子入山，多唱山讴，响应林谷，盖劳者善歌，所以忘劳耳……文在雅俗之间，而音节则自然天籁也。当其佳处，往往入手入神，有学士大夫所不能及者。"④ 客家山歌出自山

---

① 郑玄笺，唐孔颖达疏. 毛诗正义·卷首［M］. 清阮元校刻. 十三经注疏，北京：中华书局，1980.

② 何休注，徐彦疏. 春秋公羊解诂·卷十六［M］. 清阮元校刻. 十三经注疏，北京：中华书局，1980.

③ 胡曦. 枌榆碎事·卷二［M］. 香港：兴宁先贤丛书校印处，1958.

④ 方玉润. 诗经原始·卷一［M］. 北京：中华书局，1986.

野，它与十五《国风》一样，天资绝色，自然优美。

③野性而有特色的乡土，是山歌之美产生的土壤。文学之美，来源于独创性；客家山歌之美，正至于它是独创性的文学。它以独特的地方乡土之音演唱，它运用独特的、土俗的词汇和音韵。它与宋谣蔡讴、巴俞楚歌、吴歈越吟一样，虽是下里巴人，却有阳春白雪所不具备的独特的文学个性。这种独特性，甚至是非乡土的人难以理解和欣赏的。《山歌题记》其二："钱唐梁应来孝廉作《秋雨庵随笔》，录粤歌十数篇，如'月子弯弯照九州'等篇，皆哀感顽艳，绝妙好词。中有'四更鸡啼郎过广'一语，可知即为吾乡山歌。然山歌每以方言设喻，或以作韵，苟不谙土俗，即不知其妙。笔之于书，殊不易耳。"梁应来，即清梁绍壬（1792—1837），字应来，号晋竹，钱塘人。道光元年（1821）举人，官内阁中书。著有《两般秋雨庵诗》《两般秋雨庵随笔》等。其《两般秋雨庵随笔》八卷，在近代笔记中自成一家。《两般秋雨庵随笔》卷四《山歌》云："月子弯弯照九州，几家欢乐几家愁。"卷六《粤歌》："一更鸡啼鸡拍翼，二更鸡啼鸡拍胸，三更鸡啼郎去广，鸡冠沾得泪花红。"①与公度所引稍异。"月子弯弯照九州"，是一首著名的南宋民歌。宋人话本《京本通俗小说》卷十六《冯玉梅团圆》引吴歌："月子弯弯照几州，几家欢乐几家愁，几家夫妇同罗帐，几家飘零在它州。"并说："此歌出自宋建炎年间，述民间离乱之苦。"它还见于宋赵彦卫《云麓漫钞》卷九："请（彭祭酒）破：月子弯弯照几州，几家欢乐几家愁。"称它是吴中《船歌》："此两句乃吴中舟师之歌，每于更阑月夜，操舟荡桨，抑遏其词而歌之，声甚凄怨。"宋杨万里的《诚斋集》卷二十八《竹枝歌序》引民歌："一休休，二休休，月子弯弯照几州。"诗云："月子弯弯照几州，几家欢乐几家愁。愁杀人来关月事，得休休处且休休。"它还见于明叶盛《水东日记》卷五《山歌》、明田汝成《西湖游览志余》卷二十五《委巷丛谈》、明王世贞《艺苑卮言》卷七、明冯梦龙《山歌》卷一等，唯词句略异。梁绍壬再次引述，可见它经久不衰的影响力。梁绍壬于道光七年（1827）到广东，故熟悉粤地山歌。《两般秋雨庵随笔》收录粤地山歌不少，对山歌传唱的分析也透彻中肯，是公度当时读到的较好的山歌参考书，它对公度的山歌鉴赏也有影响。此则《题记》，公度由梁绍壬《两般秋雨庵随笔》之《粤歌》引出。公度认为，民歌生长于泥土，充满了乡土特色，它的比喻和音韵，均具有方言的特色和乡土属性。这种创作的独特性，使它也具有欣赏的个别性：

---

① 梁绍壬.两般秋雨庵随笔·卷六［M］.上海：上海古籍出版社，1982.

第一，不懂其方言的人难以欣赏；第二，民歌之妙，伴随着音乐的艺术魅力，并非语言能够传达。公度对民歌的理解，已经深入语音、词汇、音韵、修辞、艺术构思、乡土、人类学田野情境等多种艺术构成学环节，公度对民歌的解读水平和鉴赏造诣，令人惊奇。

公度《山歌题记》其三："往在京师，锺遇宾师见语：有土娼名满绒遮，与千总谢某昵好。中秋节至其家，则既有密约，意不在客。因戏谓：汝能为歌，吾辈即去，不复嬲。遂应声曰：'八月十五看月华，月华照见侬两家。'以土音读作纱字，弟（第）二音。'满绒遮，谢副爷！'乃大笑而去。此歌虽阳春二三月不及也。"锺遇宾，即钟孟鸿，字遇宾，清嘉应州镇平人（今梅州蕉岭县）。咸丰丙辰进士，官福建道监察御史，著有《柳风馆存稿》。这里以土娼满绒遮思念千总谢副爷的即兴诗歌，阐述民歌土音土韵之妙。在客家方言中，家、遮、爷，三字押韵，均读"阿"音。满绒遮，满姓娼女，绒遮是其别名。清俞蛟《潮嘉风月》："有满姑者，本韩江妓，恒往来清溪岐岭间，郡人故未之识。"虽娼满绒遮是即兴之歌，却快人快语：她真诚地表达了对情人的思念，在现实功用上支开了嫖客们的纠缠；它在音韵上自然合辙，在艺术上风趣幽默，在思想上意味无穷。

④客家山歌的直接渊源。除了说客家山歌与《诗经》和六朝民歌的历史渊源外，光绪二十五年（1899），公度再次论述到客家山歌的直接渊源。他在《人境庐诗草》卷九《己亥杂诗》之三十一云：

> 一声声道妹相思，夜月哀猿和《竹枝》。
> 欢是团圆悲是别，总应断肠妃呼希。

诗人自注："土人旧有山歌，多男女相思之辞，当系獠、蛋遗俗。今松口、松源各乡，尚沿习不改。每一辞毕，辄间以无辞之声，正如妃呼希，甚哀厉而长。"

这里追溯客家山歌的直接渊源，主要证据有二：

第一，客家山歌的前身：土人山歌。这种山歌的内容是情歌，诗人认为，情歌产生于男女对歌，男女以唱山歌成婚的风俗，是古梅州獠人、蛋人的遗俗。对此，罗香林《粤东之风》："獠人蛋人本来是一种极喜欢歌唱的民族，恰巧客家民族又复住在他们的旧地或邻地。难怪黄氏硬要说客族好歌的风俗乃系蛋獠之遗。不过这种说法，完全是臆切之词，对于事实毫不符合。我们知道蛋人獠人的语言和客家语言是不相同的。而且二族的各种习惯，也显然有大然的区别。所以客家人好歌的风俗，只可说它偶然的和蛋人獠人相

同，决不能即说它就是蛋人。"① 罗香林说："客家的歌谣，从前并没有人讨论它的渊源。自黄公度出而辑录山歌，始曾提论到它的源流问题。"他肯定公度首先探讨客家山歌的源流的功绩，但是，他不同意公度的观点。

其实，罗香林误解了公度。公度何曾说好歌的客家"就是蛋人"？公度只是说，客家的歌谣习俗曾受獠人、蛋人的影响。唐宋以后，两广地区迁入了大量的少数民族，即后来的瑶族和畲族。明清时期，两广地区还有大量的少数民族存在。清吴淇编《粤风续九》中，广西浔州民歌除了《粤歌》外，还有《猺歌》《狼歌》《獞歌》《蛋人歌》等。吴淇（1615—1675），字伯其，号冉渠，又号雨蕉斋。他博学多识，顺治九年（1652）举人，顺治十五年（1658）讲十，任广西浔州府（广西桂平市）推官，镇江府同知，丹阳令，著《雨蕉斋诗集》七卷、《六朝选诗定论》十八卷；还著有《唐诗定论》《律吕正论》《参同契正论》《阴符经正论》《龙虎上经》《指月入药镜图说》《睢乘资》《睢阳人物志》《雨蕉斋杂录》《道言杂录》等。猺，即今瑶族。狼，即今苗族。獞，即今壮族。这些民歌种类不一，但大多为男女情歌。梅州在清代的民族结构，与粤西浔州的情形相去不远。梅州古代有善歌的蛋、猺、獞族，毋庸置疑。

第二，嘉应山歌风俗，在清代的松口、松源等客家地区比较完好地保存着。更值得注意的是，如前所说，梅州的松口镇还有歌仙刘三妹的故事。《歌仙刘三妹》："相传清朝乾隆年间，松口上坝头有个闻名遐迩的山歌师刘金龙，他与当地的姑娘梁榴瑛结为夫妻后，生有两子一女，大儿子刘大龙和小儿子刘小龙都是溪北的山歌好手，女儿排行第三，左邻右舍都亲热地叫她刘三妹。她身材极好、长相漂亮，是个人靓声靓、人见人爱的姑娘。"② 当然，刘三妹的传说很多，人们熟知的有广东说和广西说，反而松口说罕为人知。清康熙二年的《粤风续九》载明代孙芳桂《歌仙刘三妹传》，说歌仙刘三妹是浔州府贵县西山水南村人。《古今图书集成方舆汇编职方典·浔州府部艺文二》卷一四四〇载明代张尔翮的《刘三妹歌仙传》③与此相同。但是，浔州地区又有对歌的歌仙是祝英台和梁山伯的传说，故《粤风续九》卷一清程世英《题百粤风四种诗》其二："粤江江上万花开，日听花间唱几回。恐逐纷纷胡蝶去，又如山伯祝英台。"粤西刘三妹的传

---

① 罗香林．粤东之风［M］．上海：上海书店，1992：10.

② 广东省文学艺术界联合会，广东省民间文艺家协会．广东民间故事全书梅州梅县卷［M］．广州：岭南美术出版社，2010：197.

③ 高等学校民间文学教材编写组．民间文学作品选·上册［M］．上海：上海文艺出版社，1980：60.

说，有个从祝英台演变而来的历史过程。清屈大均《广东新语》在《卢眉娘》说，刘三妹是唐代南海的奇女子，因她善歌，被称为歌仙。屈大均《刘三妹》云："新兴女子有刘三妹者，相传为始造歌之人……尝与白鹤乡一少年登山而歌，粤民及猺、獞诸种人围而观之，男女数十百层，咸以为仙。七日夜歌声不绝，俱化为石，土人因祀之于阳春锦石岩。"① 新兴县，古属肇庆，今属云浮，她的对歌地点在今阳江地区的阳春县。民国二十一年出版林培庐编的《民俗》第 13 期，刊愚民《山歌原始的传说及其他》载，韶关翁源县有《罗隐秀才与刘三妹》的传说。《文学周报》第 306 期载，王礼锡《江西山歌与倒青山的风俗》，江西也有《歌仙刘三妹的故事》。《民俗》第 19 期钟敬文《几则关于刘三妹故事材料》载，冯道先记载广西合浦有刘三妹的传说；蔡守业记载广东电白县也有同类传说。另外，钟敬文《歌仙刘三妹故事》载，广西柳州立鱼峰的刘三姐与广东潮海农夫对歌的故事。潮海，当指潮州的海阳县。刘三姐，刘三妹，称呼略异，当为同一人。可见，刘三妹的故事，至少有广西浔州、广西合浦、江西、广东新兴、广东梅州松口、广东潮州海阳县、广东韶关翁源县、广东茂名电白县等多个传说。这种现象，如何解释？清康熙元年曾光国《始造歌者刘三妹遗迹》："刘三妹，不知何时何许人，相传为始造歌者。生而聪慧，解音律，游戏得道，尝往来两粤间。两粤溪峒，种类最繁。所过之处，咸谙其语。遇某种人，即依某种声音，作歌与之唱和，人永奉为式焉。"② 此说解开了多地有刘三妹传说之谜。因她"尝往来两粤间"，刘三妹与"两粤溪峒种类最繁"的多地、多人对歌，故她留下的故事并不止一处。只是广西贵县和广东新兴的故事，在明代或清初已被人记录下来。因此，梅州松口和潮州等地有刘三妹传说，便不足为怪了。松口刘三妹故事，是梅州古代壮、瑶、畲、蛋等民族善歌故事的结晶。两广地区古代到处都有少数民族，其被汉化的时间班班可考。清李调元《粤风自序》："浔州介两粤之间，其居民之外，而猺人服化最早。至僮人之外，自元至正始也。狼人之戍，自明宏治始也。"③ 梅州的情形，与这相去不远。清胡曦《西河龙户录》记载兴宁县西河蛋人文化，如《蛋户种》《蛋七姓》《蛋户十九名色》《龙户谣》《蛋讴百首》《西河棹歌》等，对蛋人及其歌谣的记载颇详。兴宁蛋歌云："蛋家宫连汉帝宫，竞渡迎神赛会中。醉与侬家趁

---

① 屈大均. 广东新语·卷八［M］. 北京：中华书局，1985.
② 吴淇. 粤风续九·卷一［M］. 济南：齐鲁书社，2000.
③ 李调元. 粤风·卷首［M］. 北京：中华书局，1985.

归路，鸦儿鸦女夕阳红。"① 兴宁蛋人的神庙与汉人的神庙相邻，也在端午节竞渡、在春天迎神、在秋天报赛时祭祀神灵。明代《兴宁县志》："猺本盘瓠之种。亦有次第，自信为狗王后不讳。散出南粤，在在有之。大抵依聚山林，斫树为畬，刀耕火种，采实猎毛，嗜欲言语不同土人，与之邻者亦不为婚姻。"② 清康熙《程乡县志》卷八："猺人，散处山林，结茅为屋，亦名畬客。刀耕火种，采实猎毛。男女椎髻跣足，言语侏离不可辨。自信为狗后，土人不与婚配，不供赋役。"蛋、瑶、壮等民族的民歌，在明清时仍飘扬在梅州的大地上，它们对客家的山歌有影响，是十分自然的现象，黄遵宪之说不虚。

（5）搜集和编纂客家乐府诗集的计划。公度《山歌题记》其五："仆今创为此体，他日当约陈雁皋、钟子华、陈再芗、温慕柳、梁诗五，分司辑录。我晓岑最工此体，当奉为总裁。汇录成篇，当远在《粤讴》上也。晓岑老兄同年鉴之。公度遵宪并记。"公度说：我今在此只是开个头，以后要约胡曦、陈雁皋等六人，共同编辑客家民歌集，这便是公度关于《客家乐府诗集》的宏大设想。陈雁皋，指陈展云（1847—?），字雁皋，广东镇平人，同治甲子（1864）举人，曾任广西阳朔、天河知县。钟子华，即钟颖阳，字子华，亦称赤华，号藕华，镇平人。陈再芗，即陈元焯（1856—1912），字伯桓，号再芗，又号绛尚，长乐县（今五华）人，同治己丑年（1889）副榜，历任江西铅山、万安、东乡、兴国等县知县。著有《铅山公牍》《思阙斋文集》《可庶堂诗稿》等。温慕柳，即温仲和（1837—1904），家名位中，字慕柳，号柳介，嘉应州人，光绪十四年（1888）举人，次年登进士第，翰林院庶吉士，翰林院检讨，著有《求在我斋集》等。梁诗五，即梁居实（1843—1911），家名守官，字诗五，已见前。胡晓岑，即胡曦，字晓岑，号壶园，已见前。这六人皆公度好友，公度希望集中他们的精力，共同纂成嘉应客家民歌总集。

这个计划具有重要意义。中国采集民歌的传统十分古老，从十五《国风》开始，便有以地方之名命名所采集的民歌的传统。朱希祖《罗香林粤东之风序》："我国最古的风诗，就是十五国风，都在中国北部采集来的，只有《周南》《召南》及《陈风》，稍入南方……周南、召南还没有达到楚国疆域以内，所以他们的诗，没有一句涉乎楚国的。近来有人说：《周南》《召南》就是楚国的风诗。这是很不对啊！到了战国的时候，屈原的

① 胡曦. 枌榆碎事·卷三［M］. 香港：兴宁先贤丛书校印处，1958.
② 崇祯兴宁县志·卷六［M］. 明崇祯十年（1637）.

《九歌》崛起于江南，后人集为《楚辞》，于是歌诗就扩张到楚国，并是扩张到江南了。汉武帝立乐府，采各地的歌诗，也用地名来做标记，也是一种风诗。他所采的，北方却到了燕、代、雁门、云中、陇西；南方却不过到吴、楚地方……《乐府诗集》采集北方的歌诗，扩张得更远，所以说是到中国本部的塞外，所以他的功绩也不小；但是对于南方的五岭以南，却还没有！近来兴宁罗香林君，有《粤东之风》第一集三卷，于是我国的风诗，从北采集到最南部。自从周朝初年算到现在，这种工作，经过三千年，方从最北采到最南，罗君的功绩，比搜集《楚辞》的功绩，更加卓越了！"① 朱希祖先生从文学地理学角度认为：《诗经》所采集的诗歌没有达到楚国，后来《楚辞》弥补了这个缺陷。宋代郭茂倩编的《乐府诗集》扩展到塞外，但是没有到达岭南。罗香林的《粤东之风》具有划时代的意义，它弥补了历史上岭南民歌的这个缺陷。但是，在罗香林的《粤东之风》之前，准备弥补岭南民歌空缺的人，却是黄遵宪。

　　如果此集编成，将是第一部《客家乐府诗集》，也是第一部反映岭南人民生活的岭南乐府诗集。很可惜，这个填补民歌空白的计划没有实现。但是，它对后人有极大的启发意义。后来，胡晓岑的《竹枝杂咏百首》、《蛋讴百首》、《莺花海》四卷、《梅水汇灵集》八卷等，与公度的理想不无关系。它们模仿山歌风格，以白话为诗，最为黄遵宪所喜爱。公度开启了梅州客家山歌搜集、整理和研究的先河。

　　在公度、胡晓岑之后，五四时期，清华大学罗香林联合在北京的客家青年组织"客家歌谣研究会"，各会员"分道扬镳"地从事客家山歌的收集，并在钟敬文等主编的《民俗》上发表《征集客家歌谣启事》和《征集客家歌谣简章》，广泛征集客家歌谣，形成广泛的影响。书籍方面，出现了李金发的《岭东恋歌集》、刘信芳的《梅县歌谣集》、苗志周的《两粤情歌》、罗香林的《粤东之风》等，1926 年出版的钟敬文编的《客音情歌集》，1936 年《歌谣》第二卷第 7 期、第 19 期、第 26 期等均发表了《客家山歌》，其他如《华商报》《华南青年》等报刊也纷纷发表《客家山歌》，使客家山歌的搜集、整理与研究，日益兴盛。公度的客家山歌总集的理想，在后人手中得到部分的实现。

219

---

① 　罗香林 . 粤东之风 · 卷首［M］. 上海：北新书局，1936.

第二节　客家婚恋习俗

公度素来关注客家的婚恋习俗。同治五年《送女弟》中，他对客家女性的辛勤感触已深。同治七年（1868），他21岁时作《新嫁娘》[①] 52 首，对客家女子从订婚、结婚到孩子出生，进行了史诗般的系统描绘。同治八年《山歌》中，有多首描写客家女子的婚恋生活。公度笔下的客家女子的婚恋习俗，富有特色的有：

（1）订婚。客家女子的订婚基本遵循传统，需要父母之命，媒妁之言。婚姻一般需要通过纳采、问名、纳吉、纳征、请期、亲迎六礼确立。《孟子·滕文公下》："不待父母之命、媒妁之言，钻穴隙相窥，逾墙相从，则父母国人皆贱之。"客家一般的订婚，与此没有多少区别。

但是，客家地区有种特殊的"订婚"，即童养媳婚姻。童养媳的本质，是中国古代盛行的订婚制度。不同的是，它是一种特殊的畸形的订婚。女孩因家庭贫穷无力抚养，故在几个月时便狠心地把她送给男家抚养，成为其子的未婚妻。换言之，女孩被领回婆家抚养时，她还是儿童，但是她已经成为男孩的未婚妻，即男家将来的媳妇，故称为"童养媳"。童养媳的现实根据，是经济学的省钱原则："作为夫家的话，回避娶长大成人的女子需要高额的聘财；作为女家的话，免去了养育女孩的负担。"[②] 作为男家，只需付很少的抚养费，不仅省去娶成人女子的高额聘礼，而且省去操办婚礼时的排场和大量金钱。作为女家，则免去了养育女孩的饭食费和将来嫁女时的陪嫁嫁妆。故滋贺秀三称之为"基于经济理由的捷径"。当然，童养媳不可能有富家女子的修养，男家"因陋就简"式的婚姻也没有什么脸面，故它大多流行于中下层家。

在中国古代，穷困的地方童养媳就比较盛行。《三国志》之《东沃沮传》引《魏略》："其嫁娶之法，女年十岁，已相设许。婿家迎之，长养以为妇。至成人，更还女家。女家责钱，钱毕，乃复还婿。"[③] 东沃沮为少数民族，穷困地区，童养媳已见于汉代。

与中国古代贫困家庭一样，客家穷人也盛行童养媳婚姻。客家地处山

---

① 黄遵宪. 人境庐集外诗辑［M］. 北京：中华书局，1960：8 – 13.

② 滋贺秀三. 中国家族法原理［M］. 张建国，李力，译. 北京：商务印书馆，2012：481.

③ 陈寿. 三国志·卷三十［M］. 北京：中华书局，1982.

区，贫穷人家尤多，男子娶妻艰难，故童养媳比较流行。加之重男轻女，女孩遗弃现象严重。女孩多的家庭也乐意让他人收养。于是两得其便，童养媳之风大行其道。客家的童养媳多在一二岁时领养，有的有聘礼，但极轻微。清陈坤《岭南杂事诗钞》写到粤西高州一带的童养媳，其《鸡对子》："十年心事系庭闱，两小无猜喜勿达。艳说一双鸡对子，春来也学燕交飞。"自注："高廉等郡童婚者，长始合卺，谓之鸡对子。"① 公度《山歌》其七："嫁郎已嫁十三年，今日梳头侬自怜。记得初来同食乳，同在阿婆怀里眠。"此女 14 岁便圆房，成为人妻。她被夫家领养时不到一岁，故与几个月的"丈夫"一同在妈妈的怀里吃奶。嘉庆《平远县志》卷二："近则女孩始生，即有抱养为婚者，始犹贫俭之家倡行之，今则士大夫家，亦以为便。"穷人是不得已，而富人也仿效，当是经济学原则使然。姚宇陶《平远妇女俗咏》其四："一串铜钱一只鸡，媒婆送去手轻赍。换来周岁插花女，预备生郎作小妻。"百十枚铜钱，外加一只公鸡，即可换来一个媳妇。小的童养媳只有几个月大，于是上述现象便产生了。光绪《嘉应州志》："州俗婚嫁最早，有生仅匝月即抱养过门者，故童养媳为多。"梅州童养媳俗主要是经济原因，与婚嫁早迟的关系不大。黄遵宪《己亥杂诗》之三十："反哺难期妇乳姑，系缨竟占女从夫。双双锦褓鸳鸯小，绝好朱陈嫁娶图。"自注："多童养媳，有弥月即抱去，食其姑乳者。"与《山歌》一样，也是涵咏童养媳风俗。一对小鸳鸯在褓褓中便朝夕相伴，看似美丽动人，其实内中的辛酸难以尽言。更有甚者，男家还没有儿子，便先养童养媳，以备将来生子后为妻，故形成女大男小的不人道婚姻。客家山歌《等郎妹》："十八娇娇三岁郎，晚晚爱涯牵入房。镜子面前照一照，唔知系子还是郎。"② 这种特别畸形的童养媳婚姻，男女年龄相差太大，妻子的年龄可以做丈夫的母亲。《等郎妹》又云："十八娇娇三岁郎，半夜想到痛心肠。等得郎大妹又老，等得花来叶又黄。"这种极端的童养媳婚姻虽是少数，但集中地反映出童养媳婚姻的不人道。

　　这种状况，并非只有梅州，在整个客家地区都很普遍。美国传教士卫英士《华南客家十五年》第十三章《难忘的那些人 那些事》中有《一场传统的中国婚礼》，叙述了 1928 年在福建上杭县客家地区的童养媳婚俗："那些仅仅处于温饱水平的贫困家庭，由于没那个经济能力买回成年的女孩做儿媳妇，就只有花很少的钱买那些年幼的女孩回家做童养媳。或者，

---

① 陈坤. 岭南杂事诗钞笺证·卷七［M］. 广州：广东人民出版社，2014：531.

② 中国民间文学集成全国编辑委员会，歌谣集成广东卷编辑委员会. 中国歌谣集成广东卷［M］. 2007：470.

他们可以和别的家庭互相交换女孩作为各自的童养媳，形成换婚习俗。由于重男轻女思想非常严重，许多贫困家庭对出生的女孩非常失望。很多刚一出生的女婴，就被以三四块钱的价格卖掉。如果女孩出生带有先天性疾病，或者不是那么健壮的话，往往就命运多舛，很多被人道毁灭。我们教会早上开门也能经常见到新生的女婴（当然，教会会抚养那些弃婴的）被丢弃在我们教堂门口。很多家庭买回的童养媳，就和自己未来的丈夫从小一起成长，有些还是喝着自己婆婆的乳汁长大的。这也算是青梅竹马，两小无猜的好婚姻了。但是，有些童养媳是在自己老公未出生前被提前买回家的。我经常看到这些比自己未来的丈夫大好几岁的女孩子照看着自己的小丈夫，好让她的婆婆下田干活。有时她们肩上背着自己未来的丈夫，漫无目的地走在田坎边、大街上，两眼无神，哄着背上的孩子，空虚而坚强地走着自己的人生小路，直到走到16岁大婚的那天才算是个转折。"① 梅州客家童养媳婚俗也是这样。童养媳成人以后，一般在大年三十夜与丈夫结婚同房，被称为"三十暗做大人"，即在并不声张的情况下，除夕夜因陋就简地合卺同床，客家民间俗称"送做堆"，文雅的叫做"圆房"。

（2）结婚。公度《新嫁娘》描写女子出嫁的全过程，含有丰富的客家婚俗描写，如拜堂。《新嫁娘》："青毡花席踏金莲，女使挟采拜案前。最是向人羞答答，彩丝双结共郎牵。" 新娘在女使的引导下，一根五彩丝线把她与新郎拴在一起，他们踏着青毡花席的地毯，走向婚姻的殿堂。这种拜堂程序，与其他地方的婚礼区别并不大。

但是，客家婚礼也有其特殊之处。公度《山歌》其九："第一香橼第二莲，第三槟榔个个圆，第四夫容五枣子，送郎都要得郎怜。" 山歌描写客家婚礼宴席，这些酒宴食物既有岭南物种的特色，更有在食物的寓意中表现出来的客家对婚姻的特别用心。

山歌描写客家婚礼酒宴中出现的五种食物，莲、芙蓉、枣子等，与中原地区一样，是取其寓意：莲者，夫妻相爱相怜也。芙蓉者，夫荣妻贵也。枣子者，早生贵子也。

具有岭南特色的物种是香橼和槟榔。香橼，即枸橼，它果实长圆形。《齐民要术》卷十引汉杨孚《异物志》："枸橼，似橘，大如饭筥。皮有香，味不美。可以浣治葛、苧，若酸浆。" 它味道本不美，但在婚礼酒宴中出现，是因其谐音香缘。婚礼借香橼，谐音香缘，即美好的姻缘，以祝

① 卫英士. 华南客家十五年［M］. 丁立隆，译. 厦门：厦门大学出版社，2017：154-155.

福新郎、新娘的姻缘。

　　槟榔产出自海南和越南。它见于汉代汉杨孚《异物志》《吴录·地理志》、裴渊《广州记》《宋书》等。它又名仁频、宾门、橄榄子、青仔、榔玉等。它味苦、性辛，有杀虫消积、降气行水的功效，是中医常用驱虫消积之药，为岭南"四大南药"之一。苏东坡《咏槟榔》："可疗饥怀香自吐，能消瘴疠暖如薰。"除了药用之外，岭南还赋予槟榔以巫术之力，以槟榔除污秽，辟邪气，消瘴疠。因而，它成为岭南的奇珍。明王佐《食槟榔》："海国居奇货，何当最上珍。"岭南人日常的饮食：以米汁为酒，以榔桃棕榈为饮，以禽兽鱼鳖为鲊，姜根为盐，但是饮食中最重要的是槟榔。宋戴复古《久寓泉南待一故人消息桂隐诸葛如晦谓客舍不可住借一园亭安下即事》："寄迹小园中，自笑客异乡。东家送槟榔，西家送槟榔。咀嚼唇齿赤，亦能醉我肠。南人敬爱客，以此当茶汤。殷勤谢其来，此意不可忘。"山歌描写岭南人以槟榔待客的场面，以及咀嚼槟榔的感受。明张可大《电白集》之《纪事》："南粤从夸景物嘉，深冬犹自葛衣遮。果名人面花名佛，茶是槟榔酒是椰。满地绿榕啼倒挂，殊方黑鬼弄胡笳。萧萧海署浑闲事，一睡三餐两放衙。"连官府中人也以槟榔为茶，把槟榔切成薄片，沾上扶留藤等佐料，细咀慢嚼，滋味隽永。槟榔在岭南地位的重要，今人难以想象：在越南，槟榔成为发财的主要商品；在日本，皇上公主的主要财富是槟榔；在中国，元明以后槟榔成为特产运到全国，雷州口岸设卡收取专门的槟榔税。

　　更重要的是，槟榔成为彩礼出现在岭南的婚礼中。这原因有二：一是槟榔有美容的作用。姑娘食后，两颊红润，显得格外美艳。苏轼《黎女含槟榔插茉莉戏书》："暗麝著人簪茉莉，红潮登颊醉槟榔。"二是由槟榔谐音产生的精神文化意义。明李中守《本草原始》卷四："宾与郎，皆贵客之称。交广人凡宾客胜会，必先呈此，故以槟榔名也。"槟榔，谐音宾、郎。岭南人认为，婚礼用了槟榔后，女子就会生出宾与郎来。因此，槟榔成为岭南婚姻的礼品。《南中八郡志》："槟榔土人以为贵，婚族客必先进，若邂逅不设，用相嫌恨。"① 婚礼宴席可以缺别的，但是不能缺槟榔。否则，将会产生仇怨，滋生事端。越南后黎朝圣宗皇帝洪德二十三年（1492），即明代弘治五年，越南陈世法《岭南摭怪列传序》："南国聘礼所重，莫如新（槟）榔。表而出之，则夫妇之义，兄弟之睦，于是彰然矣。"婚礼须以槟榔数封为聘礼。万历《雷州府志》卷八："雷俗嗜槟榔，合蒌

223

　　① 欧阳询．艺文类聚·卷八十七［M］．上海：上海古籍出版社，1965.

叶食之。宾主、婚娉，尚此成礼。"康熙《程乡县志》卷八："婚姻以槟榔、枸酱、缣帛、钗钿为贽。"从越南到梅州，整个岭南地区的婚礼礼品中必须要有槟榔。清吴绮《岭南风物记》："广东初行亲礼，规矩用槟榔。富者用槟榔一百斤，或二三十斤亦可；贫者用四两、半斤，以为定亲之礼。"由于它的名贵，富者需要百斤；贫者四两也行，但非有槟榔不可。它不仅是岭南订婚的必备彩礼，也是婚礼酒宴的必用佳品。魏晋佚名的《南中八郡志》："槟榔，土人以为贵。婚族客必先进，若邂逅不设，用相嫌恨。"婚礼若无槟榔，亲家将变成仇人。因此，槟榔成为岭南珍品。

槟榔进入婚礼，不仅因槟榔谐音为宾、郎，还有神话背景。在岭南神话传说中，槟榔原是高家的儿子宾与郎，两人与殉情的妻子死后，变成了槟榔树。《槟榔传》云：上古时有一官郎，状貌高大。国王赐他高侯，便以高为姓。高生双胞胎二男，长曰槟（宾），次曰榔（郎）。二人为妻而死，死后化为槟榔。其妻刘琏（榴莲）寻夫到此，抱树而死，死化为一藤，缠绕槟榔树。槟榔与榴莲的神话，乃是岭南的《孔雀东南飞》。自此之后，"凡南国（婚）娶、会同、大小之礼，以此为先，此槟榔所由始也"[1]。岭南婚礼中以槟榔为先的习俗，来源于感天动地的爱情故事。槟榔与榴莲的爱情故事，原来遍布岭南，后来仅存于越南。

可见，槟榔与香橼、莲、芙蓉、枣子等一样，在婚礼中的作用，均是借谐音寄寓着对新婚夫妇丰满厚重的祝福：祝他们姻缘长久、爱情幸福，夫荣妻贵家庭美满，早生贵子，早生宾郎，使家族兴旺。可见，客家婚礼中的一事一物皆有讲究，均赋予食物以文化寓意，以祝福新婚的夫妻。

（3）回门习俗。一般婚俗习惯，回门在新婚的第三天，新娘要同新郎一起回娘家，称为"三朝回门"。《红楼梦》第108回写到史湘云出嫁回门，《韩湘子全传》第3回写到芦英回门。在广东，一般也是三天后回门。《廿年繁华梦》第32回载：到了次日，便算三朝。广东俗例，新娶的倒要归宁，唤做回门。但是客家却不同，满月后回门，称为"对月回门"。公度《送女弟》："待汝一月圆，归来话区区。"公度无意中透露出客家婚俗的一个特殊习俗：对月回门。公度《新嫁娘》："箱囊收拾上金车，一月圆时更转家。何许归期向郎道，画栏开到石榴花。"也写到客家新娘的回门为一月之后。对月回门，见于宋元古书。明洪楩《清平山堂话本》之《快嘴李翠莲记》："待我满月回门来，亲自上门叫聒噪。"[2] 元代佚名的《两

---

① 越武琼. 岭南摭怪列传·卷一 [M]. 台北：台湾学生书局，1992.
② 洪楩. 清平山堂话本 [M]. 北京：中华书局，2001：33.

军师隔江斗智》，多次写到汉末、三国时夫妻的对月回门，如第二折孙权的妹妹孙安小姐说："等我对月回门之日，我见母亲自有话讲。"① 第三折东吴三军统帅周瑜说："你再去启知主公，这对月之时，取刘备同小姐回门，拜见老夫人来。"对月回门，当是宋元时犹存的秦汉古俗。但是，它在客家的风俗中，还有顽强的遗存。

第三节　客家女性

公度对客家女性十分关注。对于黄遵宪的妇女观的总体研究，左鹏军《论黄遵宪的妇女观》概括为：反对缠足，倡导女学，提倡男女平等但又不超越纲常，赞美妇女勤劳，同情妇女但是也红色选美等②，其说甚是。本节重点论述公度对客家女性品德问题的关注。在前一章，已部分谈到公度对客家女性勤劳品德的赞美。在《己亥杂诗》中，公度再次论及客家女子的品德，云：

世守先姑《德象》篇，人多《列女传》中贤。
若倡男女同权论，合授周婆制礼权。

自注："妇女皆勤俭，世家巨室，亦无不操井臼、议酒食、亲缝纫者，中人之家，则无役不从，甚至务农、业商、持家、教子，一切与男子等。盖客人家法，世传如此。五部洲中，最为贤劳矣。"客家女子的品德，并非是因为穷困，即使富裕人家的夫人，她们除了亲自舂谷、做饭、缝纫、教育孩子等日常家务外，还像男人一样下地耕田、上山挑粪，承担男人才能胜任的重体力劳动。到过五洲四海的公度，以比较民俗学的视野，通过把客家女子与世界女性对比以后得出结论：客家女子是全世界最勤劳、最优秀的人。这个结论，是公度的创见，他为客家妇女感到自豪，因此他到处宣传。公度在《李母钟太安人百龄寿序》中又说："（客家）妇女之贤劳，竟为天下各种类之所未有……吾行天下者多矣，五部洲游其四，廿二行省历其九，未见其有妇女劳苦如此者。"③ 他认为：客家女子的勤劳贤惠，冠冕全国，也冠冕全世界。公度的观点，可以得到其他文献的支持。

---

①　臧晋叔. 元曲选［M］. 上海：世界书局，1936：1309.
②　左鹏军. 论黄遵宪的妇女观［J］. 广州师范学院学报，1992（4）.
③　黄遵宪. 黄遵宪文集［M］. 东京：中文出版社，1991：138.

清俞蛟《潮嘉风月记》载："潮嘉风俗朴鲁。良家妇女，布衣椎髻，颇形恶劣。"从外在形象上看，客家妇女穿着朴素。因为她们承担天下最劳苦的家务劳动和田园劳作，因此她们牺牲了女性特有美貌和风度。爱因斯坦《阿尔伯特·爱因斯坦的旅行日记》写道："我发现这里的男性和女性区别非常小。我不懂中国女性身上有什么能够吸引男性，使他们不可抵抗，把繁殖后代当作一种福分。"① 他认为：民国时的中国女性与男人的区别不大，她们并没有多少女性的美感和吸引力，但是依靠人类的繁殖本能她们仍然能吸引男人。1922 年爱因斯坦所看到的中国女人，她们像男人一样下苦力，自然也像男人一样灰头土脸，是被艰苦劳作和苦难生活折磨得失去了容颜和美丽的女性。民国时期都市里的中国女人都是如此，那么晚清时山区里的客家女子当更苦也更丑。但是，客家女子的美德，名扬天下。徐珂《清稗类钞》之《大埔妇女之勤俭》："则因向不缠足，身体硕健，而运动自由，且无施脂粉及插花朵者。而又日出而作，日入而息，自奉俭约，绝无怠惰骄奢之性。于勤俭二字，当之无愧。"所谓大埔女子，也即嘉应州的客家女子。因为劳作，所以她们都是自然天足，这样才能胜任苦力。因为勤劳，她们没有时间打扮自己。在大埔和嘉应，田园耕作十有七八为客家妇女担任。在种烟晒烟等体力劳动上，她们甚至比男子更强。在长途货运挑夫上，女子占了一半。而上山樵采挑担，女子占了九成。其余种瓜种菜、织布、洗衣做饭，则全为女子包揽。清末张芝田《梅州竹枝词》："云黄锈陇颖垂垂，忙到腰镰割后时。两个禾篮肩压重，妇女筋里胜男儿。"客家妇女除了家务外，在体力劳动中担当主角的情形，成为全世界少有的现象。说客家女子是天下最勤劳、最贤惠，最有美德的人，当之无愧。

值得注意的是，客家女子的勤劳并非完全是由于贫困，而是有文化背景方面的原因。康熙《长乐县志》载："邑风俗……大较则君子质木，小人悍弊。妇人勤于力作，丈夫困于酒食。迄今遗风流俗，犹有存者。"② 据此，客家女子的勤劳发生在重男轻女的风气之下。男子好吃懒做，女子除了家务外，还将承担本应由男人才能胜任的繁重的体力劳动。若如此，客家女子的勤劳殊不可解，它缘于男女地位不公的社会悲剧。

公度还赞美客家女子的天足，《己亥杂诗》说：

---

① 纽约时报中文网．[EB/OL]．(2018 – 06 – 15)．http：//baijiahao. baidu. com/s? id = 1603344966459395951&wfr = spider&for = pc.

② 孙胤光．长乐县志·卷七［M］．康熙二年（1663）刻本．

窈娘侧足跛行苦，楚国纤腰多饿死。

说向妆台供媚妾，人人含笑看梨涡。

窈娘，是唐武则天时左司郎中乔知之的婢女，她貌美而善歌，武承嗣对她一见钟情。纤腰，腰身纤细。《墨子·兼爱中》："昔者，楚灵王好士细要，故灵王之臣皆以一饭为节。"后借以形容美女的魅力所在。媚妾，以美色迷惑人的女子。唐司空图《容城侯传》："至于妇人女子媚惑之态，亦不能掩也。"梨涡，梨子肚脐之窝，借指女人的酒窝。宋朱熹《宿梅溪胡氏客馆观壁间题诗自警》其二："十年湖海一身轻，归对梨涡却有情。"窈娘，纤腰，媚妾，酒窝，均指以美色迷惑人的女子。客家的劳动妇女，与这些均无缘。公度自注："有耶稣教士语余：西人束腰，华人缠足，惟州人无此弊，于世界女人，最完全无憾云。"公度把客家天足女放在中国历史上和世界女子中，进行比较民俗学研究，也得到西方传教士的印证。一般而言：西方女子有束腰之苦，中国女子有缠足之弊。缠足是中国古代男人强迫女子形成小脚的陋习：它指用布将女性双脚紧紧缠裹，使小脚不至长大，以满足男子病态的审美观。小脚女人足最小的，不足三寸，人可立于小碟之内。故缠足的女子，需人搀扶才能走路，否则寸步难行。小脚使妇女完全成为男子的附庸，社会地位更为低下。《芹川历劫记》载，咸丰十年遂安（今浙江淳安）的"物品价目表"："牛，每头四十千文至五十千文；米，每石十千文；猪肉每斤一千文；妇女，上等人品每个十千文，中等人品每个二千文。"二十个中等妇女，才等于一头牛的价值。英人吟唎记载："可以用若干铜钱一斤的低价，买一个漂亮姑娘，这比猪肉还贱。"① 中国女子沦落到人不如猪、人不如牛的地步，缠足为主因。梁启超《戒缠足会叙》："其待女子也，有二大端：一曰充服役，二曰供玩好。由前之说，则豢之若犬马；由后之说，则饰之若花鸟。"切中其弊。

缠足起源于北宋，兴起于南宋，明代更为兴盛。但在考古学上，清以前出土女尸尚未发现缠足者，可见缠足还不普遍。到清代，缠足之风更为蔓延。但是，据《清稗类钞》，在山东德州、河南开封、山西太原、江苏丹徒、浙江仁和与钱塘、陕西西安、湖北江陵、四川成都以及少数民族等地，女子皆为天足。在客家山区，女子没有缠足的习俗，故女子没有侧足跛行之弊。在客家地区的西方传教士也认为，客家女子是天下"最完全无

① 吟唎. 太平天国亲历记［M］. 王维周，译. 上海：上海古籍出版社，1986：234.

憾"的。男人希望女人美丽而且仪态万方，女子的小脚、纤腰、酒窝等，都是为了满足男子对异性的审美要求。清俞蛟《潮嘉风月记》："女之美恶，不在足之大小。今有人焉，浓眉阔目，硕腹粗腰，虽裙底双钩，不盈三寸，亦谓之佳丽乎？如余所见，潮州之竹姑，兴宁之贞娘、月凤、郭十娘、麦莲凤，梅州之吴小金，麦凤妹皆眉黛楚楚，一笑嫣然，缓行独立，倍觉娉婷。余虽不解个中三昧，而知当日西子太真，足以倾人城者，断不在凤头窄小也。"像俞蛟、黄遵宪这样比较开通的人，才有比较健全的审美观，但这毕竟是少数。但客家女子似乎从来不是为了迷惑男人而生，她们不仅要承担室内家务，还要承担室外的重体力劳动，因而必须是天足——大脚板。客家女子终日在风雨中劳作，因而她们面色无华，体态瘦削，与性吸引的美丽和"媚妾"无缘。

公度赞扬嘉应女子的天足，还寄托了他人道主义和改良主义的理想。清代反对缠足有两大力量：一是朝廷清廷禁止满族妇女缠足，满族无缠足之习，也禁止她们仿效汉族女子缠足。崇德三年，满族规定："有效他国衣冠、束发裹足者，治重罪。"后将此令刻石于箭亭，以昭告天下，垂示久远。清顺治初再次强调："以缠足女子入宫者，斩。"康熙三年，又令："若有违法裹足者：其父有官者交吏兵二部议处，兵民则交付刑部责四十板、流徙十年。"嘉庆九年选秀时，在镶黄旗内查出汉军秀女缠足者19人，被斥为："殊为忘本，甚属非是，降旨严禁。"缠足者受到惩处。但是模仿汉族缠足者屡禁不止，嘉庆十一年，再次规定："汉军秀女内，仍有裹足者。一经查出，即将其父兄指名参奏治罪，毋得瞻徇。"① 二是西方现代文明。在1840年后，西方基督教文明传入中国，传教士反对妇女缠足，并在兴办的女校中，开天足的新风。公度本着客家天足的传统，又借朝廷和西方文明之风，于光绪二十四年（1898）在湖南下令废止缠足。他列举缠足七大罪状：废天理，伤人伦，削人权，害家事，损生命，败风俗，戕种族，使女子"毕生强付尸居，四万万人，半成无用之物"。而且，他认为，缠足成为国际笑话："华人缠足，则万国同讥；星轺贵人，聚观而取笑。"他在《湖南署臬司黄劝谕幼女不缠足示》中颁布法令："嗣后如有官民妇女因缠足致死卑幼及白契女婢"者，处以死刑②。在天足问题上，公度发扬客家传统，借西方文化新风，坚决革除封建陋习，表现出风俗改革的思想。戊戌政变后，封建守旧派指公度为"奸邪"，必欲置之死地而后

---

① 宝鋆，载龄，沈桂芬，等. 嘉庆实录·卷一百六十 [M]. 北京：中华书局，1986.

② 黄遵宪. 黄遵宪文集 [M]. 东京：中文出版社，1991：276.

快，也与他废除缠足，破坏了他们"媚妾"的性审美有关。

勤劳贤淑的美德、天足的强健体魄和婴儿童养媳，是客家女性文化中最突出的现象，它对家庭结构、社会结构和风俗文化都产生了深远的影响，研究客家不能不注意到它。

公度对客家女性文化的研究比较全面，一百年来论述客家女性文化者，还未超越公度先生的论域。

第四节　客家宗教习俗

中国本是一个笃信神灵的国度，而岭南更甚。美国人 Frank. J. Wiens （卫英士）《华南客家十五年》第八章说："华南地区可谓是万山连绵，绵绵不绝。整个华南地区完全被群山覆盖，这是一个山的世界。有时我会疑问中国的大大小小的山峰加起来是不是比她四万万的人口还要多。但我可以肯定的是，这里的菩萨神像的总数肯定比这个国家的山和人口相加都要多得多！从热闹喧哗的大街，到寂静冷清的荒野；从家族聚集的祠堂，到个体家庭的灶塘；从政府官员的门房，到学生上课的课堂；从集市到乡村，从山顶到河湾；总之，中国的每个角落都遍布着各色各样的菩萨，神像。每个菩萨和神像都代表着不同的图腾。人民敬神拜佛，烧香磕头，祈求着风调雨顺，四季平安，一帆风顺，子孙满堂。他们对几千年来传承下来的佛教，道教，儒教是那么的虔诚，膜拜。"[1] 中国人对此习以为常，但是在异邦人看来，中国神灵泛滥到难以想象的地步。客家山区保存着中国最深厚的传统文化，在宗教文化上尤其独特，神灵更为风行。公度《己亥杂诗》：

> 华灯挂壁祝添丁，吉梦微兰笑语馨。
> 日问神游到何处，佛前别供处胎经。

诗歌描写客家求子的习俗。客家生子指望神灵，先是祈祷神灵赐孕，一旦妇女怀孕，则特别细心地保护孕妇，名曰养胎、保胎。中国古代因医药卫生水平低下，儿童的死亡率特别高。清康有为《大同书》："吾尝观生

---

① 卫英士．华南客家十五年［M］．丁立隆，译．厦门：厦门大学出版社，2017：80.

子矣，其母之将生也，艰难痛苦，或呼号数昼夜而未已也。及其生也，或子死母腹中而母子同死，或子足先出而子死，或以药强下之而子出亦死，或剪脐误而死，或抚之数日而殇死，或数月、数年、十余年而殇死。其数月、数岁、十数岁之中，子疾病之，昼夜呼号，负抱拍摩，不得睡眠，或累数月而未已也。饥而分食，寒而分衣，几经提携顾育之艰苦，而后幸得一人之长大也。"① 客家山区因更贫困，胎儿的死亡率更高，故胎神信仰也更为严重。公度自注："日者言：胎有神。某日在门，在碓磨，在厨灶，在仓库，在房床，在厕，在炉，在鸡栖，如兴工作犯其神，则坠胎，或胎残缺，世皆遵信之。"梅州的胎神信仰认为，胎神今天在门上，明天碓磨中，后天在厨灶里，又在仓库，在房床，在厕所，在炉灶，在鸡窝，他时刻游走，时刻兴风作浪，天天伴随你，时时为难孕妇，叫人心惊胆战。此神古已有之，南朝齐梁时律学大师僧祐（445—518） 《出三藏纪集》："《菩萨处胎经》五卷，晋孝武时凉州沙门竺佛，以符坚时于关中译出。"胎神见诸晋代的佛教经典。道教的胎神，叫胎仙。《黄庭内景经·上清章》："琴心三叠儛胎仙，九气映明出霄间。"务成子注："胎仙，即胎灵大神，亦曰胎真，居明堂中。所谓三老君，为黄庭之主。以其心和则神悦，故儛胎仙也。"② 胎神即明堂三君，又称胎灵大神。安胎则需要颂《黄庭内景玉经》，认为这样可使神室明正，灵液流通，百关朗清，胎真安宁。道教经典还有《九丹上化胎精中记》《琼胎灵曜经》《胎藏中黄经》等。但是，胎神的威力之大，影响之深，作祟之灵，唯客家为最。

除了胎神外，客家地区的神灵繁多，几乎无物不神。元代皇庆元年（1312）刘应雄《潮阳县东山张许庙记》："神之周流，如水之行地中，无往不在。"③ 此碑又名《灵威庙碑》，在潮州。神灵的威灵无处不在，梅州的情形也大致如此。梅州人有疾病，不信医药，唯信巫、信神，唯有祷于神灵。康熙《程乡县志》卷一："疾病不刀圭，信巫灸艾。"故梅州的神灵特别多，山有山神，水有水神，土有土地神，火有火神庙。梅州除了文庙、武庙、社稷坛、真武帝、文武二帝、仁福宫等习熟见惯的庙宇外，还有许多梅州独特的神灵。如梅溪宫，在东桥河畔，祭祀梅江水神梅溪公王。同时，又有保障梅州阁神，在梅州城南门河的水门上，专门祭祀梅州南门的水神。城西七里的西岩有座山王神庙，祭祀押宋刘安世至梅州的直

① 康有为. 大同书·卷一［M］. 上海：上海古籍出版社，1956.

② 张君房. 云笈七笺·卷十一［M］. 北京：华夏出版社，1996.

③ 姚广孝，解缙. 永乐大典·卷五千三百四十五［M］. 北京：中华书局，1986.

殿将军，只因他没有迫害刘安世，故尊他为梅州的护界公王，立山王祠祭祀他。雨花宫，在城东北角下，不知是何神。胎神也是梅州比较特别的神，它反映出客家地区宗教信仰的细致程度和普遍程度。

不仅平民人人信神，有文化的士大夫的经籍案牍也弥漫着浓厚的宗教神灵气息。公度《己亥杂诗》：

> 秀孝都居弟子行，人人《阴骘》诵文昌。
> 迩来《云笈》传抄贵，更写《鸾经》拜玉皇。

自注："嘉、道以来，所谓学术，只诵《阴骘文》耳。当谓国朝学案应别编文昌一派。近更有玉皇教，以关帝、吕祖、文昌为三圣，所传经卷均自降鸾来，如《明圣经》之类。大抵本道家名目，而附以儒家仁孝、释氏因果之说，士大夫多崇信之。"文人书声琅琅，但所读的却多是宗教典籍。透过此，可以看到鬼影幽灵无处不在。在这里，文化完全宗教信仰化，三教混杂，三教合一，各种宗教在鬼影神踪里达到大融合，中国传统宗教和文化在19世纪末已经空前烂熟。黄遵宪从文人宗教典籍的角度，再现了客家地区宗教流行的盛况。

平民的宗教崇拜和文人的经典学习，勾勒出客家地区宗教文化的大致面貌。但公度意犹未尽，又描绘客家的扫墓习俗。《己亥杂诗》云：

> 螺壳漫山纸蝶飞，携雏扶老语依依。
> 红罗散影铜箫响，知是谁家扫墓归。

自注："扫墓每在墦间聚食，喜食螺，弃壳满地，足以征其子孙之众多也。乐用铜箫，亦土俗。"客家的田螺味儿极美，是美食一绝，但吃田螺需要悠闲的时光。把扫墓与津津有味的田螺享受结合起来，是客家宗教世俗化的又一特色。在清明时，既扫了墓，又在山光水色中食田螺；既祭奠了死魂灵，又获得了子孙众多的吉兆；把过去的崇拜、现在的美味和将来的希望，绝佳地统一，使客家宗教格外具有人生韵味。青山绿水、美食美味中，还有铜箫悠扬，扫墓充满了诗情画意。客家的扫墓的确特别，公度《拜曾祖母李太夫人墓》："前行张罗伞，后行鸣鼓箫。猪鸡与花果，一一分肩挑。爆竹响墓背，墓前纸钱烧。手捧紫泥封，云是夫人诰。子孙共

罗拜，焚香向神告。"① 扫墓队伍前张罗伞，后鸣箫鼓，热闹非凡；祭品有鸡、鸭、鱼、猪、瓜果，一一分开，挑往墓前，然后烧纸、鸣炮，十分隆重；儿孙们整整齐齐地依次跪拜；"大父在前跪，诸孙跪在后，森森排竹笋，依依伏杨柳"。庄严肃穆，场面壮观，这本身就是富有特色的风俗画。但黄遵宪只突出最有特色的扫墓吃田螺的场景。客家宗教生活如此优美动人和独特，叫人不得不佩服。他还写道："老树栖鸦子又孙，青青松柏半为薪。眼中酒化杯中泪，拜手今承主祭人。"客家扫墓文化的确也很有特色。

宗教信仰关联着幸福和未来，但是它容易把人导向痴迷之境。公度冷静地看到宗教在梅州地区形成的弊端。《己亥杂诗》写道：

> 枯骨如龟识吉凶，狐埋鸩占不相容。
> 一年讼牒如山积，不为《疑龙》即《撼龙》。

自注："溺于风水祸福之说，讼狱极多。"《疑龙》，葬书。唐人杨筠松著《疑龙经》一卷，有上、中、下三篇及《疑龙十问》《卫龙篇》等。《撼龙》，即《撼龙经》，亦唐人杨筠松所著葬书。葬书本自《尚书洪范》《周易》等先秦典籍，但成为专著自唐始盛。宋人说："而最盛于世者，葬书、相术……葬书之类，足以推一家之吉凶。"② 这里以占卜所引起的墓葬纠纷，写梅州地区的占卜和风水迷信。无论城乡，人们极度迷信风水之说。如家有长者去世，自入殓、出殡到埋葬，全部丧事均视葬山为最重要，把它视为事关后人穷通祸福的大事。富有之家，多方罗致著名的堪舆先生，陪同越山跨岭，达数十里以至百里而不惜，一定要寻找能保佑后代升官发财的"生龙口""活虎地"。财力中下之民，也必请堪舆，勘察葬地，选择吉日，尤其怕"犯三煞"之祸。埋葬之后，如果后代出现疾病、祸患、诉讼等突难，便以为是葬山不吉，或犯了三煞，于是挖坟改葬。这使得梅州的堪舆之学十分盛行，明代客家地区出现了堪舆大师温志聪，他是长乐县（今五华县）龙村镇登畬人，著有《疑龙经注》《撼龙经注》《葬法十二杖》《八宅周书》《七十六寻语图》等。其《地理诗词例十三首》其五："胎向正龙直结穴，水出胎位转库中。左砂若长收右水，四园团结福兴隆。"这是堪舆术中的左旋龙结穴，如果右水先到堂，则吉；左

---

① 黄遵宪. 人境庐诗草笺注［M］. 上海：上海古籍出版社，1981：427.
② 晁公武. 郡斋读书志·卷十四［M］. 上海：上海古籍出版社，1990.

水先到堂，则凶。温志聪是客家乃至中国堪舆学的代表，从他的著作可见到客家对地理风水学的迷信程度。公度描述了占卜求福引起的纠纷和诉讼，人们的本意是追求幸福，但结果却是祸起枯骨，福倒为祸，事与愿违。公度从祸福悖论的角度，对宗教迷信作了机智的批判。

作者以四首诗及其注释，对客家宗教习俗的各个方面作了独到的刻画，让人们对客家宗教信仰的规模、面貌、特色和利弊等，有了较全面的认识。

第五节　客家家族文化

黄遵宪生长在大家族中，他自幼对客家的家族文化耳濡目染，感受深刻。他在《己亥杂诗》中云：

宰相表行多谱牒，大宗法废变祠堂。
犹存九两系民意，宗约家家法几章。

自注："各姓皆聚族而居，皆有祠堂。纠赀设牌，视捐金之多寡，以别位置。初意以联宗族，通谱牒，而潮州、惠州流弊亦或滋讼狱，生械斗。故乾隆间，江西巡抚辅德有禁祠之奏。"家族生存法是客家在社会政治法律体系不完备情境下的一种特殊生存方式。客家来到异国他乡，因分享他人的生存资源和生存空间，势必与土著发生冲突。加之偏乡僻壤，匪患猖獗，人们的生存更加艰难。当政府无法保护人民时，客家只能依靠家族的力量自保。因此，依赖家族的生存方式，成为客家在客居情境中的基本方法，于是围龙屋便应运而生。梅州客家围龙屋与龙岩的土楼相近，也是城堡式的建筑。它是客家人家族式生存在大地空间上的投影。它今日已成为客家颇具特色的乡土建筑景观，但是其原始功能却是为了家族的安危，是客家家族文化在大地上形成的巨大空间文化符号。这种家族精神投射在大地景观上，便是庞大的家族建筑——客家围龙屋，以及围龙屋中的祠堂和神庙等。在梅州客家地区，一家一个围，一姓一条龙，几百人围屋成龙，围龙成堡。在城堡式的家族建筑围龙屋中，祠堂成为家族的精神核心，它是家族的大礼堂和司令部，是客家家族结构和精神文化在大地上的顽强显现。

客家的家族文化丰富多彩，除了城堡式的建筑文化外，还有家族族徽

式的堂联文化，家神崇拜的神位排列，慎终追远的谱牒文化，维系家族组织的家族条规和家法家规等文化。它们是适应独特的家族化生存而产生的求生法宝，是历史的必然。公度介绍了客家家族文化的源流、作用和组织原则，但主要之点却是暴露家族文化的弊端。可见接受了西方文化的黄遵宪，此时对家族文化持批判态度。这与20世纪初暴露大家族罪恶的巴金、曹禺等人，在精神上有相通之处。家族是社会的细胞和组织，家族文化过分了达出现在社会政治体系落后的时代，客家的家族文化，是对客家进行社会学透视的窗口。

此外，公度还注目于客家的经济生活，他在《己亥杂诗》中写道：

海国能医山国贫，千夫荷锸转金轮。
最怜一二虬髯客，手举扶余赠别人。

自注："州为山国，土瘠产薄，海道既通，趋南洋谋生者，凡数以万计，多业采锡，遇窖藏则暴富。近则荷兰之日里，英吉利之北蜡、槟榔屿、法兰西之西贡，皆有积赀至百数十万者。总计南洋华商，客人居十之三。同治年，有叶来在吉隆，与土酋斗争，得其地。卒以无力割据，归之英人。"诗歌描写客家华侨的产生和在海外华侨的英雄事迹。客家华侨产生的根本原因，是为了医治山国的贫穷。客家多居住在贫困的山区，单纯依靠土地难以发展，故把目光投向海外，或者经商，或者务工，远走南洋。于是，客家的华侨就产生了。客家地区素有"华侨之乡"的美誉，出洋是客家人"医贫"的基本方法，出洋成为客家生存的重要风俗。如果遇到"转金轮"的暴富机会，更是令人羡慕。客家出洋的华侨之路，对客家地区的人口、经济、文化等，均产生了重要影响。这主要表现在：第一，客家地区的华侨多。以蕉岭县为例：蕉岭县在梅州的人口24万人，但是蕉岭在海外的华侨也有24万人。客家华侨的足迹遍布全球五大州的90余个国家，人口超过八千万。第二，客家华侨改善了家乡的经济面貌。客家华侨大多爱国爱乡，他们在海外辛勤挣钱后，大多把钱寄回故乡，以改善故乡亲人的经济生活。第三，客家华侨推动了家乡的文化教育事业。客家华侨富裕之后，大多成为慈善家，他们踊跃捐款，用以修建故乡的学校、医院，为社会谋福利，使客家地区的重教从文之风长盛不衰。第四，客家华侨塑造了客家地区的大地景观。由于华侨把钱寄回故乡，故客家地区的大型围龙屋和华美的建筑，大多为华侨的资金修建，如西阳的白宫、南口的南华又庐等。

诗歌后两句描写客家华侨中的英雄。虬髯客，指英雄，这里指叶来。扶余，又作夫余，位于松花江平原的古国。《后汉书》卷九十五东夷《夫余国传》："夫余国，在玄菟北千里。南与高句骊，东与挹娄，西与鲜卑接，北有弱水。地方二千里。"它为北夷索离国王之逐子所建，晋太康年间被鲜卑族慕容氏所破，后又受他族的频频袭扰，至南朝宋、齐间消亡。后来，夫余成为大海中的国家。前蜀杜光庭《虬髯客传》："有海船千艘，甲兵十万，入扶余国。"公度自注：夫余指同治年间嘉应州人叶来在吉隆战胜土酋所建立的国家，但因无力据守，后归英人。嘉应古直《虬髯客》："万丈红光海外起，坐拥扶余作天子。"此诗与公度呼应，也涵咏其事。除了叶来以外，嘉应罗芳伯的故事也与夫余国类似。《罗芳伯传》："罗芳伯，少负奇气，业儒不成，去而浮海。乾隆中叶，客南洋婆罗洲之坤甸。值鳄鱼肆虐，吞啮人畜，日以百数。乃纠合华夷，仿韩昌黎在潮故事，投其文望海祭之，鳄鱼果避去，群惊为神，谓三宝之复生也。因奉为王，号令赏罚，悉听之。华夷故多争，自罗为政，奉约束惟谨，声势赫濯，俨然王者，年七十余终。立庙通衢，规模壮丽，穷极土木，堂上金匾，字大四尺，曰雄镇华夷，中国人至者，必入而瞻拜之。吧城博物馆中藏有兰芳大总制衔牌，盖罗之遗物也。自罗之后，江阙宋刘相继为王，始于乾隆四十年，终于光绪九年，共一百有八年。"① 坤甸，所属有唠唠、双沟月、文澜、东万律、万唠等，产金，俗称金山，真是"转金轮"之地。罗芳伯称王颇有天命的传奇色彩，据《兰芳历代年册》，兰芳大总制罗芳伯58岁而卒，而非70余岁。乾隆四十年为1775年，光绪九年为1883年，故云立国108年。该国总统称兰芳大总制，对外称兰芳公司，它被荷兰东印度公司吞并于1884年。可见，夫余国看似天方夜谭，其实确有其事。虬髯客是客家人在海外生存斗争的英雄故事，夫余国是客家华侨在海外创业的灿烂诗篇。

公度在国外十六七年的外交生涯中，广泛地接触华侨，目睹了客家华侨在异国他乡艰苦创业的历程，他对华侨充满感情，因而也积极保护华侨。他在任美国旧金山总领事时，美方曾以卫生为借口逮捕华侨："逮华侨满狱，遵宪径诣狱中，令从者度其容积，曰：'此处卫生，顾右于侨居耶？'美吏谢，遽释之。"② 他一句话，便使美方不得不释放华侨。光绪十九年，他在《上薛公使书》书中介绍华侨在国外生存的艰难："官长之查

---

① 温仲和.光绪嘉应州志·卷二十三［M］.清光绪二十四年（1898）.

② 赵尔巽，等.清史稿·卷四百六十四黄遵宪传［M］.北京：中华书局，1977.

究，胥吏之侵扰，宗党邻里之讹索，种种贻累，不可胜言。"他建议废除过时的海禁令："将旧例革除，庶华民耳目一新，往来自便。"① 他为保护华侨而呼喊。因而，他在诗歌中高度肯定华侨的"医贫"之道，歌颂华侨的英雄事迹，为"虬髯客"而深感惋惜。

第六节　客家民俗研究的特点和方法

一、风俗使者的视角

公度对客家民俗的兴趣缘于他的辖轩使臣的情怀。黄遵宪《日本国志自序》："《周礼》小行人之职，使适四方，以其万民之利害为一书，礼俗政事教治刑禁之顺逆为一书，以反命于王。其春官之外史氏，则掌四方之志。郑氏曰：'谓若晋之乘、楚之梼杌是也。'古昔盛时，已遣辖轩使者于四方，采其歌谣，询其风俗。又命小行人编之为书，俾外史氏掌之。所以重邦交、考国俗者，若此其周详郑重也。"小行人属于《周礼秋官》："小行人：掌邦国宾客之礼籍，以待四方之使者。令诸侯春入贡，秋献功；王亲受之，各以其国之籍礼之。"辖轩，是古代使臣乘坐的轻车。汉扬雄的《方言》的全称是《辖轩使者绝代语释别国方言》，杨雄《答刘歆书》："尝闻先代辖轩之使，奏籍之书皆藏于周秦之室。"公度乘使者之轻车，在使日期间完成《日本杂事诗》以及《日本国志》初稿，其动力均是中华使者情结。戊戌政变后，他被贬回归故乡，次年写下了《己亥杂诗》89 首，其中多首描绘客家风情，涉及客家历史源流、客家女性文化、客家宗教信仰、客家宗族、客家华侨、客家山歌等多个领域，涵盖了他客家研究的主要内容。

日本山根幸夫认为，黄遵宪不仅是位外交家、政治家，"同时也是一位优秀的学者。"② 公度在出使日本、美国、英国、新加坡时，他以辖轩使者的视野审视世界四大洲多国的风俗文化，故有了《日本杂事诗》等著作。同时，在有了世界文化和风俗的参照背景后，他在中外文化的比较视野中，发现家乡客家风俗文化的独特之处。《己亥杂诗》写于戊戌政变的次年，他在政治生涯终结以后隐居乡里，也更有时间和精力来剖析和总结

① 黄遵宪. 黄遵宪文集［M］. 东京：中文出版社，1991：270.
② 黄遵宪. 黄遵宪文集［M］. 东京：中文出版社，1991.

客家风俗。《己亥杂诗》不仅是公度"一生历史之小影"，也是嘉应客家文化和历史之"小影"。公度以诗性的笔墨，简洁扼要地勾画出客家风俗，以期为客家历史文化"立此存照"。《己亥杂诗》中13首客家风俗文化诗，就是13组鲜明生动的客家风俗画卷，它们合起来又共同构成客家民俗的风情长卷。这些客家特色的风俗画，如同国画般的清丽优美。

二、民俗学方法

黄遵宪在《己亥杂诗》中展现的客家风俗画卷是其民俗学旨趣和民俗学方法的产物。中国学者治学的方法最常见的是经学方法，即伏诸案牍，浸淫于文字，口不绝吟于六艺之文，手不停披于百家之编。19世纪末自甲骨之学兴，考古资料渐出，王国维等渐开"取地下之实物与纸上之遗文互相释证"[1]的风气，即"二重证据法"，亦即兼用考古学方法。自西方学术传入，人类学、民俗学方法渐渐为人采用，即从活人的身上获取经验性事实，作为研究资料，将那些尚活在人们生活中的习俗化作学术的方法。上述三法兼用，张正明先生在《张应斌土家古文化弁言》中称为"三重证据法"。这三法也可单用，如果既不用书籍文本，也不用考古资料，而以活在人们生活中的经验事实或习俗为资料，就是民俗学方法。民俗学（Folklore）以各民族现时态存在的生活和文化为研究对象，其主要范围在语言、行为、心意传承等方面，主要关注的是以家庭、家族为核心的社会组织形式、宗教信仰、年节风俗、具有人生意义的重要仪式等。它广泛运用于人类学、民间文学、民族学等领域。黄遵宪的客家风俗画卷，即在书籍文本、考古之外获取研究资料，是直接以客家风土人情为对象研究客家风情的产物，它理所当然地是民俗学方法结出的硕果。

民俗学方法一般发生于两种或多种文化为参照的学术对比之上，以己固有的文化体系为背景，去发现、采集、描述和透视另一文化或习俗。中国的民俗学的产生，学术界一般以1922年北京大学的《歌谣周刊》标志。但实际上，黄遵宪是中国民俗学的开山祖师。在光绪六年（1880）黄遵宪就开始注目民俗学和民俗调查。这一年他任驻日本参赞，他认为《周礼》中的"小行人"和"外史氏"是古代的民俗工作者，"今之参赞官，即古之小行人外史氏职也"，于是他以采集民俗为己任[2]。黄遵宪任驻日参赞时，大使何如璋是同乡和前辈，他也重视风俗考查："耳目之所及，风土

---

① 陈寅恪. 金明馆丛稿二编［M］. 上海：上海古籍出版社，1980：219.
② 黄遵宪. 日本国志［M］上海：上海古籍出版社，2001.

政俗，或察焉而未审，或问焉而不详，或考之图籍而不能尽合，因就所知大略，系日而记之"，著《使东述略》①，这对黄遵宪大有启发和影响。黄遵宪在 1887 年撰成《日本国志》，历时八九年而成，共 50 万言，其第十《礼俗志》四卷，即为民俗学的开山巨著。光绪十六年（1890）改定《日本杂事诗》二卷，诗二百首，外加注释，是又一民俗学巨著。黄遵宪《香港感怀十首》《生番记》等都是描绘异国风俗的鸿篇巨制。

黄遵宪不仅有如此丰硕的民俗学成果，还有丰富的民俗学见解。他把异国的朝会，祭祀、婚娶、丧葬、服饰、饮食、居住、社会、游乐伎艺、各种宗教都纳入民俗学范围，初步形成民俗学范畴论。他指出民俗学的本质："天下万国之人、之心、之理既已无不同，而稽其节文而乃南辕北辙，乖隔岐异，不可合并，至于如此，盖各因其所习以为故也。礼也者，非从天降、非从地出，因人情而为之者也。人情者何？习惯也……习惯既久，至于一成而不可易，而礼与俗皆出于其中。"天下人心相同，而结果却风俗乖异，乃是由于在封闭的环境中习惯使然，这是公度的民俗本质论和民俗发生论。他还谈到风俗的特征和作用："风俗之端，始于至微，博之而无物，察之而无形，听之而无声。然一二人倡之，千百人和之，人与人相接，人与人相续，又踵而行之；及其既成，虽其极陋甚弊者，举国之人，习以为然；上智所不能察，大力所不能挽，严刑峻法所不能变。夫事有是、有非、有美、有恶，旁观者或一览而知之；而彼国称之为礼，沿之为俗，乃至举国之人，辗转沉锢于其中，而莫能少越。则习之囿人也大矣！"他还指出风俗的时代性地域性规律："五帝不袭礼，三王不沿乐，此因时而异者也"；"百里不同风，千里不同俗，此因地而异者也"②。这些理论，有的是古已有之，有的则是他的创见。后学把它们综合起来，便形成黄遵宪对民俗学的贡献。毫无疑问，黄遵宪是中国近现代最早的民俗学家。

三、风俗画卷的描写方法

一个人对本国或本族、本地文化习焉不察，是难有民俗学的学术敏感和学术成果的。多学科的知识背景、异质的文化参照、通人的学术目光，是研究民俗学的重要前提。公度既有中外比较文化的知识背景，又谙熟民俗学的方法，故他能以中国文化为背影阐释外国风俗文化，也能以异国风

① 何如璋. 使东述略卷首［A］//饶宗颐. 潮州艺文志［M］. 上海：上海古籍出版社，1994：201.

② 黄遵宪. 日本国志·卷三十四［M］. 杭州：浙江书局，清光绪二十四年（1898）.

俗和学术资源背景解析和阐释中国文化和客家风俗。《日本国志·礼俗志》和《日本杂事诗》，是黄遵宪以中国文化的背景来观察和研究日本文化的成果。《日本杂事诗》是公度在日本文化的影响下写成的日本风俗诗长卷，他受日本《源氏物语》与和歌文学等日本文学的启发，创造了一种诗文相生的写作模式。例如《日本杂事诗》卷二写日本婚俗云："得宝无须聘妇钱，新弦唱彻《想夫怜》。同牵白发三千丈，共结红丝一百年。"注云："婚嫁及时，媒周旋二姓间，使两小相识，既诺，乃诣官告婚。遂用红定，谓之结纳。白发一，以白麻制之，如发然。熨斗一，以鳆鱼制之。鱼双，酒一樽，衣一领，带一围。贫富虽有差，更无聘钱也。"这是一种诗、文相生的写作体例：以诗描绘场面，构成风俗画的主体，突出文学性和诗意性；注文交代民俗背景和细节，以保证风俗描写的细致和准确。二者相辅相生，共同完成风俗画的建构。作为土生土长的客家人，他在周游世界以多种文化参照来反观客家文化时，就如同外国或外族未观察客家一样，有了学术敏感和文化对比。而且，由于他熟知客家语言和风俗文化，他不会像外族人在客家地区那样每事必问，他甚至不必进行田野考察，而"田野"自在胸中。他只要闭上眼睛，富有特色的客家风土人情便会浮现脑海。同时，他也不会浮光掠影地只掠取皮毛而不见本质，故所把握的客家风俗将更准确，更全面。

在写完《日本杂事诗》次年，他便趁着研究日本民俗的雅兴，开始研究客家文化。光绪十七年（1891）他在英国任参赞时，出国已十来年，思乡之情日重一日，"惟出门愈远，离家愈久，而眷恋故土之意乃愈深"。[①]他为"离家日久，乡音渐忘"而发愁，故沉浸在故乡情感和故土意识之中。为了不忘乡音，他便回忆嘉应客家山歌，打算辑录客家山歌集，并且开始撰写《客话献征录》一书。从客家话到客家山歌，从客家历史到客家风俗，他对客家文化的研究是多方面的，撰写著作的计划也很宏大。他以思乡的情感为动力，以研究日本民俗的方法为方法，以故乡客家文化为资源，将客家风俗文化的研究搞得有声有色。

四、公度客家研究的地位和影响

虽然公度的客家研究带有朴素直观的性质，他拟议中的《客话献征录》和《客家乐府诗集》也终于没有面世，但是在客家研究中，黄遵宪仍然有重要的地位。

---

① 黄遵宪. 黄遵宪文集［M］. 东京：中文出版社，1991：160.

在客家研究中，公度并不是最早的。在他出生前33年，惠州徐旭曾已有了《丰湖杂记》，在公度写作《送女弟》时，有杨掌生的《嘉应识小录》和林达泉《客说》。但是，这些作品是孤立的单篇文章，他们没有形成大的气势和影响。而公度凭借他的政治声誉和史学、文学著作，在客家研究中，后来居上，远远超越了徐、杨、林等人。

在客家研究中，公度的成果并没有罗香林《客家研究导论》《客家源流考》那样划时代的理论专著，但是他的时间比罗香林早了一代。公度死后第二年，罗香林才出生在嘉应州之兴宁县。黄遵宪的客家研究范围广泛，涉及客家历史源流、客家方言、客家女性、客家宗教、客家宗族、客家山歌、客家华侨等领域。罗香林以及一百年来的客家学者，仍未超越公度的论域；公度的一些见解，如嘉应客家元代形成说，至今仍比五次大迁徙说更为合理，公度奠定了客家研究的基础。

公度对罗香林的客家研究有启迪和影响。罗与黄同为嘉应客家人，在香林先生的童年生活中，公度是梅州最伟大的诗人和最令客家人自豪的"京卿"，公度的书房"人境庐"，至今仍是梅州人最崇敬的文化圣殿，罗香林不可能不受黄遵宪的影响。罗香林早就致力于收集黄遵宪的资料。罗香林一生中都将客家研究的重点放在客家历史源流，其基本思想是"中原旧族说"。而此说之所以成为学术，是大埔的林海岩、嘉应州的黄遵宪、温仲和等学者共同宣传和提倡的结果。黄遵宪客家史观的客家中原旧族说和嘉应客家元代形成说，公度在诗文中多次反复论述和宣传，并使客家中原旧族说进入光绪《嘉应州志》。香林先生一生学术的主旨便是客家中原旧族说，这正是公度等所奠定的基础。公度在客家研究中注意到民俗学方法和客家谱牒资料，这都给香林先生以不同程度的影响。香林的学术成就远比公度大，但首开风气却是公度。综上所述，黄遵宪应是客家文化研究的开山人。

黄遵宪生活在风云巨变的19世纪后半叶，这正是中国封建社会的末世和清王朝的末日。公度死后六年，中国封建社会和清王朝也就一同寿终正寝。在这剧烈变动的时代中，公度站在时代的前列，成为在多个方面开风气的人物。在政治领域里，十多年的外交生涯使他较早地接触西方文化，与梁启超、康有为成为精神的同路人和变法运动的骨干。光绪二十四年六月，光绪皇帝三诏敦促："谕军机大臣等、电寄张之洞等：前经降旨，电催黄遵宪来京。现在计已启程，无论行抵何处，著张之洞、陈宝箴，催令趣程迅速来见。"① 他成为戊戌变法的中坚力量和杰出的政治家。在诗歌领域里，他不仅是龚自珍之后最杰出的诗人，而且主张诗歌革命，以"我手写我口"等理论成为"诗界革命"的旗手。在学术领域里，他反对"祖汉夸老据，媚宋争义理"，《日本国志》《日本杂事诗》等亦学术界之独创。黄遵宪也是"足以转移一时之风气，而示来者以轨则"② 的人。柳亚子《论诗六绝句》"时流竟说黄公度"，不是偶然的，客家研究虽然他措意不多，但以民俗学方法描绘客家风俗画卷，使客家学术筚路蓝缕，首开风气。义宁陈伯严（三立）跋公度诗云："出其余技，乃近大家，此之谓天下之健者。"③ 借用此论来论述黄遵宪的客家研究和民俗学，也是恰当的。

---

①　宝鋆，载龄，沈桂芬，等. 光绪实录·卷四百二十二［M］. 北京：中华书局，1986.

②　陈寅恪. 金明馆丛稿二编［M］. 上海：上海古籍出版社，1980：219.

③　钱仲联. 黄公度先生年谱［A］. 黄遵宪. 人境庐诗草笺注卷［M］. 上海：上海古籍出版社，1981：1211.

第十章　成才之谜

第一节　黄遵宪的成就

在嘉应州，黄遵宪的举人身份并不显著。据《梅州进士录》，梅州历史上有进士280余名。因进士太多，只有那些一腹三翰林、父子四进士的人士才家喻户晓。黄遵宪的功名并不高，只是个举人，在那些比比皆是的进士面前，几乎可以忽略不计。

在官位上，黄遵宪也不算高，光绪二十四年，在戊戌政变前夕，黄遵宪的官职是湖南长宝盐法道，以三品京堂候补充出使日本国大臣。此外，他还以二品衔候补道、充出使德国大臣并赏给四品卿衔，以三品京堂充驻朝鲜大臣等等。但这些他都未到任。清朝百官的帽顶：一品官珊瑚顶，二品官起花珊瑚顶，三品官蓝色明玻璃顶。黄遵宪以三品京堂候补，可以戴蓝色明玻璃顶。如果出行，仪卫可享受轿夫八人，金黄棍二，杏黄伞一，大、小青扇二，旗枪六，前引二人，后从四人，回避、肃静牌各二，待遇略低于子爵贵族和巡抚。在嘉应州人中，巡抚、提督也比比皆是：明有云南巡抚颜容端，清有山西巡抚兼提督蓝钦奎，江苏巡抚、福建巡抚、台湾提督丁日昌，云南提督、四川提督江童茂，福建水师提督颜鸣汉，广东提督魏大斌等等。相比之下，黄遵宪并不起眼。

但是，黄遵宪的成就和在历史上的声誉，却远远地超越嘉应州的进士和巡抚们。在诗歌上，梁启超、胡适推之为大家。王蘧常《人境庐诗草笺注序》云："今读京卿所为诗，忧深思远，其庶几有原之心也夫。"将他比之于屈原。冯振《人境庐诗草笺注序》："有清一代称诗史者，前曰吴梅村，后惟黄公度。"[①] 在清代诗坛上，冯振将公度与吴伟业相提并论。或以为，公度天骨开张，大气包举，真能于古人之外独辟蹊径。他的诗歌抚时

---

① 冯振. 人境庐诗草笺注序 ［J］. 国专月刊, 2006, 3（2）: 72.

感事之作，悲壮激越，足当诗史。在思想和文化上，公度的成就更大，他被称为走向世界第一人。杨忆《黄遵宪：走向世界第一人》说："黄遵宪是率先在中国介绍西方国家先进思想和日本明治维新经验的中国人。如果说林则徐是睁眼看世界的第一人，那么可以说黄遵宪应该是真正走向世界的第一人。"① 虽然有人提出质疑，但这应该是可以成立的结论。其实，黄遵宪的成就还有许多没有被人认识。例如，在中国现代书写工具上，黄遵宪是最早提出白话文思想的人；在文学创作和文学思想上，黄遵宪是最早提出"诗界革命"口号的人；他还是最早提出新文字思想的人。在中国近代政治史、历史和文化史上，黄遵宪均占有重要地位。

对于黄遵宪，清陈宝琛《息力杂诗》其七称赞道：

天才雅丽黄公度，人境庐诗境一新。
遗集可留图赞稿？南溟草木待传人。②

陈宝琛（1848—1935），字伯潜，号弢庵、陶庵、听水老人，福建闽县（今福州市）螺洲人，曾任翰林院侍讲学士、山西巡抚、内阁学士、礼部侍郎、内阁议政大臣、内阁弼德院顾问大臣等，著有《沧趣楼诗集》十卷、《沧趣楼文集》二卷、《听水斋词》等。他继承陈家先人刚直的性格，素以正直敢言、敢于纠弹大臣著称，与晚晴张之洞、张佩纶、宝廷一起被誉称为"枢廷四谏官"，被称为"清流"。但是，他却对黄遵宪赞不绝口：他以"天才"称赞公度，以"新"评价黄遵宪的诗集。其实，不仅是《人境庐诗草》新，公度的思想和学说更为新颖独特。《图赞》，指晋郭璞《山海经图赞》，多描写世间罕见之物，例如不死树："万物暂见，人生如寄；不死之树，寿蔽天地；请药西姥，乌得如羿！"③ 陈宝琛认为，公度的诗歌描写海外的新事物，为国人所未见。康有为《人境庐诗草序》："诗之精深华妙，异境日辟，如游海岛，仙山楼阁，瑶花缟鹤，无非珍奇。"这种《山海经》一般的奇异意象，给中国文学贡献了新的题材和思想。它如《山海经图赞》一样，将永垂不朽。南溟，即南海。草木，即南海康有为有的书房"万木草堂"和他的著作《万木草堂集》。康有为，字广厦，号更生，广东南海人，光绪二十一年中进士，官工部主事。他博通经史，用公羊家言，作《孔子改制考》，倡导以孔子纪年，尊孔保教，上万言书倡

243

① 杨忆．黄遵宪：走向世界第一人［J］．源流，2005（4）．
② 陈宝琛．息力杂诗［J］．国学专刊，（2）：89.
③ 佚名．山海经校注·卷十一［M］．上海：上海古籍出版社，1980.

导变法，还集各省考生公车上书，请求迁都、变法，著有《康子篇》《新学伪经考》《孔子改制考》《日本变政考》《大同书》和《欧洲十一国游记》《万木草堂诗集》等。梁启超《清代学术概论》："有为又宗公羊，立孔子改制说，谓六经皆孔子所作，尧舜皆孔子依托，而先秦诸子，亦罔不托古改制。实极大胆之论，对于数千年经籍谋一突飞的大解放，以开自由研究之门。"① 但是，他思想偏激，有人批评他："惑世诬民，非圣无法。"甚至举国视他为怪物。但是，陈宝琛认为，黄遵宪与康有为一样，他们的新学问和新思想，令人耳目一新，他们在岭南历史上，将前无古人，后无来者。无独有偶，钱仲联《梦苕庵诗话》其七："黄公度遵宪《人境庐诗》，以旧格律运新理想，诚不愧诗世界之哥伦布。"第九十六云；"余十九岁时，为《近代诗评》一文，衡量并世诗流，凡一百家，括以四派，略云……驱役新意，供我篇章，越世高谈，自辟户牖，公度、南海，蔚为大国；复生观云，并足附庸，此一派也。"② 南海，指康有为。复生，指谭嗣同，他字复生。钱仲联也将公度与康有为并列，推为诗歌创新、自立门户的大家。他与陈宝琛，可谓不谋而合。冯骥声《辜碧崖出示黄公度孝廉同年古体诸作读毕题后》："黄君意气豪迈伦，赤手径欲缚骐骥。天才卓荦世无匹，恍惚仙之人兮鞭鸾笞凤下凡尘。"冯认为他是天才，是天仙下凡，是无与伦比的奇人。虽然梅州在当代出了国家领导人叶剑英，但是历史将证明，梅州历史上最伟大的人物仍然是黄遵宪。

从地貌地理学上看嘉应州。嘉应州的江水古名恶溪、梅溪（今梅江），从韩江入海。恶溪，既是穷山恶水，也因鳄鱼为患。唐代贬到潮州的大文豪韩愈《泷吏》说："恶溪瘴毒聚，雷电常洶洶。鳄鱼大于船，牙眼怖杀侬……潮州虽云远，虽恶不可过。"韩愈到任，《祭鳄鱼文》云："潮岭海之间，去京师万里哉？鳄鱼之涵淹卵育于此，亦固其所。"唐代被贬到潮州的宰相李德裕《到恶溪夜泊芦岛》说："风雨瘴昏蛮日月，烟波魂断恶溪时。岭头无限相思泪，泣向寒梅近北枝。"③ 唐康骈《剧谈录》载《李相国宅》："又暖金带、壁（避）尘簪，皆希世之宝。及李南迁，悉于恶溪沉溺。使昆仑没取之，云在鳄鱼穴中，竟不可得矣。"④ 韩愈曾亲临恶溪，李德裕还在恶溪还留下无数的金银财宝。黄遵宪《逐客篇》："此地非恶溪，岂容食人鳄。"诗中折射出他的家乡记忆。粤东在地貌学上不同于珠

① 梁启超.清代学术概论［M］.长沙：岳麓书社，2010：6.

② 钱仲联.梦苕盦诗话［M］.济南：齐鲁书社，1986.

③ 彭定求，等.全唐诗·卷四百七十五［M］.上海：上海古籍出版社，1986.

④ 李昉等.太平广记·卷四百〇五［M］.北京：中华书局，1961.

244

江流域，明王士性《广志绎》："潮在南支之外，又水自入海，不流广。且既在广界山之外，而与汀、漳平壤相接，又无山川之限，其俗之繁华既与漳同，而其语言又与漳、泉二郡通，盖惠作广音而潮作闽音，故曰潮隶闽为是。"① 嘉应的前身是明代的潮州府程乡县，程乡虽属韩江流域，但它是偏僻山区，经济与交通上也与韩江三角洲也大不一样。嘉应的大地景观是群山起伏，川谷幽深，恶溪恶山，地名鳄鱼嶂犹存其余意。嘉应的战略地位十分重要，清顾炎武《天下郡国利病书》："潮郡十县，皆阻山带海，而最为险害者程乡之径。"明嘉靖《程乡县志》："程乡其地，虽无甚险峻，然路捷而便，实邑西南之门户。"② 清广州知府蓝鼎元《程乡县图说》："（程乡）踞郡上游，当江赣入潮之冲，遏闽汀捣粤之路。为三省之扼吭，兼六县之辅车，可不谓岩邑重地乎！"它虽是东南要冲，却城小如斗。蓝鼎元《潮属城池总论》："程乡为北路要冲，斗大之城，殊不相称。"③ 它城小如斗，担不起战略要地的重任，是因为贫穷。其穷困的程度难以形容，这里借爱因斯坦所见为参照。爱因斯坦《阿尔伯特·爱因斯坦的旅行日记》记录了他 1922 年所目睹的中国人："（他们是）勤劳、肮脏、迟钝的人……中国人吃饭时不坐在长凳上，而是像欧洲人在茂密的树林里大小便时那样蹲着。一切都安静、肃穆。连孩子也无精打采，看起来很迟钝……（上海）空气中永远弥漫着各种恶臭……就连那些沦落到像马一样工作的人似乎也没有意识到自己的痛苦。特别像畜群的民族……他们往往更像机器人，而不像人。"④ 这些记载，容易被认为是种族歧视。其实，虽然其中不乏嫌恶和蔑视，但是其主要内容却是对迟钝、木讷、无精打采、没有意识到自己痛苦的中国人的肖像刻画，这是对生活在极端穷困中、像牛马一样不停地劳作的中国劳苦大众的客观描写。民国初年的中国人本来如此，他们从身体到精神，都被穷困和苦难折磨得更像牛马，而不像人。这与其说是歧视，倒不如说是对悲惨景象的客观呈现，它客观上揭露了中国社会的野蛮落后和政治体制上的弊端。但是，爱因斯坦所目睹的中国人，比青年黄遵宪晚了近 60 年，而且那是位于中国长江出海口的南方大都市上海。那么，半个多世纪前的晚清，在偏僻山区的嘉应州又当如何呢？

245

①　王士性. 广志绎·卷四［M］. 北京：中华书局，1981.

②　顾炎武. 天下郡国利病书［A］//顾廷龙. 续修四库全书［M］. 上海：上海古籍出版社，1995：335.

③　蓝鼎元. 鹿洲初集·卷十一［M］. 上海：上海古籍出版社，1986.

④　［EB/OL］.（2018 − 06 − 15）. http：//baijiahao. baidu. com/s？id = 160334496645939
5951&wfr = spider&for = pc.

嘉应客家人的穷困和苦难程度，更非爱因斯坦所能想象。

但是，晚清穷困的嘉应州，却出现黄遵宪这样伟大的人物，这是什么原因呢？

第二节　硬黄

一般而言，一个人成才的原因无非与自我、家庭、地方和时代等方面有关。黄遵宪自幼才华卓异，是嘉应有名的神童①。少年时期，公度与张心谷、黄锡璋被称为嘉应三才了②。光绪二十七年（1901），刘燕勋《人境庐诗草跋》："噫，如此好才，安能十笏黄金以铸之耶！"黄遵宪才华出众，为人公认。黄家原来贫困，公度家族自高祖以来的几代人均从商，家族稍微富裕以后，才兴起从文之风，黄家共有一个进士、七八个举人。嘉应州虽是贫困山区，但是崇文重教，成为人才辈出的地方。晚清时，内忧外患促使社会剧烈动荡，为人才的出现提供了用武之地等。这些均能部分解释公度成才的原因，但是它流于一般化，说服力有限。

除了一般性的解释外，笔者认为，公度成才的重要原因，是公度独特的个性。

公度是个极有个性的人，从现存的公度的照片看，他颀长的身材，瘦削的脸庞，深邃自信的目光，均能表现出他的独特个性。他自己也时常自我欣赏，《将之日本题半身写真寄诸友》中有"如此头颅如此腹"，对自己的形象颇为自负。康有为《人境庐诗草序》："公度长身鹤立，傲倪自喜。吾游上海，开强学会，公度以道员奏派办苏州通商事，挟吴明府德潇叩门来访。公度昂首加足于膝，纵谈天下事；吴双遣澹然旁坐，如枯木垂钓。之二人也，真人也，畸人也，今世寡有是也。"长身鹤立，傲倪自喜，昂首加足于膝，准确地描写了公度伟岸自信的神态，传达出他睥睨众生的深邃目光。

最能概括公度性格独特的，是他"硬黄"的绰号。汪辟疆在《光宣诗坛点将录》的"步军头领十员"中以"天伤星行者武松"比拟黄遵宪，并题云："杀人者，打虎武松也。"这是说，公度是武松一样的敢于杀人者，也是敢于光明磊落地承担杀人职责的好汉。接着，汪辟疆诗云："《五噫歌》《四愁诗》，去国心情泪暗垂。莫说古贤雄直气，东门抉目此何时？"

---

① 康有为. 康有为全集·卷三 [M]. 上海：上海古籍出版社，1990：31 – 32.

② 黄遵宪. 人境庐集外诗辑 [M]. 北京：中华书局，1960：15.

诗歌突出黄遵宪被贬后毅然去国的末路英雄的悲剧和抉目以待的宁死不屈精神，引出公度气质的"雄直气"。洪亮吉有诗："尚得古贤雄直气，岭南今不逊江南。"这是公度气质"雄直气"的三字的出处。接着，汪辟疆引李详《题黄公度人境庐诗草》云："廿载无人继硬黄，如君合署比堂堂。凤鸾接翼罹虞网，蝼蚁先驱待景皇。诗草墨含醇酎味，英灵名破海天荒。试看生气如廉蔺，孰与吴儿论《辨亡》？"在"廿载无人继硬黄"下，汪辟疆注："贵筑黄琴坞有硬黄之称，袁忠节昶复举以赠黄漱兰先师。如公度，亦可谓硬黄矣。"贵筑黄琴坞，即贵州黄辅辰（1798—1866），他字琴坞，贵州贵筑人，清道光二年（1822）举人，十五年（1835）进士。曾任吏部主事、考功司郎中、陕西凤邠盐法道。著有《营田辑要》三卷。他有硬黄之称，袁昶以此赠黄漱兰，汪辟疆则以此形容公度。汪辟疆接着说："黄公度号称识时之彦，晚清末造，早决危亡。所撰《日本国志》《日本杂事诗》，弦外之音，弥深警惕。所为诗歌，尤负盛名。梁卓如至推为诗界革命，与蒋智由、夏曾佑鼎足焉。虽未能副其所期，然一时钜手也。"① 评论虽多，但是最关键的是"硬黄"二字。"硬黄"本是纸名，它创于唐代，是以黄檗和蜡涂染而成的质地坚韧而莹彻的纸。南宋开封赵希鹄《洞天清录》在《古翰墨真迹辨》之《硬黄纸》云："硬黄纸，唐人用以书经，染以黄蘗，取其辟蠹。以其纸如浆，泽莹而滑，故善书者多取以作字。"他在《建安帖真迹》中还说到"硬黄仿书"。清人风趣地取硬黄以形容正直刚毅的黄姓士大夫，从黄辅辰到黄漱兰，再到黄遵宪，均可称"硬黄"。对于黄遵宪的"硬黄"特征，清人几乎一致公认。章士钊《论近代诗家绝句》说："硬黄烟脸茜纱衫，孤注湖湘霸气酣。一折却为迁客去，擎将诗卷压江南。"在"硬黄烟脸"下自注："戊戌，吾在长沙所见如此。"② 这对公度精神的把握更为准确：黄遵宪的硬黄，即刚强霸气，这在他的脸上和精神上，都留下了鲜明的印记。他穿一件土气的"茜纱衫"，而非官袍。但是，在"硬黄烟脸"的霸气中，仍透露出武松式的刚直性格。故汪国垣特别赞赏他"硬黄烟脸茜纱衫"，他说："此诗起七字，直画出公度小像，读之发笑。余藏有手稿及诗稿各一通，字肥而润，颇近坡公。今皆弃之柴桑故里，存亡不可知矣。"这七字如刀，雕刻出公度肖像的骨感和精神的刚硬。

其实，"硬黄"在明朝已经出现，他就是左都御史黄绂。《明史》：

---

① 舒位，汪国垣，钱仲联，等．三百年来诗坛人物评点小传汇录［M］．郑州：中州古籍出版社，1986：90.

② 汪国垣．汪辟疆文集［M］．上海：上海古籍出版社，1988：367.

"黄绂，字用章，其先封丘人。曾祖徙平越，遂家焉。绂登正统十三年进士，除行人，历南京刑部郎中。刚廉，人目之曰硬黄。"① 黄绂（1432—1493），字用章，历官南京刑部员外郎中，四川左参议、左参政，四川、湖广左右布政使，右副都御史巡抚延绥，南京户部尚书兼左都御史等。他是廉洁刚直、公正严明、不畏权势、疾恶如仇、敢于碰硬的人，故人们都尊称他"硬黄"。硬黄是无畏无私、刚廉正直、不畏权势、嫉恶如仇的黄家儿郎，是英雄。以此称公度，他当之无愧。

章士钊形容公度的四句诗，最传神的是"硬黄烟脸霸气醋"。这七字中，既有公度"硬黄烟脸"的粗直，也有他"霸气"的才华，以及无法掩饰的自信。黄遵宪绝不是宋江那样的统帅之才，也不是吴用那样智谋之士，他不是林冲那样武艺精熟的大将，而是敢作敢为的武松。公度并不是逗人喜爱的人，钱仲联《梦苕庵诗话》："晚清诗人，黄公度最通达外事。光绪丙申冬，奉命使英。英政府以其为新加坡总领事时，有一事与英政府相左，至是赫德以赃污事谗之，遂改派使德。德人时方谋我胶州，惮公度来折其机牙，乃称英所拒绝之人，德亦不要。总理衙门屡与交涉无效，公度使德事遂罢。"② 他有能力、有锋芒，而非技巧圆熟的滑头，他的能力令英、德等国胆寒。他令光绪皇帝和变法党喜爱不已，但是也令慈禧一党厌恶和畏惧，这都是因为他的霸气和直率的性格。

"硬黄"的意思，论者以"雄直"解释来，多少带有为尊者讳的意思。其实，硬黄应该是硬汉，硬骨头，是自信而又倔强。它既包含着笨拙生硬，不会转弯抹角，不会投机逢迎，不善变通；也包含着性格简单直率，遇事坚持原则，刚直不阿。汪辟疆以武松比他，颇为独到。《水浒传》中的武松，他既对宋江赤胆忠心，赴汤蹈火，在所不辞。但是，他也快人快语，不会圆滑婉转。宋江吟出直抒胸臆的《满江红》词："望天王降诏早招安，心方足。"此时，武松勃然大怒，第一个站出来反对："今日也要招安，明日也要招安，冷了弟兄们的心！"随后，圆睁怪眼、一脚把桌子踢得粉碎的黑旋风李逵大骂道："招安，招安，招甚鸟安！"武松与李逵不同，但是在梁山泊上，第一个带头反对宋江招安的非武松莫属，弄得宋江小心翼翼地解释："兄弟，你也是个晓事的人。我主张招安，要改邪归正，为国家臣子，如何便冷了众人的心？"武松、李逵、鲁智深虽然粗鲁朴拙，不如吴用、宋江深邃，但是在洞察招安的悲惨结局上，他们超过了号称智

---

① 张廷玉，等. 明史·卷一百八十五 [M]. 北京：中华书局，1974.

② 钱仲联. 梦苕庵诗话 [M]. 济南：齐鲁书社，1986：39.

248

慧老成的宋江、吴用。这是武松的可贵之处，也是黄遵宪的特点。

第三节　硬颈精神

黄遵宪的硬黄从哪里来呢？

无独有偶，客家被称为"硬颈人"，在客家人中，硬颈性格的人比较普遍。硬颈，是个象形词。它描绘一个人抗争时直着脖子的坚强不屈的形象。在民间，硬颈多指不懂事的少年，因而它多为贬义：有刚愎自用，倔强固执，不听教训，不肯俯首低颈的犟驴子脾气。广东几种方言中均有这个词："呢个人好硬颈。"意思是："这个人好固执。"客家方言的硬颈，还进入文献。罗尔纲《太平天国史》卷四十载，天王洪秀全《天父诗》之十七："硬颈不听教，二该打。"[①] 与硬颈同类的，还有顶颈，它重在顶撞上。洪秀全《天命诏旨》："倘教导之后，尔各人尚有犯天条者，尚有不遵令者，尚有忤逆顶颈者，尚有临阵退缩者，尔莫怪我高兄发令诛尔也。"硬颈，还可称拗颈。《天父诗》三百六十七："大话大听细细听，因何拗颈不遵从。"[②] 硬颈，顶颈，拗颈，意思相近，不过顶颈、拗颈的贬义更为明显。

硬颈的社会学价值由两方面决定：一是由顶牛者所坚持的事物的价值；二是评判者的立场。如果硬颈者是个未成年的孩子，他所任性坚持的事物不合理，硬颈自然是错误的。但是，如果是大臣在朝廷上与皇帝老爷硬颈，他所坚持的是正确的意见，而他不惜得罪皇帝、不怕杀头，这样的硬颈是十分宝贵的。

因此，对硬颈应该区别对待。因为硬颈还指一个人有主见，有骨气，敢于坚持。岭南神话中有《硬颈三》的故事：南海神有五个儿子，长大后四位立功劳封侯。唯独三子始安，生得虎背熊腰，一身牛力，因他常常顶撞父亲，于是有了"硬颈三"的外号，南海神不喜欢他。但是，老三在智慧和能力等方面，都超越了四位兄弟。只是因为他不善圆滑，喜欢顶撞，所以没有功名爵位。这个老三，显示了硬颈者在社会上的遭遇，值得同情。

客家人的硬颈颇似"硬颈三"。客家人生活在山区，他们与不会投机取巧的大山打交道，耕山劳作辛苦，养成了山一般的直来直去的性格。他们远离富裕的政治和经济中心，对官场周旋的技巧一窍不通，遇事难免性

249

---

① 张伟. 洪秀全传［M］. 北京：京华出版社，2002：149.

② 罗尔纲. 罗尔纲全集·第9卷［M］. 北京：社会科学文献出版社，2011：946.

急硬颈。但是，他们勤劳勇敢，吃苦耐劳，有能力，富于创造性。在清朝总理各国事务衙门筹议海防六事时，李宗羲《上筹议海防六事疏》："其客民，多漳、泉、湖、嘉，刚猛耐苦之人，足备水师之选。"① 李宗羲（1818—1884），号雨亭，四川开县人（今重庆市开州区），道光二十七年进士，历任山西巡抚、两江总督。这里的客民，指客家人。"刚猛耐苦"，指客家人的吃苦耐劳，勇于负责。其实，"刚猛"中也含有"硬颈"的特征。屈大均《广东新语》卷八："长乐、兴宁，其民多骄犷喜斗，负羽从军者十人而五，盖其水土之性也。"长乐、兴宁均是纯客家县，民刚强好斗，天生有军人气质，故半数人从军持戈，他们的硬颈乃是山水陶冶而成。嘉应客家多从闽、赣而来，宋代《临汀志》："汀，山峻水急，习气劲毅而狷介，其君子则安分，义励廉隅，耻为浮侠；其小人则质直果敢，不以侈靡崇饰相高。"② 梅州客家人仍然保留了汀州客家"质直果敢"的习性，甚至梅州客家的文人也大体如此。道光十一年九月，山西按察使龚绥《王利亨琴籁阁诗钞序》："岭海隅区，人多奇气，而嘉应山川，倍钟灵秀，贤达士每挺生于其间。"③ 王利亨（1762—1837），字寿山，字襟量，一字寿山，号竹航，清嘉应州程乡县（今广东梅州市梅县区松源镇圆岭村）人。乾隆五十四年（1789）举人，嘉庆辛酉（1801）进士，官山西忻州知州，著有《琴籁阁诗钞》十七卷。他天资聪颖，与黄遵宪一样富有岭海奇气，是嘉应山川的灵秀赋予他们硬颈精神。故李世熊有"硬颈的客家人"之说，客家歌谣《我们是客家人》："涯兜系客家人，硬颈精神石都变金。"兴宁山歌："兴宁哥子兴宁声，兴宁声子硬叮叮。"《客家经典读本》第三章即为《硬颈精神》，认为客家人常常直着脖子"硬颈"。客家的"硬颈"精神，是特立独行、宁折不弯的耿直品格。

硬颈虽有个性强硬、不好相处的缺点，但是硬颈的人必有硬颈的性格基础，有硬颈的胆魄和本领。在这个意义上说，"硬颈"对于成人，应是以褒义为主。

其实，历史上的"硬颈"多是褒义，它指刚直不阿的高贵人格。历史上著名的"硬颈"是战国时楚国的大臣屈原，《史记》卷八十四："屈平正道直行，竭忠尽智以事其君。"但是，他被同僚上官靳尚诬陷，楚王怒而疏远屈平。屈平疾王听不聪，谗谄蔽明，邪曲害公，方正不容，故忧愁幽思而作《离骚》。屈原《离骚》："亦余心之所善兮，虽九死其犹未悔。"

---

① 赵尔巽，等. 清史稿·卷四百二十六 [M]. 北京：中华书局，1977.
② 赵与沐. 临汀志·卷一 [M]. 福州：福建人民出版社，1990.
③ 王利亨. 琴籁阁诗钞·卷首 [M]. 清道光十二年（1832）刻本.

又说："宁溘死以流亡兮，余不忍为此态也。"又说："阽余身而危死兮。览余初其犹未悔。"最后，他毅然赴汨罗，自沉而死。诗人对楚国和楚王忠贞不渝，为追求崇高理想的激切情思和九死不悔的精神，就是典型的"硬颈"精神。屈原虽死，但是他活在万古千秋的端午节中，活在龙舟竞渡的民俗现实中，这是对他"硬颈"精神的歌颂。

　　如果说屈原时还没有"硬颈"一词，那么此词在汉代已出现。《后汉书·杨奇传》："灵帝时为侍中，帝尝从容问奇曰：朕何如桓帝？对曰：陛下之于桓帝，亦犹虞舜比德唐尧。帝不悦曰：卿强项，真杨震子孙，死后必复致大鸟矣。"① 在汉代，"硬颈"被称作强项。它是孟子称道的威武不屈的大丈夫精神。杨震，字伯起，弘农华阴人。他出身高贵，八世祖为赤泉侯杨喜，高祖安平侯杨敞在昭帝时丞相。他为人正直，有人夜怀黄金十斤送给他，他严词拒绝，并说："天知，神知，我知，子知。何谓无知。"他还被人称为"关西孔子杨伯起"。杨奇为杨震的孙子。汉桓帝刘志（146—167 年在位），东汉第十位皇帝。他昏庸无能，依靠宦官专政，残害百姓，镇压正直的士大夫和太学生，形成千古骂名的党锢之祸。他荒淫无度，宫女多达五六千人。在他任期，公开卖官鬻爵，政治腐败。因此，杨奇说：灵帝与桓帝，如同尧与舜。这是当面指斥汉灵帝，如同桀纣。大鸟的故事，指杨震被冤死，葬前十余日，天降大鸟，身高丈余，集中在杨震灵柩前，俯仰悲鸣，泪下沾地。葬毕，它们才飞去。郡以状上，加之当时灾异连连，帝感到这是因杨震被冤枉出现的灵异事件，于是为他平反。灵帝说："卿强项，真杨震子孙，死后必复致大鸟矣！"乃是真诚地赞叹和佩服这个不顾生命危险，指斥当今皇帝的"硬颈人"。《后汉书》卷八十四《董宣传》："董宣，字少平，陈留圉人也……后特征为洛阳令。时湖阳公主苍头白日杀人，因匿主家，吏不能得。及主出行，而以奴骖乘，宣于夏门亭候之。乃驻车叩马，以刀画地，大言数主之失，叱奴下车，因格杀之。主即还宫诉帝，帝大怒，召宣，欲棰杀之。宣叩头曰：愿乞一言而死。帝曰：欲何言？宣曰：陛下圣德中兴，而从奴杀良人，将何以理天下乎？臣不须棰，请得自杀。"即以头击柱，流血满面。帝令小黄门持之，强迫董宣叩头，向公主道歉。董宣不从，强项不叩，两手据地，宁愿被杀，也绝不肯低头。从此，董宣有了"强项令"的大名，光武帝赐他三十万钱奖励，他把这些钱悉数赏给手下。从此，豪强莫不震栗，京师号为"卧虎"。"硬颈"的董宣，冒着生命危险执法于皇室公主所包庇的人，他

---

　　① 范晔. 后汉书·卷五十九［M］. 北京：中华书局，1965.

宁愿被杀，也不屈服，是千古少有的铁骨直臣。后来，元杂剧中，王仲文作《董宣强项》，以戏剧歌颂他威武不屈的精神。这些硬颈，没有一个不是舍生取义的大英雄。

在汉代以后，"硬颈"精神代代皆有，如明朝的海瑞。他秉性刚直，戆直自遂，可希风西汉汲黯和宋代包拯。万历四十五年（1617），他上疏指斥皇帝过失。上疏前，他自知必死，预买棺材，诀别妻子，遣散僮仆，待罪于朝，是典型的"硬颈"直臣。对于"硬颈"精神，明沈守正《示儿》概括为："丈夫遇权门须脚硬，在谏垣须口硬，入史局须手硬，值肤受之想须心硬，浸润之谮须耳硬。"沈守正（1572—1623），字无回，钱塘人，著有《诗经通说》十三卷、《四书说丛》十七卷、《雪堂集》二十卷等。他指出，一个人：面对权贵时不能卑躬屈膝，面对皇帝时要敢于直言，在著史书时需秉笔直书，在面对利诱时要不为所动，面对逸言时要充耳不闻。这"五硬"，从五个方面阐述了"硬颈"精神。这种精神，便是《孟子》的"富贵不能淫，贫贱不能移，威武不能屈"的大丈夫精神。

在清代嘉应人中，黄香铁也是一个"硬颈"之人。黄香铁（1787—1853），原名黄钊，字谷生，广东嘉应州镇平县（今蕉岭）蕉城陂角霞黄村人，清代著名诗人、方志学家和教育家。嘉庆二十四年（1819）甲申科举人，著有《读白华草堂诗集》二十九卷、《石窟一徵》九卷、《诗纫》八卷、《赋钞》一卷、《经后》四卷和《铁盒随笔》等。他在《石窟一征》卷七说："强项，曰硬颈。"他在《读白华草堂诗初集》卷二《谒海忠介祠》，称赞海瑞"中丞，即强项令。"蒋湘南《读白华草堂诗集序》："香铁，非第其为诗也，其为人，质直好义，不事苟且，行罗今古，正变于胸。"[①] 其"质直好义，不事苟且"，即为铁汉"硬颈"性格。道光十四年（1834），清梅曾亮《黄香铁诗序》（即《读白华草堂诗集叙》）："则黄子之诗，非天下人之诗也，可以书真矣。真如是，宜乎其能好矣。尔觞赓久之堂，美言洋洋，锦屏高张，而读者神口来也。豪牧之歌，商旅里巷之谚，一曙得之，童至耄而习之，吾以是扣物之可好于天下者，莫如真也。物之真者，吾犹好之，如吾之自有者乎。"诗歌之真，来源与性格之铁，铁是否香，那倒在其次。清林占梅《客有自程乡来云黄香铁（钊）先生已殁于江右抚州任内惊悼之余作长歌哭之》："先生平生嗜侠义，当仁强项无趋避。"林占梅（1821—1868），幼名清江，字雪村，号鹤山，又作鹤珊，

---

① 黄钊. 读白华草堂诗初集·卷首［M］//顾廷龙. 续修四库全书. 上海：上海古籍出版社，1995.

别号巢松道人。清淡水厅竹堑（今新竹市）人，著有《潜园唱和集》二卷、《潜园琴余草》八卷。林占梅急公好义，多次为国捐款，同治元年（1862），他毁家纾难，他把耿直刚正的黄钊引为同调，故赞扬黄香铁"的硬颈"精神。嘉应黄钊，也是清代又一"硬黄"。

客家人认为，客家人内心有一股执着的"硬颈"精神，它是客家风骨的表现。

第四节　硬颈与文明规律

硬颈的生物学本质。硬颈，是人在巨大的压力之下积极抗争的身体语言，是生命个体在逆境中的生理应激反应。这种反应的出现，可以最大限度地调动体内的生命能量，以应对环境的压力，从而形成巨大的战斗力和创造力。对于社会而言，如果硬颈刚强的人越多，在逆境中激发的生命潜能越大，产生的创造力也越大。所以，生命个体在遭遇环境压力时出现的天然的硬颈反应，它应该受到尊重，而非责难。对于客家而言，他们客居在异国他乡，没有富饶的土地资源，没有受保护的社会环境，没有依靠和安全，为了生存，他们只有调动自己的求生本能，爆发生命的内在潜能，顽强拼搏，奋发有为，才能生存下来，这便是为什么客家人中人才辈出的原因。因此，硬颈在生物学上，有其自然合理性，它有其存在的必然价值。

硬颈的实用行为社会学价值。在社会生活中，硬颈多发生在刚正的大臣与专制的君王之间。正直敢言的大臣置杀身之祸于不顾，在专制君王面前硬颈争执，这是大臣威武不屈的表现，体现了舍生取义的高贵精神。这样的硬颈，对于君王是忤逆，但是对于社会却是福音，是千古传诵的美德。

硬颈精神，古人叫作"强项之德"。《周易·萃卦》："萃：亨。王假有庙，利见大人，亨利贞。"《彖》曰："萃，聚也；顺以说，刚中而应，故聚也。"三国魏王弼注："顺而说，则邪佞之道也。刚而违于中应，则强亢之德也。"[①] 汉许慎《说文解字》卷十："亢，人颈也。从大省，象颈脉形"。顺从希旨，阿谀君王，是邪佞小人的行为。正直的大臣为坚持原则而硬颈顶撞，这便是"强亢之德"。"强亢之德"，乃是古代逆境政治学的

---

① 王弼注，唐孔颖达疏.周易正义·卷八［M］.清阮元校刻十三经注疏，北京：中华书局，1980.

重要命题。没有君王不喜爱俯首帖耳之人，故阿谀之臣应运而生。强颜直谏，面折廷争，冒着杀头的危险，这是诤臣用自己的生命在逆转君王的错误或堕落，以匡正历史前进的方向。法国思想家帕斯卡尔《思想录：论宗教和其他主题的思想》说："他们承认正义并不在这些习俗之中，而是正义就在为一切国度所周知的自然法之中。"① 硬颈虽不为习俗赞美，但是它出自于自然法，是一种体现正义法则的崇高精神！

对于"强亢之德"，古人是力图避免的。《周易》剥卦《彖》曰"剥，剥也。柔变刚也。不利，有攸往，小人长也。顺而止之，观象也。君子尚消息盈虚，天行也。"魏王弼注："坤顺而艮止也，所以顺而止之，不敢以刚止者，以观其形象也。强亢激拂，触忤以隕身。身既倾焉，功又不就，非君子之所尚也。"一句话，为了国家，应该强亢而行。但是，为了自己着想，你既因刚强而被杀，无法成就事业，所以君子不予提倡。因为，"强亢之德"具有高度的危险性。但是，如果社会需要，君子应该硬颈，应该舍生取义，杀身成仁。一部二十四史上，硬颈的大臣并不多。佚名《卑以自牧》："呜呼，官场无强项之人，狂澜孰挽；仕藉多承之辈，捷径争趋。"② 到了王朝末世，官场真无强项之人。1928年十一月十八日上海《申报》冷先生《禁令之预备》云："预备何事，则强项不屈，与洁身自好之人才是也。盖无强项不屈之人才，则禁令只行有贫弱之小民，而有势力者依然如故。"历史需要为民请命的人，国家需要"强项之德"。

硬颈的出现，有其社会规律。从文明发展的阶段而言，硬颈是大山的品质。1947年在杰里科（Jericho）山洞里发现的最古老的犹太文献手稿《死海古卷》说："据说山脉会给人带来平安，小山会给人带来正义。"硬颈是山的正义精神，是坦诚与耿直的性格，是文明处于青春期的标志。硬颈也是出山不久的青年人的特征，它是没有被世俗化的野性脾气。因此，"强亢之德"多出现在正义占上风的时代，或者经济不发达的偏僻山区。德国哲学家黑格尔《法哲学原理》说："在国家中已再不可能有英雄存在，英雄只出现在未开化状态。"③ 这里的"国家"，指高度成熟的社会。英雄，需要有强烈的自我意识，需要强制性地实现自我意志。这样的人，的确只会出现在具有野性的社会。硬颈未必是英雄，但是它需要英雄般的特殊意

① 法帕斯卡尔. 思想录：论宗教和其他主题的思想 [M]. 何兆武，译. 北京：商务印书馆，1985：137.

② 身以自牧 [N] 申报，1875－12－14.

③ 黑格尔. 法哲学原理 [M]. 范扬，张企泰，译. 北京：商务印书馆，1979：115.

志。硬颈的成功，是对世俗见解和平凡庸俗环境的超越。黑格尔《哲学史讲演录》说："因此，英雄们是以暴力强制的姿态出现，是损坏法律的。"硬颈的出现，也大体如此。硬颈精神所实施的强制，是以一种强烈的理念和坚强不屈的意志，去对抗强大的世俗成见，采用温和手段和乖巧的态度，是难有成效的。因而，在未与自然分离的群体中，硬颈人就多。因为，它是生命个体充满生命活力和自由创造力的标志。乖巧而圆滑、没有骨气的人是不可能有硬颈的，因为他们已经丧失了自由意志和构成创造力基础的坚定思想。所以对于一个区域文明而言，如果硬颈的人多，那么这个文明便处在朝气蓬勃的青年时期，便充满了生机活力和创造力。

在中国历史上，"强亢之德"主要出现在先秦两汉。孔子正道直行，他"恶夫佞者"，主张杀身成仁。《论语·卫灵公》子曰："志士仁人，无求生以害仁，有杀身以成仁。"宁愿牺牲自己的生命，也要捍卫道义，这种顶天立地的伟大精神是最好的"强亢之德"。孔子的孙子子思，继承了祖父孔子的"强亢之德"。《郭店楚简》有《鲁穆公问子思》："鲁穆公昏（问）于子思曰：可（何）女（如）而可胃（谓）忠臣？子思曰：恒称其君之亚（恶）者，可谓忠臣矣。"公不悦，揖而退之。"后来成孙弋开导鲁穆公说："噫，善哉，言乎！夫为其君之故杀其身者，尝有之矣。恒称其君之恶者，未之有也。夫为其（君）之故杀其身者，交禄爵者也。恒称其君之恶××（者，远）禄爵者；××（为仁）义而远禄，非子思，吾恶闻之矣。"① 在战场上，为君之故而壮烈牺牲，可以得到高官厚禄。可是，在朝廷因直言批评君王而被杀，不被灭族已是大幸，哪里还有高官厚禄？这种舍生取义、铁骨铮铮的人，才是真正的大忠臣。《孟子外书·性善辩》云："子思，孔子之孙，伯鱼之子也。子思之子曰子上，轲尝学焉，是以得圣人之传也。"子思的再传弟子孟子，他藐视暴君污吏，斥责君王"望之不似人君，就之而不见所畏"，在《孟子·尽心下》提出君轻民贵的伟大思想，也是铁骨铮铮的硬颈之人。曾经想拜孟子为师的驺衍，虽然被孟子拒绝，但是他也是硬颈之人。杨雄《解嘲》："是故驺衍以颉亢而取世资，孟轲虽连蹇犹为万乘师。"汉许慎《说文》卷十："颃，直项也。"先秦的孔子、邹衍、孟子等人，都是硬颈之人。《淮南子·修务训》："则虽王公大人，有严志颉颃之行者，无不惮悇痒心而悦其色矣。"颉颃，其本义即强项。汉代周昌、周勃等人，均是硬颈耿直之臣。汉司马迁《史记·周昌传》："昌为人强力，敢直言，自萧、曹等皆卑下之。昌尝燕时入奏

---

① 李柏武，石鸣. 郭店楚简［M］. 北京：中国三峡出版社，2009：105.

事，高帝方拥戚姬，昌还走，高帝逐得，骑周昌项，问曰：'我何如主也？'昌仰曰：'陛下即桀纣之主也。'于是上笑之，然尤惮周昌。及帝欲废太子，而立戚姬子如意为太子，大臣固争之，莫能得；上以留侯策即止。而周昌廷争之强，上问其说，昌为人吃，又盛怒，曰：'臣口不能言，然臣期期知其不可。陛下虽欲废太子，臣期期不奉诏'。"周昌为人不仅强力，而且强项，直斥高祖为桀纣，阻止高祖废黜太子，扭转了历史的方向。汉代以后，这种硬颈之人渐少。如果有之，必为来自下层的憨直之士，明代除了海瑞外，还有"四铁御史"冯恩、益都知县吴宗尧、兵部郎中杨继盛、揭阳薛宗铠等人，都是"性强项"的硬颈直谏之人。

黄遵宪的"硬黄"既是大山的正义精神，如是客家山居的文化传统，也是对中国历史 上历代"强亢之德"的继承和发展。黄遵宪成才之谜中，隐藏着中国文明中一颗重要的文化种子。

黄遵宪能有如此的成就，其中一个重要原因是他作为客家人的硬颈的个性。在他青年时期，他鲜明的个性就已经形成。他一边参加科举考试，一边强烈地批判科举，批判具有国家意识形态的儒学和以科举为中心的教育文化制度。中国的科举形成于隋唐，但中国的文明在唐朝灭亡后就开始僵化和衰落。在以尊古为中心的千年之中，社会制度僵化，思想陈旧腐朽，不合情理的制度占据了统治地位，它压抑中国社会的生机和活力，使中国社会千年来停滞不前。面对这种强大的国家意识形态和维持它的腐朽制度，充满创造力的青年黄遵宪无法容忍。虽然他无法推翻它，还必须违心地参加科举考试，但是他却可以硬颈地批判它，向它发出挑战。在黄遵宪批判科举制度的过程中，他思考了中国文化的诸多弊端，并提出解决的方法，从而产生了黄遵宪关于中国语言、中国文字和中国文学革新的伟大思想。这些新的思想，到戊戌变法和五四时期才在学界得到重视。黄遵宪为什么能远远地超越他的时代呢？这是因为在人硬颈的状态中，思想更加独立，思维更加活跃和自由，洞察问题更加精微，见解更加透彻和精辟。故他能见人所未见，发人所未发，形成他自己独创性的思想，成为青年黄遵宪的第一批思想成果。

由于具备大山的正义之气和客家人的硬颈传统，黄遵宪在后来的使日时期，提出了中国政治改革的蓝图，从而启发和影响了20年后的中国的戊戌变法运动。

参考文献

［1］黄遵宪．人境庐诗草笺注［M］．上海：上海古籍出版社，1981.

［2］黄遵宪．人境庐集外辑诗［M］．北京：中华书局，1960.

［3］黄遵宪．黄遵宪文集［M］．东京：中文出版社，1991.

［4］黄遵宪．吴振清，徐勇，王家祥编校整理．黄遵宪集［M］．天津：天津人民出版社，2003.

［5］黄遵宪．黄遵宪全集［M］．北京：中华书局，2005.

［6］黄遵宪．日本杂事诗广注［M］．长沙：湖南人民出版社，1981.

［7］黄遵宪．日本杂事诗［M］．实藤惠秀，丰田穰，译．东京：平凡社，1968.

［8］黄遵宪．日本国志［M］．上海：上海古籍出版社，2001.

［9］郭真义，郑海麟．黄遵宪题批日人汉籍［M］．北京：中华书局，2009.

［10］麦若鹏．黄遵宪传［M］．上海：古典文学出版社，1957.

［11］黄升任．黄遵宪评传［M］．南京：南京大学出版社，2006.

［12］梁容若．文学二十家传［M］．北京：中华书局，1991.

［13］吴天任．黄公度先生传稿［M］．香港：香港中文大学，1972.

［14］黄升任．黄遵宪评传［M］．南京：南京大学出版社，2006.

［15］郑海麟．黄遵宪传［M］．北京：中华书局，2006.

［16］郑海麟．黄遵楷研究［M］．东京：中文出版社，1996.

［17］蒋英豪．黄遵宪师友记［M］．上海：上海书店出版社，2002.

［18］伊茂凡．黄遵宪传［M］．北京：北京时代华文书局，2016.

［19］石川鸿斋．芝山一笑［M］．东京：文升堂，明治十一年（1878）.

［20］大河内文书——明治日中文化人の交游［M］．东京：平凡社，1964.

［21］实藤惠秀．大河内文书——明治日中文化人的交游［M］．东京：平凡社，1964.

［22］实藤惠秀，郑子瑜．黄遵宪与日本友人笔谈遗稿［M］．东京：

早稻田大学东洋文学研究会，1968.

　　［23］刘雨珍．清代首届驻日公使馆员笔谈资料汇编［M］．天津：天津人民出版社，2010.

　　［24］内藤湖南．日本文化史研究［M］．北京：商务印书馆，1997.

　　［25］王晓秋．近代中日文化交流史［M］．北京：中华书局，2000.

　　［26］王宝平．中日文化交流史研究［M］．上海：上海辞书出版社，2008.

　　［27］王宝平．日本藏晚清中日朝笔谈资料大河内文书［M］．杭州：浙江古籍出版社，2016.

　　［28］张芝田，等．梅水诗传［M］．梅州：清光绪二十七年（1901）.

　　［29］郭真义，曾令存．梅水诗丛［M］．广州：广东人民出版社，2015.

　　［30］何如璋．使东述略［M］．汕头：汕头艺文社，1935.

　　［31］何如璋．何如璋集［M］．天津：天津人民出版社，2010.

　　［32］杨天石．近代中国史事钩沉——海外访史录［M］．北京：社会科学文献出版社，1998.

　　［33］光绪朝中日交涉史料选辑［M］．北京：人民日报出版社，2009.

　　［34］葛兆光．清华汉学研究第一辑［M］．北京：清华大学出版社，1994.

　　［35］冈千仞．观光纪游［M］//王锡祺小方壶斋舆地丛钞．上海上海着易堂，清光绪十七年（1891）.

　　［36］夏晓虹．诗骚传统与文学改良［M］．杭州：浙江文艺出版社，1998.

　　［37］魏王弼．周易正义，清阮元校刻．十三经注疏［M］．北京：中华书局，1980.

　　［38］郑玄．毛诗正义，清阮元校刻．十三经注疏［M］．北京：中华书局，1980.

　　［39］郑玄．礼记正义，十三经注疏本［M］．北京：中华书局，1980.

　　［40］何休．春秋公羊解诂，清阮元校刻．十三经注疏［M］．北京：中华书局，1980.

　　［41］方玉润．诗经原始［M］．北京：中华书局，1986.

　　［42］司马迁．史记［M］．北京：中华书局，1959.

［43］范晔.后汉书［M］.北京：中华书局，1965.

［44］陈寿.三国志［M］.北京：中华书局，1982.

［45］房玄龄，等.晋书［M］.北京：中华书局，1974.

［46］沈约.宋书［M］.北京：中华书局，1974.

［47］薛居正.旧五代史［M］.北京：中华书局，1976.

［48］胡太初修.临汀志［M］.福州：福建人民出版社，1990.

［49］王士性.广志绎［M］.北京：中华书局，1981.

［50］张廷玉，等.明史［M］.北京：中华书局，1974.

［51］赵尔巽等.清史稿［M］.北京：中华书局，1977.

［52］顾炎武.天下郡国利病书［M］//顾廷龙.续修四库全书.上海：上海古籍出版社，1995.

［53］道光广东通志［M］.上海：上海古籍出版社，1995.

［54］乾隆福建通志［M］.上海：上海古籍出版社，1986.

［55］乾隆嘉应州志［M］.嘉应：嘉应州衙刊印，清乾隆十五年（1750）.

［56］光绪嘉应州志［M］.嘉应：嘉应州衙刊印，清光绪二十四年（1898）.

［57］康熙永安县次志［M］.广州：岭南美术出版社，2009.

［58］崇祯兴宁县志［M］.明崇祯十年（1637）.

［59］康熙程乡县志［M］.北京：书目文献出版社，1992.

［60］民国潮州志［M］.汕头：潮州修志馆，1949.

［61］康熙长乐县志［M］.清康熙二年（1663）刻本.

［62］民国大埔县志［M］.民国三十二年（1943）.

［63］乾隆丰顺县志［M］.兴宁：兴宁书店，清乾隆十一年（1746）刻本.

［64］民国丰顺县志［M］.梅县：汕头铸字局梅县分局，民国三十年（1941）.

［65］乾隆镇平县志［M］.海口：海南出版社，2001.

［66］道光平和县志［M］.厦门：厦门大学出版社，2008.

［67］刘向.战国策［M］.上海：上海古籍出版社，1985.

［68］荀况.荀子［M］.上海：上海古籍出版社，1989.

［69］黎锦德.朱子语类［M］.北京：中华书局，1994.

［70］穆彰阿，潘锡恩，等.嘉庆大清一统志［M］.上海：商务印书馆，1934.

［71］董诰，等.全唐文［M］.上海：上海古籍出版社，1990.

259

[72] 吕祖谦. 宋文鉴 [M]. 上海：上海古籍出版社，1994.

[73] 欧阳询. 艺文类聚 [M]. 上海：上海古籍出版社，1965.

[74] 郭茂倩. 乐府诗集 [M]. 北京：中华书局，1979.

[75] 臧晋叔. 元曲选 [M]. 上海：世界书局，1936.

[76] 姚广孝，解缙. 永乐大典 [M]. 北京：中华书局，1986.

[77] 郭璞. 山海经校注 [M]. 上海：古籍出版社，1980.

[78] 饶玉成. 皇朝经世文编续集 [M]. 清光绪八年（1882）刻本.

[79] 麦仲华. 皇朝经世文新编 [M]. 上海：上海书局，清光绪二十四年（1898）.

[80] 邵之棠. 皇朝经世文统编 [M]. 上海：上海宝善斋，清光绪二十七年（1901）.

[81] 何良栋. 皇朝经世文四编 [M]. 上海：鸿宝书局，清光绪二十八年（1902）.

[82] 求是齐. 皇朝经世文编五集 [M]. 台北：文海出版社，1987.

[83] 越武琼. 岭南摭怪列传 [M]. 台北：台湾学生书局，1992.

[84] 马克思，恩格斯. 马克思恩格斯全集 [M]. 中共中央马克思恩格斯列宁斯大林著作编译局，译. 北京：人民出版社，1961.

[85] 张君房. 云笈七笺 [M]. 北京：华夏出版社，1996.

[86] 洪楩. 清平山堂话本 [M]. 北京：中华书局，2001.

[87] 杨万里. 诚斋集 [M]. 上海：商务印书馆，1936.

[88] 黄仲昭. 未轩文集 [M]. 上海：上海古籍出版社，1986.

[89] 廖燕. 二十七松堂文集 [M]. 东京：柏悦堂刻本，日本文久二年（1862）.

[90] 宋湘. 红杏山房集 [M]. 广州：中山大学出版社，1988.

[91] 龚自珍. 龚定盦全集类编 [M]. 北京：中国书店，1991.

[92] 黄钊. 读白华草堂诗初集，顾廷龙主编续修四库全书第1516册 [M]. 上海：上海古籍出版社，1995.

[93] 袁昶. 于湖小集，续修四库全书目第1565册 [M]. 上海：上海古籍出版社，1995.

[94] 王利亨. 琴籁阁诗钞 [M]. 清道光十二年（1832）抄本.

[95] 胡曦. 枌榆碎事，罗先林编. 兴宁先贤丛书 [M]. 香港：兴宁先贤丛书校印处，1958.

[96] 廖道传. 三香山馆诗集 [M]. 广州：中山大学出版社，2000.

[97] 顾炎武. 日知录 [M]. 上海：上海古籍出版社，1985.

[98] 蓝鼎元. 鹿洲初集 [M]. 上海：上海古籍出版社，1986.

［99］施闰章．学余堂文集［M］．上海：上海古籍出版社，1986.

［100］赵执信．因园集［M］．上海：上海古籍出版社，1986.

［101］杨懋建．实事求是斋杂存［M］．广州：广东人民出版社，2008.

［102］丁日昌．丁日昌集［M］．上海：上海古籍出版社，2010.

［103］王韬．弢园文录外编［M］．上海：上海书店出版社，2002.

［104］温廷敬．茶阳三家文钞［M］．台北：文海出版社，民国十四年（1925）.

［105］丘逢甲．岭云海日楼诗钞［M］．上海：上海古籍出版社，1982.

［106］丘逢甲．丘逢甲集［M］．长沙：岳麓书社，2001.

［107］鲁迅．鲁迅全集［M］．北京：人民文学出版社，2005.

［108］周作人．知堂书话［M］．长沙：岳麓书社，1986.

［109］胡适．胡适文存第［M］．台北：台湾远流出版事业有限公司，1986.

［110］康有为．大同书［M］．上海：上海古籍出版社，1956.

［111］康有为．康有为全集［M］．上海：上海古籍出版社，1990.

［112］陈寅恪．金明馆丛稿［M］．上海古籍出版社，1980.

［113］梁启超．清代学术概论［M］．长沙岳麓书社，2010.

［114］钱仲联．梦苕庵诗话［M］．济南：齐鲁书社，1986.

［115］舒位，汪国垣，钱仲联，等．三百年来诗坛人物评点小传汇录［M］．郑州：中州古籍出版社，1986.

［116］汪国垣．汪辟疆文集［M］．上海：上海古籍出版社，1988.

［117］王定保．唐摭言［M］．上海：上海古籍出版社，1978.

［118］孙光宪．北梦琐言［M］．北京中华书局，1960.

［119］屈大均．广东新语（上下册）［M］．北京：中华书局，1985.

［120］屈大均．翁山文外［M］．吴兴：嘉业堂，清同治七年（1868）.

［121］刘献廷．广阳杂记［M］．北京：中华书局，1957.

［122］陈在谦．岭南文钞［M］．广州：学海堂，1838.

［123］吴淇．粤风续九，四库全书存目丛书补编：第79册［M］．济南：齐鲁书社，2000.

［124］李调元．粤风［M］．北京：中华书局，1985.

［125］李调元．南越笔记［M］．北京：中华书局 1985.

［126］梁绍壬．两般秋雨庵随笔［M］．上海：上海古籍出版社，1982.

［127］何藻翔．岭南诗存［M］．上海：商务印书馆，1925.

［128］陈坤．岭南杂事诗钞笺证［M］．广州：广东人民出版社，2014.

［129］晁公武．郡斋读书志［M］．上海：上海古籍出版社，1990.

[130] 李柏武，石鸣．郭店楚简［M］．北京：中国三峡出版社，2009.

[131] 程志远．阴那山志［M］．广州：广东旅游出版社，1994.

[132] 钟敬文．客家情歌［M］．上海：上海文艺出版社，1991.

[133] 罗香林．粤东之风［M］．上海：上海书店，1992.

[134] 广东省文学艺术界联合会，广东省民间文艺家协会．广东民间故事全书梅州梅县卷［M］．广州：岭南美术出版社，2010.

[135] 高等学校民间文学教材编写组．民间文学作品选［M］．上海：上海文艺出版社，1980.

[136] 罗尔纲．太平天国史［M］．北京：中华书局，1991.

[137] 杜文澜．平定粤寇纪略［M］．北京：中华书局，1980.

[138] 中国近代史资料丛刊．太平天国［M］．上海：上海人民出版社，1957.

[139] 王文儒．太平天国野史［M］．扬州：江苏广陵古籍刻印社，1993.

[140] 小岛晋治．太平天国革命的历史和思想［M］．东京：研文出版社，1978.

[141] 璩鑫圭．鸦片战争时期教育［M］．上海：上海教育出版社，2007.

[142] 陈徽言．武昌纪事［M］．西安：三秦出版社，2000.

[143] 呤唎．太平天国亲历记［M］．王维周，译．上海：上海古籍出版社，1986.

[144] 佚名．太平天国轶闻［M］．扬州：江苏广陵古籍刻印社，1993.

[145] 王闿运．湘军志［M］．长沙：岳麓书社，1983.

[146] 崔之清，等．太平天国战争全史［M］．南京：南京大学出版社，2002.

[147] 郦纯．太平天国军事史概述［M］．北京：中华书局，1982.

[148] 陈周棠．广东地区太平天国史料选编［M］．广州：广东人民出版社，1986，

[149] 简又文．太平天国全史［M］．香港：简氏猛进书屋，1962.

[150] 陈宝辉，等．太平天国诸王传［M］．广州：广东人民出版社，1990.

[151] 罗惇曧，等．太平天国战记·外十一种［M］．北京：北京古籍出版社，1999.

[152] 左宗棠．左宗棠书牍［M］．湘阴：清光绪二十三年（1897）.

[153] 左宗棠．左文襄公奏稿［M］．湘阴：清光绪二十三年（1897）.

［154］罗正均．左文襄公年谱［M］．湘阴：清光绪二十三年（1897）．

［［155］张伟．洪秀全传［M］．北京：京华出版社，2002.

［156］谢国珍．嘉应平寇纪略［M］．清光绪五年（1879）抄本．

［157］朱用孚．摩盾余谈［M］．扬州：广陵书社，2000.

［158］陈坤．粤东剿匪纪略，清同治十年刻本［M］．成都：四川大学出版社，1993.

［160］中国野史集成编纂委员会．中国野史集成［M］．成都：巴蜀书社，1992.

［159］费孝通．乡土中国［M］．北京：人民出版社，2008.

［160］卫英士．华南客家十五年［M］．丁立隆，译．厦门：厦门大学出版社，2017.

［161］滋贺秀三．中国家族法原理［M］．张建国，李力，译．北京：商务印书馆，2012.

［162］柏拉图．理想国［M］．郭斌和，等译．北京：商务印书馆，1986.

［163］色诺芬．回忆苏格拉底［M］．吴永泉，译．北京：商务印书馆，1984.

［164］狄德罗．狄德罗哲学选集［M］．江天骥，等译．北京：商务印书馆，1983.

［165］黑格尔．哲学史讲演录［M］．贺麟，王太庆，译．北京：商务印书馆，1978.

［166］黑格尔．法哲学原理［M］．范扬，张企泰，译．北京：商务印书馆，1979.

［167］让·皮亚杰．教育科学与儿童心理学［M］．北京：文化教育出版社，1981.

［168］雅斯贝尔斯．什么是教育［M］．邹进，译．北京：生活·读书·新知三联书店，1991.

［169］胡塞尔．纯粹现象学通论［M］．李幼蒸，译．北京：商务印书馆，1995.

后 记

在本书杀青之际，望着窗外蜿蜒如画的青山和清波荡漾的湖水，我心潮如山如海。

本书写作和出版得到嘉应学院客家研究院的大力支持。

而且，这种支持由来已久。我与嘉应学院客家研究院是老朋友了，我初见的嘉应学院客家研究院，那时叫嘉应大学客家研究所，办公地点在宪梓教学大楼前荷香池畔右侧的科学馆，而非今日环境清幽且独立气派的畹香楼。

在 1993 年调入嘉应大学后，1994 年我就把拙作《客家围龙屋的宗教与哲学》送呈荷香池畔的科学馆二楼发表。我很惊讶，这么快我就完成了从土家到客家的学术转换，这么快就爱上了充满活力的客家文化！而其中的重要原因便是客家研究所的支持，虽然我人在中文系，但我的客家研究一开始便得到客家研究所老所长房学嘉先生的诚挚支持。自 1994 年起，我陆续在他编的《客家研究辑刊》上发表《21 世纪的客家研究——关于客家学的理论建构》《客家精神及其理论问题》《三山国王的文化渊源和历史过程——兼论客家在客居情景中的文化认同》等文章，而且一发而不可收，在我的专业——中国古代文学研究之外，另辟了一块客家研究的天地。我的黄遵宪研究，也因此而生。房教授虽不苟言笑，但他内心如烈火，深沉而厚道。他总是真诚热情地待人，总是无私地开放研究所的文献资料，总是尽可能地为他人提供支持和方便。因而，在枯燥刻板的学术交谊中也透露出他醇厚内在的人格魅力。于是，我与他成为莫逆之交。到如今，已经悠悠四分之一个世纪了。

今天，房学嘉教授已经退休。但是，他给客家研究院留下了生机勃勃的后备军，我与客家研究院的学术交谊仍在继续和发展。我依然在《客家研究辑刊》上发表文章，依然能得到嘉应学院和客家研究院提供的学术帮助和大力支持。

人生不易，人生从事学术研究更不易。在艰难孤独的学术探索生涯中，对得到任何帮助都应感激不尽，更何况客家研究院几十年如一日的持续支持呢！对此，我特向嘉应学院和客家研究院虔诚鞠躬，致以衷心的感激！

张应斌
2018 年 6 月